Die Internationale Zuständigkeit zur Eröffnung
von Insolvenzverfahren im europäischen Insolvenzrecht

Schriften zum internationalen Privat- und Verfahrensrecht

Herausgegeben von Rainer Hausmann und Astrid Stadler

Band 4

PETER LANG
Frankfurt am Main · Berlin · Bern · Bruxelles · New York · Oxford · Wien

Nadja Probst

Die Internationale Zuständigkeit zur Eröffnung von Insolvenzverfahren im europäischen Insolvenzrecht

Autonome Bestimmung der Eröffnungszuständigkeit, insbesondere für Konzerninsolvenzen, und Anforderungen für die gemeinschaftsweite Anerkennung grenzüberschreitender Insolvenzen nach der EuIns VO

Ein Vergleich von Rechtsauffassung und Handhabe in den Mitgliedstaaten Deutschland, England, Frankreich und Italien

PETER LANG
Internationaler Verlag der Wissenschaften

Bibliografische Information der Deutschen Nationalbibliothek
Die Deutsche Nationalbibliothek verzeichnet diese Publikation in der Deutschen Nationalbibliografie; detaillierte bibliografische Daten sind im Internet über <http://www.d-nb.de> abrufbar.

Zugl.: Konstanz, Univ., Diss., 2007

D 352
ISSN 1862-099X
ISBN 978-3-631-57074-6

www.peterlang.de

Meinen Eltern
Raimund und Karin Probst

Vorwort

Die vorliegende Arbeit wurde im Wintersemester 2006/2007 vom Fachbereich Rechtswissenschaft der Universität Konstanz als Dissertation angenommen. Gesetzesänderungen wurden berücksichtigt bis November 2006.

Dank gilt in erster Linie meinem Doktorvater Herrn Prof. Dr. Rainer Hausmann. In seiner unschätzbaren Erfahrung als Mentor ließ er mir die Freiheit, mich in das Thema zu finden und Schritt für Schritt eine eigene Methodik zu erarbeiten. Stets hatte er ein offenes Ohr und nahm sich Zeit, wenn Unsicherheiten oder scheinbar unüberwindbare Probleme auftauchten, zerstreute diese, wies auf interessante weitere Aspekte hin und unterstützte mich mit weisem Rat und wertvollen Anregungen.
Bedanken möchte ich mich nicht minder herzlich bei Frau Prof. Dr. Astrid Stadler für die Erstattung des Zweitgutachtens.
Dank gebührt schließlich meinen Eltern. Sie sind es, die mir mein Studium und die Promotion ermöglicht haben – finanziell, versteht sich, doch auch und gerade durch ihre bedingungslose Bereitschaft zur Unterstützung, die einem nur elterliche Liebe angedeihen lassen kann. Ihr Glaube an mich, ihr Verständnis und ihr unermüdlicher Zuspruch machten diese Arbeit erst möglich.

Konstanz, im Juni 2007 Nadja Probst

Inhaltsverzeichnis

Einleitung 13
Erster Teil: Strukturelemente des Internationalen Insolvenzrechts und Rechtsquellen 21
A. Strukturelemente des Internationalen Insolvenzrechts 21
I. Territorialität und Universalität 21
II. Internationale Zuständigkeit und Anerkennung ausländischer Insolvenzverfahren 22
III. Einheits- und Pluralitätsprinzip 23
B. Die Rechtsquellen des Internationalen Insolvenzrechts und deren Anwendungsbereich 25
Zweiter Teil: Die direkte internationale Zuständigkeit 31
1. Abschnitt: Internationale Zuständigkeit - Räumlicher Anwendungsbereich 31
A. Intention des Verordnungsgebers 34
I. Wortlaut 34
II. Systematik 35
III. Entstehungsgeschichte 38
IV. Sinn und Zweck 39
1. Ziele der EuInsVO 39
2. Der EuInsVO zugrunde liegende Prinzipien 41
a) Subsidiaritätsprinzip 41
b) Verhältnismäßigkeitsprinzip 42
3. Strukturelemente 43
B. Anerkennung der extraterritorialen Sollgeltung 46
C. Exkurs: Kompetenz zum Abschluss wechselseitiger Abkommen mit Drittstaaten 47
2. Abschnitt: Internationale Zuständigkeit - Anknüpfung 55
A. Mittelpunkt hauptsächlicher Interessen des Schuldners, Art. 3 Abs. 1 EuInsVO 55
I. Natürliche Personen 57
II. Juristische Personen und Gesellschaften ohne Rechtspersönlichkeit 58
III. Insbesondere: Konzerninsolvenzen 59
1. Leitentscheidungen 60
a) England 60
aa) High Court of Justice London, Beschluss vom 4. Juli 2002 („Enron Directo Sociedad Limitada") 60
bb) High Court of Justice Chancery Divison Companies Court, Urteil vom 7. Februar 2003 („BRAC Rent-A-Car International. Inc.") 61
cc) High Court of Justice Leeds, Urteil vom 16. Mai 2003 („Daisytek-ISA") 62

dd) High Court of Justice, Beschluss vom 20. Mai 2003 („Crisscross Telecommunications") 65
ee) High Court of Justice Leeds, Beschluss vom 20. Mai 2004 („Ci4Net.com.Inc.") 66
ff) Combined Court, Quayside Newcastle-upon Tyne, Beschluss vom 9. Februar 2005 („Parkside Flexibles S.A.") 69
gg) High Court of Justice Birmingham, Beschluss vom 18. April 2005 („MG Rover") 72
hh) High Court of Justice London, Urteil vom 15. Juli 2005 („Collins&Aikman") 76
b) Deutschland 78
aa) Amtsgericht Mönchengladbach, Beschluss vom 27. April 2004 („EMBIC") 78
bb) Amtsgericht München, Beschluss vom 4. Mai 2004 („Hettlage") 80
cc) Amtsgericht Siegen, Beschluss vom 1. Juli 2004 („Zenith") 81
c) Die Rechtssache „Eurofood/Parmalat" 81
aa) Tribunale Civile di Parma, Urteil vom 19. Februar 2004 („Eurofood/Parmalat I") 81
bb) High Court Dublin, Beschluss vom 23. März 2004 („Eurofood/Parmalat II") 84
cc) Stadtgericht Fejer/Székesfehérvár, Beschluss vom 14. Juni 2004 („Parmalat Slowakei") 85
dd) Tribunale di Parma, Urteil vom 15. Juni 2004 („Parmalat Deutschland") 86
2. Auslegungstendenzen 88
a) Maßgeblichkeit von Konzerninterna (*mind-of-management*-Theorie) 88
b) Maßgeblichkeit des äußeren Erscheinungsbildes (*business-activity*-Theorie) 94
3. Vorlagefrage an den EuGH - Supreme Court of Ireland, Urteil vom 27. Juli 2004 97
4. Autonome Bestimmung des Begriffs „Interessenmittelpunkt" und der Stärke der Vermutungsregel 98
a) Anknüpfungspunkt für die Vermutung 98
aa) Deutschsprachige Fassung: „satzungsmäßiger Sitz" 98
bb) Englischsprachige Fassung: „registered office" 105
cc) Französischsprachige Fassung: „siège statutaire" 108
dd) Italienischsprachige Fassung: „sede statutaria": 111
ee) Europäisch-autonomer „satzungsmäßiger Sitz" 117
α) Lokalisierung des „satzungsmäßigen Sitzes" 117
β) Bedeutung des „satzungsmäßigen Sitzes" 118

b) Charakter der Vermutung 121
aa) Deutschland 122
bb) England 125
cc) Frankreich 131
dd) Italien 136
ee) Vermutung für den „satzungsmäßigen Sitz“, Art. 3 Abs. 1 S. 2 EuInsVO 139
α) Verweis auf die *lex fori processus* 139
β) Sachrechtsregel 140
c) „Mittelpunkt hauptsächlicher Interessen des Schuldners“ 148
aa) Anerkennung des Konzerninsolvenzgerichtsstandes? 148
α) Deutschland 151
β) England 158
γ) Frankreich 162
δ) Italien 167
ε) Konzerninsolvenzgerichtsstand über Art. 3 Abs. 1 EuInsVO 168
αα) Gesellschaftsübergreifendes Konzerninsolvenzverfahren 171
ββ) Unabhängige Insolvenzverfahren über Gesellschaften eines Konzerns 175
bb) Anforderungen an Widerlegung des „satzungsmäßigen Sitzes“ 182
α) Entstehungsgeschichte der EuInsVO 183
β) Auswirkungen der EuGH-Rechtsprechung zur Niederlassungsfreiheit auf das internationale Zivilprozessrecht 187
cc) Übertrag der Theorie in die Rechtswirklichkeit 194
dd) Europäischer Gerichtshof, Urteil vom 2. Mai 2006 („Eurofood IFSC Ltd.“) 200
B. Maßgebender Zeitpunkt für die Bestimmung des Interessenmittelpunktes 204
I. Handhabe in den Mitgliedstaaten 206
II. Die Rechtssache „Susanne Staubitz-Schreiber“ 207
Dritter Teil: Indirekte internationale Zuständigkeit bzw. Anerkennungszuständigkeit 213
A. Entscheidung im Sinne von Art. 16 EuInsVO 215
I. Mitgliedstaatliches Eröffnungsverfahren und Verfahrenseröffnung 216
1. Deutschland 216
2. England 219
3. Frankreich 224
4. Italien 226
5. Rechtsvergleich und Resümee 230
II. Intention der EuInsVO 231
1. Die Bestellung eines vorläufigen Verwalters als „Gesamtverfahren“ 232
2. Stellung des vorläufigen Verwalters in der EuInsVO 237

3. Zielsetzungen der EuInsVO ... 239
4. Europäischer Gerichtshof, Urteil vom 2. Mai 2006 („Eurofood IFSC Ltd.“) ... 243
B. Zeitpunkt der Wirksamkeit der Entscheidung im Sinne von Art. 16 Abs. 1 EuInsVO ... 246
C. Entscheidung „durch ein nach Art. 3 zuständiges Gericht“ im Sinne von Art. 16 Abs. 1 EuInsVO ... 255
Zusammenfassung ... 263
Literaturverzeichnis ... 269
Gesetzesnachweise ... 281
Deutschland ... 281
England ... 281
Frankreich ... 282
Italien ... 282
Europäisches Recht ... 284
Abkürzungsverzeichnis ... 285

Einleitung

„Tempora mutantur nos et mutamur in illis - Die Zeiten ändern sich, und wir ändern uns in ihnen"[1]. Es ist die Globalisierung, das vielbemühte und nicht minder abgenutzte Schlagwort unserer Zeit, die unser Leben und Wirken prägt: Physische und mediale Verbindungen vervielfältigen und verdichten sich zu einem Netz, welches sowohl logistischen als auch Datenverkehr ohne nennenswerte Hindernisse oder Zeitaufwand fließen lässt - vom einen Ende der Welt zum anderen. Distanzen schrumpfen bis hin zur Bedeutungslosigkeit; Grenzen werden teils unmerklich überwunden, verschwimmen bisweilen oder scheinen ganz zu verschwinden. - Rechtliche und tatsächliche Entwicklung bedingen sich gegenseitig: Einerseits setzt erst die rechtliche Öffnung einer Grenze die Entwicklung ordnungsgemäß in Lauf, andererseits verlangen Realitäten nach ordnender Regelung. Dies geschieht mittels interstaatlicher Kooperation, die darauf abzielt, sowohl den physischen Grenzübertritt zu erleichtern, als auch sonstige zwischenstaatliche Barrieren, Unterschiede und Ungleichbehandlungen abzubauen - und in letzter Konsequenz idealiter einen einheitlichen Rechts- und Wirtschaftsraum zu schaffen.

Einen solchen verkörpert der gemeinsame Markt der Europäischen Gemeinschaft; gleichsam Musterbeispiel der beschriebenen Wechselseitigkeit ist er zugleich Mittel und Ziel, eine „harmonische, ausgewogene und nachhaltige Entwicklung des Wirtschaftslebens" unter den Mitgliedstaaten zu schaffen (vgl. Art. 2 EGV)[2]. Schlüssel zu diesem einheitlichen Markt sind die Grundfreiheiten, welche jedem Staatsangehörigen eines Mitgliedstaates unmittelbar zukommen[3]: der freie Verkehr von Waren, Personen, Dienstleistungen und Kapital (Art. 14 Abs. 2 EGV).

Für Unternehmen steht im Blickpunkt der Aufmerksamkeit das Recht auf freie Niederlassung, Art. 43 i.V.m. 48 Abs.1 EGV. Dieses gewährt nicht nur die Freiheit, den Sitz einer Gesellschaft dauerhaft in das Hoheitsgebiet eines anderen Mitgliedstaates zu verlagern, um dort nach den geltenden Bestimmungen die Geschäftstätigkeit aufzunehmen oder auszuüben[4], sondern beinhaltet daneben

---

[1] Kaiser Lothar I., reg. 840-855, zitiert nach: Kudla, Lexikon der lateinischen Zitate, Nr. 3444.

[2] Vgl. Streinz, EUV/EGV – Streinz, Art. 2 Rn. 30.

[3] Das Erfordernis der Staatsangehörigkeit ergibt sich für die (personenbezogenen) Grundfreiheiten i.d.R. ausdrücklich aus dem Wortlaut der Bestimmung (Art. 43 und 49 EGV). Wo nicht explizit benannt, folgt es aus systematischen und teleologischen Erwägungen. So bezieht sich bereits die Präambel des EG-Vertrags auf die Völker der Mitgliedstaaten und knüpft damit an die Zugehörigkeit zu einem der Mitgliedstaaten an. Außerdem zeigt der Vergleich zu den exklusiv gewährleisteten Freiheiten, dass für Art. 39 nichts anderes gelten kann (allg. Meinung, vgl. nur Streinz, EUV/EGV – Franzen, Art. 39 Rn. 39).

[4] Vgl. Streinz, EUV/EGV – Müller-Graff, Art. 48 Rn. 14; EuGH, Urt.v.5.11.2002, Rs. C-208/00 (Überseering BV/Nordic Construction Company Baumanagement GmbH), Slg. 2002, I-09919, Rn. 56.

auch das Recht, in dem anderen Mitgliedstaat Agenturen, Zweigniederlassungen und Tochtergesellschaften zu gründen, *ohne* den Sitz der Muttergesellschaft zu verlegen. Auf diese Weise kann das Unternehmen im Zielstaat Geschäftstätigkeiten, gleich welchen Umfangs entfalten, unterfällt gesellschaftsrechtlich jedoch gleichzeitig weiterhin dem Statut seiner Gründung[5].

Es muss daher seine unternehmerische Tätigkeit nicht an einem Punkt konzentrieren, kann vielmehr seine Aktivitäten in einen anderen Mitgliedstaat erstrecken oder gänzlich verlagern. Gleichsam eröffnen sich mannigfaltige, schier unbegrenzte Möglichkeiten, die Vorteile verschiedener Standorte zu nutzen und zu verknüpfen – Vorteile in diesem Sinne sind nicht nur tatsächlicher, sondern gerade auch rechtlicher Natur.

So kann ein italienischer Lebensmittelkonzern auf die Idee kommen, seine Milch aus einer gruppeneigenen Molkerei in Deutschland zu beziehen, weil er dort besonders günstig produzieren kann; gleichzeitig spart er Kosten, indem er seine Produkte vor Ort durch eigene Tochtergesellschaften vertreibt, sagen wir in der Slowakei – all diese Aktivitäten lässt er sich zu guter Letzt finanzieren von einer Finanzierungsgesellschaft mit Sitz in Irland, dessen Steuerrecht interessanter erscheint und ihm zugleich ermöglicht, die Mittelflüsse der Gruppe zu bündeln – ein Musterbeispiel an konzerninternen Synergieeffekten einerseits, mit Weitblick ausgerichteter Standortpolitik andererseits.

So weit, so gut und im Sinne eines offenen Wirtschaftsraumes erstrebenswert – was aber passiert, wenn unser italienischer Konzern oder eines seiner Unternehmen insolvent wird? - So geschehen in der Rechtssache *Eurofood/Parmalat*[6]. Welches Gericht befindet über die Zukunft dieses Unternehmens oder des Gesamtkonzerns? Wes Staates Recht gelangt zur Anwendung? Einheitlich das für die Dachgesellschaft geltende? Oder ist es für jedes Gruppenunternehmen gesondert zu bestimmen?

Diese Fragen zu beantworten schickte sich der europäische Gesetzgeber an, als er die Verordnung Nr. 1346/2000 über Insolvenzverfahren vom 29. Mai

---

5 Vgl. Streinz, EUV/EGV – Müller-Graff, Art. 48 Rn. 23; EuGH, Urt.v.9.3.1999, Rs. 212/97 (Centros Ltd./Erhvervs-og Selskabsstyrelsen), Slg. 1999, I-01459, Rn. 20; EuGH, Urt.v.5.11.2002, Rs. C-208/00 (Überseering BV/Nordic Construction Company Baumanagement GmbH), Slg. 2002, I-09919, Rn. 95: Art. 43 und 48 EGV bedingen, die Rechts- und Parteifähigkeit zu achten, die eine Gesellschaft nach dem Recht ihres Gründungsstaates besitzt; EuGH, Urt.v.30.9.2003, Rs. C-167/01 (Kramer van Koophandel en Fabrieken voor Amsterdam/Inspire Art Ltd.), Slg. 2003, I-10155, Rn. 138 und 143.

6 Vgl. zur Sachverhaltsbeschreibung Tribunale di Parma, Urt.v.19.2.2004, Az: 53/04 (Eurofood/Parmalat I), ZIP 2004, 1220 (1222 f.); Stadtgericht Fejer/Székesfehérvár, Beschl.v.14.6.2004, zusammengefasst von Csia/Ferber, www.eir-database.com/world_doc/judgements_47.pdf. (Parmalat Slowakei), Tribunale di Parma, Urt.v.15.6.2004, Az: 93/04 (Parmalat Deutschland), ZIP 2004, 2295 (2296 f.)

2000 nach jahrelangen Vorarbeiten endlich erließ[7]. „Die Zuständigkeit für die Eröffnung von Insolvenzverfahren" soll sie regeln, ebenso die Bestimmung „des anwendbaren Rechts" (Erwägungsgrund 6 zur EuInsVO); um Reibungslosigkeit und Effizienz zu optimieren, soll sie korrespondierend Bestimmungen für die Anerkennung der Eröffnung bzw. sämtlicher insolvenznaher Entscheidungen treffen (vgl. Erwägungsgrund 6 zur EuInsVO).

Seit dem 31. Mai 2002 ist die Verordnung nun in Kraft und hatte Gelegenheit, sich in der Praxis bewähren. - Das Ergebnis ist ernüchternd, die zentralen Fragen nicht zureichend beantwortet. In dem Bemühen, einen vom mitgliedstaatlichen Rechtsverständnis losgelösten, autonomen Begriff zu finden, der die verbindliche Anknüpfung gewährleistet, entstand eine verbale und dogmatisch (noch) unvorbelastete Begriffsneuschöpfung - der „Mittelpunkt der hauptsächlichen Interessen des Schuldners" war geboren. Nachteil dieser mangelnden Vorbelastung: Korrespondierend fehlte ihm die wissenschaftliche Prägung und Klar-

---

[7] Zur Geschichte der EuInsVO (nach Duursma-Kepplinger/Duursma/Chalupsky, EuInsVO – Duursma, Geschichte der EuInsVO, leicht gekürzt): Mit Beschluss vom 8.2.1960 wurde ein Ausschuss aus Regierungssachverständigen eingesetzt, der auf Grundlage des Art. 220 EWGV, 4. Spiegelstrich über ein Europäisches Insolvenzübereinkommen verhandeln sollte. Ein erster Entwurf wurde im Jahr 1970 vorgelegt, jedoch wegen seines komplizierten, praktisch kaum zu handhabenden Abwicklungssystems verworfen, eine überarbeitete Fassung im Jahr 1980 veröffentlicht (Rn. 4). Statt nun zu einer schnellen Unterzeichnung dieses Entwurfs zu gelangen, entfachte eine erneute Debatte über Grundsatzfragen, die dazu führte, dass erst 1984 ein revidierter Entwurf vorgelegt werden konnte. Trotzdem gelang es nicht, Vorbehalte einzelner Mitgliedstaaten auszuräumen und über die strittigen Einzelfragen Einigkeit zu erzielen, so dass trotz zunächst weitergehender Verhandlungen das Projekt eines EG-Insolvenzrechtsübereinkommens schließlich ruhen gelassen wurde (Rn. 5). Erst 1989 wurde es wiederaufgenommen und beim Rat der Europäischen Gemeinschafen eine Ad-hoc-Gruppe „Konkursübereinkommen" eingesetzt, die bis zur Erstellung der endgültigen Fassung eines Europäischen Insolvenzübereinkommens (EuIÜ) im Jahr 1995 tätig war. Dieses Übereinkommen wurde bis zum 23.5.1996 von vierzehn Mitgliedstaaten unterzeichnet. Allerdings weigerte sich Großbritannien aufgrund der BSE-Krise und des darauf folgenden Streits um den Import von britischem Rindfleisch in andere Mitgliedstaaten sowie der Gibraltar-Frage selbst nach Verlängerung der Zeichnungsfrist, diesem Entwurf zuzustimmen. Da das Übereinkommen gemäß Art. 220 EGV a.F. der Zeichnung aller Mitgliedstaaten bedurfte, musste auch dieser Anlauf (vorläufig) als gescheitert betrachtet werden (Rn. 6). Nach Inkrafttreten des Vertrages von Amsterdam am 1.5.1999 musste ein Regelwerk für grenzüberschreitende Insolvenzverfahren sich auf die Form eines sekundären Gemeinschafts-rechtsaktes konzentrieren, da die eines Übereinkommens wegen des Vorrangs gemeinschaftsrechtlicher Instrumente gegenüber völkerrechtlichen Vereinbarungen (Art. 65 EGV) nicht mehr möglich war. Die Kommission wurde daher aufgefordert, auf Grundlage des EuIÜ vom 23.11.1995 einen Entwurf für eine Verordnung oder Richtlinie über grenzüberschreitende Insolvenzverfahren nach Art. 65 lit. a) 3. Spiegelstrich, Art. 67 Abs. 1 und 2 EGV auszuarbeiten (Rn. 8 f.). Auf Initiative Deutschlands und Finnlands wurde schließlich ein Verordnungsvorschlag, der den Inhalt des EuIÜ weitgehend inhaltsgleich in Verordnungs-form transformierte, im Rat für Justiz und Inneres am 27./28.5.1999 vorgelegt und am 2.12.1999 gebilligt (Rn. 10).

heit. Einziger Halt, den Begriff im Spektrum gesellschaftsrechtlicher Begrifflichkeiten zu verorten, ist die Vermutung, welche Art. 3 Abs. 1 S. 2 EuInsVO nachliefert: „Bei Gesellschaften und juristischen Personen wird bis zum Beweis des Gegenteils vermutet, dass der Mittelpunkt ihrer hauptsächlichen Interessen der Ort des satzungsmäßigen Sitzes ist." – So hilfreich dieser Fingerzeig auf den ersten Blick erscheinen mag, so wenig mag er doch tatsächlich verbindlich die Richtung zu weisen. Dies deshalb, weil auch seine Wirkung nicht klar ist.

Diese Unsicherheiten, die mit der autonomen Kollisionsregel einhergehen, sind es, die in Rechtsprechung und -anwendung für Verwirrung gesorgt haben: Von der hartnäckigen Anknüpfung an den satzungsmäßigen Sitz bis hin zur völligen Verleugnung der Eigenständigkeit ganzer (Tochter-) Gesellschaften reicht die Bandbreite mitgliedstaatlicher Entscheidungen.

Nachdem die erste Verwirrung indes überwunden war, musste jeder findige Unternehmer oder Insolvenzverwalter seine Chance wittern: Durch geschickte Stellung eines Insolvenzantrags bestand plötzlich die Möglichkeit, ein bestimmtes Insolvenzverfahrensrecht und ein passendes Insolvenzsachrecht auszuwählen. Dies deshalb, weil mit Eröffnung des Insolvenzverfahrens vor einem mitgliedstaatlichen Gericht zugleich das anwendbare Konkursstatut feststeht: das des eröffnenden Gerichts (Art. 4 Abs. 1 EuInsVO). Dank des universalen Charakters des zuerst eröffneten Verfahrens, erfasst dieses zunächst das gesamte Vermögen des Schuldners, vorbehaltlich allein der Eröffnung eines Sekundärinsolvenzverfahrens (vgl. Art. 16 Abs. 2, 17 Abs. 1 a.E. und Abs. 2 S. 1 EuInsVO) und bestimmter materieller Sonderanknüpfungen (vgl. Art. 5 – 15 EuInsVO).

Dieses System weckt Begehrlichkeiten: Will ein Unternehmer beispielsweise die Bevorzugung bestimmter Gläubiger vermeiden, kann er die Eröffnung des Insolvenzverfahrens vor einem deutschen Gericht vorantreiben[8]. Geht es ihm dagegen weniger um die Schuldenabwicklung an sich, sondern vielmehr darum, das Unternehmen als solches zu retten und Arbeitsplätze möglichst zu sichern, sollte er sich an ein französisches Gericht wenden; wirtschafts- und sozialpolitische Ziele gehen hier den Interessen der Gläubiger klar vor[9].

Eine Sanierung des Gesamtkonzerns bietet sich nach englischem Recht an[10]. Dies deshalb, weil englische Gericht nicht zögern, zur Erreichung des Verfahrensziels auch ausländische Tochtergesellschaften dem englischen Sanierungs-

---

[8] Vgl. Pannen/Riedemann, NZI 2004, 646 (647) nach Willcock, INSOL World – 3rd Quarter 2003, 8; im deutschen Recht gilt der Grundsatz der Gläubigergleichbehandlung; jeder Gläubiger erhält daher gleich viel in dem Sinne, dass auf jede Forderung so viel entfällt, wie ihrem Verhältnis zu allen Schulden entspricht (*par conditio creditorum*). Tatsächlich gleich behandelt werden jedoch nur Gläubiger, die derselben Gläubigergruppe angehören (vgl. Foerste, Insolvenzrecht, Kapitel 1 § 1 III. 2. Rn. 8 und 10).

[9] Vgl. Sonnenberger, Französisches Handels- und Wirtschaftsrecht, VII. § 1, S. 374 f., Rn. VII. 3; Laut, Universalität und Sanierung im internationalen Insolvenzrecht, S. 204.

[10] So Weller, IPRax 2004, 412 (413).

verfahren bis hin zur Verleugnung ihrer rechtlichen Eigenständigkeit einzuverleiben[11]. Grenzüberschreitend wird so die Gruppeninsolvenz einer einheitlichen Rechtsordnung unterstellt. Ähnliches erzielt die Insolvenzverwaltung, wenn sie das „Verfahren der außerordentlichen Verwaltung für Großunternehmen in der Insolvenz" vor einem italienischen Gericht beantragt.

Eine derartige Einmischung ausländischer Gerichte und Insolvenzverwalter kann eine bewusste und planvolle Antragsstellung jedoch auch gezielt von vornherein ausschließen. Dies geschieht, indem frühzeitig entweder ein eigenes Hauptinsolvenzverfahren über die auszusparende Tochtergesellschaft oder ein Partikularinsolvenzverfahren über die entsprechende Niederlassung eröffnet wird; ersteres wird kraft der Prioritätsregel des Art. 16 Abs. 1 vom Zugriff ausländischer Verfahren ausgenommen, letzteres, da es in seinen Wirkungen denen des Hauptinsolvenzverfahrens vorgeht (vgl. Art. 17 Abs. 1 a.E. und Abs. 2 S. 1 EuInsVO)[12].

Es bestehen daher zahllose Winkelzüge und taktische Finessen, wirtschaftliche Interessen durchzusetzen, zu fördern oder aber gegeneinander auszuspielen – und diese Interessen sind so vielfältig wie sie gewichtig sein können: Zum einen besteht das Bedürfnis eines Konzerns, auf Synergieeffekte, Bindungen und kostengünstige interne Liefer-, Produktions- und Dienstleistungsstrukturen, gerade für die Sanierung insolventer Unternehmen zuzugreifen; gleichzeitig stellen grenzüberschreitende Insolvenzen - zumal die von Konzernen - einen lukrativen Markt für den heimischen Insolvenzverwalterpool dar[13]. Dies mag die Zahl der Unternehmensinsolvenzen in Europa verdeutlichen; allein im Beobachtungszeitraum 2005/2006 betrug sie 147.239, im Vorjahreszeitraum gar 150.312[14].

Neben dieser rein betriebswirtschaftlichen und profitorientierten Betrachtungsweise, erfährt die Problematik aber auch politische, insbesondere sozialpolitische Aufladung: Von den genannten Unternehmensinsolvenzen sind gleich-

---

[11] Vgl. London High Court, Beschl.v.4.7.2002; High Court of Justice Leeds, Urt.v.16.5.2003, Az: 861-876/03, ZIP 2004, 963 ff.; High Court of Justice, Beschl.v.20.5.2003; Court of Justice, Chancery Division, Combined Court, Quayside Newcastle Upon Tyne, Beschl.v. 9.2.2005, Az: 75/2005, www.eir-database.com/word_doc/Judgements_75.pdf., S.1 ff.; High Court of Justice Birmingham, Beschl.v.18.4.2005, Az: 2375 bis 2382/05, NZI 2005, 467 ff.; High Court of Justice, Chancery Division, Companies Court London, Urt.v.15.7.2005, Az: 4697-4712/05 und 4717-4725/05, www.eir-database.com/world_doc/judgements_102.pdf (eingehend dazu jeweils im Zweiten Teil, 2. Abschnitt, III. 1.a)).

[12] Vgl. Pannen/Riedemann, NZI 2004, 646 (647) nach Willcock, INSOL World – 3rd Quarter 2003, 8.

[13] Vgl. Mankowski, NZI 2004, 450 (450).

[14] Quelle: Verband der Vereine Creditreform e.V., Presse- und Öffentlichkeitsarbeit, S. 1, Stand: 7.2.2006, www.creditreform.de/Deutsch/Creditreform/Presse/Creditreform_Wirtschaftsforschung/Insolvenzen_in_Europa/Ausgabe_200506/insolvenzen_europa_2005_presseinfo.pdf.

zeitig 1,5 Mio. Arbeitnehmer betroffen; ihnen droht der Arbeitsplatzverlust, weil ihr Arbeitgeber Insolvenz anmelden musste[15].

Nicht verwunderlich daher, dass die befassten Gerichte offen sind für konträre Deutweisen zum „Mittelpunkt hauptsächlicher Interessen" eines Unternehmens – je nach involvierten Belangen, der Intention des Antragsstellers und der Überzeugungskraft seines Vortrages; es hat sich daher die Tendenzen herausgebildet, die eigene internationale Zuständigkeit vorschnell und großzügig zu bejahen und diese auf den Gesamtkonzern – unabhängig von der Belegenheit des Vermögens - zu erstrecken[16].

Kurioserweise geschieht all dies im Namen einer Verordnung, die ein Stück Vorhersehbarkeit und Verlässlichkeit für die Abwicklung grenzüberschreitender Insolvenzverfahren schaffen, Schlupflöcher für Manipulation und Missbrauch so gut als möglich schließen wollte (vgl. Erwägungsgründe 4 und 6 zur EuInsVO) - und es geschieht über einen einzigen Begriff: den des „Mittelpunktes der hauptsächlichen Interessen des Schuldners". Seine mangelnde Vorprägung hat sich daher als Pferdefuß erwiesen.

Wissenschaftliches Interesse und praktisches Bedürfnis sind deshalb ungebrochen, seinen klaren Gehalt zu bestimmen, ihm geschliffen scharfe Konturen zu verleihen und eine verlässliche Handhabe zu geben für seine Anwendung. - Diese Aufgaben sind es, welche sich die Arbeit zum Ziel gesetzt hat.

Dies muss zunächst bedeuten, den räumlichen Anwendungsbereich der EuInsVO zu umreißen. Sodann ist der Anknüpfungspunkt selbst zu untersuchen: Was ist der „Mittelpunkt hauptsächlicher Interessen des Schuldners"? Und wie lässt er sich mit Hilfe bzw. in Abgrenzung zur Vermutungsregel des Art. 3 Abs. 1 S. 2 EuInsVO ermitteln? Und überdies, auf welchen Zeitpunkt ist abzustellen für die Bestimmung der internationalen Zuständigkeit? Ebenso soll die Arbeit die Voraussetzungen festlegen für die gemeinschaftsweite Anerkennung einer Eröffnungsentscheidung aufgrund von Art. 3 Abs. 1 EuInsVO.

Am Ende der Arbeit sollen stehen: einfache, klare aber verlässliche Vorgaben für die Bestimmung der internationalen Zuständigkeit nach Art. 3 Abs. 1 EuInsVO, sowohl was den maßgebenden Ort anlangt, als auch den Zeitpunkt seiner Festlegung; und es sollen die Voraussetzungen verbindliche Gestalt annehmen, nach denen eine Entscheidung, die die internationale Zuständigkeit aufgrund Art. 3 Abs. 1 EuInsVO für sich in Anspruch nimmt, nach Art. 16 Abs. 1 EuInsVO anzuerkennen ist.

---

[15] Quelle: Verband der Vereine Creditreform e.V., Presse- und Öffentlichkeitsarbeit, S. 3, Stand: 7.2.2006, www.creditreform.de/Deutsch/Creditreform/Presse/Creditreform_Wirtschaftsforschung/Insolvenzen_in_Europa/Ausgabe_200506/insolvenzen_europa_2005_presseinfo.pdf.

[16] Vgl. Mankowski, NZI 2004, 450 (451).

Zu erreichen sucht sie dieses Ziel mittels Auslegung der Verordnung, die zu einem autonomen, vom mitgliedstaatlichen Rechtsverständnis losgelösten Regelungs- und Bedeutungsgehalt gelangen will.

Die Auslegung gemeinschaftsrechtlicher Normen – gleich ob Primär- oder Sekundärrecht[17] - folgt im Wesentlichen den allgemein anerkannten Auslegungsmethoden: Wortlaut, System, Sinn und Zweck, Entstehungsgeschichte; sie erfährt jedoch spezifisch gemeinschaftsrechtliche Nuancen und Ausprägungen[18]. Dies hat Auswirkungen vor allem für die wörtliche Auslegung: Da das Sekundärrecht in allen Amtssprachen gleichermaßen verbindlich ist (Art. 4 der „Verordnung für Verordnungen")[19], ergeben sich Schwierigkeiten bei Textdivergenzen[20]. Diese überwindet der EuGH, indem er Anleihe nimmt bei Art. 33 Wiener Übereinkommen über das Recht der Verträge, d.h. er greift gegebenenfalls auf einen Vergleich mehrerer authentischer Texte des Primär- oder Sekundärrechts zurück[21]. Ziel ist es dabei, den wirklichen Willen der Urheber und die von ihnen verfolgten Zwecke im Lichte der Fassung der einzelnen Sprachen zu ergründen und im Ergebnis eine „Synthese" zu finden[22].

Eben diese Methode soll es sein, welche die Arbeit an die Problematik anlegt; Gegenstand der vergleichenden Betrachtung sind Deutschland, England, Frankreich und Italien – dies deshalb, weil es die Gerichte jener Mitgliedstaaten sind, die federführend daran beteiligt sind, einen autonomen Begriff auszuarbeiten.

Wo es also darum geht, sich einem autonomen Verständnis anzunähern, soll folglich ein Rechtsvergleich mit den mitgliedstaatlichen Sprachfassungen Deutschlands, Englands, Frankreichs und Italiens der Verordnung (EG) Nr. 1346/2000 über Insolvenzverfahren vom 29. Mai 2000 erfolgen. Gleichermaßen ist deren nationales Rechtsverständnis und praktische Handhabe zu Rate zu ziehen, wo immer sich die Verordnung (bewusst) vorgeprägter Begriffe, Beweisregeln oder bestimmter Rechtsfiguren bedient.

---

[17] Vgl. Oppermann, Europarecht, § 8 Rn. 18; Deipenbrock EWS 2001, 113 (114).

[18] Vgl. Oppermann, Europarecht, § 8 Rn. 18; Streinz, Europarecht, § 8 Rn. 570; Deipenbrock EWS 2001, 113 (114 f.)

[19] Streinz, Europarecht, § 4 Rn. 278. Amtssprachen sind die authentischen Sprachen nach Art. 314 EG bzw. Art. 225 EAGV in Verbindung mit den Beitrittsverträgen sowie Art. 53 EUV (ders., § 4 Rn. 274).

[20] Streinz, Europarecht, § 4 Rn. 278; Oppermann, Europarecht, § 8 Rn. 21; Smid, Internationales Insolvenzrecht/EurInsVO, Vor Art. 1 Rn. 13; EuGH; Urt.v.6.10.1982, Rs. 283/81 (Cilfit, u.a.), Rn. 18, Slg. 1982, 3415.

[21] Streinz, Europarecht, § 4 Rn. 279; beispielhaft: EuGH, Urt.v.6.10.1982, Rs. 283/81 (Cilfit, u.a.), Rn. 18, Slg. 1982, 3415.

[22] Oppermann, Europarecht, § 8 Rn. 21; Smid, Internationales Insolvenzrecht/EurInsVO, Vor Art. 1 Rn. 12; MünchKommIntWR – Kindler, IntInsR Rn. 36: Maßgebend ist „eine Art mitgliedstaatliches Durchschnittsverständnis" des betreffenden Begriffs aufgrund eines Rechtsvergleichs.

Dieses Vorgehen versetzt in die Lage, Übereinstimmungen zu finden und Abweichungen zu enttarnen. Auf diese Weise werden gemeinsame Schnittmengen sichtbar, auf deren Grundlage sich autonome Begriffe herauskristallisieren lassen – sei es durch Synthese, d.h. über den „kleinsten gemeinsamen Nenner“ als Grundkonsens unter den Mitgliedstaaten, oder schlicht durch einen Kompromiss kaum vereinbarer Positionen.

Erster Teil: Strukturelemente des Internationalen Insolvenzrechts und Rechtsquellen

Zunächst sind die Prämissen der Arbeit darzustellen. Dies beinhaltet die Einführung bestimmter Begriffe bzw. Strukturelemente, welche das internationale Insolvenzrecht prägen bzw. seine jeweilige Ausrichtung bedingen, ebenso wie die Vorstellung der einschlägigen Rechtsgrundlagen.

A. Strukturelemente des Internationalen Insolvenzrechts

Wirkungserstreckung und Grenzen eines Insolvenzverfahrens – sowohl in räumlicher als auch in sachlicher Hinsicht – sind abhängig von rechtspolitischen Entscheidungen der jeweiligen Insolvenzrechtsordnung. Diese zu bezeichnen haben sich bestimmte gegenläufige Begriffspaare herausgebildet, die gleichsam der Insolvenzrechtsordnung eine bestimmte Struktur geben.

I. Territorialität und Universalität

Die Begriffe „Territorialität" und „Universalität" beschreiben jeweils Gegenpole, die zum Ausdruck bringen, welche Wirkungen eine Insolvenzrechtsordnung für ihre Insolvenzverfahren im Ausland anstrebt, welche sie ausländischen Insolvenzverfahren im Inland zugesteht[23].

Nach dem „Territorialitätsprinzip" beschränken sich die Wirkungen eines Insolvenzverfahrens allein auf den Staat der Verfahrenseröffnung[24]. Dies deshalb, weil der Konkurs ein Akt staatlicher Gesamtvollstreckung ist. Als solcher kann er grundsätzlich nur Wirkungen in den Grenzen des jeweiligen Staatsgebiets zeitigen, endet doch die Staatsgewalt eines jeden Staates an seinen Grenzen[25]. Eine Rechtsordnung, welche diesem Prinzip streng folgt, lässt im Ausland belegenes Vermögen vom inländischen Insolvenzverfahren unberührt, gleichzeitig

---

[23] Vgl. Smid, Internationales Insolvenzrecht, Einl. Rn. 2; Fletcher, Insolvency in private international law, Rn. 1.13 (*Universality and Territoriality*); MünchKommIntWR – Kindler, IntInsR Rn. 5; Reithmann/Martiny, Internationales Vertragsrecht – Hausmann, Rn. 2506; Gottwald, Insolvenzrechtshandbuch – Gottwald, § 128 Rn. 5.

[24] MünchKommIntWR – Kindler, IntInsR Rn. 5; Reithmann/Martiny, Internationales Vertragsrecht – Hausmann, Rn. 2506; Gottwald, Insolvenzrechtshandbuch – Gottwald, § 128 Rn. 5; Martius, Verteilungsregeln in der grenzüberschreitenden Insolvenz, S. 7; MünchKomm InsO – Reinhart, vor Art. 102 EGInsO a.F. Rn. 7; Fletcher, Insolvency in private international law, Rn. 1.13; Morse, Cross-border insolvency in the European Union in: International Conflict of Laws for the third Millennium, 233 (237).

[25] Smid, Internationales Insolvenzrecht, Einl. Rn. 9; MünchKommIntWR – Kindler, IntInsR Rn. 5; Reithmann/Martiny, Internationales Vertragsrecht – Hausmann, Rn. 2506; MünchKommInsO – Reinhart, vor Art. 102 EGInsO a.F. Rn. 7; ähnlich Fletcher, Insolvency in private international law, Rn. 1.13.

ignoriert sie bei Auslandsverfahren deren möglichen Wirkungserstreckungsanspruch auf Inlandsvermögen[26].

Es können jedoch auch Formen des Territorialitätsprinzips ausgemacht werden, die dieser Linie nicht ganz so streng folgen: So gibt es Rechtsordnungen, die sich selbst beschränken, Wirkungen ihres inländischer Verfahren mithin nur für das Inland beanspruchen; und es gibt Rechtsordnungen, die zwar die Erstreckung ihrer Verfahrenswirkungen ins Ausland einfordern, gleichzeitig aber ausländischen Verfahren im Inland keine Wirkung zukommen lassen wollen[27].

Das „Universalitätsprinzip" hingegen beschreibt die Wirkungserstreckung eines Insolvenzverfahrens auf das gesamte Schuldnervermögen, gleich ob im In- oder Ausland belegen[28]. Es besteht aus zwei Elementen, welche kumulativ vorliegen müssen, damit es zu einer Grenzüberschreitung des Verfahrens kommt: zum einen aus dem Anspruch, Wirkungen nach der *lex fori* auf das Auslandsvermögen des Schuldners zu erstrecken; zum anderen daraus, dass dieser Anspruch auch anerkannt und durch das Recht des Staates, in welchem das Vermögen belegen ist, gewährt wird[29]. Nur wenn auch letzteres Erfordernis gegeben ist, sind die angestrebten Wirkungen des Insolvenzverfahrens durchsetzbar[30].

II. Internationale Zuständigkeit und Anerkennung ausländischer Insolvenzverfahren

Voraussetzung der Durchsetzbarkeit ist die internationale Zuständigkeit des Eröffnungsgerichts; unterscheiden lassen sich direkte und indirekte Zuständigkeitsregeln.

---

[26] Martius, Verteilungsregeln in der grenzüberschreitenden Insolvenz, S. 7; Fletcher, Insolvency in private international law, Rn. 1.13.

[27] Martius, Verteilungsregeln in der grenzüberschreitenden Insolvenz, S. 11: „Einseitig" territorial ausgerichtet sind das autonome internationale Insolvenzrecht Schwedens, Liechtensteins, Argentiniens und das der Niederlande; territorial im Sinne von selbstbeschränkend waren allein Japan und Korea. Japan allerdings hat dieses strikte Territorialitätsprinzip mit der Reform des japanischen Rechts jüngst aufgegeben (vgl. Fletcher, Insolvency in private international law, Rn. 1.13 und Fn. 18 m.w.N.).

[28] Martius, Verteilungsregeln in der grenzüberschreitenden Insolvenz, S. 12; MünchKomm IntWR – Kindler, IntInsR Rn. 4 f.; Gottwald, Insolvenzrechtshandbuch – Gottwald, § 128 Rn. 5; BT-Drs. 15/16, S. 11 und 25; vgl. Geimer, IZPR, Rn. 3382; Fletcher, Insolvency in private international law, Rn. 1.13; Morse, Cross-border insolvency in the European Union in: International Conflict of Laws for the third Millennium, 233 (237); ähnlich Smid, Internationales Insolvenzrecht, Einl. Rn. 2: Universalität bedeutet stets Gesamtbeschlag des insolvenzschuldnerischen Vermögens.

[29] Martius, Verteilungsregeln in der grenzüberschreitenden Insolvenz , S. 12.

[30] Vgl. MüchKommInsO – Reinhart, vor Art. 102 EGInsO Rn. 27.

Die direkte internationale Zuständigkeit legt fest, unter welchen Umständen ein Staat ein Insolvenzverfahren eröffnen darf (Entscheidungszuständigkeit)[31]. Die indirekte internationale Zuständigkeit dagegen betrifft die Sichtweise des Zweitstaates, d.h. ob der Eröffnungsstaat aus Sicht des Ankerkennungsstaates international zuständig war. Daher wird diesbezüglich auch von Anerkennungszuständigkeit gesprochen[32].

Dabei steht es im Benehmen eines jeden Gesetzgebers, sowohl den Wirkungsbereich seines Insolvenzrechts festzulegen (direkte internationale Zuständigkeit) als auch über den Wirkungsanspruch ausländischer Insolvenzverfahren im Inland zu entscheiden (indirekte internationale Zuständigkeit)[33].

Geschieht dies im Wege eines zwischenstaatlichen Abkommens, werden die Voraussetzungen an die Anerkennung eines ausländischen Insolvenzeröffnungsbeschlusses sowie dessen Wirkungen festgeschrieben[34].

Außerhalb des Regelungsbereichs solcher Staatsverträge hat die Anerkennung eines solchen Eröffnungsbeschlusses zunächst nur zur Folge, dass der anerkennende Staat die Beschlagswirkung auf seinem Territorium gelten lässt, ebenso wie die Statusänderungen, welche mit dem fremden Hoheitsakt einhergehen[35]. Es geht folglich darum, ob ein Internationales Insolvenzrecht einem ausländischen Eröffnungsbeschluss inländische Wirkungen beimisst oder nicht[36]. Tatbestandswirkung hat der ausländische Hoheitsakt unabhängig von seiner Anerkennung[37], allein es geht um die Frage, ob er auch die ihm zugedachten Wirkungen entfalten darf oder nicht.

III. Einheits- und Pluralitätsprinzip

Von der Entscheidung einer Insolvenzrechtsordnung für das Universalitäts- oder Territorialitätsprinzip zu trennen ist die Frage, ob die Insolvenz des Schuldners

---

[31] Laut, Universalität und Sanierung im internationalen Insolvenzrecht, S. 82; MünchKomm InsO – Reinhart, Art. 102 EGInsO a.F. Rn. 34.

[32] Laut, Universalität und Sanierung im internationalen Insolvenzrecht, S. 82; MünchKomm InsO – Reinhart, Art. 102 EGInsO a.F. Rn. 34.

[33] Martius, Verteilungsregeln in der grenzüberschreitenden Insolvenz, S. 12; Fletcher, The law of Insolvency, Rn. 28-013.

[34] Vgl. Smid, Internationales Insolvenzrecht, Einl. Rn. 9. Mit der sog. „verfahrensrechtlichen Anerkennung" ist gemeint, dass sich die prozessualen Wirkungen der ausländischen Entscheidungen auf das Inland erstrecken (Theorie der sog. „Wirkungserstreckung") (MünchKomm InsO – Reinhart, Art. 102 EGInsO a.F. Rn. 281.

[35] Damit gemeint ist weder eine verfahrensrechtliche noch eine kollisionsrechtliche Anerkennung; vielmehr folgen Fragen einer kollisionsrechtlichen Anerkennung erst aus der völkerrechtlichen Wirkungserstreckung des verfahrenseröffnenden Hoheitsaktes (Smid, Internationales Insolvenzrecht, Einl. Rn. 9).

[36] Smid, Internationales Insolvenzrecht, Einl. Rn. 9.

[37] Smid, Internationales Insolvenzrecht, Einl. Rn. 9.

in einem einheitlichen Verfahren abgewickelt wird oder ob nicht vielmehr parallel hierzu gegenständlich beschränkte „Partikularverfahren" möglich sein sollen[38]; diese beziehen sich auf das gesamte in einem Staat belegene Vermögen des Schuldners, beschränken mithin den ausländischen Geltungsanspruch im Inland[39]. Für gewöhnlich wird diese Fragestellung mit dem Begriffspaar „Einheits- und Pluralitätsprinzip" schlagwortartig beschrieben[40].

Während die Entscheidung für das Territorialitätsprinzip notwendig Verfahrensmehrheit nach sich zieht, hat Universalität keine solchen zwingenden Auswirkungen; weder ist mit ihr unumgänglich Verfahrenseinheit verbunden, noch kann Verfahrensmehrheit nur die Konsequenz des Territorialitätsprinzips sein[41].

Dies wird vor allem deutlich, wenn man sich die praktischen Schwierigkeiten vergegenwärtigt: So wird sich kaum ein Staat finden lassen, der unilateral ein System aufweist, einem ausländischen Insolvenzverfahren die passenden Wirkungen zu verschaffen[42]; das Vertrauen lokaler Gläubiger in die Verwirklichung einer bestimmten Insolvenzrechtsordnung muss daher notwendig enttäuscht werden[43]. Außerdem ist es kostspielig und müßig, in den Staaten, in denen Vermögen des Schuldners belegen ist, Verwaltungen nach lokalem Gesetz und Verfahren zu unterhalten[44]. Daher müssen in einer globalisierten Welt Wege gefunden werden, diesen Schwierigkeiten zu begegnen. - Die Lösung führt über eine gestufte Kombination der Strukturelemente: ein Primärverfahren, welches Universalität anstrebt, bei gleichzeitiger Zulassung territorial beschränkter, gleichsam die Wirkungen des Primärverfahrens einschränkender Sekundärverfahren[45].

---

[38] Vgl. Martius, Verteilungsregeln in der grenzüberschreitenden Insolvenz, S. 17; Laut, Universalität und Sanierung im internationalen Insolvenzrecht, S. 141; Fletcher, Insolvency in private international law, Rn. 1.12.

[39] Vgl. Laut, Universalität und Sanierung im internationalen Insolvenzrecht, S. 142.

[40] Vgl. Smid, Internationales Insolvenzrecht, Einl. Rn. 2; Laut, Universalität und Sanierung im internationalen Insolvenzrecht, S. 141; ähnlich Martius, Verteilungsregeln in der grenzüberschreitenden Insolvenz, S. 17 (Verfahrenseinheit und Verfahrenspluralität); Fletcher, Insolvency in private international law, Rn. 1.12 (*Unity and Plurality*).

[41] Vgl. Martius, Verteilungsregeln in der grenzüberschreitenden Insolvenz, S. 17 f..

[42] Fletcher, Insolvency in private international law, Rn. 1.13.

[43] Vgl. Fletcher, Insolvency in private international law, Rn. 1.12.

[44] Fletcher, Insolvency in private international law, Rn. 1.12; ähnlich Reithmann/Martiny, Internationales Vertragsrecht – Hausmann, Rn. 2522.

[45] Vgl. Fletcher, Insolvency in private international law, Rn. 1.18; MünchKommIntWR – Kindler, IntInsR Rn. 117 (Prinzip der „kontrollierten Universalität"); Reithmann/Martiny, Internationales Vertragsrecht – Hausmann, Rn. 2522 .

B. Die Rechtsquellen des Internationalen Insolvenzrechts und deren Anwendungsbereich

Eingang gefunden haben die rechtspolitischen Vorstellungen des jeweiligen Normgebers in Regelwerke sowohl auf europäischer wie auch auf mitgliedstaatlicher Ebene. Um die aufgeworfenen Rechtsfragen beantworten zu können, sind zunächst die einschlägigen kollisions- und verfahrensrechtlichen Rechtsquellen vorzustellen und in das richtige Verhältnis zu setzen.

Grundsätzlich gilt: Verordnungen der Europäischen Gemeinschaft haben als sekundäres Gemeinschaftsrecht, das in den Mitgliedstaaten unmittelbar und einheitlich gilt, in der Anwendung Vorrang gegenüber mitgliedstaatlichem Recht (Art. 249 Abs. 2 EGV).

Auch Staatsverträge gehen dem nationalen autonomen Recht in der Anwendung vor[46]. Dies folgt aus dem Grundsatz völkerrechtsfreundlichen Verhaltens und dem Zweck der staatsvertraglichen Regelung (*pacta sunt servanda*)[47]. Beide, sekundäres Gemeinschaftsrecht wie auch Staatsverträge, sind selbst dann vorrangig, wenn sie älteren Datums sind, da die *Lex-posterior*-Regel im Verhältnis zwischen Gemeinschafts- und mitgliedstaatlichem Recht keine Anwendung findet[48].

Daraus folgt zunächst, dass die einheitlichen Regelungen auf europäischer Ebene gegenüber mitgliedstaatlichem Recht vorrangig sind. Dies sind als spezifisch insolvenzrechtlich: die Verordnung (EG) Nr. 1346/2000 des Rates über Insolvenzverfahren vom 29. Mai 2000 („Europäische Insolvenzverordnung", kurz EuInsVO), sowie als allgemein verfahrensrechtlich: die Verordnung (EG) Nr. 44/2001 des Rates über die gerichtliche Zuständigkeit und die Anerkennung und Vollstreckung von Entscheidungen in Zivil- und Handelssachen vom 22. Dezember 2000 (EuGVVO), das Brüsseler EWG-Übereinkommen über die gerichtliche Zuständigkeit und die Vollstreckung gerichtlicher Entscheidungen in Zivil- und Handelssachen vom 27. September 1986 (EuGVÜ), das Luganer Übereinkommen über die gerichtliche Zuständigkeit und die Vollstreckung gerichtlicher Entscheidungen in Zivil- und Handelssachen vom 16. September 1988 (LugÜ).

Auch das mitgliedstaatliche Recht Kontinentaleuropas ist größtenteils kodifiziert. Einschlägige Rechtsquellen speziell des Insolvenzrechts, des nationalen wie des internationalen, sind daher in Deutschland: die Insolvenzverordnung (InsO) und das Einführungsgesetz zur Insolvenzverordnung (EGInsO), welches Vorschriften zur Ausführung des europäischen internationalen Insolvenzrechts

---

[46] Von Hoffmann/Thorn, IPR, § 1 Rn. 75.
[47] Von Hoffmann/Thorn, IPR, § 1 Rn. 75.
[48] Vgl. Kropholler, Europäisches Zivilprozessrecht/Einl. Rn. 19; Von Hoffmann/Thorn, IPR, § 1 Rn. 78; BGH, Urt.v.11.1.1984, Az: IV b ZR 41/82 (BGHZ 89, 325 (326)).

enthält[49]. Allgemein prozess-, teils auch kollisionsrechtliche Bestimmungen enthält die Zivilprozessordnung (ZPO). Dies vor allem deshalb, weil mit den §§ 335 ff. InsO keine Bestimmung der eigenen direkten internationalen Zuständigkeit getroffen wurde; daher gilt die allgemeine Regel, wonach die internationale Zuständigkeit bei fehlender ausdrücklicher Regelung im deutschen Recht über die örtliche Zuständigkeit vermittelt wird[50].

In Frankreich stehen zur Verfügung: das 6. Buch des *Code de Commerce* (*Des difficultés des entreprises*)[51] und das Dekret Nr. 2005-1677 vom 28. Dezember 2005 (*Pris en application de la loi n° 2005-845 du 26 juillet 2005 de sauvegarde des entreprises*)[52].

Bei letzterem handelt es sich um eine Ausführungsverordnung zum französischen Insolvenzrecht im *Livre VI* des *Code de Commerce*[53]. Wie schon die deutsche ZPO bestimmt diese mangels besonderer Vorschriften die internationale Zuständigkeit für Sanierungs- wie auch Liquidationsverfahren über die Regelung der örtlichen Zuständigkeit (Art. 1)[54]. Für die verbleibenden prozessrechtlichen Fragen steht das Zivilverfahrensrecht zur Verfügung (*Nouveau Code de Procédure Civile)*[55].

Italiens in Frage kommende Regelwerke sind: das Gesetz zur Reform des internationalen Privatrechts vom 31. Mai 1995 (*Legge n. 218, Riforma del sistema*

---

[49] Vgl. Smid, Internationales Insolvenzrecht/EGInsO, Art. 102 Rn. 1: Art. 102 EGInsO enthält Vorschriften zur Ausführung des europäischen internationalen Insolvenzrechts bzw. allgemein zum europäischen Recht, soweit es insolvenzrechtlich relevant ist. Zwar gilt gemäß Art. 249 Abs. 2 S. 2 EGV die EuInsVO als Verordnung in diesem Sinne allgemein und unmittelbar in jedem Mitgliedstaat, ohne dass es hierfür einer gesonderten Umsetzung bedürfte; jedoch macht die reibungslose Abwicklung grenzüberschreitender Insolvenzen bestimmte Anpassungen erforderlich. Art. 1 des Einführungsgesetzes soll diesem Bedürfnis gerecht werden (BT-Drs. 15/16, S. 12; Smid, Internationales Insolvenzrecht/EGInsO, Art. 102 Rn. 2).

[50] Reithmann/Martiny, Internationales Vertragsrecht – Hausmann, Rn. 2528 (sog. „Grundsatz der Doppelfunktionalität"); MünchKommInsO – Reinhart, Art. 102 EGInsO a.F. Rn. 38.

[51] Nachweis: Code de Commerce, www.legifrance.gouv.fr/WAspad/RechercheSimplePartie Code?commun=&code=CCOMMERL.rcv. Selbiges geht zurück auf das Insolvenzgesetz von 1985 (*Loi n° 85-98 du 25 janvier 1985 relative au redressement et à la liquidation judiciaires des entreprises*), zuletzt geändert durch Gesetz vom 26. Juli 2005 (*Loi n° 2005-845 de sauvegarde des entreprises*), www.legifrance.gouv.fr/WAspad/Visu?cid=734615&indice=1&table=JORF&ligneDeb=1.

[52] Nachweis: www.legifrance.gouv.fr/WAspad/UnTexteDeJorf?numjo=JUSC0520842D. Selbiges geht zurück auf *Décret n° 85-1388 du 27 décembre 1985 relatif au redressement et à la liquidation judiciaires des entreprises* und beinhaltet dessen letzte Aktualisierung mit Blick auf das *Loi n° 2005-845 du 26 juillet de sauvegarde des entreprises*.

[53] Weber/Hoffmann, Das französische Insolvenzrecht, S. 11, 3.2-35 (zum *Loi n° 85-98*).

[54] Heyers, Das französische Internationale Insolvenzrecht, S. 7 (zum *Décret n° 85-1388*).

[55] Nachweis: Dalloz, Nouveau Code de Procédure Civile, sowie für letzte Änderungen: www.legifrance.gouv.fr/WAspad/RechercheSimplePartieCode?commun=CPROCI&code=CPROCI0. rcv.

italiano di diritto internazionale privato)[56], das Zivilprozessrecht (*Codice di Procedura Civile*)[57] und das königliche Dekret vom 16. März 1942 über die „Regelung des Konkurses, des Ausgleichs, der Geschäftsaufsicht und der Zwangsliquidation im Verwaltungsweg“ (*Regio Decreto, n. 267, „disciplina del fallimento, del concordato preventivo, dell'amministrazione controllata e della liquidazione coatta amministrativa“*)[58].

Für Großunternehmen gibt es außerhalb des Konkursgesetzes ein besonderes Sanierungsverfahren zur außerordentlichen Verwaltung von Großunternehmen in der Insolvenz (*Decreto Legislativo n. 270/99, Nuova disciplina dell' amministrazione straordinaria delle grandi imprese in stato di insolvenza*)[59]. Ziel dieses Verfahrens ist es, gefährdete Großunternehmen möglichst vor der Zerschlagung zu bewahren[60].

Demgegenüber sind Quellen des englischen Rechts zum einen das geschriebene und zum anderen das ungeschriebene Recht. Mit ersterem ist sämtliches Recht gemeint, das förmlich erlassen wurde, wohingegen „ungeschriebenes“ sämtliches nicht förmlich erlassene Recht bezeichnet[61]. Im Unterschied zu den

---

[56] Nachweis: *Riforma del sistema italiano di diritto internazionale privato* vom 31.5.1995 (L. n. 218/95), www.altalex.com/index.php?idnot=1178

[57] Nachweis: Bauer/Eccher/König/Kreuzer/Zanon, Italienische Zivilprozessordnung – mit Nebengesetzen und IPR-Gesetz.

[58] Nachweis: Bauer/König/Kreuzer, Italienisches Konkursrecht und andere Insolvenzverfahren. Dieses wurde durch d.lgs. n. 5/06 vom 9.1.2006 (*Riforma organica delle disciplina delle procedure concorsuali a norma dell'articolo 1, comma 5, della legge 14 maggio 2005, n. 80*) umfassend geändert (Nachweis: www.parlamento.it/leggi/deleghe/06005dl.htm); unter anderem wurde die „Geschäftsaufsicht“ komplett aufgehoben (Art. 147 d.lgs. n. 5/06). Daneben existiert eine Vielzahl sondergesetzlicher Vorschriften für bestimmte Schuldnergruppen (Vgl. Kindler, Italienisches Handels- und Wirtschaftsrecht, § 6 I. Rn. 2); der Konkurs ist – nach französischem Vorbild - auf Unternehmer beschränkt; Privatgläubiger unterliegen nur der Einzelzwangsvollstreckung (ders., § 6 I. Rn. 4).

[59] Nachweis: *Nuova disciplina dell'amministrazione straordinaria delle grandi imprese in stato di insolvenza* vom 8.7.1999 (d.lgs. n. 270/99), Gazzetta Ufficiale n. 185 vom 9.8.1999 www.gazzette.comune.jesi.an.it/185-99/dl270.htm; mit Änderungen durch d.l. n. 347 vom 23.12.2003 (*Misure urgenti per la ristrutturazione industriale di grandi imprese in stato di insolvenza*), Gazzetta Ufficiale n. 298 vom 24.12.2003, www.gazzette.comune.jesi.an. it/2003 /298/1.htm und L. n. 39 vom 18.2.2004 (*Conversione in legge, con modificazioni, del decreto-legge 23 dicembre 2003, n. 347, recante misure urgenti per la ristrutturazione industriale di grandi imprese in stato di insolvenza*), www.parlamento.it/parlam/leggi/04039l.htm (sog. *Legge Marzano*) und d.l. n. 119 vom 3.5.2004 (*disposizione corretive ed integrative della normativa sulle grandi imprese in stato di insolvenza*), www.dotconsul.it/Articoli/dlmarzano 119.htm.

[60] Kindler, Italienisches Handels- und Wirtschaftsrecht, § 6 I. Rn. 2.

[61] Vgl. von Bernstorff, Einführung in das englische Recht, § 1 III. 2., S. 12.

kontinentaleuropäischen Rechtsordnungen besteht in England das Recht hauptsächlich aus „ungeschriebenem" Recht[62].

Durch gerichtliche Entscheidungen in ähnlich gelagerten Fällen bilden sich nach und nach allgemeine Regeln heraus. - Es entsteht ein System, das einerseits durch Präzedenzfälle Koordinaten schafft, innerhalb derer ein gewisses Maß an Rechtssicherheit vorherrscht; zugleich ist es offen und stets wandelbar, um den Eigenheiten des Einzelfalls gerecht zu werden[63].

Neben dieser Eigentümlichkeit des *common law*, dem sogenannten „Fallrecht" (*case law*), existieren indes auch kodifizierte Gesetze, das „*statutory law*"[64].

Das englische Insolvenzrecht ist weitgehend kodifiziert; in einem Gesetz (*Insolvency Act 1986*) und einer Verordnung (*Insolvency Rules 1986*) wurden Voraussetzungen und Wirkungen der einzelnen Verfahren sowie Bestimmungen zu deren Durchführung festgeschrieben[65].

Als weitere – kodifizierte – Rechtsquellen kommen das englische Zivilprozessrecht (*Civil Procedure Rules*) und die dazu ergangenen Anweisungen zur Durchführung von Insolvenzverfahren (*Practice Directions – Insolvency Proceedings*) in Betracht[66].

Nicht kodifiziert war dagegen lange das englische Kollisionsrecht. Vielmehr hat es sich im Laufe der Jahrzehnte aus Fallrecht entwickelt[67]. In Konsequenz

---

[62] Vgl. von Bernstorff, Einführung in das englische Recht, § 1 III. 2., S. 12: Ein Gesetz ist im Grunde nur eine Rechtsquelle zweiten Ranges, dazu bestimmt, den Normenkomplex des *case law* zu ersetzen und im Laufe der Zeit entstehende Unklarheiten bzw. Lücken zu berichtigen und aufzufüllen.

[63] Vgl. von Bernstorff, Einführung in das englische Recht, § 1 III. 1., S. 10: Innerhalb dieses Präjudiziensystems (*precedent case*) hat sich eine Entscheidung grundsätzlich und verbindlich an einer vorangegangenen Entscheidung eines höheren Gerichts zu orientieren (*stare decisis*), solange diese nicht durch ein Obergericht außer Kraft gesetzt ist (*overruled*).

[64] *Statutory law* bezeichnet das Recht, welches in Gesetzen verankert ist (von Bernstorff, Einführung in das englische Recht, § 1 III. 2., S. 12).

[65] Nachweis: Insolvency Act 1986 (www.insolvencyhelpline.co.uk/insolvency-act/ia1986.htm); Insolvency Rules 1986 (ursprüngliche Fassung: www.insolvency.gov.uk/insolvencyprofessionalandlegislation/legislation/uk/insolvencyrules.pdf; mit Änderungen bis zum SI 2002/1307: Sealy/Milman, Annotated Guide to the Insolvency Legislation), jeweils grundlegend geändert durch *Part 10 Enterprise Act 2002* (Meyer-Löwy/Poertzgen/de Vries, ZInsO 2005, 293 (293); vgl. auch MünchKommInsO – Schlegel/Taylor, Länderbericht England und Wales, Rn. 1; Nachweis: Enterprise Act 2002, www.opsi.gov.uk/acts/acts2002/20040.htm), in der durch diverse *Statutory Instruments* modifizierten Fassung (Stand: Mai 2006) (Nachweise unter www.opsi.gov.uk/stat.htm).

[66] Nachweis: www.dca.gov.uk/civil/procrules_fin/menus/rules.htm bzw. www.dca.gov.uk/civil/procrules_fin/contents/practice_directions/insolvency_pd.htm.

[67] Von Bernstorff, Einführung in das englische Recht, § 20, S. 255 f.: Daneben sind in jüngerer Zeit kodifizierte Regelwerke hinzugetreten, so beispielsweise der *Contracts (Applicable Law) Act 1990* und der *Private International Law (Miscellaneous Provisions) Act 1995*.

kam dem Richter im internationalen Verfahrensrecht lange rechtssetzender Spielraum sowohl bei der Beurteilung der eigenen internationalen Zuständigkeit zu, als auch bei der der Anerkennungszuständigkeit[68]. – Für den Bereich des Internationalen Insolvenzrechts hat das britische Parlament diese Praxis jüngst eingeschränkt: Seit 4. April 2006 gilt in England, Wales und Schottland das „*UNICITRAL Model Law*"[69]; selbiges enthält Bestimmungen, die die Abwicklung grenzüberschreitender Insolvenzverfahren erleichtern sollen: Es regelt den Zugang ausländischer Verfahrensbeteiligter zu inländischen Insolvenzverfahren, die Anerkennung ausländischer Insolvenzverfahren im Inland und trifft Vorkehrungen für Abstimmung und Zusammenarbeit von Insolvenzverfahren verschiedener Staaten, die ein und den selben Schuldner betreffen[70].

---

[68] Vgl. Florian, Das englische internationale Insolvenzrecht, S. 16.

[69] Nachweis: Statutory Instrument 2006 No. 1030, The Cross-Border-Insolvency Regulations 2006, www.opsi.gov.uk/si/si2006/uksi_20061030_en.pdf

[70] Vgl. SI 2006 No. 1030, Explanatory Note, S. 59, www.opsi.gov.uk/si/si2006/uksi_2006103 0_en. pdf.; Explanatory Memorandum to the „Cross-Border Insolvency Regulations 2006", 2006 No. 1, Rn. 7.5-7.17, www.opsi.gov.uk/si/si2006/draft/em/uksidem_01107741587_en. pdf.

Zweiter Teil: Die direkte internationale Zuständigkeit

1. Abschnitt: Internationale Zuständigkeit - Räumlicher Anwendungsbereich

Die räumliche Anwendbarkeit der EuInsVO setzt zweierlei voraus: einen grenzüberschreitenden Bezug und eine gewisse Qualität dieses Bezuges.

Ausgeschlossen sind demnach reine Binnensachverhalte, d.h. Insolvenzen, deren Auswirkungen auf das Gebiet eines Mitgliedstaates beschränkt bleiben. Dies ergibt sich zwar nicht eindeutig aus dem Wortlaut des Art. 1 EuInsVO, nach einhelliger Meinung[71] aber aus der Zielsetzung der EuInsVO: der gemeinschaftlichen Koordinierung grenzüberschreitender Insolvenzverfahren (vgl. Erwägungsgründe 2 und 3 zur EuInsVO).

Um einen möglichst weitgehenden Bereich durch die EuInsVO abzudecken, werden an den *sachlichen* Bezug nicht allzu hohe Anforderungen gestellt; eine privatrechtliche Verbindung zu einem weiteren Mitgliedstaat ist ausreichend[72], beispielsweise die Belegenheit einer Sache, an der dingliche Rechte Dritter bestehen (vgl. Art. 5, 7 Abs. 1 EuInsVO) oder der Sitz, Wohnsitz oder gewöhnliche Aufenthalt von Verfahrensbeteiligten (vgl. Art. 39 EuInsVO)[73]; ebenso genügt das Auseinanderfallen von Insolvenzstatut und der Rechtsordnung, die auf ein bestimmtes Rechtsverhältnis anzuwenden ist (z.B. im Falle von Art. 10, 11 oder 13 EuInsVO).

Welcher *Art* dieser grenzüberschreitende Bezug sein soll, ist aus dem Text der EuInsVO allerdings nicht ohne weiteres ersichtlich: Genügt bereits ein „einfacher" Auslandsbezug dergestalt, dass eine Verbindung zu einem sogenannten „Drittstaat", einem Nicht-Mitgliedstaat der EU, ausreicht, um den Anwendungsbereich der EuInsVO zu eröffnen? Oder muss der Bezug zum Ausland ein „qualifizierter" sein, d.h. gegenüber einem anderen Mitgliedstaat bestehen[74]?

Unzweifelhaft findet die EuInsVO Anwendung, wenn der Sachverhalt im innergemeinschaftlichen Raum verbleibt. Dies folgt zwar nicht ausdrücklich aus

---

[71] Huber, ZZP 2001, 133 (136); ders. EuZW 2002, 490 (491); Duursma-Kepplinger/Duursma/Chalupsky, EuInsVO – Duursma-Kepplinger, Art. 1 Rn. 2; MünchKommIntWR – Kindler, IntInsR Rn. 77; Reithmann/Martiny, Internationales Vertragsrecht, Hausmann, Rn. 2515.

[72] Herchen, Das Übereinkommen über Insolvenzverfahren der Mitgliedstaaten der Europäischen Union vom 23.11.1995, S. 34; so auch Duursma-Kepplinger/Duursma/Chalupsky, EuInsVO – Duursma-Kepplinger, Art. 1 Rn. 5.

[73] Huber, ZZP 2001, 133 (136); ders. EuZW 2002, 490 (491).

[74] Vgl. zu dieser Fragestellung Duursma-Kepplinger/Duursma/Chalupsky, EuInsVO – Duursma-Kepplinger, Art. 1 Rn. 2; MünchKommIntWR – Kindler, IntInsR Rn. 79-83.

einer Bestimmung der Verordnung, lässt sich jedoch aus einer Zusammenschau verschiedener Einzelvorschriften ableiten[75]:

Art. 3 Abs. 1 und Art. 16 EuInsVO fixieren die Eckpunkte des Verfahrens ausdrücklich im Territorium der Gemeinschaft: Sowohl Eröffnungs- als auch Anerkennungszuständigkeit bedingen die Belegenheit des schuldnerischen Interessenmittelpunktes in einem (teilnehmenden) Mitgliedstaat[76]. Ausdrücklich erhebt Art. 3 Abs. 1 EuInsVO dies zur Voraussetzung; Art. 16 EuInsVO dagegen tut dies implizit: So besteht die Pflicht zur Anerkennung (nur) für solche Verfahren, die zum einen in einem Mitgliedstaat eröffnet wurden und zum anderen auf dem Zuständigkeitsgrund des Art. 3 der Verordnung beruhen. Dieser setzt jedoch gerade voraus, dass sich der Interessenmittelpunkt des Schuldners in einem Mitgliedstaat befindet.

Auch die meisten kollisionsrechtlichen Sondervorschriften der Art. 5 – 15 EuInsVO erfassen nur Fälle, in denen sich der maßgebende Bezugspunkt in einem Mitgliedstaat befindet. Liegt er in einem Drittstaat greift die Verordnung nicht ein, da diese insofern keine Wirkungen des Insolvenzverfahrens gegenüber Drittstaaten vorsehen will (vgl. Erwägungsgründe 12 und 14 zur EuInsVO)[77]. Diese Intention fand sich auch schon im erläuternden Bericht von Miguel Virgos und Etienne Schmit (sog. Virgos/Schmit-Report) zum „Europäischen Übereinkommen über Insolvenzverfahren vom 23. November 1995" (EuIÜ), der nie in Kraft getretenen Vorgängerversion der EuInsVO[78], wieder: So sollte das EuIÜ

[75] Huber, ZZP 2001, 133 (137); ders. EuZW 2002, 490 (491); ebenso Duursma-Kepplinger/Duursma/Chalupsky, EuInsVO – Duursma-Kepplinger, Art. 1 Rn. 4; ähnlich Reithmann/Martiny, Internationales Vertragsrecht – Hausmann, Rn. 2515.

[76] Obwohl die EuInsVO als Verordnung nach Art. 249 Abs. 2 EGV in allen Mitgliedstaaten der Europäischen Union allgemein und unmittelbar anwendbar ist, gilt sie nicht im Verhältnis zu Dänemark, denn dieses hat sich nicht an der Annahme der Verordnung beteiligt (vgl. Art. 1 und 2 des Protokolls über die Position Dänemarks, das dem Vertrag über die Europäische Union und dem Vertrag zur Gründung der Europäischen Gemeinschaften beigefügt ist; Erwägungsgrund 33 zur EuInsVO). Eine Insolvenz mit Interessenmittelpunkt des Schuldners in Dänemark ist folglich wie ein Drittstaatensachverhalt zu behandeln.

[77] Huber, ZZP 2001, 133 (138); Smid, Internationales Insolvenzrecht/EurInsVO, Art. 1 Rn. 6; Fletcher, Insolvency in private international law, Rn. 7.40; MünchKommIntWR – Kindler, IntInsR Rn. 78.

[78] Nachdem das EuIÜ aus dem Jahre 1995 weniger an inhaltlichen, sondern vorwiegend an sachfremden Bedenken gescheitert war (vgl. dazu ausführlich Fn. 7) legte die EU-Kommission im Mai 1999 eine nahezu wortgleiche Fassung des Übereinkommens als Verordnungsentwurf vor (MünchKommInsO – Reinhart, vor Art. 102 EGInsO a.F. Rn. 83). Gestrichen wurden lediglich die Vorschriften im Teil V des Übereinkommens, die die Auslegung des Übereinkommens durch den EuGH – vergleichbar mit den früheren Regelungen im EuGVÜ – regelten, da sich die Zuständigkeit des EuGH zu deren verbindlicher Auslegung unmittelbar aus dem EGV ergibt. Ansonsten sind nur geringfügige redaktionelle Änderungen in einzelnen Vorschriften vorgenommen worden. Daher kann bei der Auslegung der EuInsVO in weiten Teilen auf die Vorarbeiten zum EuIÜ, d.h. den umfassenden „Erläuternden Bericht zum

nur anwendbar sein, wenn der Interessenmittelpunkt *im* Gebiet eines Vertragsstaates liegt[79]; ausdrücklich keine Anwendung sollte es hingegen finden, wenn der Interessenmittelpunkt *außerhalb* des Gebiets eines Vertragsstaates liegt[80]. Diesbezüglich besteht Klarheit.

Umgekehrt jedoch liegen die Dinge nicht so einfach: Erwägungsgrund 14 zur EuInsVO lässt es genügen, dass der Interessenmittelpunkt in der Gemeinschaft liegt. Das könnte man auch so verstehen, dass die EuInsVO Geltung auch für Drittstaaten anstrebt, wenn nur der *maßgebende Bezugspunkt* „Mittelpunkt hauptsächlicher Interessen" in einem Mitgliedstaat liegt, während sich weiteres Vermögen oder Filialen des Schuldners in einem Nichtmitgliedstaat befinden können; mithin wäre ein „einfacher" Auslandsbezug ausreichend.

Der schiere Wortlaut der Verordnung trägt diese Deutweise. – Gleichwohl fragt sich, ob einer Verordnung der europäischen Gemeinschaft mit ihren Staatsgrenzen nicht auch Grenzen in ihrer räumlichen Geltung gesetzt sind. Oder konkret: Kann bzw. soll mit der EuInsVO auch die internationale Zuständigkeit für Insolvenzverfahren im Verhältnis zu Drittstaaten geregelt werden?

Eine solch grenzüberschreitende Wirkung eines Insolvenzverfahrens ist theoretisch möglich, setzt jedoch voraus, dass zwei Bedingungen erfüllt sind: Zum einen muss das Verfahren den Anspruch erheben, Wirkungen auf das Auslandsvermögen des Schuldners zu erstrecken, und zum anderen muss dieser Anspruch durch das Recht des Staates, in welchem das Vermögen belegen ist, anerkannt und gewährt werden[81].

Dabei steht es im Belieben eines jeden Gesetzgebers, sowohl den Wirkungsbereich *seines* Insolvenzrechts festzulegen, als auch über den Wirkungsanspruch *ausländischer* Insolvenzverfahren im Inland zu entscheiden[82].

EuIÜ" von Virgos/Schmit zurückgegriffen werden (MünchKommInsO – Reinhart, vor Art. 102 EGInsO a.F. Rn. 84; ebenso Huber, EuZW 2002, 490 (490); Wimmer, ZInsO 2005, 119 (121); Smid, Internationales Insolvenzrecht/EurInsVO, Vor Art. 1 Rn. 14.). Zwar fehlt Berichten zu Übereinkommen, die auf Art. 293 EGV beruhen, jede rechtsverbindliche Autorität; da diese jedoch vom Rat gebilligt werden müssen, spiegeln sie die Rechtsansicht des Gesetzgebers wider. Dies rechtfertigt es, den Bericht bei der Auslegung (des EuIÜ) heranzuziehen, zumal gerade der EuGH, welcher zur Auslegung berufen ist, sich solcher Berichte bei der Auslegung bedient (Herchen, Das Übereinkommen über Insolvenzverfahren der Mitgliedstaaten der Europäischen Union vom 23.11.1995, S. 83).

[79] Virgos/Schmit-Report, Rn. 11.

[80] Virgos/Schmit-Report, Rn. 44a.

[81] Martius, Verteilungsregeln in der grenzüberschreitenden Insolvenz , S. 12.

[82] Martius, Verteilungsregeln in der grenzüberschreitenden Insolvenz , S. 12.

A. Intention des Verordnungsgebers

Zunächst stellt sich daher die Frage, ob der Wirkungsbereich der EuInsVO nach dem Willen des Verordnungsgebers über die Mitgliedstaaten hinaus ausgedehnt werden *sollte*.

I. Wortlaut

Betrachtet man die Formulierung des Art. 3 Abs. 1 EuInsVO isoliert, so lässt sich das Erfordernis eines qualifizierten Auslandsbezugs nicht hineinlesen. Es wird allein daran angeknüpft, ob sich der „Mittelpunkt der hauptsächlichen Interessen des Schuldners" im Gebiet der Mitgliedstaaten befindet; welcher Art das grenzüberschreitende Element sein sollte, bleibt ungewiss.

Anders dagegen, nimmt man die Wortwahl der Erwägungsgründe hinzu: Während die deutsche Fassung des Erwägungsgrundes 2 zur EuInsVO sich des Singulars bedient („grenzüberschreitend"), ebenso wie die englische („cross-border") und italienische („transfrontaliera"), verwendet die französischsprachige Fassung der Verordnung den Plural: *„procédures d'insolvabilité transfrontalières"* statt *„transfrontières"*[83].

Letztere Formulierung legt nahe, die Anwendbarkeit der EuInsVO festzumachen an einem Überschreiten der *internen* Grenzen zwischen den Mitgliedstaaten, nicht dagegen am Übertritt der *Außen*grenze der Gemeinschaft. Zum Teil wird daher vertreten, diese Formulierung biete einen sicheren Anhalt dafür, dass ein Drittstaatenbezug nicht zur Anwendung der EuInsVO ausreichen kann, selbst dann nicht, wenn der Schuldner den „Mittelpunkt seiner hauptsächlichen Interessen" in einem Mitgliedstaat hat[84].

Diese Deutweise würde jedoch der französischen Sprachfassung der Verordnung einen ungerechtfertigten Vorzug geben, steht sie mit der Wahl des Plurals doch allein, wiewohl das Sekundärrecht in allen Amtssprachen gleichermaßen verbindlich ist (Art. 4 der „Verordnung für Verordnungen")[85].

Wegen der bestehenden Textdifferenzen kann dem Wortlaut keine Intention zwingend entnommen werden; sichere Anhaltspunkte müssen daher anderweitig gewonnen werden.

---

[83] MünchKommIntWR – Kindler, IntInsR Rn. 81; Duursma-Kepplinger/Duursma/Chalupsky, EuInsVO – Duursma-Kepplinger, Art. 1 Rn. 3. (*„transfrontier"*).

[84] Duursma-Kepplinger/Duursma/Chalupsky, EuInsVO – Duursma-Kepplinger, Art. 1 Rn. 3. Möglicherweise wegen dieser Eindeutigkeit die Anwendung auf Drittstaaten ohne weitere Begründung ablehnend auch Pereira, Le Règlement sur les procédures d'insolvabilité, in: Barrett, Creating a European Judicial Space, S. 85.

[85] Streinz, Europarecht, § 4 Rn. 274. Amtssprachen sind die authentischen Sprachen nach Art. 314 EG bzw. Art. 225 EAGV in Verbindung mit den Beitrittsverträgen sowie Art. 53 EUV.

Dabei bietet sich an, die der EuInsVO eigenen Bestimmungen über ihren Geltungsbereich zu konsultieren, namentlich die ihres Verhältnisses zu anderen Übereinkünften.

So ordnet Art. 44 Abs. 3 lit. a) EuInsVO an, die Verordnung gelte nicht „in einem Mitgliedstaat, soweit es in Konkurssachen mit den Verpflichtungen aus einer Übereinkunft unvereinbar ist, die dieser Staat mit einem oder mehreren Drittstaaten vor Inkrafttreten dieser Verordnung geschlossen hat“[86].

Unter der Prämisse, die EuInsVO strebe Geltung auch gegenüber Drittstaaten an, ist der Regelungsgehalt der Bestimmung dieser: Die EuInsVO trifft im Verhältnis zu Drittstaaten nunmehr Regelungen, soweit zuvor eingegangene Verpflichtungen zu den betreffenden (Dritt-) Staaten nicht entgegenstehen[87].

Allerdings ist diese Lesart keineswegs zwingend, denn Art. 44 Abs. 3 gibt auch dann (noch) Sinn, wenn man davon ausgeht, die EuInsVO regle Drittstaatenverhältnisse *nicht*[88]. Dies dann, wenn die Übereinkunft mit dem Drittstaat zugleich Verpflichtungen unter mehreren Mitgliedstaaten begründet[89]. Art. 44 Abs. 3 EuInsVO bedeutet dann: Die EuInsVO gilt nicht im Verhältnis der beteiligten Mitgliedstaaten, soweit Verpflichtungen aus einem früheren multilateralen Übereinkommen entgegenstehen.

Je nach zugrunde gelegter Annahme kann Art. 44 Abs. 3 EuInsVO mithin unterschiedlich und gänzlich konträr interpretiert werden; er ist deshalb nicht geeignet, die Frage nach der Anwendbarkeit der EuInsVO im Verhältnis zu Drittstaaten zu erhellen, Rückschlüsse verbieten sich folglich.

Eine weitere systematische Überlegung will eine Parallele zwischen den potentiellen Gläubigern, wie sie in der EuInsVO beschrieben sind, und dem Kreis erfasster Schuldner ziehen[90].

Erwägungsgrund 21 zur EuInsVO beschränkt den Kreis anmeldungsberechtigter Gläubiger auf solche, die ihren „Wohnsitz, gewöhnlichen Aufenthalt oder Sitz in der Gemeinschaft“ haben. Demgegenüber enthält die entsprechende Bestimmung der EuInsVO (Art. 32 Abs. 1) keine solche Einschränkung. Überträgt man die Beschränkung des Erwägungsgrundes auf Art. 32 Abs. 1 EuInsVO, liest sich dieser als „jeder Gläubiger in einem Mitgliedstaat“.

---

[86] Eine vergleichbare Regelung trifft Art. 44 Abs. 3 lit. b) EuInsVO für das Vereinigte Königreich und Nordirland im Verhältnis zu den *Commonwealth*-Staaten.

[87] Duursma-Kepplinger/Duursma/Chalupsky, EuInsVO – Duursma-Kepplinger, Art. 1 Rn. 52, wonach diese Ausnahmeregelungen durchaus den Schluss zuließen, dass die EuInsVO grundsätzlich auch Drittstaatenverhältnisse regelt oder zumindest regeln will (extragemeinschaftliche Sollgeltung).

[88] Duursma-Kepplinger/Duursma/Chalupsky, EuInsVO – Duursma-Kepplinger, Art. 1 Rn. 53.

[89] Duursma-Kepplinger/Duursma/Chalupsky, EuInsVO – Duursma-Kepplinger, Art. 1 Rn. 53.

[90] Erwogen, jedoch verworfen High Court of Justice Chancery Division Companies Court, Urt.v.7.2.2003, ZIP 2003, 813 (815 f.) (BRAC Budget Rent-A-Car International Inc.).

Im Wege einer Analogie könnte diese Lesart auf den Kreis potentieller Schuldner übertragen werden[91]. Dies wird jedoch zu Recht abgelehnt, denn eine derlei konstruierte und doppelt auf Unterstellungen fußende Annahme wird durch nichts in der EuInsVO belegt[92].

Anhaltspunkte könnten sich indes aus der primärrechtlichen Ermächtigungsgrundlage der EuInsVO ergeben: Art. 61 lit. c) in Verbindung mit Art. 65 und 67 Abs. 1 EGV[93].

So beabsichtigt Art. 61 lit. c) (im Bereich der justiziellen Zusammenarbeit in Zivilsachen) den schrittweisen Aufbau eines Raumes der Freiheit, der Sicherheit und des Rechts; Art. 65 EGV knüpft ein Tätigwerden im Sinne dieser Intention an die Voraussetzung der „Erforderlichkeit" für ein reibungsloses Funktionieren des Binnenmarktes".

Mit der Fokussierung auf den Binnenmarkt ließe sich bei oberflächlicher Betrachtung schließen, das Ziel der Ermächtigungsgrundlage bedinge eine Beschränkung auf das Gebiet der Gemeinschaft[94].

Bei Lichte betrachtet lässt sich diese Einschränkung Art. 61 lit. c) in Verbindung mit Art. 65 und 67 Abs. 1 EGV jedoch nicht zwingend entnehmen[95]. Dies schon deshalb nicht, weil allein die Tatsache, dass es sich bei der Gesellschaft um eine sogenannte „Drittstaatengesellschaft" (d.h. eine Gesellschaft, die Berührungspunkte zu einem Nicht-Mitgliedstaat aufweist) handelt, nicht automatisch einen Binnensachverhalt ausschließt: Hat diese Drittstaatengesellschaft ihren Interessenmittelpunkt im Sinne von Art. 3 Abs. 1 EuInsVO in einem Mitgliedstaat, so liegt kein *Drittstaaten-*, sondern vielmehr ein *Binnen*sachverhalt vor[96]. Für einen solchen *besteht* jedoch mit Art. 61 lit. c) in Verbindung mit Art. 65 und 67 Abs. 1 EGV gerade eine entsprechende Ermächtigungsgrundlage.

Zudem ist Gemeinschaftsrecht keineswegs notwendig auf Sachverhalte beschränkt, die mehr als einen Mitgliedstaat betreffen. Wenn eine solche Beschränkung gewollt ist, ergibt sich diese vielmehr ausdrücklich aus der entsprechenden Norm[97]. Als Beispiele werden vor allem die Grundfreiheiten genannt, die jeweils ein grenzüberschreitendes Element verlangen[98], sowie die

---

[91] Erwogen, jedoch verworfen High Court of Justice Chancery Division Companies Court, Urt.v.7.2.2003, ZIP 2003, 813 (815 f.).
[92] Ähnlich High Court of Justice Chancery Division Companies Court, Urt.v.7.2.2003, ZIP 2003, 813 (815).
[93] Zur Ermächtigungsgrundlage näher Duursma-Kepplinger/Duursma/Chalupsky, EuInsVO – Duursma, Europarechtliche Aspekte Rn. 2.
[94] So angedacht von Krebber, IPRax 2004, 540 (541).
[95] Krebber, IPRax 2004, 540 (541).
[96] Krebber, IPRax 2004, 540 (541).
[97] Krebber, IPRax 2004, 540 (542); Huber, ZZP 2001, 133 (139).
[98] Krebber, IPRax 2004, 540 (542).

EuGVVO[99]. Diese ist universell anwendbar, und dies nicht nur unter Staatsangehörigen oder Bewohnern der Mitgliedstaaten - wenngleich der Anwendungsbereich der meisten Vorschriften vom Vorhandensein zusätzlicher Berührungspunkte zu anderen Mitgliedstaaten abhängt[100]; so verlangt der Text der Kapitel II und III – mit Ausnahme der Art. 23 und 24 EuGVVO - einen solchen Bezug zu mindestens zwei Mitgliedstaaten, dies jedoch ausdrücklich[101]. Enthält der Wortlaut keine solche – explizite - Beschränkung, so erstreckt sich die Norm typischerweise auch auf Sachverhalte, die nur einen Mitgliedstaat betreffen. Als klassisches Anwendungsgebiet wird beispielhaft das Kartellrecht genannt[102].

Eine solche Beschränkung lässt sich jedoch weder Art. 3 Abs. 1 EuInsVO entnehmen noch aus der primärrechtlichen Ermächtigungsgrundlage. Art. 61 lit. c) und 65 EGV sind insofern neutral gehalten, wohingegen z.B. Art. 48 EGV eindeutig nur Gesellschaften „innerhalb der Gemeinschaft“ betrifft. Im Umkehrschluss lässt sich folgern, dass eine derartige Beschränkung für die Ermächtigungsgrundlage nicht beabsichtigt war[103].

Ähnlich wird auch für die EuInsVO selbst argumentiert: So enthalten die Art. 8 bis 11, 13 sowie Art. 5 und 7 ausdrückliche Beschränkungen. Der Verordnungsgeber habe daher die Problematik für Drittstaaten gesehen und, wo für erforderlich gehalten, geregelt. Dass eine solche Beschränkung in Art. 3 Abs. 1 EuInsVO nicht getroffen wurde, muss daher den Schluss nahe legen, dass dies auch so beabsichtigt war[104].

Überdies habe im Zweifel der Wortlaut in der Gemeinschaftsgesetzgebung Vorrang vor – etwaig anderes vermuten lassenden - Erwägungsgründen[105]; dies erfordert schon die sogenannte *„acte clair“*-Doktrin des EuGH, nach der bei

---

[99] High Court of Justice Chancery Division Companies Court, Urt.v.7.2.2003, ZIP 2003, 813 (815).

[100] Schlosser, EuZ/EuGVVO, Art. 1 Rn. 1 f.; dazu EuGH, Urt.v.13.7.2000, Rs. C-412/98 (Group Josi), Slg. 2000, I-05925: Titel II des Übereinkommens findet grundsätzlich auch dann Anwendung, wenn der Kläger in einem Drittland ansässig ist (Rn. 61). Ewas anderes gilt ausnahmsweise dort, wo das Übereinkommen die Anwendung seiner Zuständigkeitsregeln ausdrücklich davon abhängig macht, dass der Wohnsitz des Klägers in einem Vertragsstaat liegt (Rn. 61). Dabei sieht das Zuständigkeitssystem der EuGVVO Art. 2 Abs. 1 als allgemeinen Grundsatz an, von dem lediglich im Ausnahmefall abzuweichen ist (Rn. 35 und 36).

[101] Schlosser, EUZ/EuGVVO, Art. 2 Rn. 5.

[102] Krebber, IPRax 2004, 540 (542).

[103] Krebber, IPRax 2004, 540 (542).

[104] Huber, ZZP 2001, 133 (138 f.); so auch High Court of Justice Chancery Division Companies Court, Urt.v.7.2.2003, ZIP 2003, 813 (815), welcher ebenfalls auf zahlreiche ausdrückliche Anknüpfungsmomente in einem Mitgliedstaat (Gewöhnlicher Aufenthalt, Wohnsitz, etc.) verweist.

[105] High Court of Justice Chancery Division Companies Court, Urt.v.7.2.2003, ZIP 2003, 813 (815).

eindeutigem Wortlaut kein Rückgriff auf die anderen Auslegungsgrundsätze erfolgt[106].

Nach dem reinen Wortlaut ist der Anwendungsbereich des Art. 3 Abs. 1 EuInsVO jedoch gerade nicht auf den Binnenmarkt beschränkt, sondern vielmehr bei Erfüllen der Voraussetzungen des Art. 3 Abs. 1 eröffnet[107]. – Allerdings setzt die Rechtsprechung des EuGH zum *„acte clair"* voraus, dass die richtige Anwendung des Gemeinschaftsrechts derart offenkundig ist, dass für einen vernünftigen Zweifel kein Raum bleibt[108]. Der Wortlaut des Art. 3 Abs. 1 EuInsVO ist jedoch allenfalls „klar" im Sinne eines beredten Schweigens - ob dieses bewusst ist oder nicht, bedarf indes gerade der Klärung; ein *„acte clair"* liegt mithin gerade nicht vor.

III. Entstehungsgeschichte

In die entgegengesetzte Richtung weisen auch Ausführungen zum „Europäischen Übereinkommen über Insolvenzverfahren vom 23. November 1995" (EuIÜ), deren sinnidentische Blaupause die EuInsVO darstellt[109].

So liegt es nach den Ausführungen in der Präambel zum EuIÜ im Bestreben desselben, „innerhalb der Gemeinschaft den Rechtsschutz der dort ansässigen Personen zu verstärken". Zu diesem Zweck sei es „geboten, die Zuständigkeit der Gerichte und Behörden für die innergemeinschaftlichen Wirkungen der Insolvenzverfahren festzulegen (...)"[110]. Daraus lasse sich entnehmen, dass die Begrenzung auf innergemeinschaftliche Sachverhalte implizit in die Regelungen über die internationale Zuständigkeit Eingang gefunden hat[111].

Eindeutiger noch fasst es der erläuternde Bericht zum EuIÜ von Virgos/ Schmit. Hiernach sollte das Übereinkommen allein die innergemeinschaftlichen Wirkungen von Insolvenzverfahren regeln[112]. Selbst wenn sich der Interessenmittelpunkt im Gebiet eines Mitgliedstaates befindet, sollte es keine Wirkungen gegenüber Drittstaaten treffen. Betreffend solche Wirkungen hindere das EuIÜ

---

[106] Oppermann, Europarecht, § 8 Rn. 20

[107] Krebber, IPRax 2004, 540 (543); Huber, ZZP 2001, 133 (138 f.); High Court of Justice Chancery Division Companies Court, Urt.v.7.2.2003, ZIP 2003, 813 (815 und 816).

[108] Ständige Rechtsprechung des EuGH seit Urt.v.6.10.1982, Rs. 283/81 (Cilfit u.a.), Rn. 16, Slg. 1982, 3415; aus jüngerer Zeit beispielsweise EuGH, Urt.v.17.5.2001, Rs. C-340/99 (TNT Traco SpA ./. Poste Italiane SpA u.a.), Rn. 26 und 35, Slg. 2001, I-04109.

[109] Vgl. dazu ausführlich Fn. 7 und Fn. 78.

[110] Nachweis: Europäisches Übereinkommen über Insolvenzverfahren, ZIP 1996, 976 (976); für diese Argumentation Duursma-Kepplinger/Duursma/Chalupsky, EuInsVO – Duursma-Kepplinger, Art. 1 Rn. 51.

[111] Duursma-Kepplinger/Duursma/Chalupsky, EuInsVO – Duursma-Kepplinger, Art. 1 Rn. 11.

[112] Virgos/Schmit-Report Rn. 11.

die Mitgliedstaaten ausdrücklich nicht, eigene Vorschriften zu erlassen[113], vielmehr sollten diese sogar verpflichtet sein, im Verhältnis zu Drittstaaten geeignete Kollisionsnormen anzuordnen[114].

Vor dem Hintergrund dieser unmissverständlichen Stellungnahme wäre es zumindest zu erwarten gewesen, dass ein Abrücken von dieser Beschränkung bzw. ein nunmehr erweiterter Anwendungsbereich der ausdrücklichen Erwähnung in einer Bestimmung oder den Erwägungsgründen zur EuInsVO bedurft hätte.

Eine solche findet sich indes nirgends, so dass davon auszugehen ist, dass das Erfordernis eines qualifizierten Auslandsbezugs stillschweigend übernommen wurde[115].

Diese Annahme lässt sich überdies mit den Erwägungsgründen zur EuInsVO stützen: So beabsichtigt Erwägungsgrund 2 zur EuInsVO, ein Regelwerk für den „Binnenmarkt" zu schaffen, und Erwägungsgrund 14 zur EuInsVO beschränkt den räumlichen Anwendungsbereich dabei ausdrücklich auf „Verfahren, bei denen der Mittelpunkt der hauptsächlichen Interessen des Schuldners in der Gemeinschaft liegt". Beides lässt die Fortgeltung der Beweggründe zum EuIÜ erahnen, so dass die implizite Begrenzung auf einen Bezug zum innergemeinschaftlichen Raum, wie sie bereits in Art. 3 EuIÜ hineingelesen wurde, weiterhin Geltung beanspruchen kann.

IV. Sinn und Zweck

1. Ziele der EuInsVO

Erklärtermaßen hat sich die Europäische Union zum Ziel gesetzt, einen Raum der Freiheit, der Sicherheit und des Rechts zu schaffen (Erwägungsgrund 1 zur EuInsVO). Besonderes Augenmerk gilt dabei einem funktionsfähigen und – tüchtigen Binnenmarkt (vgl. Erwägungsgrund 2 zur EuInsVO).

Die Grundfreiheiten des EG-Vertrages, die allesamt Aufbau und Förderung eines solchen Marktes zugleich dienen und ihn bedingen[116], begünstigen unterdessen nicht nur die vermehrte staatenübergreifende Tätigkeit von Unternehmen und Freiberuflern, sondern führen zugleich zu einer Erhöhung grenzüberschreitender Insolvenzen. Durch diese Entwicklung sahen die Verordnungsgeber den

[113] Virgos/Schmit-Report Rn. 11.
[114] Virgos/Schmit-Report Rn. 44b.
[115] Ähnlich Duursma-Kepplinger/Duursma/Chalupsky, EuInsVO – Duursma-Kepplinger, Art. 1 Fn. 112: Dass sich der Wille des Verordnungsgebers seit dem EuIÜ in eine andere Richtung verändert hat, ist nicht zu beobachten.
[116] Vgl. Calliess/Ruffert, EUV/EGV – Ukrow, Art. 2 EGV Rn. 26: Die Grundfreiheiten des Binnenmarktes sind dabei nicht ohne gewisse Vorbedingungen denkbar; sie setzen Vertrags- und Wettbewerbsfreiheit, Berufs- und Vereinigungsfreiheit sowie Gleichbehandlung der Marktbürger voraus. Gleichzeitig erhebt Art. 3 Abs. 1 lit. c) die Grundfreiheiten des Binnenmarktes zu verbindlichen Zielen für die Gemeinschaft (ders., Art. 3 EGV Rn. 7).

Binnenmarkt bedroht. Dies deshalb, weil solch über die Grenzen eines Mitgliedstaates hinausgreifende Verfahren es zum einen erforderlich machen, Maßnahmen betreffend das Schuldnervermögen aufeinander abzustimmen (vgl. Erwägungsgrund 3 zur EuInsVO); zum anderen fördert die Tatsache, dass die mitgliedstaatlichen Gesellschaftsrechte nur zum Teil harmonisiert und sehr unterschiedlich streng ausgestaltet sind, das Phänomen des sogenannten *„forum shoppings"*[117], d.h. die gezielte Auswahl eines bestimmten, im Einzelfall besonders vorteilhaften Gesellschaftsstatuts mittels Verlagerung der entsprechenden Anknüpfungspunkte in den betreffenden Mitgliedstaat[118]. So werden Gesellschaften beispielsweise bewusst in Staaten gegründet, die nur geringe Anforderungen an die Höhe des Grundkapitals einer Gesellschaft stellen, um anschließend ihre wirtschaftliche Aktivität über Zweigniederlassungen in einen anderen Mitgliedstaat zu verlagern (sog. „Briefkastenfirmen")[119].

Gerade letztgenannte Entwicklung ist geeignet, durch Wettbewerbsverzerrungen und den gezielten Ausschluss bestimmter Haftungsregime auf einen ausgeglichenen Binnenmarkt negativ einzuwirken (vgl. Erwägungsgrund 4 zur EuInsVO).

Auf beide aufgezeigte Bedrohungen – mangelnde Abstimmung insolvenzverfahrensrechtlicher Maßnahmen und begünstigte Manipulationsmöglichkeiten – sollte die EuInsVO reagieren: So stellt Erwägungsgrund 2 zur EuInsVO ein Regelwerk in Aussicht, gleichermaßen zur Koordination insolvenzrechtlicher Entscheidungen wie deren Durchsetzung; währenddessen sich Erwägungsgrund 4 zur EuInsVO auf die Fahnen schreibt, die gezielte Verlagerung von Anknüpfungspunkten in einen bestimmten Mitgliedstaat zu verhindern.

Zu diesem Zweck soll die EuInsVO Insolvenzverfahren grundsätzlich Wirkung in der gesamten Gemeinschaft verleihen und Normen anbieten, um Kollisionen zwischen einzelstaatlichen Rechtsordnungen und Kompetenzkonflikte zwischen den Gerichten der verschiedenen Mitgliedstaaten zu lösen[120].

Die EuInsVO fügt sich daher im Gesamtkontext europäischer Verordnungen als Maßnahme zur Förderung eines reibungslosen Funktionieren des Binnenmarktes ein, an welchem all ihre Zielsetzungen ausgerichtet sind.

Aus diesem Zweck lässt sich schließen, dass eine Regelung bezüglich grenzüberschreitender Insolvenzverfahren – in erster Linie – für den Bereich des Binnenmarktes getroffen werden sollte.

---

[117] Vgl. Duursma-Kepplinger/Duursma/Chalupsky, EuInsVO – Duursma-Kepplinger, Vorbem. zur EuInsVO Rn. 11.

[118] Vgl. Duursma-Kepplinger/Duursma/Chalupsky, EuInsVO – Duursma-Kepplinger, Vorbem. zur EuInsVO Rn. 11.

[119] Vgl. Duursma-Kepplinger/Duursma/Chalupsky, EuInsVO – Duursma-Kepplinger, Vorbem. zur EuInsVO Rn. 11.

[120] BT-Drs. 15/16, S. 11.

Gleichzeitig schließen die Erwägungsgründe einen etwaig erweiterten Anwendungsbereich der EuInsVO jedoch auch nicht aus. Im Gegenteil könnte man gar vertreten, dass eine Beschränkung auf Insolvenzen innerhalb der Gemeinschaft zur Folge hätte, dass wesentliche Ziele der Verordnung – wie sie in den Erwägungsgründen beschrieben sind – nicht erreicht werden können[121]: So könnten die Bestimmungen der Verordnung einfach umgangen werden, indem man sich einer Scheinauslandsgesellschaft in einem Drittstaat bedient, obwohl sich Vermögen und wirtschaftliche Aktivitäten in einem Mitgliedstaat befinden. Auf diese Weise wäre nicht nur der Umgehung der EuInsVO Tür und Tor geöffnet, es würde gar zugleich ein Anreiz für Manipulationen geschaffen, denen vergleichbar, welche durch Erwägungsgrund 4 zur EuInsVO gerade verhindert werden sollen.

Diese Konsequenz sei indes nicht anders zu bewerten als ein *forum shopping* unter den Mitgliedstaaten, mithin mit dem Ziel des Erwägungsgrundes 4 zur EuInsVO unvereinbar; das übergeordnete Ziel eines ordnungsgemäßen Funktionierens des Binnenmarktes (vgl. Erwägungsgrund 2 zur EuInsVO) sei daher durch die geschilderten Umgehungsmöglichkeiten nicht minder bedroht[122].

Da die Zweckrichtung „reibungsloses Funktionieren des Binnenmarktes" je nach Sichtweise für oder gegen eine Beschränkung der EuInsVO auf den mitgliedstaatlichen Bereich ins Felde geführt werden kann, ist sie nicht geeignet, die Frage zu erhellen.

2. Der EuInsVO zugrunde liegende Prinzipien

Wie bereits erläutert, sind die Motive des Verordnungsgebers in den Erwägungsgründen zur EuInsVO festgeschrieben; darüber hinaus enthalten sie jedoch auch Grundsätze des europäischen Gemeinschaftsrechts, auf denen die Verordnung fußt[123].

a) Subsidiaritätsprinzip

Die EuInsVO wurde in dem Bewusstsein erlassen, dass die mit ihr verfolgten Ziele (i.e. das ordnungsgemäße Funktionieren des Binnenmarktes im weitesten Sinne) auf einzelstaatlicher Ebene nicht in hinreichendem Maße verwirklicht

---

[121] High Court of Justice Chancery Division Companies Court, Urt.v.7.2.2003, ZIP 2003, 813 (815)

[122] High Court of Justice Chancery Division Companies Court, Urt.v.7.2.2003, ZIP 2003, 813 (815); a.A. MünchKommIntWR – Kindler, IntInsR Rn. 82, der darauf verweist, dass dieses Argument mit dem teils bereits erfolgten, teils zu erwartenden Erlass vergleichbarer, autonomer Regelungen in den Mitgliedstaaten seine Stichhaltigkeit eingebüßt hat.

[123] Vgl. Smid, Internationales Insolvenzrecht/EurInsVO, vor Art. 1 Rn. 14; MünchKomm IntWR – Kindler, IntInsR Rn. 26.

werden können (vgl. Erwägungsgrund 5 zur EuInsVO). Folglich erschien ein Tätigwerden auf Gemeinschaftsebene geboten, der Erlass der EuInsVO mithin als solch gemeinschaftsrechtliche Maßnahme gerechtfertigt (vgl. Erwägungsgrund 5 zur EuInsVO).

Diese Rechtfertigung spiegelt das europäische Subsidiaritätsprinzip des Art. 5 Abs. 2 EGV[124]. Hiernach wird die Gemeinschaft in den Bereichen, die nicht in ihren ausschließlichen Zuständigkeitsbereich fallen, nur tätig, sofern die Ziele der erwogenen Maßnahmen auf Ebene der Mitgliedstaaten nicht ausreichend erreicht werden können und daher – sei es wegen ihres Umfangs oder ihrer Wirkungen - besser auf Gemeinschaftsebene erreicht werden können. Diesem Prinzip gemeinschaftlicher Rechtssetzung liegt der Gedanke zugrunde, dass die EU als übergeordnete Einheit nur und soweit zur Regelung von Sachverhalten befugt ist, wenn diese von den Mitgliedstaaten als untergeordneten Einheiten nicht effizient geregelt werden können, während sich bei gemeinschaftseinheitlicher Regelung gleichzeitig ein Mehrwert ergibt[125].

Die Regelungskompetenzen der Gemeinschaft werden folglich auf Fälle beschränkt, welche die einzelnen Mitgliedstaaten nur unbefriedigend erfüllen können, während die EG diese besser, da übergeordnet lösen kann. – Diese Intention legt nahe, dass das Subsidiaritätsprinzip zugleich eine Beschränkung auf den Binnenmarkt bedingt. Immerhin wird so ein Tätigwerden der Gemeinschaft an die bessere gemeinschaftsweit einheitliche Regelung geknüpft, im Gegensatz zu vielfältigen einzelstaatlichen Lösungen; der genannte Mehrwert soll mithin dem Kreis der Mitgliedstaaten zugute kommen.

Daraus ließe sich schließen, dass Maßnahmen, die – wie die EuInsVO – auf dem Prinzip der Subsidiarität gründen, Wirkungen allein für den Raum der Europäischen Gemeinschaft anstreben.

Zudem dienen die Anforderungen, die Art. 5 Abs. 2 EGV an gemeinschaftliches Tätigwerden stellt, in erster Linie dazu, die nationale Identität der Mitgliedstaaten zu achten und zu wahren (Art. 6 Abs. 3 EUV)[126].

Beide Zielsetzungen des Subsidiaritätsprinzips, d.h. sowohl der Mehrwert, der für den Bereich der Gemeinschaft verwirklicht werden soll, als auch die Wahrung einzelner mitgliedstaatlicher Identitäten, streiten daher eher für eine Beschränkung auf den gemeinschaftlichen Raum.

b) Verhältnismäßigkeitsprinzip

Erwägungsgrund 6 zur EuInsVO legt fest, dass die Verordnung sich in der Anordnung von einheitlich geltenden Bestimmungen mäßigen sollte. Hierin findet

---

[124] MünchKommIntWR – Kindler, IntInsR Rn. 34.

[125] Vgl. Duursma-Kepplinger/Duursma/Chalupsky, EuInsVO – Duursma-Kepplinger, Vorbem. zur EuInsVO Rn. 24.

[126] Vgl. Oppermann, Europarecht, § 6 Rn. 62.

sich der Grundsatz der Verhältnismäßigkeit des Art. 5 Abs. 3 EGV wieder, welcher statuiert, dass Maßnahmen der Gemeinschaft nicht über das für die Erreichung der Ziele des EG-Vertrages erforderliche Maß hinausgehen (dürfen)[127]. Der Erwägungsgrund bringt dies zum Ausdruck indem er der Verordnung aufgibt, nur bestimmte Regelungsgegenstände zu erfassen: Eröffnungs- und Anerkennungszuständigkeit für Insolvenzverfahren, sowie (gegebenenfalls) für Entscheidungen, die unmittelbar aufgrund des Insolvenzverfahrens ergehen und in engem Zusammenhang mit ihm stehen.

Aus dem Gedanken der (normativen) Zurückhaltung, wie er dem Verhältnismäßigkeitsprinzip innewohnt, könnte man entnehmen, dass mit der EuInsVO eine Regelung nur im Verhältnis der Mitgliedstaat untereinander getroffen werden sollte, man sich im Verhältnis zu Drittstaaten dagegen selbst beschränken wollte.

Allerdings verkennt eine solche Auffassung, dass die Mäßigung, die sich Erwägungsgrund 6 zur EuInsVO selbst auferlegt, sich allein auf den *sachlichen* Anwendungsbereich der Verordnung (Eröffnungs- und Anerkennungszuständigkeit für das Insolvenzverfahren und (gegebenenfalls) für insolvenztypische Annexverfahren) bezieht, nicht dagegen auf den *räumlichen*.

Eine solch räumliche Beschränkung könnte in Erwägungsgrund 6 zur EuInsVO nur durch systematische Erwägungen bzw. eine Zusammenschau diverser anderer Erwägungsgründe hineingelesen werden. Ob diese ihrerseits eine solche Beschränkung enthalten, ist indes gerade fraglich, so dass Erwägungsgrund 6 insofern keinen Anhalt bieten kann.

3. Strukturelemente

Die Frage, inwieweit im Ausland belegene Vermögenswerte des Schuldners von Verfahrenswirkungen erreicht werden, wird mit den eingangs erläuterten Schlagworten „Territorialitätsprinzip" und „Universalitätsprinzip" belegt.

Nach dem Territorialitätsprinzip beschränken sich die Wirkungen eines Insolvenzverfahrens allein auf den Staat der Verfahrenseröffnung[128]. Das Universalitätsprinzip hingegen beschreibt die Wirkungserstreckung eines Insolvenzverfah-

---

[127] MünchKommIntWR – Kindler, IntInsR Rn. 35.

[128] MünchKommIntWR – Kindler, IntInsR Rn. 5; Reithmann/Martiny, Internationales Vertragsrecht – Hausmann, Rn. 2506; Gottwald, Insolvenzrechtshandbuch – Gottwald, § 128 Rn. 5; Martius, Verteilungsregeln in der grenzüberschreitenden Insolvenz, S. 7; MünchKomm InsO – Reinhart, vor Art. 102 EGInsO a.F. Rn. 7; Fletcher, Insolvency in private international law, Rn. 1.13; Morse, Cross-border insolvency in the European Union in: International Conflict of Laws for the third Millennium, 233 (237).

rens auf das gesamte Schuldnervermögen, gleich ob im In- oder Ausland belegen[129].

Mit der EuInsVO sollte ein Regelwerk geschaffen werden, das die genannten Grundsätze miteinander kombiniert[130]. Diesem Ansinnen lag die Erkenntnis zugrunde, dass ein einziges Insolvenzverfahren mit universaler Geltung für die gesamte Gemeinschaft wegen der unüberwindbar großen Unterschiede der einzelnen Rechtsordnungen nicht realisierbar war (Erwägungsgrund 11 S. 1 zur EuInsVO)[131]. Dementsprechend geht die EuInsVO nunmehr von einem System aus, das der Universalität grundsätzlich Vorrang einräumt, Territorialität jedoch zur Befriedigung bestimmter Interessen zulässt[132]: So kommt dem Hauptverfahren grundsätzlich universale Geltung zu, welche nur durch Sonderanknüpfungen bestimmter materieller Problemkreise (vgl. Art. 5 – 15 EuInsVO) sowie die Möglichkeit der Eröffnung von gegenständlich beschränkten Insolvenzverfahren (vgl. Art. 3 Abs. 2, 3 und 4 EuInsVO) ausnahmsweise durchbrochen wird (Erwägungsgrund 11 S. 5 und 6 zur EuInsVO)[133].

Die letzteren sogenannten „Partikularverfahren“ sind streng dem Territorialitätsprinzip verhaftet; ihre Wirkungen beschränken sich räumlich auf das Schuldnervermögen, das im Staat der Verfahrenseröffnung belegen ist (vgl. Art. 3 Abs. 2 S. 2 EuInsVO).

Dagegen strebt das Hauptverfahren – wie bereits angesprochen – Universalität an. Dieser Anspruch ist jedoch bereits dem insolvenzrechtlichen Beschlag per se eigen, er folgt dessen Natur und Zweck, eine Gesamtverwertung des Schuldnervermögens *par conditio creditorum,* zu gewährleisten[134], ergibt sich mithin nicht erst aus dem etwaig entsprechenden Willen des Verordnungsgebers.

---

[129] Martius, Verteilungsregeln in der grenzüberschreitenden Insolvenz , S. 12; MünchKomm IntWR - Kindler, IntInsR Rn. 4 f.; Gottwald, Insolvenzrechtshandbuch - Gottwald, § 128 Rn. 5; BT-Drs. 15/16, S. 11 und 25; vgl. Geimer, IZPR, Rn. 3382; Fletcher, Insolvency in private international law, Rn. 1.13; Morse, Cross-border insolvency in the European Union in: International Conflict of Laws for the third Millennium, 233 (237); ähnlich Smid, Internationales Insolvenzrecht, Einl. Rn. 2: Universalität bedeutet stets Gesamtbeschlag des insolvenzschuldnerischen Vermögens.

[130] Duursma-Kepplinger/Duursma/Chalupsky, EuInsVO – Duursma-Kepplinger, Vorbem. zur EuInsVO Rn. 43; Gottwald, Insolvenzrechtshandbuch – Gottwald, § 129 Rn. 4; Morse, Cross-border insolvency in the European Union in: International Conflict of Laws for the third Millennium, 233 (237 f.).

[131] Duursma-Kepplinger/Duursma/Chalupsky, EuInsVO – Duursma-Kepplinger, Vorbem. zur EuInsVO Rn. 43.

[132] Vgl. Duursma-Kepplinger/Duursma/Chalupsky, EuInsVO – Duursma-Kepplinger, Vorbem. zur EuInsVO Rn. 43; Gottwald, Insolvenzrechtshandbuch – Gottwald, § 129 Rn. 4.

[133] Vgl. Duursma-Kepplinger/Duursma/Chalupsky, EuInsVO – Duursma-Kepplinger, Vorbem. zur EuInsVO Rn. 35.

[134] So Smid, Internationales Insolvenzrecht/EurInsVO, Einl. Rn. 3; ähnlich Laut, Universalität und Sanierung im internationalen Insolvenzrecht, S. 54: Die meisten Staaten beanspruchen für ihr Insolvenzverfahren Auslandsgeltung.

Ob auch letzterer dahingehend zu verstehen ist, dass die EuInsVO Geltung im Verhältnis zu Drittstaaten anstrebt, betrifft die Frage der sogenannten „extraterritorialen Sollgeltung“ der Verordnung, d.h. ob sie Wirkungen über die Gemeinschaftsgrenzen hinaus entfalten sollte[135].

Um diese Frage zu klären, ist zunächst zwischen echten und unechten extraterritorialen Wirkungen zu unterscheiden[136]. *Echte* extraterritoriale Wirkungen entfaltet das Gemeinschaftsrecht, wenn es seinen Geltungsanspruch auf außerhalb des Gemeinschaftsgebietes ansässige natürliche oder juristische Personen erhebt[137]. Bei den *unechten* extraterritorialen Wirkungen dagegen nimmt das Gemeinschaftsrecht lediglich außerhalb des Gemeinschaftsgebiets vorgenommene Handlungen zum Anknüpfungspunkt für Regelungen, die innergemeinschaftlich gelten[138]. In letzterem Fall handelt es sich daher um einen Binnensachverhalt, für den das Gemeinschaftsrecht ohne weiteres anwendbar ist.

Das in Rede stehende Hauptverfahren nach Art. 3 Abs. 1 EuInsVO strebt grundsätzlich diejenigen verfahrens- und materiellrechtlichen Wirkungen an, die ihm das Recht des Staates der Verfahrenseröffnung beilegt (so Art. 4 Abs. 1 EuInsVO).

Unabhängig von der individuellen mitgliedstaatlichen Ausgestaltung des Verfahrens und seinen Wirkungen muss ein solches Verfahren wegen der Definition verbindlicher Mindestanforderungen zwingend den (zumindest teilweisen) Vermögensbeschlag gegen den Schuldner zur Folge haben (Art. 1 Abs. 1 EuInsVO).

Mithin erstreckt sich die Wirkung eines solchen Hauptverfahrens jedenfalls auch auf mobiles oder immobiles *Vermögen* des Schuldners, so dass nicht lediglich außerhalb des Gebiets der europäischen Gemeinschaft vorgenommene *Handlungen* den Anknüpfungspunkt für die innergemeinschaftliche Geltung der Verordnung bilden; vielmehr erhebt ein solches Verfahren den Anspruch, seine prozessualen und materiellrechtlichen Wirkungen auf außerhalb der Gemeinschaft belegenes bzw. befindliches Vermögen auszudehnen. Folglich handelt es sich um einen Fall *echter* extraterritorialer Sollgeltung, mithin keinen Binnensachverhalt.

Dies (auch) deshalb, weil unabhängig von der Struktur des Insolvenzbeschlags dieser nach der Vorstellung der Verordnungsgeber keine Grenzen kennen sollte. So legte bereits der erläuternde Bericht zum EuIÜ eindeutig fest, dass außerhalb des Staates der Verfahrenseröffnung belegenes Vermögen Gegenstand des Insolvenzverfahrens ist und ab Verfahrenseröffnung weltweit der Beschlagnahme unterfällt[139]. Eine Änderung dieser mit dem Insolvenzbeschlag

---

[135] Duursma-Kepplinger/Duursma/Chalupsky, EuInsVO – Duursma-Kepplinger, Art. 1 Rn. 62.

[136] Vgl. zu dieser Differenzierung Streinz, Europarecht, § 3 Rn. 101.

[137] Streinz, Europarecht, § 3 Rn. 113.

[138] Streinz, Europarecht, § 3 Rn. 113.

[139] Zur weltweiten Geltung des Vermögensbeschlags Virgos/Schmit-Report Rn. 19a.

beabsichtigten Folge ist nicht belegt, so dass davon ausgegangen werden kann, dass diese auch der EuInsVO stillschweigend zugrunde gelegt wurde.

Das heißt, ein Hauptinsolvenzverfahren nach der EuInsVO weist über den Bereich der Europäischen Gemeinschaft hinaus und ist darauf gerichtet, das Schuldnervermögen unabhängig von seiner Belegenheit weltweit zu erfassen[140].

B. Anerkennung der extraterritorialen Sollgeltung

Damit der Beschlag indes auch tatsächlich seine Wirkungen nach der *lex fori concursus generalis* entfalten kann, bedarf er der Anerkennung des vom Eröffnungsstaat verschiedenen Staates der Belegenheit bzw. Befindlichkeit des Schuldnervermögens[141].

Im Verhältnis der Mitgliedstaaten zueinander schreiben Art. 16 und 17 EuInsVO die automatische Anerkennung und Wirkungserstreckung vor, so dass für diesen Bereich die angestrebten mit den tatsächlichen Wirkungen eines Insolvenzverfahrens kongruent sind[142].

Eine vergleichbare Regelung besteht im Verhältnis zu Drittstaaten nicht. Ob die mit der EuInsVO grundsätzlich beabsichtigte Wirkungserstreckung tatsächlich Schuldnervermögen in einem Nicht-Mitgliedstaat erfasst, ist von dessen Bereitschaft, den Insolvenzbeschlag anzuerkennen, abhängig.

Für gewöhnlich ist diese Bereitschaft an die Wechselseitigkeit der Anerkennung geknüpft, d.h. die Anerkennung durch den Drittstaat kann nur erwartet werden, wenn umgekehrt auch ein Insolvenzverfahren dieses Staates im Eröffnungsstaat anerkannt würde[143]. In der Regel wird diese Reziprozität in einem entsprechenden zwischenstaatlichen Abkommen festgelegt[144]. Ein solches indes stellt die EuInsVO nicht dar; nicht etwa handelt es sich um einen völkerrechtlichen Vertrag, sondern um Recht im formellen Sinn, das gemäß dem primärrechtlichen Gesetzgebungsverfahren zustande gekommen ist[145]. Ihre Bestim-

---

[140] Vgl. Duursma-Kepplinger/Duursma/Chalupsky, EuInsVO – Duursma-Kepplinger, Art. 1 Rn. 65; Gottwald, Insolvenzrechtshandbuch – Gottwald, § 129 Rn. 8; Fletcher, Insolvency in private international law, Rn. 7.50.

[141] So auch Duursma-Kepplinger/Duursma/Chalupsky, EuInsVO – Duursma-Kepplinger, Art. 1 Rn. 62.

[142] So Duursma-Kepplinger/Duursma/Chalupsky, EuInsVO – Duursma-Kepplinger, Art. 1 Rn. 62.

[143] Vgl. Duursma-Kepplinger/Duursma/Chalupsky, EuInsVO – Duursma-Kepplinger, Art. 1 Rn. 62; ähnlich Smid, DZWIR 2003, 397 (402); Fletcher, The law of Insolvency, Rn. 28-014.

[144] Die Bindung der beteiligten Parteien besteht dann über Art. 34 „Wiener Übereinkommen über das Recht der Verträge".

[145] Vgl. Krebber, IPRax 2004, 540 (541); vgl. auch Leible/Staudinger, KTS 2000, 533 (575), die darauf hinweisen, dass es sich bei der EuInsVO lediglich um einen „Teil eines supranationalen Rechtssystems" handelt; schon deshalb sei es ungeeignet, ihn isoliert – ohne flankierende Richtlinien und Verordnungen – anzuwenden.

mungen zur automatischen Wirkungserstreckung (Art. 16 und 17 EuInsVO) gelten daher nicht kraft vertraglicher Bindung, sondern gemäß Art. 249 Abs. 2 EGV allgemein und unmittelbar in jedem (teilnehmenden) Mitgliedstaat; korrespondierend beschränken sie die Anerkennungspflicht aber auch auf den Kreis dieser Mitgliedstaaten.

Dies deshalb, weil die Verordnung auf dem Vertrauen in die Rechtsstaatlichkeit und Funktionsfähigkeit der Justiz in den anderen Mitgliedstaaten gründet[146]. Dies folgt aus Erwägungsgrund 22 zur EuInsVO, der die mit Art. 16 und 17 EuInsVO verbundenen, weitreichenden Konsequenzen mit dem Grundsatz gegenseitigen Vertrauens begründet. Dass dieses Vertrauen (nur) im Verhältnis zwischen den Mitgliedstaaten bestehen soll, ergibt sich aus Erwägungsgrund 22 zur EuInsVO, welcher in seinem Satz 3 von „Entscheidungen der Gerichte der Mitgliedstaaten" spricht, ebenso wie Erwägungsgrund 22 S. 5 und 6 zur EuInsVO, welche beide Kompetenzkonflikte zwischen mitgliedstaatlichen Gerichten betreffen. Ob der ausdrücklichen Nennung der *mitgliedstaatlichen* Gerichte lässt sich im Umkehrschluss ableiten, dass ein entsprechendes Vertrauen im Verhältnis zu Drittstaaten nicht ohne weiteres besteht[147].

Da jedoch die Anerkennung durch den Drittstaat regelmäßig durch die eigene, wechselseitige Anerkennungsbereitschaft bedingt ist, welche hiernach eindeutig nicht per se besteht, kann die EuInsVO insofern keine Regelungen treffen.

Es lässt sich daher festhalten, dass ein Hauptinsolvenzverfahren nach der EuInsVO strukturell und nach der Intention ihrer historischen Gründungsväter, deren Fortgeltung mangels gegenteiliger Anhaltspunkte zu vermuten ist, Universalität im Sinne weltweiter Sollgeltung für sich in Anspruch nimmt. Die Frage, ob diese Wirkungserstreckung gewährt wird, mithin der Insolvenzbeschlag anerkannt wird, steht indes im Benehmen des mit dieser Frage befassten Zweitstaates; diese kann entweder autonom oder in einem zwischenstaatlichen Abkommen geregelt werden. Ein solches stellt die EuInsVO jedoch nicht dar – weder für sich genommen, noch explizit im Verhältnis zu Drittstaaten. Aus sich heraus kann sie daher keine Wirkungen gegenüber Drittstaaten entfalten.

C. Exkurs: Kompetenz zum Abschluss wechselseitiger Abkommen mit Drittstaaten

In diesem Zusammenhang stellt sich die Frage, ob ein entsprechendes zwischenstaatliches Abkommen, das die wechselseitige Anerkennung insolvenzrechtlicher Entscheidungen verbindlich festschreibt, durch die einzelnen Mitgliedstaa-

---

146 Vgl. auch Leible/Staudinger, KTS 2000, 533 (575); MünchKommIntWR – Kindler, IntInsR Rn. 83 und 41.

147 So auch BT-Drs. 15/16, S. 13; ebenso Smid, Internationales Insolvenzrecht/InsO, Vorbem. § 335 Rn. 3 und 5; ähnlich MünchKommIntWR – Kindler, IntInsR Rn. 83.

ten abgeschlossen werden kann oder ob nicht vielmehr die Kompetenz hierfür allein bei der Gemeinschaft liegt[148].

Hintergrund dieser Fragestellung ist Art. 300 EGV, welcher die völkerrechtlichen Vertragsschlusskompetenzen der Gemeinschaft regelt. Dessen Absatz 1 Halbsatz 1 macht mit seiner Formulierung „soweit dieser Vertrag den Abschluss von Abkommen zwischen der Gemeinschaft und einem oder mehreren Staaten (...) vorsieht" deutlich, dass Art. 300 EGV der Gemeinschaft keine Außenkompetenzen zuweist, sondern deren Existenz voraussetzt[149].

Neben der ausdrücklichen Befugnis zum Abschluss solcher Abkommen hat der EuGH in seiner Rechtsprechung zusätzlich die Rechtsfigur einer impliziten Vertragsschlusskompetenz entwickelt[150].

Die grundsätzliche Fähigkeit zur Eingehung entsprechender Abkommen mit Drittstaaten, auch ohne ausdrückliche Kompetenzzuweisung durch den EG-Vertrag, folgert der EuGH aus Art. 281 EGV[151], welcher statuiert, dass die Gemeinschaft Rechtspersönlichkeit besitzt. Die Feststellung bezieht sich mit ihrer Stellung im sechsten Teil des EG-Vertrages (Allgemeine und Schlussbestimmungen) auf den gesamten ersten Teil, welcher die Ziele des Vertrages umschreibt. Daraus zieht der EuGH den Schluss, dass die Fähigkeit, völkerrechtliche Verpflichtungen mit Drittstaaten einzugehen, zur Erreichung dieser Zielsetzung bestehen soll[152]. - Gleichsam sind die impliziten Kompetenzen inhaltlich umrissen: Eine ausgeübte Binnenzuständigkeit zieht zugleich die ausschließliche Zuständigkeit zum Abschluss völkerrechtlicher Abkommen nach sich; dadurch

148 Vgl. dazu Duursma-Kepplinger/Duursma/Chalupsky, EuInsVO – Duursma-Kepplinger, Art. 1 Rn. 68; angedacht auch Leible/Staudinger, KTS 2000, 533 (574), welche mahnen, „den Außenkompetenzzuwachs der Gemeinschaft zu beachten, der einem einzelstaatlichen Abschluss völkerrechtlicher Abkommen entgegenstehen kann".

149 Lenz/Borchardt, EUV/EGV – Müller-Ibold, Art. 300 EGV Rn. 8.

150 So Streinz, EUV/EGV – Mögele, Art. 300 EGV Rn. 24; ständige Rechtsprechung des EuGH seit EuGH, Urt.v.31.3.1971, Rs. 22/70, Rn. 15/19, Slg. 1971, 00263/BeckRS 2004 72371; EuGH, Urt.v.14.7.1976, Rs. 3/76 (Kramer u.a.), Rn. 3 und 17/18, Slg. 1976, 01279/ BeckRS 2004 73041; EuGH, Stellungnahme v. 26.4.1977, Rs. 1/76, Rn. 3, Slg. 1977, 00741/ BeckRS 2004 70562; EuGH, Urt.v.5.11.2002, Rs. C-476/98 (Open Skies), Rn. 103, Slg. 2002, I-09855; zuletzt EuGH, Gutachten v. 7.2.2006, Rs. 1/03 (Zuständigkeit der Gemeinschaft für den Abschluss des neuen Übereinkommens von Lugano über die gerichtliche Zuständigkeit und die Anerkennung und Vollstreckung von Entscheidungen in Zivil- und Handelssachen), Rn. 114, www.curia.europa.eu/jurisp.

151 Früher Art. 210 EWG-Vertrag.

152 EuGH, Urt.v.31.3.1971, Rs. 22/70, Rn. 13/14, Slg. 1971, 00263/BeckRS 2004 72371; ebenso EuGH, Urt.v.14.7.1976, Rs. 3/76 (Kramer u.a.), Rn. 3 und 17/18, Slg. 1976, 01279/ BeckRS 2004 73041; i.E. auch EuGH, Stellungnahme v. 26.4.1977, Rs. 1/76, Rn. 3, Slg. 1977, 00741/BeckRS 2004 70562; EuGH, Gutachten v. 7.2.2006, Rs. 1/03, Rn. 114, www. curia.europa.eu/jurisp.

wird der Gleichklang von interner und externer Gemeinschaftskompetenz hergestellt[153].

Erlässt die Gemeinschaft also im Rahmen ihrer Zuständigkeit Vorschriften, nimmt mithin ihre ursprünglich im Verhältnis zu den Mitgliedstaaten konkurrierende Regelungskompetenz in Anspruch, erlangt sie insofern die ausschließliche Zuständigkeit für diesen Bereich (sog. Grundsatz der „Gebietsbesetzung“ oder „*terrain occupé*“)[154]. Auf diese Weise soll verhindert werden, dass die einzelnen Mitgliedstaaten mit der Binnenregelung in Widerspruch stehende Verpflichtungen zu Drittstaaten eingehen, welche System und Regelungsgehalt der gemeinschaftsrechtlichen Normen beeinträchtigen oder gar verändern[155]; dies würde die Verwirklichung der mit den betreffenden Rechtsnormen verfolgten Ziele gefährden und die Gemeinschaft in Konsequenz daran hindern, ihre Aufgabe bei der Wahrung der gemeinsamen Interessen zu erfüllen[156]. Ihre dogmatische Grundlage hat diese Rechtsprechung daher im Grundsatz der praktischen Wirksamkeit des Gemeinschaftsrecht („*effet utile*“)[157] und Art. 10 EGV[158].

Diese „Kompetenzsperre“ reicht indes nur soweit, als die EG von ihrer Binnenzuständigkeit Gebrauch gemacht hat; sofern sie diese noch nicht oder nicht erschöpfend beansprucht hat, sind die Mitgliedstaat grundsätzlich nicht gehindert, eigene Außenabkommen zu schließen[159].

---

153 Vgl. Lenz/Borchardt, EUV/EGV – Müller-Ibold, Art. 300 EGV Rn. 9; Streinz, EUV/EGV – Mögele, Art. 300 EGV Rn. 25; Duursma-Kepplinger/Duursma/Chalupsky, EuInsVO – Duursma-Kepplinger, Art. 1 Rn. 68; vgl. z.B. EuGH, Urt.v.5.11.2002, Rs. C-476/98 (Open Skies), Rn. 103, Slg. 2002, I-09855; EuGH, Urt.v.31.3.1971, Rs. 22/70, Rn. 15/19 und 30/31, Slg. 1971, 00263/ BeckRS 2004 72371; EuGH, Gutachten v. 7.2.2006, Rs. 1/03, Rn. 115 f., www.curia.europa.eu/jurisp.

154 Vgl. Streinz, EUV/EGV – Mögele, Art. 300 EGV Rn. 25; Lenz/Borchardt, EUV/EGV – Müller-Ibold, Art. 300 EGV Rn. 9 und 11; EuGH, Gutachten v. 7.2.2006, Rs. 1/03, Rn. 116, www.curia. europa.eu/jurisp.

155 Vgl. Streinz, EUV/EGV – Mögele, Art. 300 EGV Rn. 25; Lenz/Borchardt, EUV/EGV – Müller-Ibold, Art. 300 EGV Rn. 9; vgl. z.B. EuGH, Urt.v.5.11.2002, Rs. C-476/98 (Open Skies), Rn. 103, Slg. 2002, I-09855; ebenso schon EuGH, Urt.v.31.3.1971, Rs. 22/70, Rn. 15/19, Slg. 1971, 00263/BeckRS 2004 72371; zuletzt EuGH, Gutachten v. 7.2.2006, Rs. 1/03, Rn. 116, www.curia.europa.eu/jurisp.

156 So EuGH, Urt.v.5.11.2002, Rs. C-476/98 (Open Skies), Rn. 105, Slg. 2002, I-09855; EuGH, Urt.v.31.3.1971, Rs. 22/70, Rn. 20/22, Slg. 1971, 00263/BeckRS 2004 72371.

157 So Streinz, EUV/EGV – Mögele, Art. 300 EGV Rn. 25.

158 Vgl. z.B. EuGH, Urt.v.5.11.2002, Rs. C-476/98 (Open Skies), Rn. 135, Slg. 2002, I-09855; EuGH, Urt.v.31.3.1971, Rs. 22/70, Rn. 20/22, Slg. 1971, 00263/BeckRS 2004 72371; EuGH, Gutachten v. 7.2.2006, Rs. 1/03, Rn. 119, www.curia.europa.eu/jurisp. (früher Art. 5 EGV).

159 Streinz, EUV/EGV – Mögele, Art. 300 EGV Rn. 27; ebenso EuGH, Urt.v.14.7.1976, Rs. 3/76 (Kramer u.a.), Rn. 39, Slg. 1976/01279, der jedoch gleichzeitig darauf hinweist, dass diese Zuständigkeit der Mitgliedstaaten nur Übergangscharakter hat und die betreffenden Mitgliedstaaten überdies bei Verhandlungen, etc. auf einem noch nicht vollständig durch die EG beanspruchten Gebiet durch Gemeinschaftsverpflichtungen gebunden sind (Rn. 40); vgl. dazu auch die Erklärung des Rates (2000/C 183/02), ABL. EG 2000 Nr. C 183, 1: Hiernach hindert

Es stellt sich daher die Frage, ob mit Erlass der EuInsVO bereits per se eine Zuständigkeitssperre dergestalt begründet wurde, dass Abkommen mit Drittstaaten zwangsläufig durch die Gemeinschaft zu schließen sind.

Voraussetzung für einen solchen Kompetenzübergang ist zunächst, dass mit der EuInsVO gemeinsame Rechtsnormen geschaffen wurden, um ein vertraglich festgelegtes Ziel zu erreichen, und dass diese Normen in ihrer Tragweite beeinträchtigt oder gar geändert würden, falls ein Mitgliedstaat sich (anderweitig) gegenüber einem Drittstaaten verpflichtet[160].

Zunächst zur Zielrichtung der Verordnung: Mit Erlass der EuInsVO wurde die interne Kompetenz nach Art. 61 lit. c), 65 lit. a) und 67 EGV ausgeübt, um im Interesse eines schrittweisen Aufbaus eines Raumes der Freiheit, der Sicherheit und des Rechts das reibungslose Funktionieren des Binnenmarktes zu gewährleisten (vgl. Erwägungsgründe 1 und 2 zur EuInsVO). Diesen sah der Verordnungsgeber durch die Insolvenz grenzüberschreitender Unternehmen und die Möglichkeit des *forum shoppings* im Besonderen als gefährdet an, wie die Erwägungsgründe 3 und 4 zur EuInsVO belegen.

Die EuInsVO dient mit der Schaffung eines solchen reibungslos ineinandergreifenden Rechtsraumes daher einem der Ziele, welches sich die Europäische Union in Art. 2 EUV auf die Fahnen geschrieben und die Europäische Gemeinschaft als gemeinsame Politik in Art. 3 Abs. 1 lit. d) und Titel IV EGV zur Aufgabe gesetzt hat (vgl. Art. 2 EGV). In dieser Funktion schafft sie für den Bereich der Mitgliedstaaten der Europäischen Gemeinschaft (außer Dänemark) verbindliche gemeinsame Rechtsnormen.

Um System bzw. Regelungsgehalt dieser Normen als durch etwaige mitgliedstaatliche Abkommen mit Drittstaaten beeinträchtigt anzusehen, hat der EuGH in fortgesetzter Rechtsprechung bestimmte Maßgaben aufgestellt: So ist eine Beeinträchtigung anzunehmen, wenn die völkerrechtlichen Verpflichtungen in den Anwendungsbereich der gemeinsamen Rechtsnormen fallen oder jedenfalls ein Gebiet erfassen, das bereits weitgehend von solchen Rechtsnormen erfasst ist[161].

Zu klären ist daher, ob ein mitgliedstaatliches Abkommen betreffend die Anerkennungszuständigkeit in den Anwendungsbereich der EuInsVO bzw. zumindest in ein von dieser weitgehend geregeltes Gebiet fallen würde.

---

die „Verordnung (EG) Nr. 1346/2000“ einen Mitgliedstaat nicht, mit Drittstaaten Abkommen zu schließen, die sich auf denselben Bereich wie die Verordnung beziehen, sofern das betreffende Abkommen diese Verordnung nicht berührt.

[160] Vgl. zu diesen Anforderungen EuGH, Urt.v.5.11.2002, Rs. C-476/98 (Open Skies), Rn. 107, Slg. 2002, I-09855; EuGH, Urt.v.31.3.1971, Rs. 22/70, Rn. 20/22, Slg. 1971, 00263/ BeckRS 2004 72371; EuGH, Gutachten v. 7.2.2006, Rs. 1/03, Rn. 114 ff., www.curia.europa.eu/jurisp.

[161] EuGH, Urt.v.5.11.2002, Rs. C-476/98 (Open Skies), Rn. 108, Slg. 2002, I-09855; EuGH, Gutachten v. 7.2.2006, Rs. 1/03, Rn. 126, www.curia.europa.eu/jurisp.

Zum Teil wird allgemein argumentiert: Da die EuInsVO keine Vorschriften enthalte, die Wirkungen gegenüber Drittstaaten zeitigen sollen, sei im Verhältnis zu Drittstaaten gerade noch nicht gehandelt worden. Daher habe die Gemeinschaft mit Erlass der EuInsVO ihre Binnenmarktkompetenz nicht mit der Folge nacheilender Außenkompetenz wahrgenommen, so dass die einzelnen Mitgliedstaaten bis auf weiteres berechtigt wären, ein entsprechendes Abkommen mit Drittstaaten abzuschließen[162]. Anders wäre dies hingegen, wenn die EuInsVO z.B. allseitige Kollisionsnormen, die für EU- wie für Drittstaaten gelten, enthielte oder wenn die EuInsVO Außenwirkung hätte, vergleichbar der der EuGVVO[163].

Diese Sichtweise ist indes nur dann zutreffend, wenn man die Reichweite des geregelten Anwendungsbereichs bzw. Sachgebiets *räumlich* – d.h. im Sinne einer Regelung des betreffenden Bereichs *im Verhältnis zu Drittstaaten* – und nicht *sachlich* – mithin im Sinne der Regelung (bestimmter Fragen) des *Internationalen Insolvenzrechts* – begreift.

Dass ersteres nicht zutreffend sein kann, zeigt indes schon eine nähere Befassung mit der Rechtsprechung des EuGH, welcher eine Beeinträchtigung schon dann als gegeben ansieht, wenn die Gemeinschaft eine vollständige Harmonisierung *auf einem bestimmten Gebiet* verwirklicht hat – selbst bei Fehlen ausdrücklicher Klauseln über die Behandlung der Angehörigen von Drittstaaten oder einer ausdrücklichen Zuweisung entsprechender Verhandlungskompetenzen an Organe der Gemeinschaft[164].

Die Frage nach der Reichweite der Harmonisierung ist daher unter Berücksichtigung ihres *sachlichen* Regelungsgehalts zu beantworten. Kriterien hierfür sind der Umfang der fraglichen Vorschriften ebenso wie deren Natur und Inhalt[165].

In sachlicher Hinsicht schafft die EuInsVO indes ein ausgefeiltes System, welches die Voraussetzungen direkter und indirekter internationaler Zuständig-

---

[162] So Duursma-Kepplinger/Duursma/Chalupsky, EuInsVO – Duursma-Kepplinger, Art. 1 Rn. 68 und Duursma, Art. 44 Rn. 31; a.A. Leible/Staudinger, KTS 2000, 533 (539): In Bezug auf Drittstaatensachverhalte verbleibt die Regelungsautonomie vom Grundsatz her bei den Mitgliedstaaten. Soweit diese allerdings Abkommen mit Drittstaaten anstreben sollten, die sich unmittelbar auf den harmonisierten Bereich auswirken, folgt aus der von der Gemeinschaft ausgeübten konkurrierenden Binnenkompetenz auch ihre komplementäre Außenkompetenz i.S.d. Art. 300 EGV. Regelmäßig kann daher künftig nur die Gemeinschaft völkerrechtliche Abkommen mit Drittstaaten oder internationalen Organisationen aushandeln und abschließen.

[163] Duursma-Kepplinger/Duursma/Chalupsky, EuInsVO - Duursma, Art. 44 Rn. 31.

[164] So EuGH, Urt.v.5.11.2002, Rs. C-476/98 (Open Skies), Rn. 110, Slg. 2002, I-09855.

[165] Klarstellend EuGH, Gutachten v. 7.2.2006, Rs. 1/03, Rn. 126, www.curia.europa.eu/jurisp. Darüber hinaus sind neben dem aktuellen Stand des Gemeinschaftsrechts auf dem betreffenden Gebiet auch dessen Entwicklungsperspektiven zu berücksichtigen, sofern im Zeitpunkt der Analyse absehbar (Rn. 126).

keit wie auch deren Auswirkungen materiellrechtlicher und prozessualer Art verbindlich festschreibt. Auf diese Weise werden die unterschiedlichen mitgliedstaatlichen Rechtsordnungen in ein geordnetes Konditionalsystem gezwungen, welches Pluralität allein in der Rechtsfolge zulässt.

Die EuInsVO hat daher für den Kreis teilnehmender Mitgliedstaaten zu einer vollständigen Harmonisierung auf dem Gebiet des Internationalen Insolvenzrechts geführt[166].

Diese würde in Frage gestellt, beließe man Verhandlungs- und Abschlusskompetenz gegenüber Drittstaaten bei den Mitgliedstaaten. Denn es liegt in der Natur eines Insolvenzverfahrens, den Gesamtbeschlag auf sämtliches Vermögen des Schuldners zu erstrecken, gleich wo auf der Welt gelegen[167]. Aus diesem Grund muss ein Regelwerk, das dessen internationale Zuständigkeit festlegt, zwangsläufig Wirkungen über seinen unmittelbaren Anwendungsbereich hinaus entfalten. Das heißt, ein mitgliedstaatliches Abkommen, das die internationale Zuständigkeit gegenüber Drittstaaten regelt, kann in den selben Regelungsbereich eingreifen wie die EuInsVO; bei der Vielzahl und Verschiedenheit der Anknüpfungskriterien muss dies geradezu zwingend zu Zuständigkeitskonflikten mit der EuInsVO führen[168].

Eine internationale Regelung wie die EuInsVO ist jedoch nur kohärent und effizient, wenn sie so umfassend wie möglich ist[169]. Konflikte wie die aufgezeigten indes können zu Zuständigkeitslücken oder einem völligen Fehlen gerichtlichen Rechtsschutzes führen und so Zusammenhang und Wirksamkeit des gemeinschaftlichen Regelwerks hintertreiben[170].

In Konsequenz läge eine Beeinträchtigung dieses gemeinsamen Regelungssystems vor, wenn die Mitgliedstaaten die Verhandlungs- und Abschlusskompetenz mit Drittstaaten behielten[171].

Bemerkenswert ist in diesem Zusammenhang, dass dies selbst dann gilt, wenn eine mitgliedstaatliche Verpflichtung gegenüber einem Drittstaat nicht im Wi-

---

[166] Vgl. zu dieser Einschätzung auch Leible/Staudinger, KTS 2000, 533 (539), welche mit der Formulierung „soweit diese (...) Abkommen mit Drittstaaten anstreben sollten, die sich auf den harmonisierten Bereich auswirken (...)," selbstverständlich von einer solchen Harmonisierung durch Erlass der EuInsVO ausgehen und in Konsequenz „aus dem Erlass der auf Art. 61 lit. c), Art. 65 EGV gestützten EuInsVO, mithin aus der von der Gemeinschaft ausgeübten konkurrierenden Binnenkompetenz, auch ihre komplementäre Außenkompetenz i.S. des Art. 300 EGV" folgern.

[167] Smid, Internationales Insolvenzrecht/EurInsVO, Einl. Rn. 3.

[168] Vgl. die parallele Argumentation zur EuGVVO in EuGH, Gutachten v. 7.2.2006, Rs. 1/03, Rn. 140, www.curia.europa.eu/jurisp.

[169] Vgl. die parallele Argumentation zur EuGVVO in EuGH, Gutachten v. 7.2.2006, Rs. 1/03, Rn. 141, www.curia.europa.eu/jurisp.

[170] Vgl. die parallele Argumentation zur EuGVVO in EuGH, Gutachten v. 7.2.2006, Rs. 1/03, Rn. 141, www.curia.europa.eu/jurisp.

[171] Vgl. EuGH, Urt.v.5.11.2002, Rs. C-476/98 (Open Skies), Rn. 110, Slg. 2002, I-09855.

derspruch zu den Gemeinschaftsvorschriften stünde[172]. Zur Begründung verweist der EuGH darauf, dass „alles, was außerhalb der Gemeinschaftsorgane geschieht", mithin im Wege konkurrierender Zuständigkeit durch die Mitgliedstaaten normiert wird, mit der Einheit des gemeinsamen Marktes und der einheitlichen Anwendung des Gemeinschaftsrechts unvereinbar ist[173].

Wendet man also die fortgesetzte Rechtsprechung des EuGH konsequent auf das Sachgebiet „Internationales Insolvenzrecht" an, so ergibt sich, dass die ausschließliche Außenkompetenz betreffend wechselseitiger Abkommen mit Drittstaaten durch Wahrnehmung der internen Kompetenz nach Art. 61 lit. c), 65 lit. a) und 67 EGV und der damit verbundenen Schaffung eines ausdifferenzierten Systems, welches der Rechtsangleichung der mitgliedstaatlichen Rechtsordnungen dient, auf die EG übergegangen ist[174].

Gleichwohl bestehende mitgliedstaatliche Verpflichtungen, gleich ob im Widerspruch zu Gemeinschaftsrecht oder nicht, sind deswegen mit Art. 10 EGV unvereinbar, da dieser den Mitgliedstaaten aufgibt, der Gemeinschaft die Erfüllung ihrer Aufgaben zu erleichtern und alle Maßnahmen zu unterlassen, welche die Ziele des EG-Vertrages gefährden.

Überdies ergibt sich aus der sogenannten „Kramer"-Rechtsprechung, die eine Weiterentwicklung der oben skizzierten Spruchpraxis des EuGH darstellt, dass die Europäische Gemeinschaft auch in Bereichen, die sie noch nicht erschöpfend intern geregelt hat, grundsätzlich über eine konkurrierende Zuständigkeit verfügt, sofern eine interne Normsetzungsbefugnis besteht[175]. Diese ist im Sinne einer geteilten Zuständigkeit zu verstehen, welche die EG potentiell nutzen kann.

Das heißt, selbst wenn man grundsätzlich davon ausgehen würde, dass mit Erlass der EuInsVO das Internationale Insolvenzrecht nicht vollständig harmoni-

---

[172] So EuGH, Urt.v.5.11.2002, Rs. C-476/98 (Open Skies), Rn. 108, Slg. 2002, I-09855.

[173] EuGH, Urt.v.31.3.1971, Rs. 22/70, Rn. 23/29, Slg. 1971, 00263/BeckRS 2004 72371.

[174] So i.E. auch Leible/Staudinger, KTS 2000, 533 (539): Regelmäßig kann daher (mit Ausübung der konkurrierenden Binnenkompetenz) zukünftig nur die Gemeinschaft völkerrechtliche Abkommen mit Drittstaaten oder internationalen Organisationen schließen. Dieses Ergebnis lasse sich überdies mittelbar aus Art. 44 Abs. 3 lit. b) EuInsVO folgern. Der Sekundärrechtsgeber gehe ersichtlich davon aus, dass eine Kollision zwischen den Abkommen, die von Mitgliedstaaten nach Inkrafttreten der Verordnung mit Drittstaaten geschlossen und ratifiziert werden, gar nicht in Betracht kommen kann, da den Mitgliedstaaten insofern bereits die Abschlusskompetenz fehlt. Eine Lesart des Art. 44 Abs. 3 lit. a) EuInsVO, dass die Verordnung auch in diesem Falle gelten soll, ist insoweit fern liegend, als die EuInsVO ohnehin nach Art. 249 Abs. 2 S. 2 EGV unmittelbare Wirkung entfaltet und eo ipso am Vorrang des Gemeinschaftsrechts vor widersprechendem nationalen Recht teilhat (Leible/Staudinger, KTS 2000, 533 (539), Fn. 39).

[175] Vgl. Streinz, EUV/EUG – Mögele, Art. 300 EGV Rn. 32; EuGH, Urt.v.14.7.1976, Rs. 3/76 (Kramer u.a.), Rn. 35/38 und 39, Slg. 1976, 01279/BeckRS 2004 73041; EuGH, Gutachten v. 7.2.2006, Rs. 1/03, Rn. 115 f., www.curia.europa.eu/jurisp.

siert, mithin keine *abschließende* Regelungskompetenz gegenüber Drittstaaten für diesen Bereich begründet wurde, besteht über die interne Normsetzungsbefugnis nach Art. 61 lit. c), 65 lit. a) und 67 EGV jedenfalls eine *konkurrierende* Zuständigkeit. Diese künftig zu nutzen, d.h. entsprechende Abkommen mit Drittstaaten zu schließen, ist die Gemeinschaft nicht gehindert – mit den beschriebenen Konsequenzen.

2. Abschnitt: Internationale Zuständigkeit – Anknüpfung

A. Mittelpunkt hauptsächlicher Interessen des Schuldners, Art. 3 Abs. 1 EuInsVO

Nach Art. 3 Abs. 1 S. 1 EuInsVO richtet sich die internationale Zuständigkeit nach dem „Mittelpunkt der hauptsächlichen Interessen" des Schuldners.

Die Wahl dieses Anknüpfungspunktes ist ersichtlich von dem Bemühen geprägt, in Teilen Übereinstimmung mit dem Internationalen Privatrecht (IPR) zu erreichen, welches seinerseits vom Grundsatz der engsten Verbindung dominiert wird[176]. Diese Prägung des heutigen kontinentaleuropäischen IPR geht zurück auf Friedrich Carl von Savigny[177], welcher den Anwendungsbereich eigenen bzw. fremden Rechts dergestalt formal abgegrenzt sehen will, dass bei jedem Rechtsverhältnis das Rechtsgebiet festzustellen ist, dem das Rechtsverhältnis seiner ihm eigentümlichen Natur nach angehört, d.h. „in dem es seinen Sitz hat"[178]. Der Sache nach beschreiben die nachfolgend alternativ verwendeten Begriffe „Schwerpunkt" (Otto von Gierke) bzw. „Natur der Sache" (Carl Ludwig von Bar) nichts anderes[179]. Maßgebend ist jeweils die intendierte Anbindung an den „Schwerpunkt des Lebensverhältnisses", um auf diese Weise das einschlägige Recht – ohne Präferenz der inländischen Norm – zu ermitteln und so Entscheidungseinklang herzustellen[180].

Diesem Bedürfnis nach äußerem Entscheidungseinklang, welcher zugleich Rechtssicherheit und Vorhersehbarkeit (als fundamentale Ordnungsinteressen vorwiegend des IPR[181]) verheißt, ist dementsprechend auch das Kriterium des „Mittelpunktes der hauptsächlichen Interessen" geschuldet.

Als Anhalt, der diesem Begriff zumindest ansatzweise Konturen verleiht, dient Erwägungsgrund 13 zur EuInsVO: „Mittelpunkt der hauptsächlichen Interessen" soll jener Ort sein, an dem der Schuldner gewöhnlich der Verwaltung seiner Interessen nachgeht und damit für Dritte feststellbar ist.

Damit lassen sich zunächst zwei Grundtendenzen ausmachen, die diesen Begriff kennzeichnen sollen: erstens die Erkennbarkeit für Dritte und zweitens die vermutliche Belegenheit eines Großteils des Schuldnervermögens[182].

---

[176] So Duursma-Kepplinger/Duursma/Chalupsky, EuInsVO – Duursma-Kepplinger, Art. 3 Rn. 12; Gottwald, Insolvenzrechtshandbuch – Gottwald, § 129 Rn. 10; Ehricke, EWS 2002, 101 (103).

[177] Von Hoffmann/Thorn, IPR, § 2 Rn. 29.

[178] Von Hoffmann/Thorn, IPR, § 2 Rn. 31 nach Savigny, System des heutigen römischen Rechts, Bd. VIII (1849), S. 24-28, 108.

[179] So von Hoffmann/Thorn, IPR, § 2 Rn. 31.

[180] Von Hoffmann/Thorn, IPR, § 2 Rn. 32.

[181] Vgl. zu den Ordnungsinteressen Kegel/Schurig, IPR, § 2 II 3. a) und c).

[182] Vgl. Duursma-Kepplinger/Duursma/Chalupsky, EuInsVO – Duursma-Kepplinger, Art. 3 Rn. 12; MünchKommIntWR – Kindler, IntInsR Rn. 127; ähnlich Burbidge, European Law

Diese beiden Komponenten gründen zum einen auf der Tatsache, dass die „Insolvenz ein konkretes Risiko darstellt, weshalb es wichtig ist, die internationale Zuständigkeit an dem Ort anzuknüpfen, den die potentiellen Gläubiger des betreffenden Schuldners kennen und somit die rechtlichen Risiken im Insolvenzfall kalkulierbar werden“[183]; zum anderen auf der Erwartung, dass sich sowohl das Gros der künftigen Insolvenzgläubiger wie auch der überwiegende Anteil der Insolvenzmasse dort befinden, wo der Schuldner seine Interessen regelmäßig verwaltet[184].

Mit der Wahl des Wortes „Interessen“ sollte ein insofern neutrales Kriterium geschaffen werden, welches erlaubt, sowohl die Insolvenz natürlicher wie auch juristischer Personen und Gesellschaften ohne eigene Rechtspersönlichkeit in den Anwendungsbereich der EuInsVO zu integrieren. Schließlich lassen sich darunter sämtliche wirtschaftlichen Betätigungen fassen, von der Handels-, gewerblichen oder beruflichen Tätigkeit bis hin zur allgemeinen Betätigung von Privatpersonen (z.B. Verbrauchern)[185].

Einhelligkeit herrscht dabei insofern, als die maßgebenden „Interessen“ zwingend wirtschaftlicher Natur sein müssen[186]. Dies legt zwar der schiere Wortlaut weder des Begriffs „Interessen“ noch des Art. 3 Abs. 1 EuInsVO nahe (am ehesten noch Erwägungsgrund 13 zur EuInsVO, der insofern immerhin noch von „*Verwaltung* von Interessen“ spricht[187]), es ergibt sich jedoch zwingend aus dem intendierten Bestreben, die internationale Zuständigkeit für ein Insolvenzverfahren festzulegen; denn eine Insolvenz setzt den wirtschaftlichen Zusammenbruch des Schuldners (in Gestalt von (drohender) Zahlungsfähigkeit oder Überschuldung) voraus. Nur um „Interessen“, die in diesem Zusammenhang stehen, kann es folglich gehen.

Die nähere Umschreibung dieser Interessen als „hauptsächliche“ ist indes schlicht der erforderlichen Differenzierung geschuldet, falls der Schuldner meh-

---

Review 2002 (Bd. 27), 589 (592) mit Verweis auf The Committee of the European Parliament, European parliament Legislative Observatory, 29.5.2000, final decision on legal Affairs, internal market, rapporteur Kurt Lechner.

[183] Virgos/Schmit-Report Rn. 75.

[184] Duursma-Kepplinger/Duursma/Chalupsky, EuInsVO – Duursma-Kepplinger, Art. 3 Rn. 12; MünchKommIntWR – Kindler, IntInsR Rn. 127; ders., IntGesR Rn. 402; Reithmann/Martiny, Internationales Vertragsrecht – Hausmann, Rn. 2526.

[185] Vgl. Virgos/Schmit-Report Rn. 75; Smid, Internationales Insolvenzrecht/EurInsVO, Art. 3 Rn. 9; Duursma-Kepplinger/Duursma/Chalupsky, EuInsVO – Duursma-Kepplinger, Art. 3 Rn. 13; Gottwald, Insolvenzrechtshandbuch – Gottwald, § 129 Rn. 10.

[186] Vgl. nur Virgos/Schmit-Report Rn. 75; Smid, Internationales Insolvenzrecht/EurInsVO, Art. 3 Rn. 9; Duursma-Kepplinger/Duursma/Chalupsky, EuInsVO – Duursma-Kepplinger, Art. 3 Rn. 13.

[187] Betonung hinzugefügt.

reren solchen Tätigkeiten nachgeht, die allesamt „Interessen“ im Sinne des Art. 3 Abs. 1 EuInsVO darstellen[188].

I. Natürliche Personen

Für natürliche Personen, die eine selbständige Erwerbstätigkeit ausüben, beispielsweise Kaufleute, ist der Interessenmittelpunkt dort anzusiedeln, wo sie ihrer erwerbswirtschaftlichen Tätigkeit nachgehen, i.e. der Ort der gewerblichen bzw. sonstigen beruflichen Niederlassung. Dies deshalb, weil die Gründe für die Insolvenz solch eines Schuldners meist in eben dieser Betätigung wurzeln[189].

Bei unselbständiger Tätigkeit natürlicher Personen heißt das im Umkehrschluss, dass nicht der Arbeitsort maßgebend ist; denn deren Insolvenz wird im Regelfall durch private Rechtshandlungen bedingt sein[190]. Ihr „Mittelpunkt hauptsächlicher Interessen“ bestimmt sich daher nach den allgemeinen Vorschriften[191], d.h. nach herrschender Lehre in der Regel nach dem Wohnsitz; allein falls sich herausstellt, dass der Interessenmittelpunkt tatsächlich an einem anderen Ort liegt, soll letzterer entscheidend sein, so z.B. wenn sich der gewöhnliche Aufenthalt des Schuldners in einem anderen Staat befindet als dessen Wohnsitz[192].

Dieses Regel-Ausnahme-Verhältnis steht im Einklang mit der widerleglichen Vermutung für den Satzungssitz bei Gesellschaften und wird daher auch von Autoren akzeptiert, die eine grundsätzliche Anknüpfung an den gewöhnlichen Aufenthalt befürworten[193].

---

188 So Duursma-Kepplinger/Duursma/Chalupsky, EuInsVO – Duursma-Kepplinger, Art. 3 Rn. 13; Virgos/Schmit-Report Rn. 75.

189 Huber, EuZW 2002, 490 (491), m.w.N.; ders., ZZP 2001, 133 (140); Mankowski, NZI 2005, 368 (370); ebenso schon Virgos/Schmit-Report Rn. 75.

190 Huber, EuZW 2002, 490 (491), m.w.N.; ders., ZZP 2001, 133 (140); Duursma-Kepplinger/Duursma/Chalupsky, EuInsVO – Duursma-Kepplinger, Art. 3 Rn. 19.

191 Smid, Internationales Insolvenzrecht/EurInsVO, Art. 3 Rn. 15: i.e. Art. 2 EuGVVO.

192 Huber, ZZP 2001, 133 (140); ders., EuZW 2002, 490 (491), m.w.N.; Smid, Internationales Insolvenzrecht/EurInsVO, Art. 3 Rn. 15; Deipenbrock EWS 2001, 113 (116); Gottwald, Insolvenzrechtshandbuch – Gottwald, § 129 Rn. 13; ähnlich Virgos/Schmit-Report Rn. 75.

193 So Duursma-Kepplinger/Duursma/Chalupsky, EuInsVO – Duursma-Kepplinger, Art. 3 Rn. 22. Die Begründung im 13. Erwägungsgrund deute darauf hin, dass der Verordnungsgeber den gewöhnlichen Aufenthalt als Anknüpfungskriterium nicht ausschließt, da als „Mittelpunkt der hauptsächlichen Interessen“ gerade derjenige Ort gelten soll, an dem der Schuldner der Verwaltung seiner Interessen nachgeht. Für den Verzicht auf das Merkmal des Wohnsitzes spreche darüber hinaus der Gedanke der Kohärenz mit dem internationalen Privatrecht, da auch das EVÜ an mehreren Stellen auf den gewöhnlichen Aufenthalt der Bezugsperson abstellt. Zudem bestimme die ebenfalls auf Art. 61 lit. c) , Art. 67 Abs. EGV gestützte Brüssel II-Verordnung die Zuständigkeit der mitgliedstaatlichen Gerichte grundsätzlich nach Maßgabe des gewöhnlichen Aufenthalts. Auf diese Weise ließen sich die Schwierigkeiten vermeiden, die etwa im Anwendungsbereich des EuGVÜ (Art. 2 ff. EuGVÜ/Art. 2 ff. EuGVVO) mit

Für (teil-) rechtsfähige Subjekte des Gesellschaftsrechts hält Art. 3 Abs. 1 S. 2 EuInsVO eine Hilfestellung zur Bestimmung des Interessenmittelpunktes bereit: Bis zum Beweis des Gegenteils wird vermutet, dass der „Mittelpunkt ihrer hauptsächlichen Interessen“ der Ort des satzungsmäßigen Sitzes ist.

Diese auf den ersten Blick dankenswerte Klarstellung, entpuppt sich indes bei näherer Betrachtung als Bürde, wirft sie doch mehr Fragen auf, als sie zu beantworten in der Lage ist.

Zunächst erzeugt die Tatsache, dass einerseits auf den satzungsmäßigen Sitz abgestellt wird, andererseits jedoch zugleich der Ort der gewöhnlichen, für Dritte erkennbaren Interessenverwaltung ausschlaggebend sein soll (Erwägungsgrund 13 zur EuInsVO), einige Verwirrung. Dies deshalb, weil mit dem satzungsmäßigen Sitz ein Anknüpfungsmoment der sogenannten „Gründungstheorie“[194] bemüht wird, wohingegen Erwägungsgrund 13 zur EuInsVO, welcher auf die tatsächliche und als solche erkennbare Tätigkeit der Gesellschaft abhebt, Elemente der sogenannten „Sitztheorie“[195] enthält.

Da beide - satzungsmäßiger und effektiver Verwaltungssitz - zwar im Regelfall[196], jedoch keineswegs zwingend identisch sein werden, fragt sich, welcher Natur, die von Art. 3 Abs. 1 S. 2 EuInsVO an die Hand gegebene Hilfestellung ist: Handelt es sich um eine Vermutung, an deren Erschütterung hohe Anforderungen zu stellen sind, wie der schiere Wortlaut des Art. 3 Abs. 1 S. 2 EuInsVO nahe legt, oder kommt ihr lediglich die Funktion einer Zweifelsregelung zu, wenn sich der Interessenmittelpunkt nicht letztverbindlich ermitteln lässt?

---

der Bestimmung des Wohnsitzes verbunden sind (Duursma-Kepplinger/Duursma/Chalupsky, EuInsVO – Duursma-Kepplinger, Art. 3 Rn. 21; ebenso schon Leible/Staudinger, KTS 2000, 533 (543). Ein weiterer Vorteil der Anknüpfung an den gewöhnlichen Aufenthalt sei die Tatsache, dass auf diese Weise dem Grundgedanken der EuInsVO, eine Mehrfachanknüpfung weitgehend zu vermeiden, im Regelfall besser als durch die Wohnsitzanknüpfung Rechnung getragen werden könne. Zudem stünde eine Anknüpfung an den gewöhnlichen Aufenthalt auch mit der für Gesellschaften und juristische Personen geltenden Bestimmung der Interessenverwaltung (Maßgeblichkeit des tatsächlichen Verwaltungssitzes) im Einklang (Duursma-Kepplinger/Duursma/Chalupsky, EuInsVO – Duursma-Kepplinger, Art. 3 Rn. 21). Für Anknüpfung an Ort des gewöhnlichen Aufenthalts ferner: Reithmann/Martiny, Internationales Vertragsrecht – Hausmann, Rn. 2526; Mankowski, NZI 2005, 368 (369).

[194] Die Gründungstheorie bestimmt das Gesellschaftsstatut nach dem Recht, nach welchem die Gesellschaft (erkennbar) errichtet wurde (vgl. Staudinger, BGB, IntGesR – Großfeld, Rn. 22 und 31; Reithmann/Martiny, Internationales Vertragsrecht – Hausmann, Rn. 2199).

[195] Nach der Sitztheorie ist Gesellschaftsstatut die Rechtsordnung, in deren Geltungsbereich die Gesellschaft ihren tatsächlichen Verwaltungssitz hat (Staudinger, BGB, IntGesR – Großfeld, Rn. 20; Reithmann/Martiny, Internationales Vertragsrecht – Hausmann, Rn. 2196).

[196] So Huber, ZZP 2001, 133 (141); Smid, Internationales Insolvenzrecht/EurInsVO, Art. 3 Rn. 12.

III. Insbesondere: Konzerninsolvenzen

Ungleich drängender stellt sich diese Frage für Konzerne, welche oftmals über mehrere Tochtergesellschaften an verschiedenen Standorten verfügen, denen wiederum Betätigungsfelder und Entscheidungsbefugnisse in unterschiedlicher Intensität zugewiesen sein können.

Für diese bereitet die Bestimmung des Interessenmittelpunktes nach der eingangs beschriebenen Maßgabe im Besonderen Probleme, ist die internationale Zuständigkeit für Konzerninsolvenzen doch in der EuInsVO nicht geregelt[197].

Unklar ist daher, ob und wie sich solche Verbindungen auf den „Mittelpunkt hauptsächlicher Interessen“ der einzelnen Unternehmen oder des Konzerns als solchem auswirken.

Theoretisch könnte man eine rechtlich selbständige Tochtergesellschaft als Niederlassung der Konzernmutter im Sinne von Art. 3 Abs. 2, Art. 2 lit. h) EuInsVO ansehen, mit der Folge, dass ein über die Tochter eröffnetes Partikularverfahren über Art. 31 EuInsVO an das Hauptverfahren angebunden wird[198].

Dagegen wird jedoch eingewandt, dass ein Hauptinsolvenzverfahren über die Konzernmutter über die Koordinierungspflicht des Art. 31 EuInsVO faktisch das gesamte Vermögen des Schuldners in diesem Staat erfassen und so ein einheitlicher Konzerngerichtsstand geschaffen würde, obwohl dies von den Verordnungsgebern gerade nicht beabsichtigt war[199].

Die eigentlich intendierte bzw. dogmatisch korrekte Folge wäre daher, dass über eine rechtlich selbständige Tochtergesellschaft ein eigenes Hauptverfahren zu eröffnen ist[200].

Dass dieser Weg auch der eigentlich vom Verordnungsgeber ins Auge gefasste ist, belegt der Virgos/Schmit-Report, der auch insofern die allgemeinen Regeln für anwendbar sieht: Für jeden betroffenen Schuldner mit eigener Rechtspersönlichkeit muss die Zuständigkeit nach dem Übereinkommen gesondert gegeben sein[201].

---

197 MünchKommIntWR – Kindler, IntInsR Rn. 111; Deipenbrock EWS 2001, 113 (116); Gottwald, Insolvenzrechtshandbuch – Gottwald, § 129 Rn. 19; vgl. Virgos/Schmit-Report Rn. 76; Burbidge, European Law Review 2002 (Bd. 27), 589 (593).

198 So beispielsweise Paulus, NZI 2001, 505 (510), der jedoch Zweifel an einer so weitgehenden Auslegung hegt und sich daher für eine gesetzgeberische Korrektur ausspricht; ders. ZIP 2002, 729 (730).

199 Huber, ZZP 2001, 133 (143); MünchKommIntWR – Kindler, IntInsR Rn. 111; i.E. zustimmend Eidenmüller, NJW 2004, 3455 (3458).

200 Vgl. nur Burbidge, European Law Review 2002 (Bd. 27), 589 (593).

201 Virgos/Schmit-Report Rn. 76. Daraus wird allgemein gefolgert, dass eine Tochtergesellschaft keine „Niederlassung" i.S.v. Art. 2 lit. h) EuInsVO ist (vgl. nur Urbain-Parleani, Revue des sociétés: journal des sociétés, Bd. 123/2005, 101 (104 f.): „La notion d'établissement (...) n'appréhende pas les filiales“; Morse, Cross-border insolvency in the European Union in:

Praktisch wird jedoch gleichwohl durch extensive Auslegung des „Interessenmittelpunktes" ein einheitlicher Konzerngerichtsstand geschaffen, wie die nachfolgend dargestellten Leitentscheidungen belegen.

1. Leitentscheidungen

a) England

aa) High Court of Justice London, Beschluss vom 4. Juli 2002 („Enron Directo Sociedad Limitada")

Den Anfang dieser Entwicklung bildete ein Beschluss des *London High Court* aus dem Jahre 2002[202].

Der *Enron*-Konzern befand sich in wirtschaftlichen Schwierigkeiten; über einen Teil desselben sollte daher das Insolvenzverfahren eröffnet werden: die *Enron directo Sociedad Limitada* (*Enron Spanien*). Obgleich sie in Spanien eingetragen war, stellte ein Gläubiger der *Enron Spanien* den Antrag auf Eröffnung eines Verwaltungsverfahrens (*administration*) im Vereinigten Königreich als Hauptverfahren.

Zur Begründung wurde vorgetragen, dass sich der Hauptsitz der Gesellschaft im UK befand, da dort die für einen Unternehmenssitz maßgebenden Tätigkeiten wahrgenommen würden: Alle hauptsächlichen Entscheidungen leitender, strategischer und verwaltender Art wurden in London getroffen[203]; nur für örtliche Geschäfte, wie sie von der Gesellschaft ausgeführt wurden, erhielt das Management vor Ort ein beschränktes Maß an rechtlicher Befugnis und Verantwortung. Im Gegenzug wurde wiederum erwartet, administrative Dienste von der Verwaltungszentrale in London zu beziehen, so zu Arbeitskräften, Finanzen und Buchhaltung. Ziel dieser Struktur war es zum einen, sicherzustellen, dass weltweit einheitliche Standards für all die geschäftlichen Aktivitäten der *Enron*-Gruppe eingehalten wurden, zum anderen die zentrale Kontrolle ihrer Tätigkeiten aufrecht zu erhalten[204]. Daher wurden alle Unternehmensziele, Finanzpläne

International Conflict of Laws for the third Millennium, 233 (244): „...a subsidiary is not an establishment of the parent company").

[202] Ein sog. *„Judgement"*, d.h. eine gerichtliche Beurteilung, in der die Begründung erfolgt, ist im Insolvenzverfahren nicht üblich (vgl. redaktionelle Vorbemerkung zu High Court of Justice Leeds, Urt.v.16.5.2003, Az: 861-876/03, ZIP 2004, 963 (963). Dieser Übung folgend erging die betreffende Entscheidung, ohne dass sie mitgeteilt oder eine Abschrift derselben angefertigt wurde (Laughton, The European Insolvency Case Register, www.mercerhole.co.uk/cgi-bin/item.cgi?id=13921&d=101& h=126&f=127). Sachverhalt und Gründe, die das Gericht für den Erlass der *administration order* akzeptierte, sind daher zitiert nach: Ferber, European Insolvency Regulation, S. 41 ff., 2.6.9.

[203] Vgl. Ferber, European Insolvency Regulation, S. 41, 2.6.9.

[204] Vgl. Ferber, European Insolvency Regulation, S. 43, 2.6.9.

und Verdienstspannen zunächst in London festgesetzt, die Erfüllung derselben sodann überwacht[205].

Dass diese Unternehmensstruktur auch im Sinne von Erwägungsgrund 13 zur EuInsVO für Dritte erkennbar war, belegte die Beweisführung so: Einzig laufende Geschäftsangelegenheiten konnten Kunden mit den spanischen Angestellten der Gesellschaft verhandeln[206]; denn das örtliche Management der Gesellschaft war nur bis zu einer Summe von 5.000 britischen Pfund befugt, Rechnungen zum Zweck der Bezahlung abzuzeichnen. Jede Rechnung, die diese Summe überstieg, musste an die Londoner Zentrale geschickt werden, gleichermaßen zum Zwecke der Genehmigung wie auch der Bezahlung. So kam es, dass beispielsweise alle Angestellten der Gesellschaft und alle Hauptlieferanten auf Ermächtigung von London hin bezahlt wurden. Noch deutlicher verhielt es sich mit der Kontenführung: Sie fand hauptsächlich im Vereinigten Königreich statt; Kontoaufträge wurden gar ausschließlich von Beschäftigten der zentralen Buchhaltung in London unterzeichnet, von den Direktoren der Gesellschaft war dagegen keiner unterschriftsberechtigt[207]. Und auch Vertreter, die für Geschäftsabschlüsse mit Kunden verantwortlich waren, handelten ihre Arbeitsverträge direkt mit der zentralen Rechtsabteilung in London aus. Daher wussten die hauptsächlichen Gläubiger, dass die Gesellschaft von London aus verwaltet wurde[208].

Die nachgezeichnete Argumentationslinie überzeugte den *High Court*; er gab zwar keine gerichtliche Beurteilung ab, akzeptierte jedoch den Beweis, dass der Hauptsitz der Gesellschaft - trotz Eintragung in Spanien - im Vereinigten Königreich war. Auf dieser Grundlage nahm er an, dass der „Mittelpunkt hauptsächlicher Interessen" der *Enron Spanien* in seinem Zuständigkeitsbereich lag, ordnete demnach die Vermögensverwaltung (*administration*) als Hauptverfahren gemäß Art. 3 Abs. 1 EuInsVO an[209].

bb) High Court of Justice Chancery Divison Companies Court, Urteil vom 7. Februar 2003 („BRAC Rent-A-Car International Inc.")

Ungleich weniger bedurfte es, um den *High Court of Justice* in der Sache *BRAC Rent-A-Car* zu überzeugen. Ihm lag ein Antrag auf Erlass einer *administration order* hinsichtlich der *BRAC Rent-A-Car International Inc.* vor[210]. Die Beson-

---

[205] Vgl. Ferber, European Insolvency Regulation, S. 46, 2.6.9.

[206] Vgl. Ferber, European Insolvency Regulation, S. 42, 2.6.9.

[207] Vgl. Ferber, European Insolvency Regulation, S. 45, 2.6.9.

[208] Vgl. Ferber, European Insolvency Regulation, S. 41, 2.6.9.

[209] Vgl. Ferber, European Insolvency Regulation, S. 41, 2.6.9.; International Insolvency Institute, www.iiiglobal.org/country/european_union/Enron%20Directo%20decision%20of%20Lightman%20J.pdf., S. 1.

[210] High Court of Justice Chancery Divison Companies Court, Urt.v.7.2.2003, Az: 0042/2003, ZIP 2003, 813 ff.

derheit: Die Gesellschaft war in Delaware eingetragen und hatte ihren satzungsmäßigen Sitz in den Vereinigten Staaten.

Das Gericht gelangte jedoch zu der Überzeugung, dass die Gesellschaft von dieser Anschrift aus noch nie Handel getrieben hatte; vielmehr hatte sie ihre Tätigkeiten fast ausschließlich im Vereinigten Königreich ausgeführt[211]. Ausgangspunkt war eine Anschrift in Hemel Hempstead in England, von dort aus nahm sie ihre Handelsaktivitäten über Tochtergesellschaften und Franchise-Nehmer wahr.

Angestellte hatte die Gesellschaft fast ausschließlich in England, keine dagegen in den USA – alle Arbeits-, Franchise- und sonstigen Verträge unterlagen englischem Recht[212].

Dieser Sachverhalt genügte dem Gericht, um den „Mittelpunkt der hauptsächlichen Interessen" der Gesellschaft im Sinne des Art. 3 Abs. 1 S. 1 EuInsVO wie selbstverständlich in England anzunehmen – wie es dazu gelangte, insbesondere die Vermutung des Art. 3 Abs. 1 S. 2 EuInsVO umschiffte, lässt es offen. Die Frage seiner internationalen Zuständigkeit hat es vielmehr allein daran gemessen, ob diese auch im Verhältnis zu Nicht-Mitgliedstaaten der EU besteht.

cc) High Court of Justice Leeds, Urteil vom 16. Mai 2003 („Daisytek-ISA")

Unter dem Schlagwort „*Daisytek-ISA*" wurde die Entscheidung des *High Court Leeds*[213] bekannt, die gleichsam den eigentlichen Auftakt zu einer ganzen Reihe kontroverser Entscheidungen zu diesem Fragenkomplex setzte.

Der *High Court* war mit einer europaweit tätigen Gruppe von insolventen Gesellschaften konfrontiert, die allesamt in unterschiedlichen Mitgliedstaaten eingetragen waren. Als Dachgesellschaft fungierte eine englische Gesellschaft (*Daisytek-ISA Ltd.*), die die einzelnen Tochtergesellschaften ihrerseits über eine Tochtergesellschaft von Bradford aus kontrollierte, die *ISA International plc.* Die Tätigkeit der einzelnen Tochtergesellschaften beschränkte sich demgegenüber darauf, vor Ort als Wiederverkäufer und Großhändler aufzutreten.

Das englische Gericht musste sich nunmehr mit der Frage befassen, ob es über Tochtergesellschaften der Holding, die in Frankreich (*ISA-Daisytek SAS*) und Deutschland (*PAR Beteiligungs-GmbH, ISA Deutschland* und *Supplies Team GmbH*) eingetragen waren, ein englisches Verwaltungsverfahren (*admini-*

---

211 High Court of Justice Chancery Divison Companies Court, Urt.v.7.2.2003, Az: 0042/2003, ZIP 2003, 813 (813), Rn. 4.

212 High Court of Justice Chancery Divison Companies Court, Urt.v.7.2.2003, Az: 0042/2003, ZIP 2003, 813 (814), Rn. 5.

213 High Court of Justice Leeds, Urt.v.16.5.2003, Az: 861-876/03, ZIP 2004, 963 ff.

stration) eröffnen konnte, insbesondere ob es hierfür nach Art. 3 Abs. 1 EuInsVO zuständig war[214].

Ausgehend von der Vermutung des Art. 3 Abs. 1 S. 2 EuInsVO sah das Gericht die Antragsstellung beweisbelastet, die einen vom Satzungssitz abweichenden Interessenmittelpunkt behauptete[215].

Streng an Erwägungsgrund 13 zur EuInsVO orientiert, sollte ein derartiges Vorbringen beweisen, dass der Ort, an dem die Gesellschaften gewöhnlich der Verwaltung ihrer Interessen nachgingen und der für Dritte als solcher erkennbar war, sich innerhalb der englischen Gerichtsbarkeit befand[216].

Zu diesem Zweck sah das Gericht sich verpflichtet, die hauptsächlichen Interessen des Schuldners zu identifizieren – sowohl in Umfang als auch Bedeutung; es fasste diese Verpflichtung in die vielzitierte Formel: „Meiner Ansicht nach erfordert die Bestimmung des Mittelpunktes hauptsächlicher Interessen des Schuldners vom Gericht beides zu erwägen, den Umfang der Interessen, die an einem bestimmten Ort verwaltet werden und deren Bedeutung – und dies für jeden Ort, der als Mittelpunkt der hauptsächlichen Interessen angesehen werden könnte, gleich ob als Ergebnis der Vermutung des Art. 3 Abs. 1 oder aufgrund anderer Umstände."[217]

Nach dem Erfordernis des Erwägungsgrundes 13 folge der „Mittelpunkt der hauptsächlichen Interessen des Schuldners" aus der Tatsache, dass Interessen an einem bestimmten Ort verwaltet werden; daher sei sehr wichtig, dass dies für dritte Parteien auch erkennbar ist[218]. Zur Begründung stützte es sich auf die Feststellung des zuständigen Registrars in der Sache *Geveran Trading Co Ltd. v Skjevesland (2003) BPIR 73*: „Es ist das übergeordnete Bedürfnis dritter Parteien, den „Mittelpunkt der hauptsächlichen Interessen des Schuldners" auszumachen, weil die Gläubiger wissen müssen, wohin sie sich wenden müssen, um den Schuldner zu kontaktieren, wenn Insolvenzverfahren anstehen."[219] Diese Aussage beziehe sich auf Randnummer 75 des Virgos/Schmit-Reports, der die Ratio der Bestimmung in die Worte fasst: „Insolvenz ist ein vorhersehbares Risiko. Es ist daher wichtig, dass die internationale Zuständigkeit sich auf einen Ort stützt, der den potentiellen Gläubigern des Schuldners bekannt ist. Dies ver-

---

[214] Vgl. High Court of Justice Leeds, Urt.v.16.5.2003, Az: 861-876/03, ZIP 2004, 963 (964), Rn. 12.

[215] High Court of Justice Leeds, Urt.v.16.5.2003, Az: 861-876/03, ZIP 2004, 963 (964), Rn. 12.

[216] Vgl. High Court of Justice Leeds, Urt.v.16.5.2003, Az: 861-876/03, ZIP 2004, 963 (964), Rn. 12.

[217] High Court of Justice Leeds, Urt.v.16.5.2003, Az: 861-876/03, ZIP 2004, 963 (965), Rn. 14.

[218] High Court of Justice Leeds, Urt.v.16.5.2003, Az: 861-876/03, ZIP 2004, 963 (965), Rn. 15.

[219] High Court of Justice Leeds, Urt.v.16.5.2003, Az: 861-876/03, ZIP 2004, 963 (965), Rn. 15.

setzt in die Lage, die rechtlichen Risiken, die man im Falle der Insolvenz auf sich nehmen muss, kalkulieren zu können."[220] Das Gericht kam daher zu dem Schluss, dass die wichtigsten „dritten Parteien", auf die in Erwägungsgrund 13 Bezug genommen wird, die potentiellen Gläubiger" sind[221].

Die Auffassung der Gläubiger zum Interessenmittelpunkt des Schuldners indessen bezog der *High Court* nicht unterschiedslos in seine Erwägungen ein; vielmehr sei allein die Sicht der Mehrheit potentieller Gläubiger maßgebend. Die Mehrheit indessen definierte er bezogen auf den Forderungswert. Er schloss: „Im Fall einer Handelsgesellschaft sind die wichtigsten Gruppen von Gläubigern vermutlich ihre Geldgeber und ihre Handelslieferanten."[222]; auf deren Sichtweise stellte der *High Court* in Anlehnung an Erwägungsgrund 13 zur EuInsVO ab. Folglich fiel verstärkt ins Gewicht, wie die Aktivitäten der Tochtergesellschaften finanziert und wie die Zulieferverträge organisiert wurden[223].

Was die Finanzierung anlangt, standen sich zum einen das bloße Vorhandensein von Bankkonten in Deutschland und zum anderen ein umfassender Verwaltungs- und Prüfungsapparat in England gegenüber: So wurde die Tätigkeit der deutschen Gesellschaften teils durch lokale Filialen, teils direkt über die *Royal Bank of Scotland* finanziert; Buchprüfung und Rechnungslegung erfolgten ausschließlich nach englischen Grundsätzen und durch die Zentrale in Bradford.

Auch im Vertragswesen ergab sich eine ähnliche Verteilung: Im Einkauf wurden 70% der Verträge direkt von Bradford aus verhandelt, betreut und über Bürgschaften garantiert, unterlagen damit auch englischem Recht; wollten die deutschen Gesellschaften Einkäufe tätigen, die den Betrag von 5000 Euro überstiegen, benötigten sie die Zustimmung der Holding.

Dem standen zwar Verkaufsaktivitäten gegenüber, die zu 85% von den deutschen Gesellschaften vorgenommen wurden, diese waren jedoch nach Ansicht des *High Court* zu vernachlässigen, da die Käufer eher als Schuldner denn als Gläubiger in Betracht kamen. – Auf deren Beurteilung käme es daher nach Erwägungsgrund 13 zur EuInsVO nicht an[224].

---

[220] High Court of Justice Leeds, Urt.v.16.5.2003, Az: 861-876/03, ZIP 2004, 963 (965), Rn. 15.

[221] High Court of Justice Leeds, Urt.v.16.5.2003, Az: 861-876/03, ZIP 2004, 963 (965), Rn. 16.

[222] High Court of Justice Leeds, Urt.v.16.5.2003, Az: 861-876/03, ZIP 2004, 963 (965), Rn. 16.

[223] Zu den nachfolgenden Feststellungen High Court of Justice Leeds, Urt.v.16.5.2003, Az: 861-876/03, ZIP 2004, 963 (964 f.), Rn. 13.1-8; für das französische Unternehmen, 963 (965), Rn. 17: „Das Verhältnis der *International* und dem französischen Unternehmen entspricht fast genau dem Verhältnis von *International* und den deutschen Unternehmen (Rn. 13) (...). Bradford kontrolliert das französische Unternehmen genauso wie die deutschen."

[224] High Court of Justice Leeds, Urt.v.16.5.2003, Az: 861-876/03, ZIP 2004, 963 (965), Rn. 16.

Folglich schloss das Gericht, dass für die entscheidenden Gläubiger allein der Ort, an welchem für sie erkennbar Finanzverwaltung und Vertragsabwicklung der Tochtergesellschaften erfolgten, Interessenmittelpunkt im Sinne von Art. 3 Abs. 1 EuInsVO sein konnte: Bradford[225].

Dieses Ergebnis sah es gestützt durch die interne Verbundstruktur: Am Sitz der Konzernspitze in Bradford wurden Managementstrategien entwickelt sowie Corporate Identity und Branding festgelegt; die Tochtergesellschaften hatten sich dagegen an diese ebenso zu halten wie an interne Zustimmungsvorbehalte zu bestimmten Geschäften oder Neueinstellungen[226].

Nach Wägung von Umfang und Bedeutung der Tätigkeiten der Tochtergesellschaften gelangte das Gericht zu der Überzeugung, dass die in Bradford übernommenen Aufgaben umfangreich und sehr bedeutsam waren, die lokalen Aufgaben der Tochtergesellschaften dagegen eingeschränkt und gering; es sah die Vermutung des Art. 3 Abs. 1 S. 2 EuInsVO deshalb widerlegt, hielt sich mithin gemäß Art. 3 Abs. 1 S. 1 EuInsVO für zuständig[227]. In materieller Hinsicht sprach es die beantragten *administration orders* nicht zuletzt deshalb aus, weil es überzeugt war, dass die Vermögenswerte der Gesellschaften wahrscheinlich zu einem höheren Betrag realisiert werden konnten als dies im deutschen oder französischen Äquivalent der englischen Liquidation der Fall gewesen wäre[228].

dd) High Court of Justice, Beschluss vom 20. Mai 2003 („Crisscross Telecommunications")

Wenig später gelangte der *High Court of Justice London* zu einem ganz ähnlichen Ergebnis[229]: Er hatte über die Eröffnung von Insolvenzverfahren über 14 Gesellschaften eines Telekommunikationskonzerns zu entscheiden. Von diesen Gesellschaften hatten einige ihren gesetzlichen Sitz außerhalb des Vereinigten Königreichs oder sogar außerhalb der Europäischen Union (i.e. in der Schweiz); in London war dagegen nur eine der Niederlassungen eingetragen.

Der *High Court of Justice* beanspruchte gleichwohl die internationale Zuständigkeit für sich, denn er gelangte zu der Überzeugung, dass der „Mittelpunkt der hauptsächlichen Interessen" einer jeden Gesellschaft im Vereinigten Königreich

---

[225] High Court of Justice Leeds, Urt.v.16.5.2003, Az: 861-876/03, ZIP 2004, 963 (965), Rn. 16.

[226] High Court of Justice Leeds, Urt.v.16.5.2003, Az: 861-876/03, ZIP 2004, 963 (964 f.), Rn. 13.2-3; 7-8.

[227] High Court of Justice Leeds, Urt.v.16.5.2003, Az: 861-876/03, ZIP 2004, 963 (965), Rn. 16 und 18; Rn. 17-18 für das französische Unternehmen.

[228] High Court of Justice Leeds, Urt.v.16.5.2003, Az: 861-876/03, ZIP 2004, 963 (964), Rn. 11.

[229] Nach Ferber, European Insolvency Regulation, S. 40, 2.6.7., da die Entscheidung nicht mitgeteilt wurde; ebenso Flannery, Crisscross Telecommunications, www.nabarro.com/publications/index.asp?sectionID=az&practiceiD=&publicationID=141412&issueID=141422

lag: Entscheidungen des Verwaltungsrates wurden vorwiegend in England getroffen, Management, Verwaltung und Rechnungswesen sowie weitere Schlüsselfunktionen für jede Gesellschaft fast ausschließlich von Personen erbracht, die bei einer in England registrierten Gesellschaft angestellt waren und von Geschäftsräumen in London aus arbeiteten.

Zwar schlossen Lieferanten vor Ort Verträge mit den Gesellschaften ab und bekamen von diesen auch Rechnungen ausgestellt; nichtsdestotrotz wurden diese Verträge in der Regel erst abgeschlossen, nachdem mit den englischen Angestellten Rücksprache gehalten worden war. Und zum Zwecke der Begleichung der Rechnungen mussten die Lieferanten sich ohnehin direkt an London wenden, die Rechnungen mithin an die dortigen Geschäftsräume schicken.

Demgegenüber schloss das Gros der Kunden seine Verträge unmittelbar mit einer der englischen Gesellschaften ab; all diese Verträge unterlagen überdies englischem Recht.

Dieses Vorbringen überzeugte den *High Court of Justice* von der eigenen Zuständigkeit; er ordnete daher die Vermögensverwaltung über die paneuropäische Unternehmensgruppe an[230].

ee) High Court of Justice Leeds, Beschluss vom 20. Mai 2004 („Ci4Net.com.Inc.")

Aministration orders sollten auch bezüglich zweier Gesellschaften ergehen, die beide außerhalb Englands oder Wales, gar außerhalb der EU, eingetragen waren: die *Ci4net.com.Inc.*, eingetragen im Staate Delaware, und *DBP Holdings Limited*, eingetragen in Jersey[231].

DBP Holdings. Ltd. ist eine hundertprozentige Tochtergesellschaft der *Ci4 net.com.Inc.*[232].

Bis zum Frühjahr 2001 betrieb die *Ci4net.com.Inc.* aktiv Handel; während dieser Zeit hatte sie den „Mittelpunkt ihrer hauptsächlichen Interessen" unbestritten in London[233]. Im April 2001 begann jedoch ein Prozess, der die *Ci4 net.com.Inc.* von einer aktiven Gesellschaft in eine passive Dachgesellschaft überführen sollte; vollendet wurde dieser Prozess im Oktober 2001[234]. Die einzi-

---

230 Flannery, Crisscross Telecommunications, www.nabarro.com/publications/index.asp?sectionID=az &practiceiD=&publicationID=141412&issueID=141422

231 High Court of Justice, Chancery Division, Companies Court, Leeds District Registry, Beschl.v.20.5.2004, Az: 556/2004 und 557/2004, www.rws-verlag.de/volltext-2004/ci4net.htm., Rn. 1.

232 High Court of Justice Leeds, Beschl.v.20.5.2004, Az: 556/2004 und 557/2004, www.rws-verlag. de/volltext-2004/ci4net.htm., Rn. 7.

233 High Court of Justice Leeds, Beschl.v.20.5.2004, Az: 556/2004 und 557/2004, www.rws-verlag. de/volltext-2004/ci4net.htm., Rn. 18.

234 High Court of Justice Leeds, Beschl.v.20.5.2004, Az: 556/2004 und 557/2004, www.rws-verlag. de/volltext-2004/ci4net.htm., Rn. 21.

gen beiden Verbindungen, die nach diesem Zeitpunkt mit England und Wales verblieben, waren zum einen die Kontenführung in London durch die Hauptgläubigerin, die *HSBC Bank plc* (*HSBC*), zum anderen die Benutzung einer Londoner Anschrift durch die *Ci4net.com.Inc.*, in *32 Haymarket*[235]. An dieser Adresse befanden sich großzügige Geschäftsräume, die auf zwölf Jahre angemietet waren, über sie lief sämtliche Korrespondenz der *Ci4net.com.Inc.*; auch Zustellungen erfolgten dort[236]. Gleiches gilt für die *DBP Holdings Ltd.*[237].

Das Gericht hatte nun darüber zu entscheiden, ob diese Verbindungen zu seinem Zuständigkeitsbereich nach Einstellung des Geschäftbetriebes genügten, um den „Mittelpunkt hauptsächlicher Interessen" in London zu verorten[238]. Als Orientierung diente ihm die oben zitierte Maßgabe Richter McGonigals im Fall *Daisytek-ISA*; es sah sich mithin berufen, Umfang und Bedeutung der in London verwalteten Interessen abzugleichen mit denen an anderen in Betracht kommenden Orten[239]. Die sich gegen den Antrag wehrende Gesellschaft hatte geltend gemacht, dass der alleinige Direktor der *Ci4net.com.Inc.* sich entweder in Spanien aufhielt oder auf Geschäftsreisen, vorwiegend in den USA, befand[240]. Das anfallende Geschäft hätte er jedoch ausgeführt, gleich wo er sich gerade befand; folglich ließe sich kein fester Mittelpunkt ausmachen, vielmehr hätte sich dieser mit dem Wechsel seines eigenen Aufenthaltsortes verschoben[241]. Dieser Auffassung stellte das Gericht eines der tragenden Anliegen der EuInsVO entgegen: Die Verordnung ist so anzuwenden, dass sie Versuche einer Gesellschaft durchkreuzt, *„forum zu shoppen"* (vgl. Erwägungsgrund 4 zur EuInsVO)[242]; das Geschäft muss daher *einen* „Mittelpunkt hauptsächlicher Interessen" haben und dieser muss eine gewisse Beständigkeit aufweisen[243]. – Ähnliches gilt für die

[235] High Court of Justice Leeds, Beschl.v.20.5.2004, Az: 556/2004 und 557/2004, www.rws-verlag.de/volltext-2004/ci4net.htm., Rn. 22.

[236] High Court of Justice Leeds, Beschl.v.20.5.2004, Az: 556/2004 und 557/2004, www.rws-verlag. de/volltext-2004/ci4net.htm., Rn. 26 f.

[237] Vgl. High Court of Justice Leeds, Beschl.v.20.5.2004, Az: 556/2004 und 557/2004, www. rws-verlag.de/volltext-2004/ci4net.htm., Rn. 32 f.

[238] Die Anwendbarkeit der EuInsVO im Verhältnis zu nicht EU-Staaten hatte es bereits mit Verweis auf die Entscheidung *BRAC Rent-A-Car* bejaht (High Court of Justice Leeds, Beschl.v.20.5.2004, Az: 556/2004 und 557/2004, www.rws-verlag.de/volltext-2004/ci4net. htm., Rn. 15 f.)

[239] High Court of Justice Leeds, Beschl.v.20.5.2004, Az: 556/2004 und 557/2004, www.rws-verlag. de/volltext-2004/ci4net.htm., Rn. 17 und 30.

[240] High Court of Justice Leeds, Beschl.v.20.5.2004, Az: 556/2004 und 557/2004, www.rws-verlag. de/volltext-2004/ci4net.htm., Rn. 12.

[241] High Court of Justice Leeds, Beschl.v.20.5.2004, Az: 556/2004 und 557/2004, www.rws-verlag. de/volltext-2004/ci4net.htm., Rn. 25.

[242] Vgl. High Court of Justice Leeds, Beschl.v.20.5.2004, Az: 556/2004 und 557/2004, www.rws-verlag.de/volltext-2004/ci4net.htm., Rn. 18.

[243] High Court of Justice Leeds, Beschl.v.20.5.2004, Az: 556/2004 und 557/2004, www.rws-verlag.de/volltext-2004/ci4net.htm., Rn. 26.

Einstellung des aktiven Geschäftsbetriebes: Eine mehr oder weniger gezielte Verlagerung des Gesellschaftssitzes in einen Nicht-Mitgliedstaat, kurz bevor die Gesellschaft insolvent wird, könne daher keine Veränderung im „Mittelpunkt der hauptsächlichen Interessen“ bewirken, dies sei unzulässiges *forum shopping*. Anders sei dies nur im Falle einer Restrukturierung des Geschäfts zu bewerten, die aus tragfähigen geschäftlichen Gründen vorgenommen wird, bevor die Frage der Insolvenz überhaupt aufkommt[244].

Letzteres gegeneinander abzugrenzen sah sich das Gericht indes nicht genötigt, da die Beweisaufnahme ergab, dass die Gesellschaft zwar aufgehört hatte, Handel zu treiben, tatsächlich aber nicht „still“ (*dormant*) war; die bestehende Geschäftstätigkeit genügte, um einen Mittelpunkt derselben auszumachen[245].

Als Anhalt hierfür verblieb die Vermutung des Art. 3 Abs. 1 S. 2 EuInsVO. Das Gericht sah jedoch keine Veranlassung, anzunehmen, dass die Vermutung für den Ort des satzungsmäßigen Sitzes eine besonders starke ist; eher sei sie nur *einer* der Faktoren, die mitsamt des übrigen Beweismaterials erwogen werden müssten[246]. Selbst mit Unterstützung dieser Vermutung konnten weder Beweisführung noch Gericht einen Ort ausmachen, der in Umfang und Bedeutung gewichtiger war als die in London identifizierten Interessen[247]. Dieses Ergebnis bestätigte sich, zog man die Gläubigersicht hinzu, sowohl die der *Ci4net.com. Inc* als auch der *DBP Holdings Ltd.*: Sämtlicher Kontakt zu den Gesellschaften, telefonischer, schriftlicher oder persönlicher Art, hatte über die Ge-schäftsräume in *32 Haymarket* stattgefunden. Nimmt man die Aussage des Virgos/Schmit-Reports in Randnummer 75 zum Maßstab, nach welcher potentielle Gläubiger wissen müssen, wo sie den Schuldner kontaktieren können, bestätigte sich: „Mittelpunkt hauptsächlicher Interessen“ war London[248].

In Konsequenz sah der *High Court* seine internationale Zuständigkeit gegeben, eine Entscheidung in der Sache zu treffen[249].

---

[244] High Court of Justice Leeds, Beschl.v.20.5.2004, Az: 556/2004 und 557/2004, www.rws-verlag. de/volltext-2004/ci4net.htm., Rn. 18.

[245] High Court of Justice Leeds, Beschl.v.20.5.2004, Az: 556/2004 und 557/2004, www.rws-verlag. de/volltext-2004/ci4net.htm., Rn. 23 und 30.

[246] High Court of Justice Leeds, Beschl.v.20.5.2004, Az: 556/2004 und 557/2004, www.rws-verlag. de/volltext-2004/ci4net.htm., Rn. 20.

[247] High Court of Justice Leeds, Beschl.v.20.5.2004, Az: 556/2004 und 557/2004, www.rws-verlag. de/volltext-2004/ci4net.htm., Rn. 30; zum gleichen Ergebnis kam der High Court für die *DBP Holdings Ltd.*, zumal für diese noch nicht einmal ein wechselnder Interessenmittelpunkt oder die Geschäftseinstellung behauptet wurde (vgl. Rn. 31 ff.).

[248] Vgl. High Court of Justice Leeds, Beschl.v.20.5.2004, Az: 556/2004 und 557/2004, www.rws-verlag.de/volltext-2004/ci4net.htm., Rn. 18, 26 f. und 32 f.

[249] High Court of Justice Leeds, Beschl.v.20.5.2004, Az: 556/2004 und 557/2004, www.rws-verlag.de/volltext-2004/ci4net.htm., Rn. 30 und 33. Anmerkung: Hinsichtlich der *Ci4net.com. Inc.* machte der High Court von seinem Ermessen Gebrauch und ordnete – entgegen dem An-

ff) Combined Court, Quayside Newcastle-upon Tyne, Beschluss vom 9. Februar 2005 („Parkside Flexibles S.A.")

Über eine in Polen eingetragene Gesellschaft hatte der *Combined Court* zu entscheiden: die *Parkside Flexibles S.A.*; auch für sie sollte er eine *administration order* erlassen[250].

Der satzungsmäßige Sitz der Gesellschaft befand sich in Zlotow, von wo aus sie auch ihrem Geschäft nachging: Herstellung und Verkauf flexibler Verpackungen.

2002 erwarb die *Parkside International Limited* (PIL), mit satzungsmäßigem Sitz in Barnsley (South Yorkshire), die *Parkside Flexibles S.A.*; seither war sie deren hundertprozentige Tochtergesellschaft.

Neben der *Parkside Flexibles S.A.* und PIL existierten drei weitere zugehörige Gesellschaften, bekannt als die „*Parkside*-Gruppe". Diese anderen Gesellschaften waren ebenfalls in England und Wales eingetragen und von dort aus tätig bis für alle Gesellschaften der *Parkside*-Gruppe Ende des Jahres 2004 Verwalter ernannt wurden, mit Ausnahme der *Parkside Flexibles S.A.*[251]. Zwei dieser Verwalter sollten nunmehr auch für diese letztere eingesetzt werden.

Die Antragsstellung behauptete, sie könne die Vermutung für den satzungsmäßigen Sitz in Polen widerlegen, den „Mittelpunkt hauptsächlicher Interessen" der Gesellschaft vielmehr in England belegen[252]. Ihre Argumentation und Beweisführung gründete sie auf ein Beurteilungsmuster, das sich mittlerweile durch Präzedenzfälle einiger *common-law*-Gerichte zu einem klaren Koordinatengerüst verdichtet hatte: *Eurofood IFSC Ltd.*, *Ci4Net.com.Inc.* und *Daisytek-ISA Ltd.*[253].

Diese Koordinaten für Auslegung und Anwendung des Art. 3 EuInsVO sind zunächst bestimmte Erwägungsgründe der EuInsVO und Passagen des Virgos/ Schmit-Reports; im Einzelnen nennt der Richter Erwägungsgrund 4 und 13 zur EuInsVO und Randnummer 75 des Virgos/Schmit-Reports[254]. Deren praktische Handhabe beschreibe am besten der Fall *Daisytek-ISA*, da Richter McGonigal

---

trag - das *winding-up* an (Rn. 5, 37 ff., 44, 46); hinsichtlich der *DBP Holdings Ltd.* erging die beantragte *administration order* (Rn. 41 ff., 45 f.).

[250] High Court of Justice, Chancery Division, Combined Court, Quayside Newcastle Upon Tyne, Beschl.v.9.2.2005, Az: 75/2005, www.eir-database.com/word_doc/Judgements_75.pdf., S. 1 ff.

[251] High Court of Justice, Combined Court, Quayside Newcastle Upon Tyne, Beschl.v. 9.2.2005, Az: 75/2005, www.eir-database.com/word_doc/Judgements_75.pdf., S. 5, Rn. 12.

[252] High Court of Justice, Combined Court, Quayside Newcastle Upon Tyne, Beschl.v. 9.2.2005, Az: 75/2005, www.eir-database.com/word_doc/Judgements_75.pdf., S. 2, Rn. 3.

[253] High Court of Justice, Combined Court, Quayside Newcastle Upon Tyne, Beschl.v. 9.2.2005, Az: 75/2005, www.eir-database.com/word_doc/Judgements_75.pdf., S. 4, Rn. 7.

[254] High Court of Justice, Combined Court, Quayside Newcastle Upon Tyne, Beschl.v. 9.2.2005, Az: 75/2005, www.eir-database.com/word_doc/Judgements_75.pdf., S. 3, Rn. 5 f.

sich darin mit der Situation befasste, die vermutlich am häufigsten einen Zuständigkeitskonflikt aufwirft: eine Gesellschaft, die in dem Land Handel treibt, in dem sie eingetragen ist, die aber zugleich mehr oder minder stark durch eine Zentrale an einem anderen Ort kontrolliert wird; die getroffenen Feststellungen könnten daher als allgemeiner Leitfaden dienen[255].

Für die Beweiswürdigung müsse daher all das relevante Material erwogen und gewichtet werden; schließlich könne das Gericht sehen, auf welcher Seite sich die Waagschale gesenkt habe[256].

Bei Wägung der Vermutung des Art. 3 Abs. 1 S. 2 EuInsVO betonte das Gericht zwar deren Wichtigkeit, Gewicht billigte es ihr gleichwohl nicht zu. Richter Langan hielt insofern an seiner bereits in *Ci4net.com.Inc.* getroffenen Beurteilung fest, sie sei nur einer der Faktoren, die in Rechnung gestellt werden müssen, unter all den anderen[257].

Vor dem Hintergrund dieser theoretischen Überlegungen sammelte das Gericht Fakten; sodann fragte es sich: In den Worten des Erwägungsgrundes 13 zur EuInsVO, der „Ort, an dem die Gesellschaft regelmäßig der Verwaltung ihrer Interessen nachgeht und daher für Dritte erkennbar ist" - ist dieser Ort eher Polen oder England?[258] Es stellte fest, dass einige Erwägungen die Frage weder zwingend in die ein noch in die andere Richtung führten, beispielsweise die Größenordnung der Handelsaktivitäten: Beides, Ein- und Verkauf, wurde prozentual zu ausgeglichen in oder durch England wie auch durch die Gesellschaft ausgeführt, um einen sinnvollen Anhalt zu bieten. Auch weniger gewichtige Faktoren hielten sich die Waage: So wurden zweierlei Buchführungsregime befolgt und sowohl polnische als auch englische Webseiten unterhalten[259].

Ließ man diese Aspekte beiseite, waren als Gewichte zu Gunsten Englands in die Waagschale zu legen: Der Aufsichtsrat bestand gänzlich aus Personen, die ständig im UK wohnhaft waren; die leitenden Angestellten der PIL konnten jederzeit und nach Belieben das Geschäft der Gesellschaft ausweiten oder einstellen.

Die letztverbindliche Kontrolle der Gesellschaft befand sich folglich in England. Sie manifestierte sich in der Ernennung des gegenwärtigen Geschäftsfüh-

---

[255] High Court of Justice, Combined Court, Quayside Newcastle Upon Tyne, Beschl.v. 9.2.2005, Az: 75/2005, www.eir-database.com/word_doc/Judgements_75.pdf., S. 4, Rn. 7.

[256] High Court of Justice, Combined Court, Quayside Newcastle Upon Tyne, Beschl.v. 9.2.2005, Az: 75/2005, www.eir-database.com/word_doc/Judgements_75.pdf., S. 5, Rn. 9.

[257] High Court of Justice, Combined Court, Quayside Newcastle Upon Tyne, Beschl.v. 9.2.2005, Az: 75/2005, www.eir-database.com/word_doc/Judgements_75.pdf., S. 5, Rn. 9.

[258] High Court of Justice, Combined Court, Quayside Newcastle Upon Tyne, Beschl.v. 9.2.2005, Az: 75/2005, www.eir-database.com/word_doc/Judgements_75.pdf., S. 10, Rn. 32.

[259] Vgl. High Court of Justice, Combined Court, Quayside Newcastle Upon Tyne, Beschl.v. 9.2.2005, Az: 75/2005, www.eir-database.com/word_doc/Judgements_75.pdf., S. 11, Rn. 33.

rers der Gesellschaft und darin, dass alle strategischen Entscheidungen für die Gesellschaft der PIL vorbehalten waren[260].

Auf Seiten Polens waren zu gewichten: Die Herstellung, die eigentlicher Daseinszweck der Gesellschaft war, wurde in Polen ausgeführt. Abgesehen vom Geschäftsführer wurden dort auch alle Angestellten der Gesellschaft eingestellt; insofern existierte keine Einmischung Englands. Ferner wurden auch Bankgeschäfte und Darlehensverträge der Gesellschaft ausschließlich in Polen durchgeführt; allerdings waren es wiederum englische Gesellschaften, die sich bei den polnischen Einrichtungen verbürgten und auch um die Buchführung der Gesellschaft sorgten[261].

So weit erschienen dem Gericht beide Seiten ebenmäßig ausgependelt, es blieben zwei Gewichte: die Vermutung, dass der Ort, an dem eine Gesellschaft ihren satzungsmäßigen Sitz hat, „Mittelpunkt ihrer hauptsächlichen Interessen" ist, und die Gläubigersicht. Beide gegeneinander zu stellen, sah sich das Gericht schließlich berufen; zum Maßstab erklärte es eine Passage des Falles *Daisytek-ISA* (Registrar Jaques): „Die Gläubiger müssen wissen, wohin sie sich wenden müssen, um den Schuldner zu kontaktieren". Es konstatierte, dass damit nur der Ort gemeint sein könne, an den sich die Gläubiger der Gesellschaft zum Zweck des Regresses gewandt haben[262].

Die Gläubiger seien sich unzweifelhaft bewusst gewesen, dass die Gesellschaft Tochter eines UK-Konzerns war, nicht zuletzt deshalb, weil der Briefkopf der Gesellschaft diese als „eine *Parkside International* Gesellschaft" auswies. Gläubiger, die zum Teil mit jenen der *Parkside*-Gruppe gemein waren, hätten sich daher bei leitenden Angestellten oder den eingesetzten Verwaltern der PIL wegen ihrer Forderungen gegen die Gesellschaft erkundigt. Überdies machte die Verschuldung gegenüber Finanzgläubigern, die durch Bürgschaften der PIL gesichert waren, ungefähr 83% der Gesamtverschuldung der Gesellschaft aus – jedenfalls diese Gläubiger konnten nicht umhin, das Verhältnis der PIL zur Gesellschaft zu durchschauen[263].

Daraus werde deutlich, dass sich Gläubiger erstens tatsächlich in beachtlichem Ausmaß eher an die Gruppe in England gewandt haben als an Polen; zweitens mussten sie dies auch, da eine Rückversicherung, wie sie die Banken gefordert hatten, tatsächlich nur aus England kommen konnte. - Die Gläubigersicht

---

260 High Court of Justice, Combined Court, Quayside Newcastle Upon Tyne, Beschl.v. 9.2.2005, Az: 75/2005, www.eir-database.com/word_doc/Judgements_75.pdf., S. 11, Rn. 34.

261 High Court of Justice, Combined Court, Quayside Newcastle Upon Tyne, Beschl.v. 9.2.2005, Az: 75/2005, www.eir-database.com/word_doc/Judgements_75.pdf., S. 11 f., Rn. 35.

262 High Court of Justice, Combined Court, Quayside Newcastle Upon Tyne, Beschl.v. 9.2.2005, Az: 75/2005, www.eir-database.com/word_doc/Judgements_75.pdf., S. 12, Rn. 36.

263 High Court of Justice, Combined Court, Quayside Newcastle Upon Tyne, Beschl.v. 9.2.2005, Az: 75/2005, www.eir-database.com/word_doc/Judgements_75.pdf., S. 10, Rn. 30 f.

war folglich eindeutig; das Gewicht dieses Aspekts war es, das den Ausschlag zugunsten Englands gab[264].

Nachdem die internationale Zuständigkeit auf diese Weise bejaht wurde, befasste sich das Gericht kurz mit den materiellen Umständen des Antrags: Zweck der *administration* ist unter anderem, ein besseres Ergebnis für die Gläubiger der Gesellschaft in ihrer Gesamtheit zu erzielen als dies der Fall wäre, würde die Gesellschaft ohne vorherige Verwaltung liquidiert[265].

Konkret war für Geschäft und Vermögenswerte der Gesellschaft ein Kaufinteressent in Aussicht – allerdings nur unter der Bedingung, dass eine *administration order* in England erlassen wurde.

Die Antragsstellung war überzeugt, dass die Gläubiger der Gesellschaft im Falle der Liquidation mit einem Defizit rechnen mussten; dagegen könnten bei einem Verkauf alle Gläubiger ausgezahlt werden und es ergäbe sich sogar ein Überschuss, der an die PIL als Anteilseignerin ausgekehrt werden könnte.

Das Gericht sah daher die Voraussetzungen für den Erlass der *administration order* als gegebenen, entschied mithin antragsgemäß[266].

gg) High Court of Justice Birmingham, Beschluss vom 18. April 2005 („MG Rover")

Wiederum über eine ganze Reihe von Gesellschaften hatte der *High Court of Justice Birmingham* zu entscheiden[267]; ihm lagen Anträge auf Anordnung der Vermögensverwaltung (*administration orders*) hinsichtlich Vertriebsgesellschaften vor, die über ganz Europa verstreut waren. Jede dieser Gesellschaften war eine Tochtergesellschaft der *MG Rover*-Gruppe, sei es direkt oder über die *MG Rover Holding Oversea Ltd.* (*Oversea*), die ihrerseits eine Tochtergesellschaft der *MG Rover Group Ltd.* war.

Von der Unternehmensgruppe hergestellte Autos wurden durch eine weitere Gesellschaft vertrieben, die *MG Rover Exports Ltd.* (*Exports).* Anschließend wurden sie an die in Rede stehenden Vertriebsgesellschaften in den verschiedenen Absatzländern und schließlich von diesen an konzessionierte Händler geliefert.

---

264 High Court of Justice, Combined Court, Quayside Newcastle Upon Tyne, Beschl.v. 9.2.2005, Az: 75/2005, www.eir-database.com/word_doc/Judgements_75.pdf., S. 12, Rn. 36.

265 High Court of Justice, Combined Court, Quayside Newcastle Upon Tyne, Beschl.v. 9.2.2005, Az: 75/2005, www.eir-database.com/word_doc/Judgements_75.pdf., S. 13, Rn. 38.

266 High Court of Justice, Combined Court, Quayside Newcastle Upon Tyne, Beschl.v. 9.2.2005, Az: 75/2005, www.eir-database.com/word_doc/Judgements_75.pdf., S. 14, Rn. 40.

267 High Court of Justice Birmingham, Beschl.v.18.4.2005, Az: 2375 bis 2382/05, NZI 2005, 467 ff.

Exports selbst wurde in der Struktur des Konzerns nicht als Gewinnzentrale gesehen; sie fungierte im Wesentlichen als neutrale Durchleitstelle, von der die Verkäufe aus steuerlichen Gründen ausgingen.

Einziger Geschäftszweck der Vertriebsgesellschaften war es, Verkäufe von Autos der *MG Rover* in den jeweiligen Ländern voranzutreiben. Sie operierten zwar eigenständig, ihre Aufgabe war jedoch vorgegeben: Verkäufe zu organisieren und das Marketing der Produkte der *MG Rover* zu erleichtern.

Ihre Rolle erschöpfte sich darin, strategische Entscheidungen der *MG Rover*-Gruppe umzusetzen, die für den Verkauf in ganz Europa in Longbridge getroffen wurden. Auf Grundlage dieser geschäftlichen Vereinbarung hatte der *High Court of Justice Birmingham* über seine internationale Zuständigkeit zu entscheiden, i.e. den Interessenmittelpunkt der Vertriebsgesellschaften auszumachen. Da Art. 3 Abs. 1 S. 2 EuInsVO diesen am Ort des satzungsmäßigen Sitzes vermutet, war die Qualität dieser Vermutung entscheidend.

Aufgabe einer solchen Vermutung sei es, aufzuzeigen, bei wem die Beweislast liege. Dagegen werde eine Vermutung selten tatsächlich die Streitfrage entscheiden. Dies sei allenfalls dann vorstellbar, wenn entweder keinerlei Beweis vorliege oder wenn die beiderseitig vorgebrachten Beweise derart ausgeglichen sind, dass ein Gericht vernünftigerweise nicht zwischen den Darstellungen wählen könne[268].

Beides traf konkret nicht zu, da es dem *High Court* nach seinem Dafürhalten möglich war, die Entscheidung auf Fakten zu gründen; die Vermutung der Verordnung war daher allenfalls *ein* beeinflussender Faktor[269].

Für die Beurteilung dieser Tatsachen berief sich das Gericht auf Erwägungsgrund 13 zur EuInsVO wie auch die entsprechende Passage des Virgos/Schmit-Reports (Rn. 75): Der „Mittelpunkt hauptsächlicher Interessen“ muss für Dritte, insbesondere für potentielle Gläubiger, erkennbar sein[270]. Des Weiteren erhob er die bekannte Aussage des Richters McGonigal in der Sache „*Daisytek-ISA*“ zum Maßstab seiner Entscheidung: Umfang und auch Bedeutung der an bestimmten Orten verwalteten Interessen müssten ermittelt und gegeneinander abgewogen werden[271].

Zu diesem Zweck entwickelte der *High Court* fünf Schlüsselkriterien[272]: Erstens das Management der Vertriebsgesellschaften: Jeweils mindestens ein lei-

---

[268] High Court of Justice Birmingham, Beschl.v.18.4.2005, Az: 2375 bis 2382/05, NZI 2005, 467 (467), Rn. 5.

[269] High Court of Justice Birmingham, Beschl.v.18.4.2005, Az: 2375 bis 2382/05, NZI 2005, 467 (467), Rn. 5.

[270] High Court of Justice Birmingham, Beschl.v.18.4.2005, Az: 2375 bis 2382/05, NZI 2005, 467 (467), Rn. 6.

[271] High Court of Justice Birmingham, Beschl.v.18.4.2005, Az: 2375 bis 2382/05, NZI 2005, 467 (467), Rn. 7.

[272] High Court of Justice Birmingham, Beschl.v.18.4.2005, Az: 2375 bis 2382/05, NZI 2005, 467 (468), Rn. 10-16.

tender Angestellter musste zwingend im UK ansässig sein; zudem trug es sich zu, dass die Mehrheit der Verwaltungsräte der Vertriebsgesellschaften zum Teil ebenfalls im UK ansässig war.

Ranghöhere Mitarbeiter einer Vertriebsgesellschaft konnten nur ernannt oder entlassen werden auf direkte, konkrete Ermächtigung der Zentrale in Longbridge hin; selbst die Vorstellungsgespräche wurden durch deren Personal durchgeführt.

Für nachgeordnete Mitarbeiter wurde die Struktur der Belegschaft in Longbridge festgelegt, von der jeweiligen Stärke bis hin zum gesamten Einstellungsprozess. Die Einstellung selbst wurde dann auf örtlicher Ebene vorgenommen. Das Gericht gelangte daher zu der festen Überzeugung, dass alle effektiven Entscheidungen, ausgenommen solche, die routinemäßig anfielen, entweder direkt in Longbridge getroffen wurden oder doch zumindest durch Personal, das von Longbridge ernannt und überwacht wurde.

Zweitens die Finanzstruktur des Konzerns: Tatsächlich finanzierte *Exports* die Organisation der Vertriebsgesellschaften: So mussten die Vertriebsgesellschaften die Verkaufserlöse örtlicher Händler einziehen und diese an *Exports* weiterleiten. *Exports* unterdessen forderte nur solche Barmittel ein, die nicht zur unmittelbaren Refinanzierung der Vertriebsgesellschaften benötigt wurden. Auf diesem Weg stellte Exports den Vertriebsgesellschaften einen Überziehungskredit zur Verfügung.

Die Vertriebsgesellschaften arbeiteten je auf Grundlage jährlicher Finanzpläne, die Longbridge vorgelegt und dort genehmigt wurden; ebenso wurde dort die Einhaltung dieser Finanzpläne überwacht.

Die Rechnungslegung erfolgte nach Grundsätzen, die von Longbridge festgelegt wurden und konnte jederzeit direkt von dort aus eingesehen werden.

Aus dem Beschriebenen zog das Gericht den Schluss, dass Longbridge die Schlüsselrolle spielte bei Finanzierung, Aufstellung der Finanzpläne wie auch Prüfung der Finanzen – demgegenüber konnte sich keine der Vertriebsgesellschaften als eigenständig bezeichnen[273].

Drittens waren die Vertriebsgesellschaften auch im Handel weder selbständig noch unabhängig; im Grunde stellten diese nur einen verlängerten Arm der Vertriebstätigkeit dar, die weltweit von Longbridge aus dirigiert wurde. So wurden in Longbridge alle Werbe-Broschüren gestaltet und hergestellt wie auch die Webseite betrieben. Die Funktion der Verkaufsgesellschaften beschränkte sich demgegenüber auf die eines Bindeglieds zwischen der Zentrale in Longbridge und den örtlichen Märkten.

Ein viertes Kriterium waren die finanziellen Beziehungen: Oftmals war *Exports* auf die eine oder andere Art und Weise Hauptgläubiger der Vertriebsge-

[273] High Court of Justice Birmingham, Beschl.v.18.4.2005, Az: 2375 bis 2382/05, NZI 2005, 467 (468).

sellschaften. *MG Rover* war der bei weitem größte Lieferant an Waren und Dienstleistungen; und die Vertriebsgesellschaften konnten ihrerseits ausschließlich mit der *MG Rover*-Gruppe handeln, was den Verkauf von Autos betraf.

Fünftens: Wohin würden Gläubiger[274] sich wenden zur Begleichung einer fälligen Forderung gegen eine Vertriebsgesellschaft? Das Gericht war sich sicher, die Antwort wäre: an England. Diese Gewissheit zog es aus einer Passage eines Berichtes; in ihr konstatieren die vorgeschlagenen Verwalter, dass sich das Augenmerk aller Inhaber von Unternehmensbeteiligungen auf Longbridge gerichtet hätte; dort musste eine Lösung gefunden werden, um den Zusammenbruch der *MG Rover*-Gruppe zu bewältigen.

Schließlich ergab der Gesamteindruck, dass die Vertriebsgesellschaften gemeinsam ein untergeordnetes Netz bildeten, das seinerseits Teil einer internationalen Konzernstruktur war. Sie waren nicht individuell eigenständig; vielmehr wurden das Netz und seine einzelnen Mitglieder indirekt durch die *MG Rover*-Gruppe finanziert, nämlich durch *Exports*. Die *MG Rover*-Gruppe lieferte zudem in überwältigendem Ausmaß Waren und Dienstleistungen an die Vertriebsgesellschaften. Die Gesellschaften seien demgegenüber nichts als ein verlängerter Arm der *MG Rover*-Gruppe.

Das Gericht kam daher zu dem Ergebnis, dass für jede einzelne Vertriebsgesellschaft der „Mittelpunkt ihrer hauptsächlichen Interessen" in England lag, nicht dagegen in den Ländern der Registrierung[275].

Auch in materieller Hinsicht gelangte es zu der Überzeugung, dass die Voraussetzungen für den Erlass der *administration orders* für jede einzelne Vertriebsgesellschaft vorlagen[276]. Zu diesem Zweck hatte es Prognosen abgeglichen, die sich mit der Entwicklung des Aktienpreises und mit der Frage befassten, wie Buchschulden in Abzug zu bringen sein würden – jeweils für den Fall der Verwaltung und den der Liquidation. Das Zahlenwerk war eindeutig: Aufeinander abgestimmte Insolvenzverfahren mit umfassender Kontrolle versprachen höhere Erlöse für die einzelnen Vertriebsgesellschaften als es unabhängige, unkoordinierte Verfahren vermochten. Das Gericht ordnete daher für sämtliche Vertriebsgesellschaften die Vermögensverwaltung an, zumal es zuvor

---

[274] Im Wortlaut des Beschlusses des High Court ist zwar die Rede von „*debtors*" (Schuldnern), da dies jedoch im Kontext keinen vernünftigen Sinn ergibt, ist davon auszugehen, dass Richter Norris „*creditors*" meinte, da er im folgenden auf die Gläubigersicht eingeht (vgl. auch Penzlin/Riedemann, Anmerkung zu Court of Justice Birmingham, Beschl.v. 18.4.2005, Az: 2375 bis 2382/05, NZI 2005, 467 (470)).

[275] High Court of Justice Birmingham, Beschl.v.18.4.2005, Az: 2375 bis 2382/05, NZI 2005, 467 (468), Rn. 16.

[276] High Court of Justice Birmingham, Beschl.v.18.4.2005, Az: 2375 bis 2382/05, NZI 2005, 467 (469), Rn. 17-22.

bereits das *administration*-Verfahren über das Vermögen der Konzernobergesellschaft, der *MG Rover Group Ltd.* mit Sitz in Longbridge, eröffnet hatte[277].

hh) High Court of Justice London, Urteil vom 15. Juli 2005 („Collins&Aikman")

Mit einer besonderen, da zugespitzten Situation sah sich der *High Court of Justice London* konfrontiert. Ihm lag ein Antrag auf Erlass der *administration order* für 24 Gesellschaften der *Collins&Aikman*-Gruppe vor, die in Ländern ganz Europas eingetragen waren[278]; unter anderem sollte von dieser Verwaltung auch eine deutsche Gesellschaft erfasst werden, die *Collins&Aikman Automotive Trim GmbH.* Es trug sich unterdessen zu, dass just für diese Gesellschaft am Vormittag desselben Tages zwei Anträge auf Eröffnung des Insolvenzverfahrens in Deutschland gestellt worden waren. Der *High Court* war unterrichtet worden, dass der deutsche Richter nunmehr die Anträge prüfen würde, um zu entscheiden, ob er das Insolvenzverfahren eröffnen werde[279]. Der *High Court* zeigte sich von dieser Tatsache unbeeindruckt, bestimmte vielmehr die eigene internationale Zuständigkeit für alle 24 Gesellschaften losgelöst von den deutschen Anträgen – wiewohl durch die frühere Antragsstellung in Deutschland ein etwaiges erstes Zugriffsrecht des deutschen Gerichts begründet worden sein konnte.

Die *Collins&Aikman*-Gruppe hatte ihre Unternehmenszentrale in Michigan. Sie bestand aus einem Netz von technischen Einrichtungen, Verkaufsbüros und Produktionsstandorten, das Automobil-Bestandteile an die größten Fahrzeughersteller der Welt lieferte; in Europa war sie in 24 Einrichtungen in zehn verschiedenen Ländern tätig[280]. Durch Aufkäufe war die Gruppe in finanzielle Schwierigkeiten geraten, in der Folge unterfielen die Tätigkeiten der Gruppe in den Vereinigten Staaten im Mai 2005 einem „*Chapter 11*"-Verfahren (amerikanisches Insolvenzverfahren)[281]. Zwar wurde von dem Verfahren keine der Tätigkeiten außerhalb der Vereinigten Staaten erfasst, indessen die Auswirkungen

[277] Vgl. Penzlin/Riedemann, Anmerkung zu High Court of Justice Birmingham, Beschl.v. 18.4.2005, Az: 2375 bis 2382/05, NZI 2005, 467 (469): Mit Beschluss vom 8.4.2005 hat der High Court of Justice Birmingham über das Vermögen der Konzernobergesellschaft der *Rover*-Gruppe, der *MG Rover Group Ltd.* mit Sitz in Longbridge ein *administration*-Verfahren nach dem englischen Insolvenzrecht eröffnet.

[278] High Court of Justice, Chancery Division, Companies Court London, Urt.v.15.7.2005, Az: 4697-4712/05 und 4717-4725/05, www.eir-database.com/world_doc/judgements_102.pdf , Rn. 1.

[279] High Court of Justice London, Urt.v.15.7.2005, Az: 4697-4712/05 und 4717-4725/05, www.eir-database.com/world_doc/judgements_102.pdf, Rn. 11 f.

[280] High Court of Justice London, Urt.v.15.7.2005, Az: 4697-4712/05 und 4717-4725/05, www.eir-database.com/world_doc/judgements_102.pdf, Rn. 2.

[281] High Court of Justice London, Urt.v.15.7.2005, Az: 4697-4712/05 und 4717-4725/05, www.eir-database.com/world_doc/judgements_102.pdf, Rn. 4.

waren spürbar auch für die europäischen Tätigkeiten[282]. Hinzu kam, dass die europäischen Gesellschaften untereinander über gegenseitige Verbindlichkeiten derart abhängig voneinander waren, dass die Unfähigkeit auch nur einer der Gesellschaften, ihre Verbindlichkeiten zu begleichen, zwingend Zahlungsschwierigkeiten der übrigen nach sich ziehen würde. Das Gericht sah es daher als verwiesen an, dass hinsichtlich aller europäischen Gesellschaft der Insolvenzgrund der drohenden Zahlungsunfähigkeit vorlag[283].

Es sah sich daher dazu berufen, die eigene internationale Zuständigkeit für den Erlass der *administration order* hinsichtlich der gesamten Gruppe zu prüfen. Zu diesem Zweck zog es Erwägungsgrund 13 zur EuInsVO ebenso heran wie Randnummer 75 des Virgos/Schmit-Reports; besondere Bedeutung maß es dem Passus bei „der Ort, an dem der Schuldner auf regelmäßiger Grundlage der Verwaltung seiner Interessen nachgeht“[284]. Die Vermutung, dass dies der Ort des satzungsmäßigen Sitzes ist, ließe sich widerlegen, indem gezeigt werde, dass die Aufgaben einer Unternehmenszentrale (*head office functions*) tatsächlich in einem anderen Mitgliedstaat ausgeführt würden[285].

Wie dieses Regel-Ausnahme-Verhältnis in der Praxis angewandt wird, ließe sich anhand einer Vielzahl jüngerer Entscheidungen englischer Gerichte ablesen (*Shierson v. Vlieland-Boddy, BRAC Rent-A-Car International Inc., Daisytek-ISA Ltd.*)[286]. Die dort aufgestellten Maßgaben legte es wie selbstverständlich der Beurteilung der Sachlage zugrunde.

Bereits vor Einleitung des „*Chapter 11*“-Verfahrens wurde eine substantielle Änderung im Management der europäischen Gruppe vorgenommen: Die Leitung erfolgte nicht mehr länger von den Vereinigten Staaten, sondern vom Vereinigten Königreich aus. Fortan nahm daher die *Collins&Aikman Holdings Ltd.*, Dachgesellschaft der UK-Gesellschaften, eingetragen in England und Wales, die hauptsächlichen administrativen Aufgaben wahr[287], als die angesehen wurden: die kurzfristige Finanzwirtschaft, die sich hauptsächlich um die Genehmigung einzelner Zahlungen drehte; die Führung der Zielkonten für die europäischen Tätigkeiten ebenso wie die Ermächtigung, unmittelbar mit Banken zu verhandeln; Koordinierung und Aufsicht der Arbeitskräfte, einschließlich

---

[282] High Court of Justice London, Urt.v.15.7.2005, Az: 4697-4712/05 und 4717-4725/05, www.eir-database.com/world_doc/judgements_102.pdf, Rn. 6 f.

[283] High Court of Justice London, Urt.v.15.7.2005, Az: 4697-4712/05 und 4717-4725/05, www.eir-database.com/world_doc/judgements_102.pdf, Rn. 10.

[284] High Court of Justice London, Urt.v.15.7.2005, Az: 4697-4712/05 und 4717-4725/05, www.eir-database.com/world_doc/judgements_102.pdf, Rn. 14 f.

[285] High Court of Justice London, Urt.v.15.7.2005, Az: 4697-4712/05 und 4717-4725/05, www.eir-database.com/world_doc/judgements_102.pdf, Rn. 16.

[286] High Court of Justice London, Urt.v.15.7.2005, Az: 4697-4712/05 und 4717-4725/05, www.eir-database.com/world_doc/judgements_102.pdf, Rn. 15 f.

[287] High Court of Justice London, Urt.v.15.7.2005, Az: 4697-4712/05 und 4717-4725/05, www.eir-database.com/world_doc/judgements_102.pdf, Rn. 19.

Einstellung und Entlassung, ebenso die Führung von Arbeitsrechtsprozessen und solchen um Versorgungsansprüche. Außerdem wurden dort Informationssysteme betrieben, Aufgaben des technischen Designs wahrgenommen und die Mehrheit der Verkäufe abgewickelt[288].

Innerorganisatorisch ließen sich die beiden Abteilungen *Global Soft Trim* und *Global Plastics* unterscheiden. Beiden unterfielen zahlreiche Fabriken in ganz Europa, für die sie Finanzierung und andere administrative Kernfragen regelten sowie die Geschäftsstrategie festlegten[289].

Demgegenüber fand sich keine vergleichbare Konzentration von Entscheidungsbefugnissen und bedeutenden Funktionen an einem anderen Ort[290].

Der *High Court* sah sich folglich überzeugt, dass „Mittelpunkt der hauptsächlichen Interessen" einer jeden Gesellschaft der Gruppe in England war. Er betonte, dass dies auch für die deutschen Gesellschaften gelte, da deren Position sich nicht von der anderer europäischer Gesellschaften unterscheide. Er bejahte daher die eigene internationale Zuständigkeit wie auch die Voraussetzungen für den Erlass der *administration order* hinsichtlich aller 24 Gesellschaften der *Collins&Aikman*-Gruppe[291].

b) Deutschland

aa) Amtsgericht Mönchengladbach, Beschluss vom 27. April 2004 („EMBIC")

In der deutschen Rechtsprechung hat zunächst der Beschluss des AG Mönchengladbachs vom 27. April 2004[292] Aufsehen erregt. Das Gericht hatte über den Antrag auf Eröffnung eines Sekundärinsolvenzverfahrens über eine in Mönchengladbach eingetragene GmbH zu entscheiden. Der antragstellende Geschäftsführer war der Ansicht, der „Mittelpunkt der hauptsächlichen Interessen" der Schuldnerin befinde sich in England, da alleinige Gesellschafterin der Schuldnerin eine englische *Limited* war. Er hatte daher bereits einen Antrag auf Eröffnung eines Hauptinsolvenzverfahrens über die Schuldnerin in England gestellt. Über diesen war jedoch zu dem Zeitpunkt, zu dem das deutsche Gericht mit dem Sekundärverfahrensantrag befasst war, noch nicht entschieden.

---

288 High Court of Justice London, Urt.v.15.7.2005, Az: 4697-4712/05 und 4717-4725/05, www.eir-database.com/world_doc/judgements_102.pdf, Rn. 22.

289 vgl. High Court of Justice London, Urt.v.15.7.2005, Az: 4697-4712/05 und 4717-4725/05, www. eir-database.com/world_doc/judgements_102.pdf, Rn. 23 f.

290 High Court of Justice London, Urt.v.15.7.2005, Az: 4697-4712/05 und 4717-4725/05, www.eir-database.com/world_doc/judgements_102.pdf, Rn. 30 ff.

291 High Court of Justice London, Urt.v.15.7.2005, Az: 4697-4712/05 und 4717-4725/05, www.eir-database.com/world_doc/judgements_102.pdf, Rn. 38 f. und 42.

292 AG Mönchengladbach, Beschl.v.27.4.2004, Az: 19 IN 54/04, NZI 2004, 383 f.

Das Gericht kam daher in Ausübung seiner Amtsermittlungspflicht trotz gegenteiliger Antragsstellung und entsprechendem Sachvortrag des Geschäftsführers der Schuldnerin zu dem Schluss, dass sich der „Mittelpunkt hauptsächlicher Interessen" der GmbH in Deutschland befinde, mithin ein Hauptinsolvenzverfahren zu eröffnen sei[293].

Begründet wurde die Unbeachtlichkeit des eigentlichen Antragsziels durch Auslegung des Antrags. Diese kam zu dem Ergebnis, dass das Gericht, so es die Voraussetzungen für die Eröffnung eines Hauptinsolvenzverfahrens für gegeben erachte, dieses eröffnen sollte. Dies zum einen deshalb, weil sich aus der Interessenlage des Geschäftsführers ergebe, dass dieser unverzüglich Insolvenz anmelden muss; denn nach § 64 GmbHG ist diese Pflicht strafbewehrt. Zum anderen wertete das Gericht die Äußerung des Geschäftsführers, er rege die Anordnung der Eigenverwaltung an für den Fall, dass das Gericht über die Eröffnung eines Hauptinsolvenzverfahrens entscheide, als implizite Stellung eines Hilfsantrags auf Eröffnung des Verfahrens als Hauptverfahren[294].

In sachlicher Hinsicht sah das Gericht die Voraussetzungen des Art. 3 Abs. 1 EuInsVO deswegen als gegeben an, weil es – anders als englische Gerichte – nicht auf den Ort, an dem die strategischen Geschäftsentscheidungen getroffen wurden, abstellte, sondern auf jenen, an dem die Gesellschaft ihre werbende Tätigkeit entfaltet hat. Dies deshalb, weil der Interessenmittelpunkt eines deutschen Rechtssubjekts allein an den Maßstäben des deutschen Rechts beurteilt werden könne[295]; entscheidend ist danach nur, wo der Gemeinschuldner seine werbende Tätigkeit vor Antragsstellung ausgeübt hat[296].

Da die GmbH ihren Geschäftszweck, nämlich die Vermittlung von Versicherungsleistungen, ausschließlich in Deutschland, sei es vom Sitz der GmbH in Mönchengladbach aus oder über Außendienstmitarbeiter, verfolgte und dementsprechende Kundenbeziehungen ausschließlich in Deutschland unterhielt, schloss es auf die alleinige Geschäftstätigkeit in Deutschland.

Entscheidungen der Alleingesellschafterin, welche den Aktionsradius betreffend Investitionen der Schuldnerin von vornherein auf ein zuvor beschlossenes Budget wie auch auf eine Maximalsumme beschränkten, wie auch sonstige stra-

---

293 AG Mönchengladbach, Beschl.v.27.4.2004, Az: 19 IN 54/04, NZI 2004, 383 (383).

294 AG Mönchengladbach, Beschl.v.27.4.2004, Az: 19 IN 54/04, NZI 2004, 383 (383), Rn. 1.

295 AG Mönchengladbach, Beschl.v.27.4.2004, Az: 19 IN 54/04, NZI 2004, 383 (384), Rn. 4.

296 Vgl. BayObLG, Beschl.v.13.8.2003, Az: 1Z AR 83/03, ZInsO 2003, 902 (903); BayObLG, Beschl.v.8.9.2003, Az: 1Z AR 86/03, ZInsO 2003, 1045 (1046); BayObLG, Beschl.v. 19.9.2003, Az: 1Z AR 102/03, ZInsO 2003, 1142 (1143): Die beschlossene Sitzverlegung verstieß gegen § 4a Abs. 2 GmbHG, weil der tatsächliche Sitz der Gesellschaft (...) nach der völligen Einstellung der Geschäftstätigkeit nicht mehr verlegt werden konnte. Die Satzungsänderung ist nichtig (...); eine etwaige tatsächliche Verlagerung der Geschäftsleitung lässt den satzungsmäßig festgelegten Sitz unberührt; ebenso OLG Celle, Beschl.v.9.10.2003, 2 W 108/03, NJW-RR 2004, 698 (699).

tegische Maßgaben stellten für das Gericht dagegen reine Interna dar, die für die Bestimmung des Interessenmittelpunktes nicht ins Gewicht fallen könnten[297].

Sofern diese Faktoren geeignet seien, nach englischem Recht Anhaltspunkte für den „Mittelpunkt der hauptsächlichen Interessen" zu liefern, so allenfalls bezüglich einer englischen Gesellschaft; für eine deutsche könnten sie demgegenüber keine Bedeutung beanspruchen[298].

In Konsequenz sah das Gericht die Vermutung des Art. 3 Abs. 1 S. 2 EuInsVO nicht widerlegt, sondern im Gegenteil bestätigt; es eröffnete daher das Hauptverfahren[299].

bb) Amtsgericht München, Beschluss vom 4. Mai 2004 („Hettlage")

Über den Insolvenzantrag einer AG & Co. KG (der *Hettlage AG & Co. KG*), in der 13 österreichische Verkaufsniederlassungen zusammengefasst waren, hatte das AG München[300] zu entscheiden. Dies deshalb, weil die AG & Co. KG ihrerseits hundertprozentige Tochter einer KG aA (der *Hettlage KG aA*) war, über die bereits das Insolvenzverfahren in München anhängig war.

Die Schuldnerin (*Hettlage AG & Co. KG*) hatte ihren satzungsmäßigen Sitz in Innsbruck, wurde jedoch ausschließlich durch Verantwortliche der *Hettlage KG aA* geleitet und operativ ausgerichtet. Die *Hettlage KG aA* hielt überdies alle Kommanditanteile an der Schuldnerin.

Das Amtsgericht hat das Insolvenzverfahren über die Schuldnerin eröffnet; dabei machte es sich die Argumentation des *High Court of Justice Leeds* zueigen, indem es auf den Ort abstellte, an dem die Handelsaktivitäten des Unternehmens ausgeführt wurden[301]. So führte es aus, dass die verantwortliche Geschäftsleitung, die die strategische und operative Ausrichtung bestimmte, ausschließlich durch Verantwortliche der *Hettlage KG aA* erfolgte. Zudem befand sich dort die Vertriebs- wie auch die Einkaufsleitung, die für die österreichischen Filialen Organisation und Entscheidungen bestimmten. Auch die Erbringung sämtlicher Dienstleistungen, Versicherungen, Werbung, Ladenbau, Bauten und Technik erfolgte durch die Muttergesellschaft.

Daher sah das Gericht sämtliche für das Betriebsgeschehen erheblichen Organisationsteile am Sitz der Muttergesellschaft angesiedelt und zusammengefasst. In Konsequenz befände sich nach wirtschaftlicher Betrachtungsweise dort der Ort, an dem die wirtschaftlichen Interessen der Schuldnerin nach außen hin erkennbar verwaltet wurden.

[297] AG Mönchengladbach, Beschl.v.27.4.2004, Az: 19 IN 54/04, NZI 2004, 383 (384), Rn. 4.
[298] AG Mönchengladbach, Beschl.v.27.4.2004, Az: 19 IN 54/04, NZI 2004, 383 (384), Rn. 4.
[299] AG Mönchengladbach, Beschl.v.27.4.2004, Az: 19 IN 54/04, NZI 2004, 383 (384), Rn. 4.
[300] AG München, Beschl.v.4.5.2004, Az: 1501 IE 1276/04, NZI 2004, 450 (450).
[301] AG München, Beschl.v.4.5.2004, Az: 1501 IE 1276/04, NZI 2004, 450 (450).

Da vergleichbare Einrichtungen am Sitz der Gesellschaft in Österreich nicht vorhanden waren, betrachtete das Gericht die Vermutung des Art. 3 Abs. 1 S. 2 EuInsVO als widerlegt, sich mithin als zuständig[302].

cc) Amtsgericht Siegen, Beschluss vom 1. Juli 2004 („Zenith")

Auf diese Linie schwenkte in der Folge auch das AG Siegen ein[303]. Es erklärte sich gemäß Art. 3 Abs. 1 S. 1 EuInsVO zuständig zur Eröffnung eines Insolvenzverfahrens über die in Klagenfurt eingetragene *Zenith Maschinenfabrik Austria GmbH.* Nach Feststellungen eines Gutachtens hatte die Schuldnerin den „Mittelpunkt ihrer hauptsächlichen Interessen" im Gerichtsbezirk Siegen, denn die Geschäfte seien ausschließlich über die Muttergesellschaft, die *Zenith Maschinenfabrik GmbH,* bzw. deren Geschäftsführer von Siegen aus geführt worden. Ein eigenes Management der Schuldnerin sei in Österreich nicht vorhanden gewesen. Zudem hätte die Schuldnerin nahezu ausschließlich für die Muttergesellschaft produziert.

c) Die Rechtssache „Eurofood/Parmalat"

aa) Tribunale Civile di Parma, Urteil vom 19. Februar 2004 („Eurofood/Parmalat I")

Über die Eröffnung eines Insolvenzverfahrens für eine nach irischem Recht gegründete *Limited* hatte der *Tribunale Civile di Parma* zu entscheiden[304].

Der italienische *Parmalat*-Konzern hatte die in Rede stehende *Eurofood IFSC Ltd.* mit Sitz in Dublin als Finanzierungsgesellschaft gegründet. Hauptgeschäftszweck der Gesellschaft war die Beschaffung von Finanzmitteln für Gesellschaften des *Parmalat*-Konzerns. Die *Eurofood IFSC Ltd.* führte während ihrer Existenz im Wesentlichen drei Finanzierungsmaßnahmen in Form von Anleiheemissionen durch, die von der *Bank of America* betreut wurden. Garantiegeberin all dieser Geschäfte war die *Parmalat s.p.a.* mit Sitz in Parma.

Ihren Sitz hatte die *Limited* in einer Anwaltssozietät in Dublin (*Mc CanFitzgerald*). Ein Sozius dieser Kanzlei stellte zugleich - zusammen mit einer Angestellten der *Bank of America* – die Geschäftsführung der Gesellschaft (*non-executives*). Die maßgebenden Entscheidungen über die Unternehmenspolitik wurden indes von zwei *executives*, Angestellten der Konzernmutter in Parma, getroffen.

---

302 AG München, Beschl.v.4.5.2004, Az: 1501 IE 1276/04, NZI 2004, 450 (450).

303 AG Siegen, Beschl.v.1.7.2004, Az: 25 IN 154/04, www.eir-database.com/world_doc/judgements_46_1.pdf.

304 Tribunale Civile di Parma, Urt.v.9.2.2004, Az: 53/04, ZIP 2004, 1220 ff. (mitgeteilt und übersetzt von RA Christoph Wagner, Ulm).

An den in Dublin stattfindenden Treffen des Verwaltungsrates nahmen diese *executives* im Wege der Telefonkonferenz teil.

Am 24. Dezember 2003 wurde über das Vermögen der *Parmalat* das Verfahren der außerordentlichen Verwaltung (*amministrazione straordinaria*) eröffnet.

Am 27. Januar 2004 beantragte die *Bank of America* beim *High Court Dublin* für die *Eurofood ISFC Ltd.* die Bestellung eines Liquidators, welcher noch am gleichen Tag – unter Festsetzung einer Einlassungsfrist bis zum 23. Februar 2004 - eingesetzt wurde.

Das Wirtschaftsministerium hatte am 9. Februar 2004 für die *Eurofood IFSC Ltd.* als Unternehmen der *Parmalat*-Gruppe nach italienischem Recht (Art. 3 Abs. 3 d.l. n. 347/03) das Verfahren der *amministrazione straordinaria* eröffnet, es mithin zum selben Verfahren wie schon die *Parmalat s.p.a.* zugelassen und mit Dott. Enrico Bondi denselben außerordentlichen Verwalter (*commissario*) bestellt.

Der *Tribunale Civile di Parma* hatte am 12. Februar 2004 über den vom *commissario* vorgelegten Bericht und sowie dessen Antrag auf Feststellung der Insolvenz der *Eurofood IFSC Ltd.* zu entscheiden[305].

Zur Zuständigkeit italienischer Gerichte gelangte der *Tribunale*[306] über Art. 3 Abs. 2 und Art. 25 des italienischen IPR-Gesetzes (L. n. 218/95). Hiernach gelten die Vorschriften über die örtliche Zuständigkeit entsprechend für die Bestimmung der internationalen Zuständigkeit in Bereichen, die nicht durch die EuGVVO geregelt sind, namentlich das Insolvenzrecht (vgl. die Bereichsausnahme des Art. 1 Abs. 2 lit. b) EuGVVO). Für dieses sieht das nationale Insolvenzrecht die Zuständigkeit vor, wenn sich „der Verwaltungssitz oder der Hauptgeschäftsgegenstand in Italien befindet" (Art. 9 Abs. 1 l.fall.).

Das Gericht sah das Hauptkriterium „Verwaltungssitz der Gesellschaft" des Art. 9 Abs. 1 l.fall. in Art. 3 Abs. 1 EuInsVO bestätigt[307], im „Mittelpunkt hauptsächlicher Interessen", der am „Ort des satzungsmäßigen Sitzes" vermutet wird. - Dass es sich dabei um den Ort handeln solle, an dem der Schuldner gewöhnlich und daher für Dritte erkennbar seine Geschäftsinteressen verfolgt (Erwägungsgrund 13 zur EuInsVO), stütze diese Sichtweise; nämlich die, dass es sich bei der europarechtlichen Vorgabe um eine inhaltliche Entsprechung zu Art. 9 Abs. 1 l.fall. handele, mithin die nationalen italienischen Kriterien, die zur Bestimmung der örtlichen Zuständigkeit entwickelt wurden, auch zur Bestimmung der internationalen Zuständigkeit nach Art. 3 Abs. 1 EuInsVO herangezogen werden können.

Für die Bestimmung des örtlich und - gleichlaufend - auch des international zuständigen Gerichts, sei, wie erwähnt, der Hauptsitz maßgebend. Es sei dies der Ort, an dem der Schwerpunkt der Leitung und Organisation der Gesellschaft

---

[305] Vgl. Tribunale di Parma, Urt.v.9.2.2004, Az: 53/04, ZIP 2004, 1220 (1220 f.).

[306] Tribunale di Parma, Urt.v.9.2.2004, Az: 53/04, ZIP 2004, 1220 (1221).

[307] Tribunale di Parma, Urt.v.9.2.2004, Az: 53/04, ZIP 2004, 1220 (1221).

angesiedelt ist. Regelmäßig werde dies der rechtliche Sitz der Gesellschaft sein, es sei denn es werde nachgewiesen, dass er strukturell nicht in der Lage ist, diese Funktionen wahrzunehmen, er mithin rein formalen oder fiktiven Charakter hat, während Geschäftsleitungs- und Organisationsfunktionen oder wesentliche Teile davon an einem anderen Ort wahrgenommen werden[308].

Übertragen auf den vorgelegten Insolvenzantrag sah der *Tribunale*[309] die örtliche und - korrespondierend - die internationale Zuständigkeit am satzungsmässigen Sitz der Gesellschaft in Irland deshalb für widerlegt an, weil sowohl Verwaltungstätigkeit als auch leitende Geschäftsführung tatsächlich von Parma aus erbracht wurden. Diesen Schluss begründete er zum einen mit Zusammensetzung und Kompetenzen des Geschäftsführungsorgans: Von dem vierköpfigen Geschäftsführungsorgan fungierten lediglich zwei Personen als tatsächlich leitendes Organ (*executives*); dieses agierte ausschließlich von Parma aus und bestand stets aus Angestellten der *Parmalat*-Gruppe.

Die anderen beiden Personen, erfüllten demgegenüber lediglich untergeordnete, vor allem unterstützende Funktionen: So wirkten sie an der Gründung der *Limited* mit und erleichterten die Durchführung verschiedener Finanzoperationen; bedeutende, selbständige Handlungen seien dagegen zu keiner Zeit von diesen vorgenommen worden.

Zum anderen stellte der *Tribunale*[310] fest, dass sich am Ort des satzungsmäßigen Sitzes weder Angestellte noch (eigene) Büroräume befanden, obwohl nach italienischem Verständnis dort eigentlich das Vorhandensein von Verwaltungs- und Organisationseinrichtungen vorausgesetzt und zu erwarten war. Das als Sitz angegebene Büro der Anwaltssozietät stellte sich daher als reiner *pro forma*-Sitz dar.

Effektiver Verwaltungssitz der *Eurofood IFSC Ltd.* sei daher Parma gewesen. Um zu belegen, dass Dritten die Maßgeblichkeit Parmas auch erkennbar war, bemühte der *Tribunale*[311] sowohl den Gegenstand des Unternehmens als auch dessen Gesellschaftsstruktur: So wurden alle von der *Eurofood IFSC Ltd.* durchgeführten Maßnahmen durch die *Parmalat s.p.a.* garantiert, während im Gegenzug alle entsprechenden Einnahmen ausschließlich zum Vorteil der Gesellschaften der *Parmalat*-Gruppe verwendet wurden.

Professionellen Investoren musste dies, d.h. dass sich die Vorteile aus den Anleihen letzten Endes an der Spitze der Muttergesellschaft finden würden, aufgrund ihrer Fachkunde sehr wohl bewusst gewesen sein.

---

[308] Tribunale di Parma, Urt.v.9.2.2004, Az: 53/04, ZIP 2004, 1220 (1221) in Anlehnung an Corte di Cassazione civile, Urt.v.28.8.2002, Nr. 12640 und Corte di Cassazione civile, Urt.v. 21.3.2003, Nr. 4206: „*centro di direzione ed organizzazione*".

[309] Tribunale di Parma, Urt.v.9.2.2004, Az: 53/04, ZIP 2004, 1220 (1221).

[310] Tribunale di Parma, Urt.v.9.2.2004, Az: 53/04, ZIP 2004, 1220 (1221).

[311] Tribunale di Parma, Urt.v.9.2.2004, Az: 53/04, ZIP 2004, 1220 (1222).

Mit der *Eurofood IFSC Ltd.* in Kontakt tretende Dritte hätten daher nicht umhin gekonnt, den wahren juristischen und wirtschaftlichen Unternehmensträger zu erkennen, mit dem sie in Geschäftsverbindung standen und dem sie um des wirtschaftlichen Profils Vertrauen schenkten.

Demgegenüber fungierte die *Eurofood IFSC Ltd.* lediglich dienend, als verlängerter „Arm" und bloßer Mittler in der Finanzpolitik der *Parmalat s.p.a.*; ihr ausschließlicher Zweck bestand darin, die Mittelflüsse in die Gruppe zu ermöglichen und zugleich größtmöglichen fiskalischen Vorteil zu erzielen. Unternehmensgegenstand wie auch die besondere Struktur der Gesellschaft mussten daher zwingend auf die *Parmalat s.p.a.* als eigentlichen Unternehmensträger schließen lassen.

Folgerichtig sah der *Tribunale* den *centro degli interessi principali* in Parma, mithin innerhalb seiner Gerichtsbarkeit, so dass er dem Antrag stattgab[312].

bb) High Court Dublin, Beschluss vom 23. März 2004 („Eurofood/Parmalat II")

Auf diese Entscheidung des *Tribunale Civile di Parma* reagierte der *High Court Dublin* in seinem Beschluss vom 23. März 2004[313].

Wie bereits erwähnt, war bereits am 27. Januar 2004 ein Eröffnungsantrag gestellt und ein vorläufiger Liquidator für die irische *Eurofood IFSC Ltd.* bestellt worden – nunmehr sollte eine *winding-up-order* ergehen.

Dazu muss man wissen, dass nach irischem Recht jedenfalls die Verfahrenseröffnung auf den Zeitpunkt der Antragsstellung zurückwirkt (vgl. Companies Act 1963, sec. 220 (2)).

Zum Zeitpunkt der Antragsstellung und Bestellung des irischen vorläufigen Liquidators war das italienische Verfahren jedoch noch nicht auf die *Eurofood IFSC Ltd.* ausgedehnt worden, so dass nach Auffassung des *High Court* die Sperrwirkung des Art. 16 EuInsVO noch nicht greifen, ihn mithin nicht daran hindern konnte, frei über seine internationale Zuständigkeit und eine etwaige Verfahrenseröffnung zu entscheiden[314].

Ausgehend von der Vermutung des Art. 3 Abs. 1 S. 2 EuInsVO stützte er sich daher zunächst auf die Tatsache, dass das *registered office* der Gesellschaft in Irland lag. Sodann fragte er nach Anhaltspunkten, die geeignet waren, diese Vermutung zu widerlegen.

Als solche konnten nur Tatsachen taugen, die Erwägungsgrund 13 zur EuInsVO zum Maßstab erhob: die für Dritte erkennbare gewöhnliche Interessenverwaltung des Schuldners. Das Gericht stellte sodann anhand diverser Belege aus Rechtsprechung und Schrifttum fest, dass wichtigste Dritte in diesem Sin-

---

312 Tribunale di Parma, Urt.v.9.2.2004, Az: 53/04, ZIP 2004, 1220 (1222 f.).

313 High Court Dublin, Beschl.v.23.3.2004, Az: 33/04, ZIP 2004, 1223 ff.

314 High Court Dublin, Beschl.v.23.3.2004, Az: 33/04, ZIP 2004, 1223 (1224).

ne die Gläubiger sind[315]. Von jenen hätte jedoch keiner auch nur erwogen, dass die Gesellschaft von Italien aus geleitet wurde; vielmehr entsprach es deren klarer Vorstellung, dass sie mit Kapitalanlagen handelten, ausgegeben von einer Gesellschaft, die in Irland niedergelassen war und irischen Steuer- und Regulierungsvorschriften unterlag[316]. Auf diese Annahme gründeten sie ihre geschäftlichen Entscheidungen: Geschäfte wurden in dem Glauben organisiert, die Gesellschaft werde in Irland verwaltet, unterliege irischem Recht und der irischen Gerichtsbarkeit[317].

Diese Wahrnehmung der Gläubiger war indes nicht geeignet, die Vermutung für das *registered office* zu wider-, sondern im Gegenteil zu belegen; das Gericht befand daher, der „Mittelpunkt der hauptsächlichen Interessen" der Schuldnerin liege in Irland, sprach folglich die beantragten Anordnungen aus[318].

cc) Stadtgericht Fejer/Székesfehérvár, Beschluss vom 14. Juni 2004 („Parmalat Slowakei")

Im Kontext des Zusammenbruchs der *Parmalat*-Gruppe, sah sich auch ein ungarisches Gericht, das Stadtgericht von Fejer/Székesfehérvár, mit einem Insolvenzantrag für eine Gesellschaft der Gruppe befasst[319]: die *Parmalat SK s.r.o.*, eine slowakische GmbH, deren Name mittlerweile in *Mliekotej s.r.o* geändert wurde. Die Gesellschaft war im Jahre 2000 von der *Parmalat Hungária Rt.* als Tochtergesellschaft gegründet und beim Gesellschaftsgericht von Bratislava eingetragen worden. Ihre Aufgabe bestand in Export-Import-Aktivitäten und dem Absatz von Lebensmittelprodukten.

Die *Parmalat Hungária Rt.* musste ihrerseits bereits im April 2004 Insolvenzantrag stellen. Da die Geschäfts- und Verkaufsaktivitäten der *Mliekotej s.r.o.* eng mit denen der *Parmalat Hungária Rt.* verbunden waren, wurde sie ebenfalls insolvent.

Das befasste Gericht eröffnete das Insolvenzverfahren über die *Mliekotej s.r.o.* wie beantragt als Hauptinsolvenzverfahren. Die internationale Zuständigkeit hierfür beanspruchte es, da es den „Mittelpunkt hauptsächlicher Interessen" im Sinne des Art. 3 Abs. 1 S. 1 EuInsVO in Ungarn verortete, was für Dritte erkennbar gewesen sei. Als Argumente akzeptierte es, dass die *Mliekotej s.r.o.* eine hundertprozentige Tochtergesellschaft der *Parmalat Hungária Rt.* war, von dieser ausschließlich zu dem Zweck gegründet, ihre Produkte in der Slowakei zu vertreiben. Die wesentlichen Entscheidungen für die Schuldnerin, vor allem

---

[315] High Court Dublin, Beschl.v.23.3.2004, Az: 33/04, ZIP 2004, 1223 (1225).
[316] High Court Dublin, Beschl.v.23.3.2004, Az: 33/04, ZIP 2004, 1223 (1225 f.).
[317] High Court Dublin, Beschl.v.23.3.2004, Az: 33/04, ZIP 2004, 1223 (1227).
[318] High Court Dublin, Beschl.v.23.3.2004, Az: 33/04, ZIP 2004, 1223 (1226).
[319] Stadtgericht Fejer/Székesfehérvár, Beschl.v.14.6.2004, zusammengefasst von Csia/Ferber, www. eir-database.com/world_doc/judgements_47.pdf.

strategische und finanzielle, wurden in Ungarn getroffen; dort mussten auch Finanzberichte und Buchhaltung ebenso genehmigt werden wie die hauptsächlichen Verträge der *Mliekotej s.r.o.*. Mitglieder des Verwaltungsrates der *Parmalat Hungária Rt.* stellten zugleich den Aufsichtsrat der *Mliekotej s.r.o.*; in dieser Funktion waren sie zugleich verantwortlich für die Ernennung leitender Angestellter der *Mliekotej s.r.o.* Überdies finanzierte die *Parmalat Hungária Rt.* die *Mliekotej s.r.o.*, indem sie ihr Kredit gewährte.

Besonderes Gewicht maß das Gericht der Tatsache bei, dass die finanziellen Angelegenheiten der *Mliekotej s.r.o.* von Ungarn aus sowohl vorgegeben als auch wahrgenommen wurden; für Dritte sei dies erkennbar gewesen. Auf Grundlage dieser Beweise sei die Vermutung des Art. 3 Abs. 1 S. 2 EuInsVO widerlegt.

dd) Tribunale di Parma, Urteil vom 15. Juni 2004 („Parmalat Deutschland")

Wiederum der *Tribunale di Parma* war es, der über eine deutsche Gesellschaft der *Parmalat*-Gruppe zu entscheiden hatte[320].

Nachdem über das Vermögen der *Parmalat* am 24. Dezember 2003 das Verfahren der außerordentlichen Verwaltung eröffnet, und am 19. Februar 2004 die irische *Eurofood IFSC Ltd.* in selbiges einbezogen worden war, sollte nunmehr auch die deutsche *Parmalat GmbH* (*Deutsche Parmalat*) nachfolgen. Daher hatte der außerordentliche Verwalter (am 7. Juni 2004) beim *Tribunale di Parma* Insolvenzantrag gestellt und beantragt, die *Deutsche Parmalat* demselben Verfahren zu unterstellen.

Wie bereits zuvor für die irische Gesellschaft wandte die Kammer die nationalen Kriterien zum „Hauptsitz" an, um den „Mittelpunkt hauptsächlicher Interessen" der Gesellschaft zu bestimmen[321]. Ausschlaggebend waren daher die Lokalisierung der Leitungsfunktion und des eigentlichen geschäftlichen Schwerpunktes der Gesellschaft.

Zunächst zur Gesellschaftsstruktur: Die Dachgesellschaft, *Parmalat s.p.a.*, hielt das gesamte Gesellschaftskapital der *Deutschen Parmalat*. Diese dominante Stellung unterstrich der Gesellschaftsvertrag, behielt er ihr doch sämtliche Entscheidungen außerhalb der gewöhnlichen Verwaltung vor, namentlich: Kauf und Verkauf von Immobilien, Erwerb oder Abtretung von Beteiligungen, Vertragsabschlüsse, die einen bestimmten Wert überstiegen, Vergabe von Krediten oder Finanzierungen, Genehmigung der Jahresabschlüsse und Budgets für In-

---

320 Tribunale di Parma, Urt.v.15.6.2004, Az: 93/04, ZIP 2004, 2295 ff. (mitgeteilt und übersetzt von RA Stefan Bauer, Frankfurt am Main).

321 vgl. Tribunale di Parma, Urt.v.15.6.2004, Az: 93/04, ZIP 2004, 2295 (2296) in Anlehnung an Corte di Cassazione civile, Urt.v.28.8.2002, Nr. 12460 und Corte di Cassazione civile, Urt.v.21.3.2003, Nr. 4206: „*centro di direzione ed organizzazione*"; De Cesari/Montella, Le procedure di insolvenza nella nuova disciplina comunitaria, S. 20.

vestitionen, Änderung der Firmenpolitik bis hin zur Liquidation der Gesellschaft.

Entscheidungen im Rahmen der ordentlichen Geschäftsführung und der normalen Verwaltung wurden dagegen von Geschäftsführern vor Ort getroffen. Gleichwohl konnten diese auch in dem engen, verbleibenden Rahmen nicht frei und vorbehaltlos agieren; vielmehr bedurften sie der vorherigen Zustimmung durch die *Parmalat s.p.a.* Hinzu kommt, dass zu jeder Zeit Angestellte der *Parmalat s.p.a.* die Geschäftsführung der Gesellschaft stellten. - Die umfassende Kontrolle der Gesellschaft, sowohl inhaltlich als auch personell, war damit stets gewährleistet.

Kontrollmechanismen und Konzentration von Entscheidungen ließen sich mit der Aufgabe der Gesellschaft rechtfertigen: Sie erfüllte lediglich eine Hilfsfunktion im Gesamtkonzern, nämlich die Lieferung von Milch an die eigentlichen Produktionsstätten der Dachgesellschaft[322].

Zusammenfassend stellte das Gericht fest, dass die *Deutsche Parmalat* absolut durch die *Parmalat s.p.a.* kontrolliert wurde: Sowohl hätte sich die Geschäftsführung der Gesellschaft auf die Umsetzung strategischer und leitender Anweisungen der *Parmalat s.p.a.* beschränkt, als auch die Tätigkeit der Gesellschaft sich in der unterstützenden Funktion erschöpft. Das Gericht verortete daher den Hauptsitz im Sinne eines tatsächlichen operativen Sitzes in Collecchio (Parma)[323].

Dass diese De-facto-Zuordnung auch für Dritte erkennbar im Sinne des Erwägungsgrundes 13 zur EuInsVO war, begründete das Gericht zum einen damit, dass Gesellschafterversammlungen für die (beiden) deutschen Gesellschaften (*Deutsche Parmalat* und *Parmalat Molkerei*) ausschließlich in Collecchio, am Sitz der *Parmalat s.p.a.*, abgehalten wurden. Zum anderen – und weitaus bedeutender – sah es dies durch die Tatsache belegt, dass die Hauptgläubiger der *Deutschen Parmalat* und *Deutschen Molkerei* sich mit ihren Mitteilungen und Aufforderungen stets direkt an die *Parmalat s.p.a.* gewandt haben; gesetzliche Vertreter und Geschäftsführer der deutschen Gesellschaften haben sie dabei faktisch außer Acht gelassen, da sie sich bewusst gewesen seien, dass diese ohnehin keine tatsächliche Entscheidungsgewalt hatten. Daraus zog das Gericht den Schluss, dass die Gläubiger und generell alle Partner, die mit den deutschen Gesellschaften Geschäftskontakte unterhielten, die kontrollierende *Parmalat s.p.a.* stets als eigentlichen Verhandlungspartner angesehen haben[324].

Dementsprechend seien die Anforderungen, die Erwägungsgrund 13 zur EuInsVO an den „Mittelpunkt hauptsächlicher Interessen" im Sinne des Art. 3 Abs. 1 EuInsVO stellt, am Sitz der Dachgesellschaft *Parmalat s.p.a.* in Parma erfüllt; in Konsequenz schloss der *Tribunale* auf seine internationale Zuständig-

---

[322] Tribunale di Parma, Urt.v.15.6.2004, Az: 93/04, ZIP 2004, 2295 (2296).
[323] Tribunale di Parma, Urt.v.15.6.2004, Az: 93/04, ZIP 2004, 2295 (2297)
[324] Tribunale di Parma, Urt.v.15.6.2004, Az: 93/04, ZIP 2004, 2295 (2297)

keit und unterstellte die *Deutsche Parmalat* wie beantragt dem Verfahren der außerordentlichen Verwaltung[325].

2. Auslegungstendenzen

Wie bereits in diesen Leitentscheidungen anklang, lassen sich in Rechtsprechung - und auch Schrifttum - zwei Tendenzen ausmachen:

a) Maßgeblichkeit von Konzerninterna (*mind-of-management*-Theorie[326])

Erstere stellt für die Frage nach dem Interessenmittelpunkt auf das *Innenverhältnis* der Unternehmen im Gesamtkonzern ab. Vor allem englische Gerichte folgen dieser Auffassung spätestens seit dem zum Präzedenzfall erhobenen *Daisytek-ISA*-Urteil, aber auch andere europäische Gerichte ziehen nach[327].

Aus der EuInsVO heraus lässt sich diese Auffassung mit einem Anhaltspunkt des Erwägungsgrundes 13 zur EuInsVO begründen, welcher den Interessenmittelpunkt des Schuldners beschreibt als „Ort, an dem der Schuldner gewöhnlich der Verwaltung seiner Interessen nachgeht"; die interne Organisation der Interessenverwaltung soll es also sein, die den „Mittelpunkt der hauptsächlichen Interessen" des Schuldners im Sinne des Art. 3 Abs. 1 S. 1 EuInsVO bestimmt.

Diese Maßgabe gibt das theoretische Vorgehen vor: Zunächst sind die hauptsächlichen Interessen des Schuldners zu identifizieren, sowohl ihrem Umfang

---

325 Tribunale di Parma, Urt.v.15.6.2004, Az: 93/04, ZIP 2004, 2295 (2297)

326 Vgl. zum Begriff: Poertzgen/Adam, FAZ Nr. 160, 13.7.2005, S. 21; MünchKommIntWR – Kindler, IntInsR Rn. 128 und 140.

327 London High Court, Beschl.v.4.7.2002 (Enron), Ferber, EIR, 2.6.9., S. 41 ff.; High Court of Justice, Urt.v.7.2.2003, Az: 0042/2003 (BRAC Rent-A-Car), ZIP 2003, 813 ff.; High Court of Justice Leeds, Urt.v.16.5.2003, Az: 861-876/03 (Daisytek-ISA), ZIP 2004, 963 ff.; High Court of Justice London, Beschl.v.20.5.2003 (Crisscross Telecommunications), Ferber, EIR, 2.6.7., S. 40.; High Court of Justice Leeds, Beschl.v.20.5.2004, Az: 556/2004 und 557/2004 (Ci4net.com.Inc.), www.rws-verlag.de/volltext-2004/ci4net.htm.; High Court of Justice, Combined Court, Quayside Newcastle upon Tyne, Beschl.v.9.2.2005, Az: 75/2005 (Parkside Flexibles), www.eir-database.com/word_doc./ Judgements_ 75.pdf., S. 1 ff.; High Court of Justice Birmingham, Beschl.v.18.4.2005, Az: 2375 bis 2382/05 (MG Rover), NZI 2005, 467 ff.; High Court of Justice London, Urt.v.15.7.2005, Az: 4697-4712/05 und 4717-4725/05 (Collins&Aikman), www.eir-database.com/world_doc/judgements_102. pdf; AG München, Beschl.v.4.5.2004, Az: 1501 IE 1276/04 (Hettlage), IPRax 2004, 433; AG Siegen, Beschl.v. 1.7.2004, Az: 25 IN 154/04 (Zenith), www.eir-database.com/world_doc/judgements_46_1. pdf; Tribunale di Roma, Urt.v.26.11.2003 („Cirio del Monte", unveröffentlicht, zitiert nach De Cesari/Montella, Le procedure di insolvenza nella nuova disciplina comunitaria, S. 76); Tribunale Civile Parma, Urt.v.19.2.2004, Az: 53/04 (Eurofood/Parmalat I), ZIP 2004, 1220 ff; Stadtgericht Fejer/Székesfehérvár, Beschl.v.14.6.2004 (Parmalat Slowakei), www.eir-database.com/world_doc/ judgements_47.pdf.; Tribunale di Parma, Urt.v.15.6.2004, Az: 93/04 (Parmalat Deutschland), ZIP 2004, 2295 ff.

als auch ihrer Bedeutung nach, und zwar für jeden Ort, der als Interessenmittelpunkt in Betracht kommt[328].

Als hauptsächliche Interessen gelten: - das Management: Wo werden die Hauptentscheidungen leitender, strategischer und verwaltender Art für die betreffende Gesellschaft getroffen[329]? Können unternehmerische Entscheidungen vor Ort getroffen werden oder sind sie genehmigungspflichtig[330]?

- die Aufgabe der (Tochter-) Gesellschaft: Hat sie eine eigene, selbständige Handelstätigkeit oder ist sie nur verlängerter Arm der Muttergesellschaft, dazu bestimmt, unternehmerische Entscheidungen vor Ort umzusetzen[331]?

---

328 High Court of Justice Leeds, Urt.v.16.5.2003, Az: 861-876/03 (Daisytek-ISA), ZIP 2004, 963 (965), Rn. 14; übernommen von: High Court of Justice Leeds, Beschl.v.20.5.2004, Az: 556/2004 und 557/2004 (Ci4net.com.Inc.), www.rws-verlag.de/volltext-2004/ci4net.htm., Rn. 17 und 30; High Court of Justice, Combined Court, Quayside Newcastle upon Tyne, Beschl.v. 9.2.2005, Az: 75/22005 (Parkside Flexibles), www.eir-database.com/word_doc/Judgements_75.pdf., S. 5, Rn. 9; High Court of Justice Birmingham, Beschl.v.18.4.2005, Az: 2375-2382/05, NZI 2005, 467 (467 f.), Rn. 7.

329 London High Court, Beschl.v.4.7.2002 (Enron), Ferber, European Insolvency Regulation, 2.6.9., S. 41; High Court of Justice Leeds, Urt.v.16.5.2003, Az: 861-876/03 (Daisytek-ISA), ZIP 2004, 963 (965), Rn. 13.7-8.; High Court of Justice London, Beschl.v.20.5.2003 (Crisscross Telecommunications), Ferber, EIR, S. 40, 2.6.7.; High Court of Justice Birmingham, Beschl.v.18.4.2005, Az: 2375-2382/05 (MG Rover), NZI 2005, 467 (468), Rn. 11; High Court of Justice London, Urt.v.15.7.2005, Az: 4697-4712/05 und 4717-4725/05 (Collins& Aikman), www.eir-database.com/world_doc/judgements_102.pdf, Rn. 25 f.; AG München, Beschl.v.4.5.2004, Az: 1501 IE 1276/04 (Hettlage), IPRax 2004, 433 (433), Rn. 1; AG Siegen, Beschl.v.1.7.2004, Az: 25 IN 154/04 (Zenith), www.eir-database.com/world_doc/judgements_46_1.pdf.; Tribunale Civile Parma, Urt.v.19.2.2004, Az: 53/04 (Eurofood/Parmalat I), ZIP 2004, 1220 (1220 f.); Stadtgericht Fejer/Székesfehérvár, Beschl.v.14.6.2004 (Parmalat Slowakei), www.eir-database.com/world_doc/ judgements_47.pdf; Tribunale di Parma, Urt.v.15.6.2004, Az: 93/04 (Parmalat Deutschland), ZIP 2004, 2295 (2296)

330 London High Court, Beschl.v.4.7.2002 (Enron), Ferber, European Insolvency Regulation, 2.6.9., S. 42 f.; High Court of Justice Leeds, Urt.v.16.5.2003, Az: 861-876/03 (Daisytek-ISA), ZIP 2004, 963 (964), Rn. 13.2-3; High Court of Justice, Combined Court, Quayside Newcastle upon Tyne, Beschl.v.9.2.2005, Az: 75/2005 (Parkside Flexibles), www.eir-database.com/word_doc./Judgements_75.pdf., S. 7, Rn. 19; Stadtgericht Fejer/Székesfehérvár, Beschl.v. 14.6.2004 (Parmalat Slowakei), www.eir-database.com/world_doc/judgements_47.pdf; Tribunale di Parma, Urt.v.15.6.2004, Az: 93/04 (Parmalat Deutschland), ZIP 2004, 2295 (2296) (z.B. Interne Zustimmungsvorbehalte für bestimmte Geschäfte oder Geschäfte ab einer bestimmten Investitionshöhe oder Abstimmungspflicht für die Einstellung leitender Angestellter).

331 High Court of Justice, Birmingham, Beschl.v.18.4.2005, Az: 2375-2382/05 (MG Rover), NZI 2005, 467 (467); High Court of Justice Birmingham, Beschl.v.18.4.2005, Az: 2375-2382/05 (MG Rover), NZI 2005, 467 (468), Rn. 13 f.; AG Siegen, Beschl.v.1.7.2004, Az: 25 IN 154/04 (Zenith), www.eir-database.com/world_doc/judgements_46_1.pdf; Tribunale Civile Parma, Urt.v.19.2.2004, Az: 53/04 (Eurofood/Parmalat I), ZIP 2004, 1220 (1222); Stadtgericht Fejer/Székesfehérvár, Beschl.v.14.6.2004 (Parmalat Slowakei), www.eir-database.com/

- der Außenauftritt der Gruppe: Teilt die Gesellschaft das Logo der Unternehmensmarke, Corporate Identity und Branding, verwendet sie einheitlich gestaltete Webseiten und Werbe-Broschüren[332]?
- die Finanzierung der (Tochter-) Gesellschaft: Wird sie über die Muttergesellschaft, vorwiegend durch Kredite derselben finanziert[333]? Unterliegen Finanzpläne der Tochter- der Genehmigung, Prüfung und Überwachung durch die Muttergesellschaft[334]? Wo werden die Bankkonten geführt und nach wessen Rechnungslegungsgrundsätzen wird gearbeitet[335]?
- die Gesellschaftsstruktur der (Tochter-) Gesellschaft: Handelt es sich um eine hundertprozentige Tochtergesellschaft[336]? Besteht nach dem Gesellschaftsvertrag umfassende Kontrolle durch die Muttergesellschaft oder ist die Tochter- mit Angestellten der Muttergesellschaft durchsetzt[337]?

Das Gericht hat im Rahmen der Beweiswürdigung alle derlei ermittelten Interessen oder Anhaltspunkte zu erwägen und zu gewichten - gleich ob am sat-

---

world_doc/judgements_47.pdf.; Tribunale di Parma, Urt.v.15.6.2004, Az: 93/04 (Parmalat Deutschland), ZIP 2004, 2295 (2296)

332 High Court of Justice Leeds, Urt.v.16.5.2003, Az: 861-876/03 (Daisytek-ISA), ZIP 2004, 963 (965), Rn. 13.7-8; High Court of Justice, Combined Court, Quayside Newcastle upon Tyne, Beschl.v.9.2.2005, Az: 75/2005 (Parkside Flexibles), www.eir-database.com/word_doc /Judgements_ 75.pdf., S. 9, Rn. 25; High Court of Justice Birmingham, Beschl.v.18.4.2005, Az: 2375-2382/05 (MG Rover), NZI 2005, 467 (468), Rn. 13.

333 High Court of Justice Birmingham, Beschl.v.18.4.2005, Az: 2375-2382/05 (MG Rover), NZI 2005, 467 (468), Rn. 12; Stadtgericht Fejer/Székesfehérvár, Beschl.v.14.6.2004 (Parmalat Slowakei), www.eir-database.com/world_doc/judgements_47.pdf.

334 High Court of Justice Birmingham, Beschl.v.18.4.2005, Az: 2375-2382/05 (MG Rover), NZI 2005, 467 (468), Rn. 12; Tribunale di Parma, Urt.v.15.6.2004, Az: 93/04 (Parmalat Deutschland), ZIP 2004, 2295 (2296).

335 High Court of Justice Leeds, Urt.v.16.5.2003, Az: 861-876/03 (Daisytek-ISA), ZIP 2004, 963 (965), Rn. 16; London High Court, Beschl.v.4.7.2002 (Enron), Ferber, EIR, 2.6.9., S. 43 und 45; High Court of Justice London, Beschl.v.20.5.2003 (Crisscross Telecommunications), Ferber, EIR, 2.6.7., S. 40; High Court of Justice, Chancery Divison, Combined Court, Quayside Newcastle upon Tyne, Beschl.v.9.2.2005, Az: 75/2005 (Parkside Flexibles), www.eir-database.com/word_doc./Judgements_75.pdf., S. 8 f., Rn. 21 und 24; High Court of Justice Birmingham, Beschl.v.18.4.2005, Az: 2375-2382/05 (MG Rover), NZI 2005, 467 (468), Rn. 12. Für Kontenführung auch High Court of Justice Leeds, Beschl.v.20.5.2004, Az: 556/2004 und 557/2004 (Ci4net.com.Inc.), www.rws-verlag.de/ volltext-2004/ci4net.htm., Rn. 22; High Court of Justice London, Urt.v.15.7.2005, Az: 4697-4712/05 und 4717-4725/05 (Collins& Aikman), www.eir-database.com/world_doc/judgements_102.pdf, Rn. 22.

336 Stadtgericht Fejer/Székesfehérvár, Beschl.v.14.6.2004 (Parmalat Slowakei), www.eir-database.com/world_doc/judgements_47.pdf.

337 Tribunale Civile Parma, Urt.v.19.2.2004, Az: 53/04 (Eurofood/Parmalat I), ZIP 2004, 1220 (1221 f.); Stadtgericht Fejer/Székesfehérvár, Beschl.v.14.6.2004 (Parmalat Slowakei), www.eir-database.com/world_doc/judgements_47.pdf; Tribunale di Parma, Urt.v.15.6.2004, Az: 93/04 (Parmalat Deutschland), ZIP 2004, 2295 (2296).

zungsmäßigen Sitz oder an einem anderen Ort wahrgenommen[338]; die Feststellung des Interessenmittelpunktes ist hiernach Ergebnis einer Kumulation von Interessen, quantitativ und qualitativ[339].

Das zweite Kriterium, das Erwägungsgrund 13 zur EuInsVO aufstellt, ist das der *Erkennbarkeit* – Dritte müssen ersehen können, dass an diesem Ort die hauptsächliche Interessenverwaltung stattfindet; dies bildet zugleich den Ausschlag. Einigkeit herrscht darin, dass wichtigste Dritte in diesem Sinne die potentiellen Gläubiger sind, da sie wissen müssen, wo sie den Schuldner im Falle der Insolvenz antreffen[340]. Allerdings bezieht die *mind-of-management*-Theorie die Sicht der potentiellen Gläubiger nicht sämtlich in die Bestimmung des Interessenmittelpunktes ein; vielmehr nimmt sie eine Einteilung in Gruppen vor: zum einen nach der Mehrheit, wobei es sich dabei nicht um die Kopf-, sondern die Summenmehrheit handelt, zum anderen typologisch: Welches sind nach dem Geschäftszweck der Gesellschaft die Hauptgläubiger? Allein deren Sicht ist maßgebend; einzelne, kleine Gläubiger werden dagegen vernachlässigt[341].

Dass die Interessenverwaltung nicht von der Tochtergesellschaft vor Ort, sondern durch eine Unternehmenszentrale anderenorts wahrgenommen wird, ist hiernach für Kunden oder Handelsvertreter erkennbar, wenn diese ihre Verträge direkt mit der Rechtsabteilung der Unternehmenszentrale aushandeln oder wenn die Verträge zwar mit dem örtlichen Management ausgehandelt werden, es jedoch – offen – die Zentrale ist, die die Kreditfreigabe genehmigt bzw. die Rechnungen direkt selbst begleicht[342].

Die Auffassung geht aber noch weiter: So versteht sie die Aussage, des Virgos/Schmit-Reports in Randnummer 75, dass „potentielle Gläubiger den Ort kennen" sollen, „damit die rechtlichen Risiken im Insolvenzfall kalkuliert werden" können, nicht allein bzw. nicht primär auf das anwendbare Insolvenzrecht bezogen, sondern eben auch im Sinne eines „Ortes, an den sie sich (im Insolvenzfall) wenden können, um den Schuldner zu kontaktieren" (Registrar Jaques in *Geveran Trading Co Ltd. v Skevesland (2003) BPIR 73*). Diese Deutung wird

---

[338] High Court of Justice Leeds, Beschl.v.20.5.2004, Az: 556/2004 und 557/2004 (Ci4net. com.Inc.), www.rws-verlag.de/volltext-2004(ci4net.htm., Rn. 20; bestätigt und wiederholt in High Court of Justice, Combined Court, Quayside Newcastle upon Tyne, Beschl.v.9.2.2005, Az: 75/22005 (Parkside Flexibles), www.eir-database.com/word_doc/Judgements_75.pdf., S. 5, Rn. 9.

[339] Vgl. High Court of Justice, Combined Court, Quayside Newcastle upon Tyne, Beschl.v. 9.2.2005, Az: 75/22005 (Parkside Flexibles), www.eir-database.com/word_doc/Judgements_ 75.pdf., S. 5, Rn. 9.

[340] Vgl. Virgos/Schmit-Report, Rn. 75.

[341] High Court of Justice Leeds, Urt.v.16.5.2003, Az: 861-876/03 (Daisytek-ISA), ZIP 2004, 963 (965), Rn. 16.

[342] London High Court, Beschl.v.4.7.2002 (Enron), Ferber, European Insolvency Regulation, 2.6.9., S. 42; High Court of Justice London, Beschl.v.20.5.2003 (Crisscross Telecommunications), Ferber, European Insolvency Regulation, S. 40, 2.6.7.

wiederum in zweierlei Richtung verstanden: Zum einen sei damit der Ort gemeint, an dem bzw. die Anschrift, über die sämtlicher Kontakt zu der Gesellschaft stattfindet, gleich ob persönlich, schriftlich oder telefonisch[343]. Zum anderen handele es sich um die Adresse, an die sich Gläubiger zum Zweck der Befriedigung ihrer Forderung halten können und müssen[344]; nach letzterer Lesart ist der Interessenmittelpunkt der Gesellschaft daher eindeutig und unzweifelhaft am Sitz der Unternehmenszentrale auszumachen, wenn diese für Forderungen gebürgt oder sonstige Sicherheiten zur Verfügung gestellt hatte, denn dann kann Regress nur bei dieser genommen werden, d.h. die Zentrale ist zwingend Ansprechpartner der Gläubiger im Falle der Insolvenz[345].

Die *mind-of-management*-Theorie bezieht folglich die Organisationsstruktur des gesamten Konzerns in die Beurteilung des „Mittelpunktes der hauptsächlichen Interessen" einer einzelnen zugehörigen Gesellschaft ein und fragt nach der Stellung der betreffenden Gesellschaft in der Gruppe.

Für diese Sichtweise können Interessen des Gesamtkonzerns, insbesondere für Fragen der Sanierung, angeführt werden, wird doch auf diese Weise die wirtschaftliche Einheit des Konzerns auch in rechtlicher Hinsicht berücksichtigt[346].

So ist zum Beispiel im englischen Insolvenzrecht Voraussetzung für den Erlass einer *administration order*, neben der (drohenden) Zahlungsunfähigkeit, dass die Verwaltung nach vernünftiger Einschätzung das Ziel erreichen wird, entweder die Gesellschaft durch Sanierung zu retten oder eine bessere Befriedigung der Gläubiger in ihrer Gesamtheit zu erzielen als zu erwarten wäre, wenn die Gesellschaft sofort liquidiert würde[347].

---

[343] High Court of Justice Leeds, Beschl.v.20.5.2004, Az: 556/2004 und 557/2004 (Ci4net.com.Inc.), www.rws-verlag.de/volltext-2004/ci4net.htm., Rn. 18, 26 f. und 32 f.; ähnlich Tribunale di Parma, Urt.v.15.6.2004, Az: 93/04 (Parmalat Deutschland), ZIP 2004, 2295 (2297).

[344] High Court of Justice, Chancery Divison, Combined Court, Quayside Newcastle upon Tyne, Beschl.v.9.2.2005, Az: 75/2005 (Parkside Flexibles), www.eir-database.com/word_doc./Judgements_ 75.pdf., S. 12, Rn. 36; High Court of Justice Birmingham, Beschl.v.18.4.2005, Az: 2375-2382/05 (MG Rover), NZI 2005, 467 (468), Rn. 15; ähnlich Tribunale di Parma, Urt.v. 15.6.2004, Az: 93/04 (Parmalat Deutschland), ZIP 2004, 2295 (2297).

[345] High Court of Justice, Chancery Divison, Combined Court, Quayside Newcastle upon Tyne, Beschl.v.9.2.2005, Az: 75/2005 (Parkside Flexibles), www.eir-database.com/word_doc./Judgements_75.pdf., S. 12, Rn. 36; Tribunale Civile Parma, Urt.v.19.2.2004, Az: 53/04 (Eurofood/Parmalat I), ZIP 2004, 1220 (1222).

[346] So zugestanden Weller, IPRax 2004, 412 (415).

[347] *Schedule B1* des I.A. 1986, eingefügt durch den *Enterprise Act 2002* (sec. 248), in Verbindung mit dem in Schedule B1, para. 3 (1) formulierten Ziel, das nach allgemeiner Auffassung auch das der Verwaltung ist.

Innerhalb der Teilabsätze besteht ein Stufenverhältnis dergestalt, dass der *administrator* das nächstniedrigere Ziel grundsätzlich nur verfolgen darf, wenn das nächsthöhere vernünftigerweise nicht erreichbar ist, I.A. 1986, Schedule B1, para 3 (3) (Rossbach, Europäische Insolvenzverwalter in Deutschland, S. 46; Charlesworth's Company Law, Chapter 26, S. 565).

Die Gerichte erstrecken diese Prognose nicht nur auf die einzelne Gesellschaft, sondern auf die Aussichten für den gesamten Konzern. So kam der Richter – wie bereits angesprochen – im Falle *MG Rover* zu der Überzeugung, dass koordinierte Insolvenzverfahren aus einer Hand höhere Erlöse für die einzelnen Gesellschaften erhoffen ließen als voneinander unabhängige Verfahren[348]. Im Fall *Parkside Flexibles* ließ sich der Richter gar von der Aussicht eines gewinnbringenden Verkaufs der Gesellschaft, die ausdrücklich unter der Bedingung, ein englisches Verwaltungsverfahren einzuleiten, stand, beeindrucken – sicherlich nicht zuletzt deshalb, weil auf diese Weise sogar ein Überschuss erzielt werden konnte, der an die (englische) Anteilseignerin ausgekehrt werden konnte[349]; Antragssteller und auch Gericht nutzten hier also unumwunden den direkten Wettbewerb der nationalen Insolvenzrechte, um ein Ziel zu erreichen, das am nationalen Recht ausgerichtet ist[350]. Ebenso verfuhr der *High Court* auch schon im Falle *Daisytek-ISA*: Er verglich vorbehaltlos die Aussichten für eine Realisierung der Aktiva der betreffenden Gesellschaften in einer englischen Verwaltung mit denen im Falle des deutschen oder französischen Äquivalents der Liquidation[351].

Ebenfalls Konzerninteressen mögen es gewesen sein, die den italienischen *Tribunale di Parma* dazu veranlasst haben, die ausländischen Unternehmen (*Eurofood IFSC Ltd.*, *Deutsche Parmalat* und *Parmalat Molkerei*) dem Verfahren der außerordentlichen Verwaltung zu unterstellen. Erklärtes Ziel dieses Verfahrens ist die Sanierung des Unternehmens oder, wie Art. 1 Abs. 1 d.lgs. n. 270/99 es fasst, der „Erhalt des einträglichen Vermögens"; ein gefährdetes Großunternehmen soll so möglichst vor der Zerschlagung bewahrt werden[352], sei es durch Veräußerung des gesamten betrieblichen Komplexes oder durch Umstrukturierung des Unternehmens (Art. 27 Abs. 2 d.lgs. n. 270/99).

Deswegen können einzelne Konzernunternehmen in das Verfahren der außerordentlichen Verwaltung über eine Gruppengesellschaft (sog. „Mutterverfahren", Art. 80 Abs. 1 d.lgs. n. 270/99) einbezogen werden (Art. 81 Abs. 1 d.lgs. n. 270/99). Konzernunternehmen sind nach der Legaldefinition in Art. 80 Abs. 1 lit. b) d.lgs. n. 270/99 unter anderem solche Unternehmen, die als Gesellschaft

---

348 High Court of Justice Birmingham, Beschl.v.18.4.2005, Az: 2375 bis 2382/05 (MG Rover), NZI 2005, 467 (469), Rn. 17-22.

349 High Court of Justice, Chancery Division, Combined Court, Quayside Newcastle upon Tyne, Az. 75/2005 (Parkside Flexibles), www.eir-database.com/word_doc/Judgements_75.pdf., S. 13, Rn. 38.

350 Ähnlich auch im Fall „Collins&Aikman"; hier wollte sich die Gläubigerseite ausdrücklich vorbehalten, das Insolvenzverfahren in Deutschland zu eröffnen, da sie sich dort bessere Befriedigungschancen ausmalte (vgl. High Court of Justice London, Urt.v.15.7.2005, Az: 4697-4712/05 und 4717-4725/05, www.eir-database.com/world_doc/judgements_102.pdf, Rn. 40).

351 High Court of Justice Leeds, Urt.v.16.5.2003, Az: 861-876/03 (Daisytek-ISA), ZIP 2004, 963 (964), Rn. 11.

352 Kindler, Italienisches Handels- und Wirtschaftsrecht, § 6 I. Rn. 2.

unmittelbar oder mittelbar von dem im Verwaltungsverfahren befindlichen Unternehmen beherrscht werden (2) oder die auf Grund der Zusammensetzung der Leitungsorgane oder anderer vergleichbarer Umstände zusammen mit der im Verfahren befindlichen Gesellschaft einer gemeinsamen Leitung unterliegen (3)[353]. Beides sah der *Tribunale* im Falle der irischen und der deutschen Gesellschaften als gegeben an, da jede einzelne von ihnen „offensichtlich und eindeutig" einer gemeinsamen Geschäftsführung bzw. Verwaltung unterstünde und so der absoluten Kontrolle durch die *Parmalat s.p.a.* unterläge[354].

Ferner muss für den *Tribunale* offenkundig gewesen sein, dass eine einheitliche Insolvenzabwicklung für die gesamte Gruppe es erleichtern würde, die Verfahrensziele zu erreichen; denn Art. 82 Abs. 2 d.lgs. n. 270/99 erhebt dies zur Voraussetzung der Einbeziehung in ein „Mutterverfahren". Zu diesem Zweck stimmt der außerordentliche Verwalter auch den Sanierungsplan für das Konzernunternehmen ab mit dem des Mutterverfahrens oder anderer dem Verfahren unterliegender Unternehmen (Art. 86 Abs. 2 d.lgs. n. 270/99).

Auch das italienische Gericht hat daher – fortgesetzt – das nationale Konzernrecht zum Maßstab seiner Entscheidung erhoben. Die Frage der Verwaltung wurde nach den nationalen Grundsätzen über abhängige Gesellschaften beantwortet, das Interesse des Gesamtkonzerns an einer einheitlichen Insolvenzabwicklung wie auch die damit einhergehenden besseren Sanierungsaussichten konkludent bejaht.

Sowohl aus der Handhabe englischer Gerichte wie auch der des italienischen Gerichts lässt sich daher ersehen: Die *mind-of-management*-Theorie verhilft vor allem nationalen Interessen und Zielen des nationalen Insolvenzrechts zur Durchsetzung – und dies universal.

b) Maßgeblichkeit des äußeren Erscheinungsbildes (*business-activity*-Theorie[355])

Demgegenüber hat sich eine gegenläufige Tendenz herausgebildet, welche auf das *Außenverhältnis* der Tochtergesellschaft zum Rechtsverkehr abstellt, die sogenannte *business-activity*-Theorie. Diese versteht den „Ort, an welchem der Schuldner gewöhnlich der Verwaltung seiner Interessen nachgeht" (Erwägungsgrund 13 zur EuInsVO) als Ort, an dem der Schuldner seine Geschäftstätigkeit entfaltet.

---

[353] Anwendbar wegen des Verweises in Art. 8 d.l. n. 347/03 und Art. 8 L. n. 39/04.

[354] Tribunale di Parma, Urt.v.15.6.2004, Az: 93/04 (Parmalat Deutschland), ZIP 2004, 2295 (2297); Tribunale di Parma, Urt.v.19.2.2004, Az: 53/04 (Eurofood/Parmalat I), ZIP 2004, 1220 (1222).

[355] Vgl. zum Begriff Poertzgen/Adam, FAZ Nr. 160, 13.7.2005, S. 21; MünchKommIntWR – Kindler, IntInsR Rn. 141.

Die Interessenverwaltung wird hiernach nicht als rein interner Vorgang begriffen, sondern vielmehr im Sinne eines geschäftlichen Wirkens und In-Erscheinung-Tretens.

Diese Lesart stützt der zweite Halbsatz des Erwägungsgrundes 13 zur EuInsVO „und damit für Dritte feststellbar ist“, der die Erkennbarkeit für den Rechtsverkehr zum entscheidenden Kriterium erhebt; maßgebend können daher keine reinen Konzerninterna sein, sondern nur solche Faktoren, die nach außen augenfällig werden[356]: Wo führt der Schuldner regelmäßig seine Geschäfte aus? In welchem Land erfüllt er gesetzliche und regulatorische Anforderungen[357]? An welchem Ort verfolgt er seinen Geschäftszweck, entfaltet seine werbende Tätigkeit und unterhält entsprechende Kundenbeziehungen[358]?

Wichtigste Dritte im Sinne des Erwägungsgrundes 13 zu EuInsVO sind – wie bereits erwähnt – unumstritten die Gläubiger, da es um die Verwirklichung ihrer Ansprüche geht[359]; daher kommt es entscheidend auf deren Sichtweise zum Interessenmittelpunkt des Schuldners an - welchen Eindruck vermittelt die Gesellschaft ihrem Geschäftszweck und ihrer Rechtnatur nach[360]: An welchem Ort befindet sich der Unternehmenssitz augenscheinlich? Wo lassen sich Organisation und Verwaltung der Gesellschaft lokalisieren? Und wes Staates Vorschriften scheint sie steuerrechtlich und regulatorisch zu unterliegen[361]?

---

[356] Eidenmüller, NJW 2004, 3455 (3456); Weller, IPRax 2004, 412 (415 f.); Wimmer, ZInsO 2005, 119 (121); Lautenbach, NZI 2002, 383 (386); Kübler, Der Mittelpunkt hauptsächlicher Interessen nach Art. 3 Abs. 1 EuInsVO, in: Festschrift für Gerhardt, 527 (555); Ehricke, EWS 2002, 101 (103); Gottwald, Insolvenzrechtshandbuch – Gottwald, § 129 Rn. 14 und 20; vgl. schließlich auch EuGH, Urt.v.2.5.2006, Rs. C-341/04 (Eurofood IFSC Ltd.), www.curia.eut.int/jurisp, Rn. 33 (eingehend dazu unter 4. dd)); tendenziell auch MünchKommIntWR – Kindler, IntInsR Rn. 129 und 142, der sich jedoch für eine Kombinationslösung, ausgehend von internen Umständen, ausspricht, die nach außen manifest werden müssen (Rn. 142 ff.).

[357] Supreme Court of Ireland, Urt.v.27.7.2004, Az: 147/04, NZI 2004, 505 (509).

[358] AG Mönchengladbach, Beschl.v.27.4.2004, Az: 19 IN 54/04 (EMBIC), NZI 2004, 383 (384), Rn. 4; in diesem Sinne wohl auch Svea Hovrätts, Beschl.v.30.5.2003, Az: 4105-03, www.eir-database.com/world_doc/judgements_71.pdf (Leitsatz: Das Berufungsgericht hat entschieden, dass schwedische Gerichte international zuständig waren, einen Insolvenzantrag betreffend eine Gesellschaft, die in Finnland registriert war, zu entscheiden. Die Gesellschaft hatte keine Aktivitäten, keine Vermögenswerte und keine Schulden in Finnland. Statt dessen hatte die Gesellschaft einige Aktivitäten in Schweden und hat Außenstände unter anderem aus unbezahlten Löhnen gegenüber früheren Angestellten). Ebenso Wimmer, ZInsO 2005, 119 (122 f.), der zur Bestimmung der Interessen nach dem jeweiligen Unternehmen unterscheidet, da die betroffenen Interessen jeweils unterschiedlich sind, z.B. Handelsunternehmen: Ort der Geschäftsräume; Produktionsbetrieb: Lage der Fabrikationsräume.

[359] Eidenmüller, NJW 2004, 3455 (3456).

[360] Supreme Court of Ireland, Urt.v.27.7.2004, Az: 147/04, NZI 2004, 505 (509).

[361] High Court Dublin, Beschl.v.23.3.2004, Az: 33/04 (Eurofood/Parmalat II), ZIP 2004, 1223 (1225 f.).

Dass dieser Eindruck weder von Konzerninterna gespeist noch von diesen umgekehrt werden kann, verdeutlichen zwei Überlegungen. Die erste ergibt sich, wenn man das Prinzip der nach außen unbeschränkten Vertretungsmacht weiterdenkt, wie es für Kapitalgesellschaften in Art. 9 der Publizitätsrichtlinie statuiert ist[362]; nach diesem Prinzip hat die Muttergesellschaft keine Möglichkeit, auf den Umfang der organschaftlichen Vertretungsbefugnis der Tochter einzuwirken.

Daraus lässt sich folgern, dass Konzerninterna, welche zum Schutz des Rechtsverkehrs bei der *Begründung* von Vertragsbeziehungen unerheblich sind, dies auch in der *Insolvenz* - und damit dem „weiteren Schicksal" der vertraglichen Beziehung - sein müssen[363].

Die zweite Überlegung gewinnt man, spitzt man die *mind-of-management*-Theorie zu: In letzter Konsequenz könnte so eine einzelne starke natürliche Person von ihrem Wohnsitz aus die Geschicke einer Gesellschaft bzw. eines ganzen Konzerns leiten; in der Folge müsste eben dieser Wohnsitz strenggenommen für die Bestimmung des Interessenmittelpunktes - und damit des Insolvenzstatuts – entscheidend sein, ohne dass an diesem Ort irgendwelche wirtschaftlichen Aktivitäten stattfinden müssten[364].

Gegen solch einen einheitlichen Konzerngerichtsstand geht die *business-activity*-Theorie an; sie behandelt rechtlich selbständige Gesellschaften auch im Insolvenzfall gesondert[365]. Das bedeutet, dass sich regelmäßig durch einen einfachen Blick ins Handelsregister ersehen lässt, *dass* eine Gesellschaft im Falle der Insolvenz eigenständig abgewickelt wird, und *wo* sie dies wird, i.e. wo sich ihr Interessenmittelpunkt befindet[366].

Dementsprechend hatte das AG Mönchengladbach sich gegen eine einheitliche Insolvenzabwicklung der Gruppe in England gewandt, vielmehr das Insolvenzverfahren über die deutsche GmbH (*EMBIC*) in Deutschland eröffnet[367]; ebenso hatte der *High Court Dublin* die gesonderte Liquidation für die irische *Limited* (*Eurofood/Parmalat II*) angeordnet, anstatt das einheitliche Konzerninsolvenzverfahren in Italien zu akzeptieren[368].

Die *business-activity*-Theorie führt folglich dazu, dass nationales Insolvenzrecht zur Anwendung kommt für nach nationalem Recht gegründete Gesellschaften, d.h. das Insolvenzstatut ist gleich dem Gründungsstatut. Sie verhilft daher dem Rechtsetzungs- und Rechtsprechungsanspruch eines Staates in seinen

---

362 Weller, IPRax 2004, 412 (415 f.).
363 Weller, IPRax 2004, 412 (415 f.).
364 Wimmer, ZInsO 2005, 119 (121).
365 Weller, IPRax 2004, 412 (415 f.); vgl. schließlich auch EuGH, Urt.v.2.5.2006, Rs. C-341/04 (Eurofood IFSC Ltd.), www.curia.eut.int/jurisp, Rn. 30 (eingehend dazu unter 4. dd)).
366 Vgl. Wimmer, ZInsO 2005, 119 (121).
367 AG Mönchengladbach, Beschl.v.27.4.2004, Az: 19 IN 54/04, NZI 2004, 383 (384).
368 High Court Dublin, Beschl.v.23.3.2004, Az: 33/04, ZIP 2004, 1223 (1226).

Grenzen zur Geltung, stärkt mithin seinen territorialen Hoheitsanspruch; sie bietet zugleich Rechtssicherheit und Schutz für den Rechtsverkehr[369], lässt sich doch auf diese Weise einfach ersehen, welches Insolvenzstatut für die konkrete Gesellschaft zur Anwendung kommen wird.

3. Vorlagefrage an den EuGH - Supreme Court of Ireland, Urteil vom 27. Juli 2004

Da wie gesehen erhebliche Unsicherheiten und gänzlich divergierende Auffassungen zum Verhältnis von Mutter- und Tochtergesellschaften bei einem grenzüberschreitenden Konzern bestehen wie auch zur Folgefrage nach der Auswirkung dieses Verhältnisses auf den „Mittelpunkt der hauptsächlichen Interessen", bestand das Bedürfnis nach höchstrichterlicher Klarstellung.

Den vorläufigen Schlusspunkt - sowohl konkret in der Sache *Eurofood/Parmalat* als auch allgemein in dem Streit um die Bestimmung des Interessenmittelpunktes - bildete daher die Entscheidung des *Supreme Court of Ireland*. Als Berufungsgericht war selbiger mit der Frage befasst, ob die Entscheidung des *High Court Dublin* korrekt war, das Urteil des *Tribunale di Parma* nicht anzuerkennen[370].

Zu diesem Zweck musste er unter anderem klären, ob der „Mittelpunkt der hauptsächlichen Interessen" in Irland oder in Italien lag[371].

Da er zu dem Schluss kam, dass das Rechtsmittel Fragen aufwirft, die nur durch Auslegung der EG-Verordnung Nr. 1346/2000 des Rates beantwortet werden können, ersuchte er den EuGH, im Wege der Vorabentscheidung zu entscheiden: „Wenn

- der satzungsmäßige Sitz einer Muttergesellschaft und der ihrer Tochtergesellschaft in zwei verschiedenen Mitgliedstaaten liegen,
- die Tochtergesellschaft der Verwaltung ihrer Interessen in einer für Dritte erkennbaren Art und Weise regelmäßig und unter vollständiger und stetiger Wahrung ihrer eigenen Corporate Identity in dem Mitgliedstaat nachgeht, in dem ihr satzungsmäßiger Sitz liegt, und

[369] Pannen/Riedemann, NZI 2004, 646 (651); Wimmer, ZInsO 2005, 119 (121); so auch AG Mönchengladbach, Beschl.v.27.4.2004, Az: 19 IN 54/04, NZI 2004, 383 (383) m.w.N., welches sich auf die parallele Problematik im nationalen deutschen Insolvenzrecht stützt für die Frage, ob eine Sitzverlagerung nach Einstellung der Geschäftstätigkeit zulässig ist und darauf hinweist, dass dies nach überwiegender Rechtsprechung als rechtsmissbräuchlich einzustufen ist und vielmehr nur der Ort maßgebend ist, an dem die Geschäftstätigkeit entfaltet wurde; vgl. schließlich auch EuGH, Urt.v.2.5.2006, Rs. C-341/04 (Eurofood IFSC Ltd.), www.curia.eut.int/jurisp, Rn. 33, der darauf rekurriert, dass Rechtssicherheit und Vorhersehbarkeit um so wichtiger seien, als die Bestimmung des zuständigen Gerichts nach Art. 4 Abs. 1 EuInsVO die des anwendbaren Rechts nach sich zieht (eingehend dazu unter 4. dd)).

[370] Supreme Court of Ireland, Urt.v.27.7.2004, Az: 147/04 (1), BeckRS 2004 07087.

[371] Supreme Court of Ireland, Urt.v.27.7.2004, Az: C 341/04, ZInsO 2005, 159 (163).

- die Muttergesellschaft auf Grund ihrer Beteiligung und ihrer Befugnis zur Bestellung und Abberufung der Verwaltungsratsmitglieder in der Lage ist, die Geschäftspolitik der Tochtergesellschaft zu kontrollieren und dies auch faktisch tut[372],

richtet sich dann die Feststellung des „Mittelpunkts der hauptsächlichen Interessen" vornehmlich nach den Umständen, die unter Spiegelstrich 2 oder nach denen, die unter Spiegelstrich 3 mitgeteilt wurden?[373]"

4. Autonome Bestimmung des Begriffs „Interessenmittelpunkt" und der Stärke der Vermutungsregel

Beide eingangs skizzierten Denkschulen orientieren sich fast ausschließlich an betroffenen Interessen und praktischen Erwägungen – die allerdings je nach Gusto bestimmt und gewichtet werden. Dies zeigt nicht zuletzt der Umgang mit der Vermutungsregel des Art. 3 Abs. 1 S. 2 EuInsVO, teils wird sie künstlich hochgehalten, teils eisern ignoriert, ja geflissentlich regelrecht negiert.

Keine der beiden ist daher geeignet, praktisch Rechtssicherheit zu schaffen, geschweige denn sich theoretisch auf ein dogmatisch sauberes Fundament zu stützen.

Eine autonome Bestimmung des Begriffs des „Mittelpunktes der hauptsächlichen Interessen des Schuldners" tut daher Not, ebenso wie die Klärung des Charakters der Vermutung des Satzes 2.

Anhaltspunkte sind dafür zunächst in Wortwahl und Struktur der Vorschrift zu suchen. Wie eingangs erläutert ist zu diesem Zweck ein Vergleich mehrerer authentischer Texte der EuInsVO erforderlich. Die jeweilige Formulierung kann dabei entweder schon per se oder doch zumindest in Verbindung mit dem jeweiligen mitgliedstaatlichen Verständnis Aufschluss geben; gleiches gilt für Gehalt und Funktion solcher Vermutungsregeln.

a) Anknüpfungspunkt für die Vermutung

aa) Deutschsprachige Fassung: „satzungsmäßiger Sitz"

Im Deutschen lautet Art. 3 Abs. 1 S. 2 EuInsVO: „Bei Gesellschaften und juristischen Personen wird bis zum Beweis des Gegenteils vermutet, dass der Mittelpunkt der hauptsächlichen Interessen der Ort des satzungsmäßigen Sitzes ist."

Die gewählte Formulierung „satzungsmäßiger Sitz" findet im deutschen Gesellschaftsrecht keine Entsprechung. Vielmehr hat die dort bestehende Differenzierung in Personengesellschaften und Körperschaften zur Folge, dass nach na-

---

[372] Supreme Court of Ireland, Urt.v.27.7.2004, Az: C 341/04, ZInsO 2005, 159 (166).
[373] Supreme Court of Ireland, Urt.v.27.7.2004, Az: C 341/04, ZInsO 2005, 159 (166).

tionalem Verständnis gerade kein einheitlicher Begriff eines „satzungsmäßigen Sitzes“ für alle Gesellschaftsformen existiert.

Allein für die Körperschaften (Verein, AG, GmbH, Genossenschaft) richtet sich der Sitz tatsächlich nach einer *Satzung*; für die Personengesellschaften ist auf den Gesellschaftsvertrag abzustellen[374].

Ein Gesellschaftsvertrag ist indes nicht nur Schuld-, sondern auch Organisationsvertrag[375]. In seiner letzteren Funktion entfaltet er Wirkung für und gegen jedes Mitglied mit der Folge, dass eintretende Gesellschafter ihm nicht kraft Abschlusses desselben, sondern kraft Mitgliedschaft unterliegen[376]. Dem Gesellschaftsvertrag ist daher durchaus eine normative Wirkung, wie sie nach früherer Auffassung nur Satzungen zukam, immanent[377].

Folglich kann nach mitgliedstaatlichem Verständnis der Begriff des „*satzungsmäßigen* Sitzes“ synonym auch für den *gesellschaftsvertraglichen* Sitz von Personengesellschaften angewandt werden.

Überdies soll die Wortwahl des Art. 3 EuInsVO ersichtlich dazu dienen, sämtliche Gesellschaftsformen bzw. deren wie auch immer festgeschriebenen Sitz zu integrieren. Dies zeigt schon Satz 2, der von Gesellschaften und juristischen Personen spricht, womit naturgemäß alle Gesellschafts- und sonstige Organisationsformen in Deutschland abgedeckt werden.

Um Rückschlüsse für einen einheitlichen, eigenen Bedeutungsgehalt des Begriffs zu gewinnen, sind indes zunächst die Kriterien für die Sitzbestimmung der einzelnen (Teil-) Rechtssubjekte zu beleuchten.

Zunächst die Körperschaften: „Sitz der Gesellschaft ist der Ort, den die Satzung bestimmt“ (§ 5 Abs.1 AktG) - die schiere Aussage erweckt den Eindruck, es handle sich bei dem Sitz einer Gesellschaft um einen beliebig festlegbaren Ort. Richtigstellend tritt dem § 5 Abs. 2 AktG entgegen; er zieht der Satzungsautonomie Grenzen, indem er die Bestimmungsfreiheit in der Regel auf drei verschiedene Orte reduziert: den Betriebsort, den Ort der Geschäftsleitung und den Ort der Verwaltungsführung. Auf diese Weise soll Missbräuchen entgegengewirkt werden, mithin die Wahl beliebiger, rein fiktiver Sitze zum Nachteil der Gläubiger ausgeschlossen werden[378].

---

374 MünchKommHGB – Schmidt, § 105 Rn. 116.

375 MünchKommHGB – Schmidt, § 105 Rn. 114.

376 MünchKommHGB – Schmidt, § 105 Rn. 116.

377 MünchKommHGB – Schmidt, § 105 Rn. 116: Die hergebrachte Auffassung dürfte auf (...) die Normtheorie zurückzuführen sein, derzufolge Satzungen normativen Charakter haben und von den nur die Vertragspartner bindenden Gesellschaftsverträgen streng zu unterscheiden sind. (...) Seit die Übertragbarkeit von Personengesellschaftsanteilen geklärt ist, (steht jedoch fest), dass auch Personengesellschafsverträgen (...) normative Wirkung (...) eigentümlich ist.

378 Vgl. MünchKommAktG - Heider, § 5 Rn. 30: Gemäß § 182 HGB (1897) konnte jede beliebige inländische Gemeinde zum Satzungssitz bestimmt werden. Wegen des vielfachen Missbrauchs der Gestaltungsfreiheit entschloss sich der Gesetzgeber des AktG 1973, die Be-

Zum Sitz bestimmbar ist daher entweder der Ort, an dem selbständig eine Tätigkeit ausgeübt wird, die dem Unternehmensgegenstand entspricht (Betrieb)[379] oder der, an dem die maßgeblichen Leitentscheidungen für das Unternehmen getroffen werden bzw. der, an dem die laufende Verwaltung erfolgt (Ort der Geschäftsleitung bzw. der Verwaltungsführung)[380].

Entsprechendes gilt für die GmbH: Parallel zur Rechtslage bei der AG zieht § 4a Abs. 2 GmbHG der grundsätzlich bestehenden Satzungsautonomie (§ 4a Abs. 1 GmbHG) enge Grenzen, indem er sich derselben Maßgaben wie schon § 5 Abs. 2 AktG bedient[381]. Mit diesen festgeschriebenen, zwingenden Anforderungen wird sichergestellt, dass tatsächlicher und statutarischer Sitz der Gesellschaft grundsätzlich übereinstimmen[382]; fingierte Sitze - insbesondere durch Sitzverlegung – sollen so verhindert werden[383].

Bemerkenswert ist für beide Gesellschaften (AG und GmbH) überdies, dass sowohl § 5 Abs. 1 AktG als auch § 4a Abs.1 GmbHG einen „Ort" für die Lokalisierung des Sitzes voraussetzen. Mit diesem Erfordernis werden bloße Postfächer oder Briefkästen oder Massendomiziladressen ausgeschlossen - unter letzteren versteht man die Betreuung einer Vielzahl von Unternehmen durch Büroservice-Unternehmen[384]; bestimmbar ist allein eine im Inland liegende politische Gemeinde[385].

---

stimmungsfreiheit (...) durch Vorgabe bestimmter Orte (...) einzuschränken. Die Einschränkung wurde in nahezu identischer Form in § 5 Abs. 2 AktG übernommen; Raiser, Recht der Kapitalgesellschaften, § 10 Rn. 4.

[379] MünchKommAktG - Heider, § 5 Rn. 33.

[380] Die beiden Varianten „Ort der Geschäftsleitung" und „Ort der Verwaltungsführung" werden in der Literatur klar gegeneinander abgegrenzt. Weniger klar ist indes, welche Funktionen bzw. Tätigkeiten welchem Begriff zugeschrieben werden: so wird nach e.A. die „Geschäftsleitung" der Zentralverwaltung der Gesellschaft zugeordnet, wohingegen die „Verwaltungsführung" über den Ort bestimmt wird, an dem die Gesellschaft durch den Vorstand geleitet wird (Hüffer, AktG, § 5 Rn. 7); die a.A. bewertet dies genau entgegengesetzt (MünchKomm AktG - Heider, § 5 Rn. 34). Da der Satzungsgeber gleichwertig zwischen beiden Varianten wählen kann, kommt diesem Streit indes keine Bedeutung zu.

[381] Im Einzelnen gilt für die Konkretisierung der Begriffe „Ort eines Betriebes der Gesellschaft", „Ort der Geschäftsleitung" und „Ort der Verwaltungsführung" das zu § 5 Abs. 2 AktG Ausgeführte entsprechend, da § 4a Abs. 2 GmbHG bewusst dessen Wortlaut übernimmt (Vgl. Michalski, GmbHG, Bd. 1 – Michalski, § 4a Rn. 2, 7, 8 und 9).

[382] Vgl. Michalski, GmbHG, Bd. 1 – Michalski, § 4a Rn. 5; BayObLG, Beschl.v.8.9.2003, Az: 1Z AR 86/03, ZInsO 2003, 1045 (1046).

[383] Vgl. Raiser, Recht der Kapitalgesellschaften, § 25 Rn. 14; BayObLG, Beschl.v.8.9.2003, Az: 1Z AR 86/03, ZInsO 2003, 1045 (1046); Michalski, GmbHG, Bd. 1 – Michalski, § 4a Rn. 5.

[384] Vgl. Michalski, GmbHG, Bd. 1 – Michalski, § 4a Rn. 11.

[385] MünchKommAktG - Heider, § 5 Rn. 25; Michalski, GmbHG, Bd. 1 – Michalski, § 4a Rn. 6.

Bedeutung kommt dem - durch Satzung oder Gesellschaftsvertrag festgeschriebenen - Sitz vor allem insofern zu, als er verbindlich über den allgemeinen Gerichtsstand der Gesellschaft entscheidet. Dies deshalb, weil § 17 Abs. 1 S. 1 ZPO das für die jeweilige Gesellschaft geltende materielle Recht zum Maßstab erklärt. § 5 Abs. 1 AktG und § 4a Abs. 1 GmbHG statuieren aber gerade ausdrücklich den unbedingten Vorrang des *satzungsmäßigen* vor dem *tatsächlichen* Gesellschaftssitz, mag dies auch in Wahrheit unzutreffend sein[386].

Der Grund dieses bedingungslosen Vorrangs ist zum einen im Recht der juristischen Person, zum anderen im Registerrecht zu suchen: Da die Eintragung für das Entstehen der rechtsfähigen Gesellschaft konstitutiv ist (vgl. § 41 Abs. 1 AktG, § 11 Abs. 1 GmbHG), sind hohe Anforderungen an den Nachweis ihrer ordnungsgemäßen Gründung gestellt. So müssen die Gründer mit ihrem Antrag auf Eintragung (§ 36 Abs. 1 AktG, § 7 Abs. 1 GmbHG) zahlreiche Versicherungen abgeben und Anlagen beifügen - unter anderem die den Sitz festlegende Satzung (§ 37 Abs. 4 Nr. 1 AktG, § 8 Abs. 1 Nr. 1 GmbHG).

Bevor eine Eintragung erfolgt, hat das Gericht die Pflicht, zu prüfen, ob die Gesellschaft ordnungsgemäß errichtet und angemeldet ist (§ 38 Abs. 1 AktG, vgl. § 9c GmbHG[387]); dies tut es unter anderem anhand der bei Anmeldung beizufügenden Unterlagen[388]. Qualitativ handelt es sich um eine Plausibilitätsprüfung – nur wenn sachlich berechtigte Zweifel an der Stimmigkeit bestehen, wird eine gründlichere Prüfung erforderlich, dies jedoch pflichtgemäß (vgl. § 12 FGG)[389].

Erst wenn das Gericht vom Vorliegen der Eintragungsvoraussetzungen überzeugt ist, erfolgt die Eintragung; sie erfolgt dagegen nicht, wenn das Gericht beispielsweise einen Nichtigkeitsgrund der Satzung ausmacht, namentlich einen unzulässigen Sitz (§ 5 AktG, § 4a GmbHG i.V.m. §§ 9c Abs. 2 Nr. 1, 3 Abs. 1 GmbHG)[390].

Auf diese Weise wird bei Errichtung der Gesellschaft weitgehende Gewähr für die Richtigkeit der Angaben erzeugt; damit jedoch noch nicht genug: Auch jede Satzungsänderung, i.e. auch eine Sitzverlegung, ist anmeldepflichtig (§ 181 Abs. 1 AktG, § 54 Abs. 1 GmbHG). Zwar halten die einschlägigen Gesetze für diesen Fall kein normiertes registerrechtliches Prüfungsrecht bereit, jedoch ist unbestritten, dass ein solches bestehen muss[391]. Um dessen Funktion, die Rich-

---

[386] Vgl. BayObLG, Beschl.v.8.9.2003, Az: 1Z AR 86/03, ZInsO 2003, 1045 (1046); MünchKommAktG - Heider, § 5 Rn. 24; Michalski, GmbHG, Bd. 1 – Michalski, § 4a Rn. 5.

[387] Michalski, GmbHG, Bd. 1 – Heyder, § 9c Rn. 1: § 9c Abs. 1 GmbHG setzt die formelle und materielle Prüfung der Anmeldung durch das Gericht voraus. Durch § 9c GmbHG wird klargestellt, dass nicht ordnungsgemäß errichtete und angemeldete Gesellschaften nicht eingetragen werden dürfen.

[388] Hüffer, AktG, § 38 Rn. 2.

[389] Hüffer, AktG, § 38 Rn. 3; Michalski, GmbHG, Bd. 1 – Heyder, § 9c Rn. 5.

[390] Michalski, GmbHG, Bd. 1 – Heyder, § 9c Rn. 15.

[391] Hüffer, AktG, § 181 Rn. 12; Michalski, GmbHG, Bd. 2 – Hoffmann, § 54 Rn. 25.

tigkeit des Registers zu gewähren, vollauf zu erfüllen, darf selbiges nicht auf die formalrechtlichen Voraussetzungen der Anmeldung beschränkt bleiben, sondern muss auch materiellrechtlich verfangen[392]; in Konsequenz kann der Satzungsänderungsbeschluss - wie schon bei Errichtung - auf Nichtigkeitsgründe überprüft werden[393].

Die Vermutung für die Richtigkeit der registerrechtlichen Angabe „satzungsmäßiger Sitz“ ist daher ständig gewährleistet.

Trotz dieser hohen Gewähr für die Stimmigkeit ist der „satzungsmäßige Sitz“ dagegen nicht unbedingt entscheidend für die Bestimmung des Gesellschaftsstatuts. Dieses richtete sich bislang kraft Gewohnheitsrechts nach dem tatsächlichen Ort der Hauptverwaltung (Sitztheorie), vorbehaltlich allein vorrangiger Regelung beispielsweise durch einen Staatsvertrag (Art. 3 Abs. 2 EGBGB)[394]. Die Rechtsprechung des EuGH zur Niederlassungsfreiheit[395] zwang jedoch zu einem Umdenken. Seit Änderung der entsprechenden höchstrichterlichen Rechtsprechung ist in Deutschland jüngst die Gründungsanknüpfung als weitere Regel hinzugetreten; hiernach sind Gesellschaften, die nach dem Recht eines anderen Mitgliedstaates der EG oder des EWR gegründet wurden und dort ihren Satzungssitz haben, nach Maßgabe ihres Gründungsrechts im Inland anzuerkennen

---

392 Vgl. Michalski, GmbHG, Bd. 2 – Hoffmann, § 54 Rn. 25; ähnlich Hüffer, AktG, § 181 Rn. 12.

393 Vgl. Hüffer, AktG, § 181 Rn. 14; Michalski, GmbHG, Bd. 2 – Hoffmann, § 54 Rn. 28: Für die Prüfung gilt auch hier, dass das Registergericht nicht ohne weiteres Ermittlungen anstellen muss, sondern nur wenn Anhaltspunkte für das Vorliegen eines Nichtigkeitsgrundes ersichtlich sind.

394 Reithmann/Martiny, Internationales Vertragsrecht – Hausmann, Rn. 2198 und 2207 (zur Ermittlung s. Rn. 2212 f.); MünchKommIntWR – Kindler, IntGesR Rn. 5. Ständige Rechtsprechung des BGH bis zur Vorlagefrage an den EuGH durch BGH, Beschl.v.30.3.2000, Az: VII ZR 370/98: vgl. nur BGH Urt.v.21.3.1986, Az: V ZR 10/85, NJW 1986, 219 (2195), m.w.N.; für das Schrifttum: vgl. nur Raiser, Recht der Kapitalgesellschaften, § 10 Rn. 8 und § 25 Rn. 13; Staudinger, BGB, IntGesR – Großfeld, Rn. 38; MünchKommIntGesR – Kindler, Rn. 313 ff. (3. Aufl., 1999); Reithmann/Martiny, Internationales Vertragsrecht - Hausmann, Rn. 1545 (5. Aufl., 1996). Die Gründungstheorie dagegen wurde in der Rechtsprechung bis zur *Überseering*-Entscheidung des EuGH (Urt.v.5.11.2002, Rs. C-208/00, Slg. 2002, I-09919) nur für den Fall vertreten, dass sich der effektive Verwaltungssitz einer Gesellschaft nicht ermitteln lasse (Reithmann/Martiny, Internationales Vertragsrecht – Hausmann, Rn. 2200), in der Literatur fand sie indes schon zuvor einige Anhänger (so beispielsweise schon Beitzke, Juristische Personen im Internationalprivatrecht und Fremdenrecht, § 9, S. 92-99).

395 EuGH, Urt.v.9.3.1999, Rs. 212/97 (Centros Ltd./Erhvervs-og Selskabsstyrelsen), Slg. 1999, I-01459; EuGH, Urt.v.5.11.2002, Rs. C-208/00 (Überseering BV/Nordic Construction Company Baumanagement GmbH), Slg. 2002, I-09919; EuGH, Urt.v.30.9.2003, Rs. C-167/01 (Kramer van Koophandel en Fabrieken voor Amsterdam/Inspire Art Ltd.), Slg. 2003, I-10155 (ausführlich dazu unter A.III.4.c)bb)α)).

(sog. „europarechtliche Gründungstheorie“)[396]. Der „satzungsmäßige Sitz“ hat daher auch insofern an Bedeutung hinzugewonnen.

Zu den Personengesellschaften: Hier ist es der effektive Verwaltungssitz, der den Gesellschaftssitz bestimmt; Sitz der offenen Handelsgesellschaft[397] ist daher der Ort, an dem sich die tatsächliche Geschäftsleitung und der Schwerpunkt der geschäftlichen Tätigkeit befinden[398]. Wie auch schon für die Kapitalgesellschaften ist umstritten, inwiefern es der Gesellschaft möglich sein soll, einen von der tatsächlichen Betriebsführung unabhängigen Sitz festzulegen (sog. „fiktiver Verwaltungssitz“)[399]. Wurde diese Möglichkeit für erstere schon mit gewichtigen Gründen des Rechtsverkehr-, insbesondere des Gläubigerschutzes stark eingeschränkt, gebieten die Besonderheiten des Personengesellschaftsrechts weitergehende Einschränkungen umso dringlicher: Bei Kapitalgesellschaften genießt der satzungsmäßige Sitz erhöhte Publizität; Grund hierfür ist, dass der Gesellschaftsvertrag, welcher die Festlegung des Sitzes enthält, der Anmeldung zwingend beizufügen ist (vgl. § 8 Abs. 1 Nr. 1 i.V.m. § 3 Abs. 1 Nr. 1 GmbHG; § 37 Abs. 4 Nr. 1 i.V.m. § 23 Abs. 3 Nr. 1 AktG), den oben beschriebenen Prüfmechanismus auf seine Gültigkeit hin durchläuft und von jedermann nach den Vorschriften des Registerrechts eingesehen werden kann (vgl. § 9 Abs. 1 HGB).

Dagegen ist der Sitz von Personengesellschaften weder der Handelsregisteranmeldung beizulegen noch einzutragen; daher taugt eine rein vertragliche Festlegung desselben nicht, um für den Rechtsverkehr hinreichende Klarheit über selbigen zu schaffen[400]. Aus diesem Grund ist eine freie Sitzwahl bei Personengesellschaften ausgeschlossen - weichen also tatsächlicher und eingetragener Sitz voneinander ab, so ist allein ersterer maßgebend[401].

Legt man diese materielle Maßgabe für Personengesellschaften § 17 ZPO zugrunde, so ist klar, lässt sich ein satzungsmäßiger Sitz der Gesellschaft feststel-

---

396 Reithmann/Martiny, Internationales Vertragsrecht – Hausmann, Rn. 2282 und 2284; BGH, Urt.v.13.3.2003, Az: VII ZR 370/98, NJW 2003, 1461 (1461 f.); BGH, Urt.v. 14.3.2005, Az: II ZR 5/03, NJW 2005, 1648 (1649); BGH, Urt.v.19.9.2005, Az: II ZR 372/03, NJW 2005, 3351 (3351 f.); mittelbar auch schon BGH, Urt.v.5.7.2004, Az: II ZR 389/02, NZG, 1001 (1001) unter II.1.; grundsätzlich auch MünchKommIntWR – Kindler, IntGesR Rn. 5, jedoch nur für bestimmte gesellschaftsrechtliche Fragen (Rechts- und Parteifähigkeit) (dazu ausführlich unter 2.A.III.4.c)bb)α)).

397 Mangels gegenteiliger Bestimmungen gilt gleiches auch für die Kommanditgesellschaft (§ 161 Abs. 2 HGB)

398 MünchKommHGB – Langhein, § 106 Rn. 26; Wieczorek/Schütze, ZPO, Bd. 1 – Hausmann, § 17 Rn. 9 (Ort der Geschäftsführung); Staudinger, BGB, IntGesR – Großfeld, Rn. 753 (Sitz der tatsächlichen Verwaltung).

399 MünchKommHGB – Langhein, § 106 Rn. 28.

400 MünchKommHGB – Langhein, § 106 Rn. 28.

401 MünchKommHGB – Langhein, § 106 Rn. 28 f.; Wieczorek/Schütze, ZPO, Bd. 1 – Hausmann, § 17 Rn. 9; Staudinger, BGB, IntGesR – Großfeld, Rn. 754.

len, gilt § 17 Abs. 1 S. 1 ZPO; hilfsweise ist der allgemeine Gerichtsstand am Ort der Verwaltungsführung festzumachen, § 17 Abs. 1 S. 2 ZPO.

Für die Bestimmung des allgemeinen Gerichtsstandes einer Personengesellschaft kann dies nur den Schluss zulassen, dass das Gewicht des § 17 Abs. 1 S. 1 ZPO von den tatsächlichen, für den Rechtsverkehr wahrnehmbaren Umständen zugunsten des effektiven Verwaltungssitzes (§ 17 Abs. 1 S. 2 ZPO) zurückgedrängt wird[402].

Gleiches muss erst recht für die Gesellschaft bürgerlichen Rechts gelten. Auch auf diese ist § 17 ZPO nunmehr unumstritten anwendbar, nachdem der BGH[403] der BGB-Außengesellschaft (Teil-) Rechtspersönlichkeit zuerkannt hat[404]. Gleichwohl sind die bestehenden Besonderheiten zu berücksichtigen: Konnte eine Personenhandelsgesellschaft durch (fakultative) Eintragung noch Publizität für ihren vertraglich festgelegten Sitz erzeugen, besteht diese Möglichkeit für die GbR mangels Eintragungsfähigkeit von vornherein nicht. Ein satzungsmäßiger Sitz wird sich daher kaum jemals mit hinreichender Verbindlichkeit und Klarheit ermitteln lassen, so dass im Regelfall auf § 17 Abs. 1 S. 2 ZPO Zuflucht zu nehmen ist. Vor diesem Hintergrund ist auch die Rechtsprechung des OLG Köln zu verstehen, welches § 17 Abs. 1 S. 1 ZPO auf die BGB-Gesellschaft grundsätzlich für anwendbar sieht, jedoch nur sofern es einen Sitz derselben tatsächlich gibt[405].

Gegenüber den Körperschaften ist daher das Regelungssystem des § 17 ZPO auf den Kopf gestellt: Mit abnehmender Publizität gilt es spiegelbildlich.

Für die Bestimmung des anwendbaren Gesellschaftsrechts ergeben sich gegenüber den Körperschaften indes keine Unterschiede[406]. Daher galt – soweit nichts anderes bestimmt ist (Art. 3 Abs. 2 S. 1 EGBGB) – auch für Personengesellschaften nach herrschender Meinung seit jeher die Sitzanknüpfung[407];

---

402 Man spricht vom Ort der geschäftlichen Oberleitung, d.h. dem Ort, am dem die laufenden Geschäftsführungsakte im Rahmen des Willensbildungsprozesses zustande kommen und umgesetzt werden, nicht dagegen dem Ort, an dem die Ausführung letztlich Wirkung zeigt. Für die Bestimmung des Verwaltungssitzes nach § 17 Abs. 1 S. 2 ZPO gelten indes die von der kollisionsrechtlichen Rechtsprechung und Lehre zur Ermittlung des effektiven Verwaltungssitzes entwickelten Kriterien entsprechend (Wieczorek/Schütze, ZPO, Bd. 1 - Hausmann, § 17 Rn. 20).

403 BGH, Urt.v.29.1.2001, Az: II ZR 331/00, NJW 2001, 1056 (1057).

404 OLG Köln, Beschl.v.28.5.2003, Az: 5 W 54/03, NJW 2004, 862 (862); Wieczorek/ Schütze, ZPO, Bd. 1 - Hausmann, § 17 Rn. 6; LG Bonn, Zwischenurt.v.20.2.2002, Az: 2 O 111/01, NZG 2002, 672 (672); Baumbach/Lauterbach/Albers/Hartmann, ZPO, Bd. 1 – Hartmann, § 17 ZPO Rn. 7.

405 OLG Köln, Beschl.v.28.5.2003, Az: 5 W 54/03, NJW 2004, 862 (862).

406 MünchKommIntWR – Kindler, IntGesR Rn. 266 f. (ausdrücklich auch für die BGB-Außengesellschaft, Rn. 195).

407 MünchKommIntGesR – Kindler, Rn. 19 f., 194 f., 313 ff. (3. Aufl., 1999) (ausdrücklich auch für die BGB-Außengesellschaft, Rn. 195); Staudinger, BGB, IntGesR – Großfeld, Rn. 750-752 (jedenfalls bei Außengesellschaften); BGH, Urt.v.26.9.1966, Az: II ZR 56/65, NJW

aufgrund der jüngsten höchstrichterlichen Entscheidungen zur Niederlassungsfreiheit[408] müssen EG-ausländische Gesellschaften, ebenso wie solche des übrigen EWR, jedoch einer Gründungsanknüpfung unterzogen werden[409]. Die Sitztheorie kann daher in ihrer Reinform nur noch gegenüber Gesellschaften ohne staatsvertragliche Niederlassungsberechtigung angewandt werden[410].

Für das mitgliedstaatliche Verständnis zum „satzungsmäßigen Sitz“ in Deutschland lässt sich daher zweierlei festhalten: Ein wie auch immer gesellschaftsvertraglich festgeschriebener Sitz spielt für die Bestimmung des Gesellschaftsstatuts eine zunehmend wichtige Rolle; im EWR hat er den „effektiven Verwaltungssitz“ bereits verdrängt.

Allein zur verbindlichen Bestimmung des allgemeinen Gerichtsstandes einer Gesellschaft wird das Gewicht des „satzungsmäßigen Sitzes“ mit abnehmender registerrechtlicher Publizität zugunsten des effektiven Verwaltungssitzes zurückgedrängt.

bb) Englischsprachige Fassung: „registered office“

Im Englischen hat Artikel 3 Abs. 1 EuInsVO folgenden Wortlaut: „*International jurisdiction: The courts of the Member State within the territory of which the centre of a debtor's main interests is situated shall have jurisdiction to open insolvency proceedings. In the case of a company or legal person, the place of*

1976, 36 (38), m.w.N.; a.A. Walden, Das Kollisionsrecht der Personengesellschaften im deutschen, europäischen und US-amerikanischen Recht, S. 207: Personengesellschaften sind in erster Linie im Sinne der Gründungstheorie anzuknüpfen, wodurch den Gesellschaftern eine mittelbare Rechtswahlfreiheit zugestanden wird. Auf Personengesellschaften, die in einem staatlichen Register als Gesellschaft inländischen Rechts eingetragen sind, ist damit das Recht des Registrierungsstaates anzuwenden. Hier ist nämlich davon auszugehen, dass gerade die Rechtsordnung des Registrierungsstaates der Gesellschaft ihre Existenz vermittelt, weil und solange sie dessen nationale Gründungsvorschriften erfüllt. Eine anders lautende Rechtswahl der Gesellschafter ist – gleichsam im Sinne eines *venire contra factum proprium* - unbeachtlich. Nicht eingetragene Personengesellschaften sollen unterdessen dem von den Gesellschaftern gewählten Recht unterliegen, sofern die Rechtswahl hinreichend erkennbar ist und eine substanzielle Beziehung zu der gewählten Rechtsordnung besteht; fehlt eine Rechtswahl oder ist diese unbeachtlich, soll die Gesellschaft auffangweise dem an ihrem Verwaltungssitze geltenden Recht unterliegen (vgl. S. 208 f.).

[408] EuGH, Urt.v.9.3.1999, Rs. 212/97 (Centros Ltd./Erhvervs-og Selskabsstyrelsen), Slg.1999, I-01459; EuGH, Urt.v.5.11.2002, Rs. C-208/00 (Überseering BV/Nordic Construction Company Baumanagement GmbH), Slg. 2002, I-09919; EuGH, Urt.v.30.9.2003, Rs. C-167/01 (Kramer van Koophandel en Fabrieken voor Amsterdam/Inspire Art Ltd.), Slg. 2003, I-10155 (dazu ausführlicher unter A.III.4.c)bb) α).

[409] MünchKommIntWR – Kindler, IntGesR Rn. 338 (dazu und zur Anwendung der (europarechtlichen) Gründungstheorie auf Personengesellschaften ausführlicher unter A.III.4.c)bb) α)).

[410] MünchKommIntWR – Kindler, IntGesR Rn. 338.

the registered office shall be presumed to be the centre of its main interests in the absence of proof to the contrary."

Für Gesellschaften und juristische Personen[411] ist also zunächst vom *registered office* als „Mittelpunkt der hauptsächlichen Interessen" auszugehen.

Dazu muss man wissen, dass das englische Rechtssystem[412] im Gegensatz zum kontinentaleuropäischen zwischen dem Domizil der Gesellschaft *(domicile)* und ihrem satzungsmäßigen Sitz (*registered office*) unterscheidet.

Ersteres ist maßgebend für die Bestimmung des anwendbaren Gesellschaftsstatuts, da England streng der Gründungstheorie folgt[413]. Daher müssen Gesellschaften in ihrer Satzung verbindlich festlegen, ob sich dieses Domizil in England (und Wales) oder in Schottland befindet (Companies Act 1985, sec. 2 (1) (b))[414]. Eine Sitzverlegung von England nach Schottland und umgekehrt ist dem-

---

[411] Im englischen Recht wird zwischen rechtsfähigen und nichtrechtsfähigen Gesellschaften unterschieden; letztere sind sog. „*partnerships*", im englischen Wirtschafsleben nahezu bedeutungslos. Allein die rechtsfähigen Gesellschaften, die Kapitalgesellschaften, werden dagegen als „*companies*" bezeichnet (von Bernstorff, Einführung in das englische Recht, § 15 I. 1, S. 217 f.); nur für diese ist folglich die EuInsVO wie auch das im folgende dargestellte englische Insolvenzrecht direkt anwendbar. Für die *limited liability partnerships* gelten die Ausführungen entsprechend, da sie formell wie *companies* behandelt werden (vgl. Rossbach, Europäische Insolvenzverwalter in Deutschland, S. 28; Morse, Charlesworth's Company Law, Chapter 1, S. 36 f. mit Verweis auf *Limited Liability Partnerships Act 2000, Limited Liability Partnerships Regulations 2001, SI 2001/1090* und *Limited Liability Partnerships (No. 2) Regulations 2002, SI 2002/913*). Dies gilt namentlich für die in Rede stehenden Fraugen der Registrierung, der Bestimmung und Publizität eines *registered office* und das anwendbare Insolvenzrecht (vgl. Morse, Charlesworth's Company Law, Chapter 1, S. 37).

[412] Die Gründung einer Gesellschaft erfolgt im UK nach wie vor nach den Bestimmungen des *Companies Act 1985* (Nachweis: www.britlaw.free.fr/company/companies_act_1985.htm). Es gibt jedoch jüngst Bestrebungen, das Gesellschaftsrecht zu überarbeiten, gleichsam zu modernisieren und zu vereinfachen; umgesetzt werden soll dieses Ziel in einer *Companies Bill.* Selbige wurde am 1.11.2005 im Parlament, damals noch als *Company Law Reform Bill,* eingeführt und hat mittlerweile die zweite Lesung im *House of Lords* und den Ausschuss im Unterhaus (*Commons Committee*) passiert (vgl. Anmerkungen zum Stand der Gesetzgebung einer *Companies Bill* unter: www.companieshouse.gov.uk/infoAndGuide/compLawReform.shtml). Ihre aktuelle Fassung, einschließlich Namensänderung vom 9.10.2006, ist abrufbar unter: www.publications.parliament.uk/ pa/cm200506/cmbills/218/06218.i-vii.html.

[413] Triebel/Hodgson/Kellenter/Müller, Englisches Handels- und Wirtschaftsrecht, VI. § 3 Rn. 616; vgl. auch Morse, Charlesworth's Company Law, Chapter 3, S. 59; von Bernstorff, Einführung in das englische Recht, § 20 V., S. 262 (Ausnahme allein im Steuerrecht, dann Anknüpfung an den Unternehmenssitz (*place of residence*)); Fletcher, Insolvency in private international law, Rn. 3.06 und 3.08 (*state of incorporation theory*); ders., The law of Insolvency, Rn. 28-006.

[414] Das Memorandum ist der Teil einer Gesellschaftssatzung, der das Außenverhältnis der Gesellschaft zum Rechtsverkehr (wie Firma, Sitz, Gegenstand der Gesellschaft und Haftungsbeschränkungen) bestimmt, im Gegensatz zu den Artikeln, die sich allein auf das Innenverhältnis beziehen (vgl. Triebel/Hodgson/Kellenter/Müller, Englisches Handels- und Wirtschaftsrecht, VI. § 3 Rn. 602; Morse, Charlesworth's Company Law, Chapter 3, S. 50; von Berns-

entsprechend nur durch Neugründung im betreffenden Teil Großbritanniens möglich[415].

Dagegen handelt es sich bei dem *registered office* um eine offizielle Adresse der Gesellschaft. Die Tatsache, dass eine Gesellschaft allein eine rechtliche, jedoch keine physische Existenz aufweist, macht es erforderlich, einen Ort verbindlich festzuschreiben, an dem sämtliche Korrespondenz abgewickelt, insbesondere verlässlich zugestellt werden kann[416].

Dieser soll nach C.A. 1985, sec. 287 (1) das *registered office* sein[417]. Die Gesellschafter können ihre offizielle Anschrift frei wählen, müssen diese jedoch zum Zweck der Eintragung beim *registrar of companies* von England oder Schottland, je nach gewünschtem Domizil (vgl. C.A. 1985, sec. 10 (1) (a) und (b)), in einer gesonderten Erklärung angeben (vgl. C.A. 1985, sec. 10 (6))[418]. Mit dieser Erklärung werden zugleich Nationalität und Domizil der Gesellschaft – unveränderbar (s.o.) - festgelegt[419]. Überdies bestimmt das *registered office* die zuständige Gerichtsbarkeit[420].

Bemerkenswert gegenüber der kontinentaleuropäischen Auffassung ist, dass es sich bei dem *registered office* um eine reine Briefadresse handelt[421]. Die Gesellschaft braucht dort keine Geschäftstätigkeit auszuüben; es müssen allein offizielle Mitteilungen und Zustellungen zugehen können. Daher kommt es nicht selten vor, dass das Büro eines Rechtsanwalts oder Buchprüfers zugleich „sat-

---

torff, Einführung in das englische Recht, § 15 I. 3.b), S. 222 ff.). Verbindlich werden beide derartigen Teile einer Gesellschaftssatzung durch Eintragung beim *registrar of companies* nach C.A. 1985, sec. 14 (1). Nach der *Companies Bill* fällt die Pflicht zur Bestimmung des *domiciles* im Memorandum weg; es bestimmt sich vielmehr durch Wahl des *registered office*, da letzteres die zuständige Registrierungsstelle festlegt (vgl. Companies Bill, sec. 9 (6)); mit Eintragung ist dieses *registered office* für die Gesellschaft verbindlich (Companies Bill, sec. 17 (4)).

415 Triebel/Hodgson/Kellenter/Müller, Englisches Handels- und Wirtschaftsrecht, VI. § 3 Rn. 615. Zu etwaig erforderlichen Änderungen an dieser Praxis durch die jüngste Rechtsprechung des EuGH zur Niederlassungsfreiheit s. A.III.4.a)ee)β).

416 Morse, Charlesworth's Company Law, Chapter 3, S. 60.

417 Künftig Companies Bill, sec. 86.

418 Künftig Companies Bill, sec. 9 (2) (b) und (6). Eine nachträgliche Änderung des *registered office* ist möglich, jedoch lediglich in dem Bereich des UK, in dem die Gesellschaft eingetragen wurde, mithin ihr Domizil hat (Palmer's Company Law, Bd. 1 - Davies, Rn. 2.504 (Stand: Dezember 1998). Eine solche Änderung ist dem *registrar of companies* in gleicher Wiese mitzuteilen (vgl. C.A. 1985, sec. 287 (3); künftig Companies Bill, sec. 87 (1)).

419 Morse, Charlesworth's Company Law, Chapter 3, S. 59 f.; Fletcher, Insolvency in private international law, Rn. 3.08: A corporate domicile is immutable. Zu etwaig erforderlichen Änderungen an dieser Praxis durch die jüngste Rechtsprechung des EuGH zur Niederlassungsfreiheit s. A.III.4.a)ee)β).

420 Palmer's Company Law, Bd. 1 - Davies, Rn. 2.501 (Stand: Dezember 1998).

421 Triebel/Hodgson/Kellenter/Müller, Englisches Handels- und Wirtschaftsrecht, VI. § 3 Rn. 616; von Bernstorff, Einführung in das englische Recht, § 15 I. 3.b), S. 223.

zungsmäßiger Sitz“ einer Gesellschaft ist[422]; während die Gesellschaft nicht daran gehindert ist, ihre Geschäftstätigkeit in einen anderen Teil des Vereinigten Königreichs oder sogar ins Ausland zu verlagern[423].

Zusammenfassend bestimmt der einmal eingetragene „satzungsmäßige Sitz“ nach Auffassung in Großbritannien verbindlich und ausnahmslos den allgemeinen Gerichtsstand einer Gesellschaft.

Mit seiner Eintragung steht zugleich das Domizil der Gesellschaft fest, so dass er mittelbar auch über das anwendbare Gesellschaftsstatut entscheidet.

cc) Französischsprachige Fassung: „siège statutaire“

Art. 3 Abs. 1 EuInsVO liest sich auf französisch: *„Compétence internationale: Les juridictions de l'État membre sur le territoire duquel est situé le centre des intérêts principaux du débiteur sont compétentes pour ouvrir la procédure d'insolvabilité. Pour les sociétés et les personnes morales, le centre des intérêts principaux est présumé, jusqu'à preuve contraire, être le lieu du siège statutaire."*

Anknüpfungspunkt der Vermutung des Art. 3 Abs. 1 S. 2 ist in der französischen Version der EuInsVO der *siège statutaire,* der „satzungsgemäße Sitz“.

Im französischen Recht wird der Begriff des Sitzes (*siège*) in keinem Gesetzes- oder Verordnungstext legaldefiniert, daher ist er anhand der Elemente, die von Lehre und Rechtsprechung herausgebildet wurden, zu bestimmen[424].

Zunächst ist festzuhalten, dass dieser von den Gesellschaftern in der Satzung (*statut*) festgelegt werden kann[425]. Diese Möglichkeit spielt im französischen Recht eine nicht unerhebliche Rolle, gehen doch mit dem Sitz der Gesellschaft (*siège social*) weitreichende Konsequenzen einher: So begründet der Ort, an dem die Gesellschaft niedergelassen ist, ihren allgemeinen Gerichtsstand (vgl. Art. 42 al.1 und Art. 43 Nouveau Code de Procédure Civile)[426] und bestimmt ihre Nationalität ebenso wie das auf sie anwendbare Recht (Art. 1837 al. 1 Code

---

[422] Triebel/Hodgson/Kellenter/Müller, Englisches Handels- und Wirtschaftsrecht, VI. § 3 Rn. 616.

[423] Vgl. Palmer's Company Law, Bd. 1 - Davies, Rn. 2.504 (Stand: Dezember 1998); Morse, Charlesworth's Company Law, Chapter 3, S. 60; Fletcher, Insolvency in private international law, Rn. 3.06 (sog. „*Delaware-syndrome*“).

[424] Répertoire des Sociétés – Saintourens, Siège Social, Chapitre 1er, Détermination du siège social, Section 1re, Siège social statutaire, Art. 2 – Notion de siège social, S. 3, Rn. 9.

[425] Vgl. Art. 1835 C.civ. Dieser Artikel ist gemäß Art. 1834 C.civ. auf alle Gesellschaften anwendbar (Nachweis: Pasqualini, Code des Sociétés, Première Partie – Droit commun des Sociétés, Autour du Code Civil, S. 8 und Répertoire des Sociétés - Saintourens, Siège Social, Chapitre 1er, Détermination du siège social, S. 3, Rn. 6, sowie für die letzte Änderungen: www.legifrance.gouv.fr) sowie speziell für die *sociétés commerciales*: Art. L.210-2 C.com.).

[426] Codes Dalloz, Art. 43 N.C.P.C., S. 56, Rn. 4; Cozian/Viandier/Deboissy, Droit des Sociétés, Première Partie, Titre 1, Chapitre 2, S. 97, Rn. 211.

Civil)[427]; überdies hat sie dort ihre gesetzlichen Anforderungen an die Publizität zu erfüllen (Art. 14 al.1 décr. n° 84-406, 30 mai 1984)[428].

Die Festlegung des Gesellschaftssitzes per Statut verleiht diesem mittelbar Publizität. Dies deshalb, weil im französischen Recht die Gründung einer Gesellschaft umfassend offen zu legen ist: Erstens ist der Eintrag in das Gesellschaftsregister obligatorisch – selbst für die bürgerliche Gesellschaft (*société civile*). Grund hierfür ist, dass es sich bei allen französischen bürgerlichen Gesellschaften – mit Ausnahme der stillen Gesellschaft (*société en participation*) - um juristische Personen handelt, die erst durch die Eintragung Rechtsfähigkeit erlangen (vgl. Art. 1842 al. 1 C.civ. und Art. 3 al. 1 décr. n° 78-704, 3 juillet 1978)[429]. Gemäß Art. 1 und 2 des décr. n° 78-704, 3 juillet 1978 sind sie in das Handels- und Gesellschaftsregister einzutragen.

Zweitens wird der Antrag auf Eintragung von einem Urkundsbeamten auf Vollständigkeit und Ordnungsgemäßheit kontrolliert: Er überprüft, ob die Angaben den gesetzlichen und verordnungsrechtlichen Bestimmungen entsprechen und ob sie mit den Nachweisen und den im Anhang hinterlegten Akten übereinstimmen (Art. 30 al. 1 und 2 décr. n° 84-406, 30 mai 1984)[430].

Zu den notwendigen Angaben eines solchen Antrags gehört aber gerade auch die Angabe des Gesellschaftssitzes (Art. 15 n° 4 décr. n° 85-406, 30 mai 1984). Sind die Unterlagen nicht vollständig und kommt der Antragssteller der Aufforderung, sie nachzureichen, binnen einer bestimmten Frist nicht nach oder ist der Urkundsbeamte der Ansicht, dass die anwendbaren Bestimmungen nicht eingehalten werden, kann er die Eintragung verweigern (Art. 31 al. 2 und 3 décr. n° 84-406, 30 mai 1984).

Drittens werden die Gründungsurkunden nach Registrierung der Gesellschaft zu den Beiakten genommen (Art. 48 al. 1 décr. n° 84-406, 30 mai 1984).

---

[427] Sonnenberger, Französisches Handels- und Wirtschaftsrecht, VIII. § 2, S. 418, Rn. VIII 63: Art. 1837 C.civ. ist zwar eine einseitige Kollisionsnorm, die aber ein allgemeines Prinzip ausdrückt (speziell für die *sociétés commerciales*: Art- L.210-3 C.com.); Cozian/Vinandier/Deboissy, Droit des Sociétés, Première Partie, Titre 1, Chapitre 2, S. 98 f., Rn. 214.

[428] Cozian/Viandier/Deboissy, Droit des Sociétés, Première Partie, Titre 1, Chapitre 2, S. 97, Rn. 211 (Nachweis: *Décret relatif au registre du commerce et des sociétés du 30 mai 1984, n° 84-406, version consolidée au 16 avril 2006*, www.legifrance.gouv.fr/WAspad/Ajour?nor=& num=84-406&ind=1&laPage=1&demande =ajour).

[429] Vgl. Cozian/Viandier/Deboissy, Droit des Sociétés, Première Partie, Titre 1, Chapitre 2. S. 86, Rn. 190; Sonnenberger, Französisches Handels- und Wirtschaftsrecht, III. § 1, S. 125, Rn. III 46; vgl. auch Hübner/Constantinesco, Einführung in das französische Recht, 3. Teil, § 28 2.a), S. 243 (Nachweis: *Décret relatif à l'application de la loi n° 78-9 du 4 janvier 1978, modifiant le titre IX du livre IX du livre III du code civil, n° 78-704 du 3 juillet 1978, version consolidée au 4 juillet 1998*, www.legifrance.gouv.fr/WAspad/Ajour?nor=&num=78-704& ind=1&laPage=1&demande=ajour).

[430] Vgl. Cozian/Viandier/Deboissy, Droit des Sociétés, Première Partie, Titre 1, Chapitre 2, S. 85, Rn. 188.

Beides - sowohl Eintragungen als auch Beiakten – kann nach den Vorschriften des Registerrechts eingesehen werden; der bloße Antrag auf Einsicht genügt, ein besonderes Interesse muss nicht nachgewiesen werden (vgl. Art. 67 ff. und Art. 88 décr. n° 84-406, 30 mai 1984 i.V.m. Art. 31 arrêté, 9 févr. 1988[431]).

Damit ist eine weitgehende Gründungspublizität gewährleistet[432] - diese setzt sich überdies selbst dann fort, wenn sich publizitätspflichtige Umstände während des Bestehens einer Gesellschaft ändern, denn die Gesellschaft ist verpflichtet, das Handelsregister berichtigen zu lassen[433]. Zu diesen Änderungen gehört namentlich die Verlegung des Gesellschaftssitzes (Art. 19 décr. n° 84-406, 30 mai 1984). Überdies werden die Eintragungen ständig kontrolliert: So hat der Urkundsbeamte ein jederzeitiges Prüfungsrecht, ob die einschlägigen Bestimmungen noch eingehalten werden. Ist dies nicht der Fall, wird der Pflichtige wiederum zur Korrektur aufgefordert – kommt er dem nicht nach, ruft der Urkundsbeamte den für die Überwachung des Registers zuständigen Richter an; dieser kann anordnen, jede Eintragung rückgängig zu machen, die vom Urkundsbeamte vorgenommen wurde und materiell fehlerhaft ist (Art. 34 décr. n° 84-406, 30 mai 1984).

Verifiziert durch dieses System umfassender Nachweispflichten und korrespondierender Kontroll- und Berichtigungsmechanismen kommt einem Sitz, wie in der Gründungsurkunde festgelegt, starke Vermutungswirkung zu[434].

Allerdings gilt diese nicht bedingungslos, sondern wird zugunsten des effektiven Gesellschaftssitzes vernachlässigt; ein einmal festgestellter, abweichender tatsächlicher Gesellschaftssitz hat Vorrang vor einem als solchem entlarvten fiktiven Gesellschaftssitz[435].

Maßgebendes Kriterium zur zuverlässigen Bestimmung des tatsächlichen Gesellschaftssitzes (*siège social*) im französischen Recht ist das „Zentrum des juristischen Lebens der Gesellschaft" (*centre de la vie juridique de la société*)[436]. Damit gemeint ist der Ort, an welchem die Unternehmensleitung der Gesell-

[431] Nachweis: *Arrêté relatif au registre du commerce et des sociétés du 9 février 1988*, geändert durch *Arrêté interministériel du 18 octobre 1988* und *Arrêté interministériel du 2 juillet 1998*, www. legifrance.gouv.fr.

[432] Sonnenberger, Französisches Handels- und Wirtschaftsrecht, III. § 1, S. 149, Rn. III 106.

[433] Sonnenberger, Französisches Handels- und Wirtschaftsrecht, III. § 1, S. 150, Rn. III 107.

[434] Vgl. Damman, Recueil Dalloz, Bd. 181/2005, 1779 (1780).

[435] Répertoire des Sociétés - Saintourens, Siège Social, Chapitre 1er, Détermination du siège social, Section 2, Siège social réel, S. 4, Rn. 19; Répertoire des Sociétés, Encyclopédie juridique – Le Gall, Siège social, section 3, S. 6, Rn. 78 (Stand: 1978); Cozian/Viandier/Deboissy, Droit des Sociétés, Première Partie, Titre 1, Chapitre 2, S. 97, Rn. 210; Damman, Recueil Dalloz, Bd. 181/2005, 1779 (1780).

[436] Répertoire des Sociétés - Saintourens, Siège Social, Chapitre 1er, Détermination du siège social, Section 1re, Siège social statutaire, Art. 2 – Notion de siège social, § 4 – Siège social et direction de la société, S. 4, Rn. 17.

schaft (*direction de la société*) ausgeführt wird[437]. Abhängig von der Gesellschaftsform kann dies der Ort sein, an welchem sich die Mitglieder des Verwaltungsrates oder des Direktoriums treffen, der, an dem sich das Büro des Geschäftsführers bzw. des Vorsitzenden befindet, oder der Ort, an dem im Namen einer juristischen Person die Entscheidungsgewalt für sämtliche, die Gesellschaft verpflichtende Maßnahmen ausgeübt wird[438]. Weitere Indizien für die Bestimmung des *siège social* sind die Bündelung finanzieller und administrativer Entscheidungen, die Archivierung bestimmter Schriftstücke und die Etablierung regelmäßiger Beziehungen zwischen der Gesellschaft und Dritten[439].

Nach französischem Verständnis entscheidet ein „satzungsmäßiger Sitz" folglich grundsätzlich über Gesellschaftsstatut und allgemeinen Gerichtsstand einer Gesellschaft. Dies deshalb, weil die gesellschaftsvertragliche Festlegung eine gewisse Publizitäts- und Vermutungswirkung für den Gesellschaftssitz (*siège social*) begründet. Ist diese Vermutung indes durch die tatsächlichen Umstände widerlegt, so gilt für beides – Gesellschaftsstatut und allgemeinen Gerichtsstand – nach traditionellem Verständnis alleine der effektive Verwaltungssitz (*siège réel*)[440].

dd) Italienischsprachige Fassung: „sede statutaria":

Die italienische Fassung des Art. 3 Abs. 1 EuInsVO lautet: *„Competenza internazionale: Sono competenti ad aprire la procedura di insolvenza i giudici*

---

[437] Répertoire des Sociétés - Saintourens, Siège Social, Chapitre 1er, Détermination du siège social, Section 1re, Siège social statutaire, Art. 2 – Notion de siège social, § 4 – Siège social et direction de la société, S. 4, Rn. 17: „Le siège social est donc le lieu où s'exerce la direction de la société. Selon une expression fréquement utilisée, le siège social est "le centre de la vie juridique de la société"; ähnlich Répertoire des Sociétés, Encyclopédie juridique – Le Gall, Siège social, section 3, S. 6, Rn. 79 (Stand: 1978): „(...) le siège statutaire est le veritable centre de direction des affaires sociales"; Cozian/Viandier/Deboissy, Droit des Sociétés, Première Partie, Titre 1, Chapitre 2, S. 97, Rn. 210: „Le siège réel est le lieu où la société est gouvernée, le lieu de sa direction financière et administrative". Dafür, dieses Verständnis auch an Art. 3 Abs. 1 EuInsVO anzulegen, Circulaire, 17.3.2003 relative à l'entrée en vigeur du règlement n 1346/2000, 29.5.2000 relatif aux procédures d'insolvabilité, 1.2.1., S. 315; Urbain-Parleani, Revue des sociétés: journal des sociétés, Bd. 123/2005, 101 (103).

[438] Répertoire des Sociétés – Saintourens, Siège Social, Chapitre 1er, Détermination du siège social, Section 1re, Siège social statutaire, Art. 2 – Notion de siège social, § 4 – Siège social et direction de la société, S. 4, Rn. 17; vgl. auch Répertoire des Sociétés, Encyclopédie juridique – Le Gall, Siège social, section 3, S. 6, Rn. 79 (Stand: 1978); Cozian/Viandier/Deboissy, Droit des Sociétés, Première Partie, Titre 1, Chapitre 21, S. 97, Rn. 210.

[439] Répertoire des Sociétés, Encyclopédie juridique – Le Gall, Siège social, section 3, S. 6, Rn. 79 (Stand: 1978); Cozian/Viandier/Deboissy, Droit des Sociétés, Première Partie, Titre 1, Chapitre 2, S. 97, Rn. 210.

[440] Zu etwaig erforderlichen Änderungen an dieser Praxis durch die jüngste Rechtsprechung des EuGH zur Niederlassungsfreiheit s. A.III.4.a)ee)β).

dello Stato membro nel cui territorio è situato il centro degli interessi principali del debitore. Per le società e le persone giuridiche si presume che il centro degli interessi principali sia, fino a prova contraria, il luogo in cui si trova la sede statutaria."

Maßgebend ist danach „*la sede statutaria*", der satzungsmäßige Sitz. Dieser ist - anders als das *registered office* in England - nicht mit einem eigenen Bedeutungsgehalt belegt.

In Italien bestimmen Gesellschaften und (andere) juristische Personen ihren Sitz im Gründungsakt, mag dieser in Satzung, Vertrag oder einseitiger Rechtshandlung bestehen[441]. Daher ist davon auszugehen, dass die autonome Formulierung „sede statutaria" alle vorgenannten Gründungsformen einschließt.

Eine Eigenheit des italienischen Rechts sorgt dafür, dass dem derart festgeschriebenen Sitz Authentizität zukommt: Es schreibt für den Gründungsakt grundsätzlich die Form der öffentlichen Urkunde vor[442]. Diese Beglaubigung ist natürlich für sich noch nicht geeignet, dem Sitz Publizität zu verschaffen, dokumentiert die öffentliche Urkunde doch allein die Echtheit bzw. das Vorliegen bestimmter Angaben, nicht dagegen deren inhaltliche Richtigkeit (vgl. Art. 2700 c.c.).

Der derlei beglaubigte Akt ist jedoch zur Eintragung beim Unternehmensregisteramt zu hinterlegen[443]; dies gilt für alle Gesellschaften, die nach Abschnitt 3 und folgende des 5. Titels (5. Buch) gegründet werden, als da sind: offene Handelsgesellschaft (*società in nome collettivo*), Kommanditgesellschaft (*società in accomandita semplice*), Aktiengesellschaft (*società per azioni*), Kommanditgesellschaft auf Aktien (*società in accomandita per azioni*) und Gesellschaft mit beschränkter Haftung (*società a responsabilità limitata*). Gleiches gilt darüber hinaus auch für die Genossenschaften (*società cooperative*), auch wenn sie keine Handelstätigkeit ausüben (Art. 2200 Abs. 1 c.c.).

---

[441] Körperschaften (Vereine und Stiftungen), Art. 16; Offene Handelsgesellschaft, Art. 2295 Nr. 4; Kommanditgesellschaft, Art. 2316 i.V.m. Art. 2295; Aktiengesellschaft, Art. 2328 Abs. 1, 2 Nr.1; Kommanditgesellschaft auf Aktien, Art. 2454 i.V.m. Art. 2328 Abs. 1; Gesellschaft mit beschränkter Haftung, Art. 2463 Abs. 1, 2 Nr. 1; Genossenschaft, Art. 2521 Abs. 3 Nr. 1 Codice civile (c.c.) (Nachweis: Bauer/Eccher/König/Kreuzer/Zanon, Italienisches Zivilgesetzbuch).

[442] Körperschaften (Vereine und Stiftungen), Art. 14 Abs. 1; Offene Handelsgesellschaft, Art. 2296 Abs. 1 (alternativ beglaubigter Gründungsvertrag); Kommanditgesellschaft, Art. 2316 i.V.m. Art. 2295, 2296; Aktiengesellschaft, Art. 2328 Abs. 2; Kommanditgesellschaft auf Aktien, Art. 2454 i.V.m. Art. 2328 Abs. 2; Gesellschaft mit beschränkter Haftung, Art. 2463 Abs. 2; Genossenschaft, Art. 2521 Abs. 1 c.c.

[443] Offene Handelsgesellschaft, Art. 2296 Abs. 1; Kommanditgesellschaft, 2315 i.V.m. 2296; Aktiengesellschaft, Art. 2330 Abs. 1; Kommanditgesellschaft auf Aktien, Art. 2454 i.V.m. 2330; Gesellschaft mit beschränkter Haftung, Art. 2463 Abs. 3 i.V.m. 2330; Genossenschaft, Art. 2523 Abs. 1 c.c.

Einzig die einfache Gesellschaft muss weder eine bestimmte Form wahren, noch einen Sitz festlegen (vgl. Art. 2251 c.c.). Im Gegenzug kommt einem im Gesellschaftsvertrag bestimmten Sitz jedoch auch keinerlei öffentlicher Glaube zu.

Für die übrigen Gesellschaften kann der hinterlegte Gründungsakt – neben dem Eintrag in das Unternehmensregister - von jedermann eingesehen werden, denn das Register samt seines Archivs ist öffentlich (Art. 2188 c.c. und Art. 23 Abs. 1 d.p.r. n. 581/95[444]). Auf diese Weise wird eine umfassende Gründungspublizität gewährleistet.

Diese Publizität besteht indes auch bei Änderung des Gründungsaktes fort, da jede Abänderung desselben eintragungspflichtig ist[445].

Die Einhaltung dieser Pflichten wird registerrechtlich überwacht und sanktioniert: Gemäß Art. 2189 Abs. 2 c.c. prüft das Registeramt die Echtheit der Unterschrift und das Vorliegen der gesetzlich geforderten Bedingungen, bevor es eine Eintragung vornimmt. Kommt es zu dem Schluss, dass eine zwingend vorgeschriebene Eintragung nicht beantragt worden ist, fordert es den Unternehmer auf, sie binnen einer gesetzten Frist zu beantragen (Art. 2190 S. 1 c.c.). Nach ungenütztem Ablauf dieser Frist kann das Registergericht die Eintragung mit Dekret anordnen (Art. 2190 S. 2 c.c.). Ebenso kann das Registergericht per Dekret die Löschung einer Eintragung anordnen, für deren Vornahme die gesetzlich geforderten Bedingungen nicht vorliegen (Art. 2191 c.c.).

Neben dieser Möglichkeit registerrechtlicher Korrektur besteht ein Sanktionsmechanismus, der die Erfüllung der registerrechtlichen Pflichten auch gegenüber der pflichtigen Partei sicherstellt: Nach Art. 2194 c.c. wird jeder, der es unterlässt, die Eintragung gesetzeskonform und fristgemäß zu beantragen, mit Geldbuße bestraft.

Die Verbindung aus Prüfungs-, Berichtigungs- und Sanktionsbefugnis stellt die Einhaltung der registerrechtlichen Anforderungen sicher und bietet so gleichsam Gewähr für die Gültigkeit des Eintrags wie auch der hinterlegten Dokumente.

Daher können Dritte sich grundsätzlich auf die Richtigkeit der eingetragenen und hinterlegten Angaben verlassen, mithin auch auf einen darin angegebenen

---

[444] Nachweis: *Regolamento di attuazione dell'art. 8 della L. 29 dicembre 1993, n. 580, in materia di istutizione delle imprese di cui all'art. 2188 del codice civile* vom 7.12.1995 (d.p.r. n. 581/95), www.innovazione.gov.it/ita/normativa/allegati/dpr_071295.pdf.

[445] Offene Handelsgesellschaft, Art. 2300 Abs. 1; Kommanditgesellschaft, 2315 i.V.m. 2300; Aktiengesellschaft, Art. 2436 Abs. 1; Kommanditgesellschaft auf Aktien, Art. 2454 i.V.m. 2436; Gesellschaft mit beschränkter Haftung, Art. 2480 i.V.m. 2436; Genossenschaft, Art. 2545 Abs. 1 i.V.m. 2436 c.c.

satzungsmäßigen Sitz - der Hauptsitz des Unternehmens wird daher am Satzungssitz vermutet[446].

Aus den vorgenannten Erwägungen zu Publizität und Vermutungswirkung eines satzungsmäßigen Sitzes wird jedoch bereits deutlich, dass dieser nicht völlig frei wählbar, bisweilen gar unbeachtlich ist. So entspricht es ständiger Rechtsprechung, den tatsächlichen Sitz an dem Ort festzumachen, an dem Leitung und Organisation des Unternehmens angesiedelt sind; der rechtliche Sitz der Gesellschaft muss daher seiner Struktur nach dazu bestimmt sein, diese Funktionen wahrzunehmen[447].

Geht es um die Bedeutung des festgeschriebenen Sitzes, so ist zwischen Gesellschaften *mit* und *ohne* Rechtspersönlichkeit zu unterscheiden:
Für juristische Personen ist zunächst der *satzungsmäßige* Sitz maßgebend für Wirkungen, die das Gesetz an Wohnort oder Domizil knüpft (Art. 46 Abs. 1 c.c.).

So richtet sich der allgemeine Gerichtsstand einer juristischen Person (AG, GmbH, Genossenschaft) nach ihrem Sitz (Art. 19 Abs. 1 Codice di Procedura Civile); ebenso erfolgen dort Zustellungen (145 Abs. 1 c.p.c.).

Ist der satzungsmäßige Sitz indes vom *tatsächlichen* Sitz verschieden, so können Dritte alternativ die betreffenden Wirkungen an letzterem festmachen (vgl. Art. 46 Abs. 2 c.c.).

Bei Gesellschaften *ohne* Rechtspersönlichkeit (einfache Gesellschaft, OHG, KG) besteht dagegen keine Vorschrift, die dem satzungsmäßigen Sitz diese Wirkungen zuweist – wiewohl ihm über die Hinterlegung im Handelsregisteramt Publizität zukommt.
Vielmehr gilt der Ort als Sitz, an dem die Gesellschaft Tätigkeiten von dauerhaftem Charakter ausübt (Art. 19 Abs. 2 c.p.c.). Dies gilt sowohl, was den allgemeinen Gerichtsstand anlangt, als auch für Zustellungen (Art. 19 Abs. 2, 145 Abs. 2 c.p.c.).

Wiederum einheitlich bestimmt sich dagegen das anwendbare Gesellschaftsstatut: Zwar ist der einschlägige dritte Abschnitt des italienischen IPR-Gesetzes

---

[446] Vgl. Kindler, Italienisches Handels- und Wirtschaftsrecht, § 6 II. 1.b), Rn. 7, mit Anleihe bei Corte di cassazione civile, Urt.v.24.4.1996, Nr. 3878; De Cesari/Montella, Le procedure di insolvenza nella nouva disciplina comunitaria, S. 20 (speziell für Art. 9 l.fall.).

[447] Vgl. Tribunale di Parma, Urt.v.15.6.2004, Az: 93/04, ZIP 2004, 2295 (2296) mit Anleihe bei Corte di cassazione civile, Urt.v.28.8.2002, Nr. 12460 und Corte di cassazione civile, Urt.v.21.3.2003, Nr. 4206; Perilli, Problemi di diritto processuale internazionale italiano, in: www.ipsoa.it/intlis/contenuto/INTILIS01.pdf, S. 25: der Hauptsitz des Unternehmens (*la sede principale dell'impresa*) wird nach ständiger Rechtsprechung als Verweis auf den effek-tiven Sitz des Unternehmens (*sede effetiva dell'impresa*) verstanden, als „Schwerpunkt der Geschäftsleitung und Organisation" (*centro di direzione ed organizzazione*); vgl. auch De Cesari/Montella, Le procedure di insolvenza nella nouva disciplina comunitaria, S. 20 (speziell für Art. 9 l.fall.): am Hauptsitz müssen die Geschäftsführung betrieben und unternehmerische Aktivitäten vorgenommen werden.

(L. n. 218/95) mit „juristische Personen" (*persone giuridiche*) überschrieben, gleichwohl zählt das italienische Schrifttum auch Gesellschaften *ohne* Rechtspersönlichkeit zum persönlichen Anwendungsbereich des Art. 25 Abs. 1. L. n. 218/95. Dies deshalb, weil Art. 25 L. n. 218/95 sämtliche Gesellschaften, Vereine, Stiftungen und jede andere öffentlich- oder privatrechtliche Körperschaft erfasst, *auch wenn sie keinen Verbandscharakter haben* (*natura associativa*)[448].

Gesellschaften sind nach Art. 25 Abs. 1 S. 1 L. n. 218/95 dem Recht des Staates unterworfen, in dessen Hoheitsgebiet der Gründungsvorgang abgeschlossen worden ist. Gleichwohl findet italienisches Recht Anwendung, wenn der Verwaltungssitz der Gesellschaft in Italien liegt oder sich der hauptsächliche Unternehmensgegenstand in Italien befindet (Art. 25 Abs. 1 S. 2 L. n. 218/95).

Die Aussage dieser Vorschrift ist geeignet, einige Verwirrung zu stiften, entspricht es doch gängiger Handhabung, dass sich eine Rechtsordnung entweder für die Gründungs- *oder* die Sitztheorie entscheidet. Art. 25 L. n. 218/95 scheint dagegen gleichsam beide Denkschulen in sich zu vereinen; ein Blick auf den Gehalt der Vorschrift tut daher Not.

Strukturell unterscheidet Art. 25 Abs. 1 L. n. 218/95 zwischen Gesellschaften mit Verwaltungssitz im Ausland und solchen mit Verwaltungssitz im Inland. Erstere unterliegen nach Art. 25 Abs. 1 L. n. 218/95 dem Gründungsstatut, letztere kraft effektivem Verwaltungssitz italienischem Recht.

Hinter der Grundregel des Art. 25 Abs. 1 S. 1 L. n. 218/95 verbirgt sich das praktische Bedürfnis, Beweisprobleme von vornherein auszuschließen, die mit der Ermittlung des tatsächlichen Verwaltungssitzes verbunden sind[449]. Andererseits sollte überwiegenden inländischen Schutzinteressen Rechnung getragen werden, wenn die Gesellschaft ihren Verwaltungssitz (*sede dell'amministrazione*) in Italien hat. Der Gesetzgeber hat daher seine grundsätzlichen Bedenken gegen eine Anknüpfung an den tatsächlichen Verwaltungssitz zurückgestellt und die Sitzanknüpfung in Art. 25 Abs. 1 S. 2 L. n. 218/95 aufgenommen[450]. Er ging sogar noch weiter: Nach Art. 25 Abs. 1 S. 2 Alt. 2 L. n. 218/95 ist italienisches Recht auch dann maßgeblich, wenn die Gesellschaft in Italien den „Hauptgegenstand" (*oggetto principale*) ihrer Tätigkeit hat; angesichts des primären Bestrebens, Beweisschwierigkeiten zu vermeiden, ist jedoch klar, dass dieses Merkmal restriktiv auszulegen ist[451]. - Unklar ist dagegen das Verhältnis der beiden Sätze zueinander[452]: Handelt es sich bei Satz 2 um eine *insgesamt* vorrangige, da spe-

---

[448] Kindler, Italienisches Handels- und Wirtschaftsrecht, § 7 IV. 1. Rn. 38.
[449] Kindler, Italienisches Handels- und Wirtschaftsrecht, § 7 IV. 1. Rn. 39.
[450] Vgl. Kindler, Italienisches Handels- und Wirtschaftsrecht, § 7 IV. 1. Rn. 41; Reithmann/Martiny, Internationales Vertragsrecht – Hausmann, Rn. 2200 (eingeschränkte Geltung der Gründungstheorie).
[451] Vgl. Kindler, Italienisches Handels- und Wirtschaftsrecht, § 7 IV. 1. Rn. 41.
[452] Vgl. Kindler, Italienisches Handels- und Wirtschaftsrecht, § 7 IV. 1. Rn. 41.

ziellere Regel? Oder handelt es sich dabei um eine bloße Sonderanknüpfung für nur bestimmte, nämlich *zwingende* Rechtsnormen?

Im italienischen Schrifttum wird Art. 25 Abs. 1 S. 2 L. n. 218/95 überwiegend in letzterem Sinne verstanden: Gesellschaften mit tatsächlichem Verwaltungssitz in Italien sollen nicht gänzlich dem italienischen Gesellschaftsrecht unterliegen, sondern nur dessen zwingenden Normen[453]. Dem mag die Intention zugrunde liegen, inländische Schutzinteressen durchzusetzen, gleichzeitig aber nicht die Rechtssicherheit aufzugeben, die die Grundregel zu schaffen sucht.

Der Wortlaut gibt eine solche Einschränkung nicht vor; die letztverbindliche Klärung ist daher den Gerichten überlassen – wiewohl diese nach Maßgabe der *Centros*-Rechtsprechung des EuGH zu dem Ergebnis kommen könnte, dass Art. 25 Abs. 1 S. 2 L. n. 218/95 bei Gesellschaften mit Sitz im EG-Ausland unanwendbar ist[454].

Nach italienischer Lesart ist ein „satzungsmäßiger Sitz" primär maßgebend bei der Frage nach dem allgemeinen Gerichtsstand einer juristischen Person – dies indes auch nur soweit der satzungsmäßige nicht vom tatsächlichen Sitz verschieden ist; dann besteht mit letzterem ein alternatives Anknüpfungskriterium. Für Gesellschaften ohne Rechtspersönlichkeit ist insofern ohnehin der tatsächliche Sitz entscheidend.

Was das anwendbare Gesellschaftsstatut anlangt, ergibt sich ein ähnliches Gefüge. Die Grundregel des Art. 25 Abs. 1 L. n. 218/95 stellt auf das Recht des Staates ab, in dem der Gründungsvorgang abgeschlossen wurde – zur Gründung gehört jedoch in aller Regel, wie gesehen, die Festschreibung eines satzungsmäßigen Sitzes, dieser ist daher wiederum zunächst maßgeblich. Sobald sich jedoch herausstellt, dass dieser nicht mit dem faktischen Verwaltungssitz der Gesellschaft übereinstimmt, greift mit Art. 25 Abs. 1 S. 2 L. n. 218/95 eine Sonderregel, die italienisches Recht ausschließlich für anwendbar erklärt, wenn sich der Sitz in Italien befindet - zumindest was seine zwingenden Normen betrifft[455].

Zusammenfassend ist ein „satzungsmäßiger Sitz" in Italien zwar grundsätzlich geeignet, sowohl den allgemeinen Gerichtsstand als auch das Gesellschaftsstatut zu bestimmen. Weicht der satzungsmäßige indes vom effektiven Sitz der Gesellschaft ab, so besteht nach hergebrachter Auffassung mit letzterem jeweils zumindest ein alternatives, wenn nicht gar ein ausschließliches Anknüpfungskriterium. Die Vermutungswirkung, die von einem satzungsmäßigen Sitz ausgeht, ist daher gering.

---

453 Vgl. Kindler, Italienisches Handels- und Wirtschaftsrecht, § 7 IV. 1. Rn. 41, mit Nachweisen zum italienischen Schrifttum.

454 Vgl. Kindler, Italienisches Handels- und Wirtschaftsrecht, § 7 IV. 1. Rn. 4 m.w.N. S. dazu auch unter A.III.4.a)ee)β).

455 Zu etwaig erforderlichen Änderungen an diesem Verständnis durch die jüngste Rechtsprechung des EuGH zur Niederlassungsfreiheit s. A.III.4.a)ee)β).

ee) Europäisch-autonomer „satzungsmäßiger Sitz"

Möchte man Rückschlüsse ziehen aus den mitgliedstaatlichen Anforderungen an einen „satzungsmäßigen Sitz" und der ihm beigemessenen Bedeutung, so eröffnet sich dieser Fundus:

α) Lokalisierung des „satzungsmäßigen Sitzes"

In allen begutachteten Rechtsordnungen ist es zunächst möglich, den Gesellschaftssitz per Statut zu wählen – die Wahlmöglichkeiten sind indes mehr oder minder stark eingeschränkt.

In Deutschland muss für eine Körperschaft entweder der Ort bestimmt werden, an dem in räumlich und organisatorisch selbständiger Weise eine Tätigkeit ausgeübt wird, die dem Unternehmensgegenstand entspricht (Betriebsort)[456]; alternativ kann bestimmt werden der Ort der Geschäftsleitung bzw. Verwaltungsführung - je nach Zuordnung ist dies entweder der Ort, an dem die maßgeblichen Leitentscheidungen für das Unternehmen getroffen werden, oder der, an dem die laufende Verwaltung erfolgt (§ 5 Abs. 2 AktG und § 4a Abs. 2 GmbHG)[457].

Für Personengesellschaften ist es der Ort der tatsächlichen Geschäftsleitung und Schwerpunkt der geschäftlichen Tätigkeit, der zwingend über den Gesellschaftssitz bestimmt[458].

In Frankreich folgt der Gesellschaftssitz dem „Zentrum des juristischen Lebens der Gesellschaft"[459]. Dieses definiert sich über die Unternehmensleitung der Gesellschaft; je nach Gesellschaftsform ist es daher zu lokalisieren an dem Ort, an dem Verwaltungsrat oder Direktorium tagen, an dem sich das Büro der Geschäftsleitung befindet, oder an dem – ganz allgemein - die Entscheidungsgewalt über die Gesellschaft ausgeübt wird[460].

Auch in Italien entscheidet die Unternehmensleitung über den Gesellschaftssitz. Der Ort, der gewählt wird, muss daher seiner Struktur nach geeignet sein, Funktionen der Geschäftsführung und Organisation des Unternehmens schwerpunktmäßig auszuüben[461].

---

[456] MünchKommAktG – Heider, § 5 Rn. 33.

[457] MünchKommAktG – Heider, § 5 Rn. 34.

[458] MünchKommHGB – Langhein, § 106 Rn. 26; Hausmann, in Wieczorek/Schütze, ZPO, Bd. 1, § 17 Rn. 9.

[459] Répertoire des Sociétés - Saintourens, Siège Social, Chapitre 1er, Détermination du siège social, Section 1re, Siège social statutaire, Art. 2 – Notion de siège social, § 4 – Siège social et direction de la société, S. 4, Rn. 17 (*centre de la vie juridique de la société*).

[460] Vgl. Répertoire des Sociétés - Saintourens, Siège Social, Chapitre 1er, Détermination du siège social, Section 1re, Siège social statutaire, Art. 2 – Notion de siège social, § 4 – Siège social et direction de la société, S. 4, Rn. 17.

[461] Vgl. Tribunale di Parma, Urt.v.15.6.2004, Az: 93/04, ZIP 2004, 2295 (2296) mit Anleihe bei Corte di cassazione civile, Urt.v.28.8.2002, Nr. 12460 und Corte di cassazione civile, Urt.

Es lässt sich daher festhalten, dass im kontinentaleuropäischen Rechtskreis der Gesellschaftssitz zwar per Statut festgeschrieben werden kann, bei der Festlegung sind die Gesellschafter oder sonstigen Gründer indes gebunden: Die Ansiedlung der Unternehmensleitung und der Verwaltungsführung wie auch die Ausübung einer Tätigkeit, die dem Unternehmensgegenstand entspricht, bedingen die Wahl des „satzungsmäßigen Sitzes".

Anders dagegen in Großbritannien: Dort ist das *registered office* grundsätzlich frei wählbar; einzige Einschränkung: Es muss sich innerhalb des gewünschten Domizils der Gesellschaft befinden, d.h. entweder in England und Wales oder in Schottland[462].

Common law und kontinentaleuropäisches Rechtsverständnis stehen sich an dieser Stelle unversöhnlich gegenüber. – Will man aus den Textfassungen gleichwohl Erkenntnisse gewinnen, bleibt zweierlei: Entweder man belässt die konträren Auffassungen unausgesöhnt, entscheidet sich daher im Laufe weitergehender teleologischer Interpretation für eine der beiden; oder man integriert beide Auffassungen in einen autonomen europäischen Begriff, riskiert unterdessen, dass selbiger durch den Kompromiss an Schärfe und Klarheit verliert. Beide Alternativen scheinen dem Bedürfnis nach einem zwar eigenen, nicht mitgliedstaatlich vorgeprägten, zugleich jedoch präzisen Begriff eines europäisch-autonomen „satzungsmäßigen Sitzes" gleich wenig gerecht zu werden – welche vorzuziehen ist, lässt sich daher erst im Laufe voranschreitender Auslegung nach Sinn und Zweck ersehen.

β) Bedeutung des „satzungsmäßigen Sitzes"

Fragt man weiter nach, welche Bedeutung ein solch festgelegter Sitz mit sich bringt, so ergibt sich dies:

Im romanischen und germanischen Rechtskreis hatte der „satzungsmäßige Sitz" lange geringe Bedeutung: naturgemäß entfaltet er zwar eine gewisse Vermutungswirkung - beispielsweise für die Bestimmung des allgemeinen Gerichtsstandes -, mit abnehmender Publizität jedoch reduziert sich sein Gewicht.

Dem liegt die Vorstellung zugrunde, dass es sich bei dem Gesellschaftssitz nicht um eine willkürliche Festlegung, sondern eine nachweisbare Tatsache handeln muss; so sind es wie gesehen jeweils nach außen zutage tretende Umstände, die einen Gesellschaftssitz als solchen qualifizieren. Allein aus Verkehrsschutzgründen existieren gewisse Vermutungswirkungen für den Gesellschaftssitz; diese gehen mit den jeweiligen Offenlegungspflichten einher, entwickeln sich

---

v.21.3.2003, Nr. 4206 (*centro di direzione ed organizzazione*); Perilli, Problemi di diritto processuale internazionale italiano, in: www.ipsoa.it/intlis/contenuto/INTILIS01.pdf, S. 25; vgl. auch De Cesari/Montella, Le procedure di insolvenza nella nouva disciplina comunitaria, S. 20 (speziell für Art. 9 l.fall.).

[462] Vgl. C.A. 1985, sec. 10 (1) (a) und (b).

parallel zu ihnen: Je höher die Publizität, desto stärker die Vermutung für den satzungsmäßigen Sitz – je geringer die Pflicht zur Offenlegung und Kontrolle, desto mehr verblasst die Bedeutung des satzungsmäßigen Sitzes; in gleichem Maße, wie der satzungsmäßige Sitz an Bedeutung abnimmt, gewinnt der effektive Verwaltungssitz an Gewicht[463].

Dieser letztere, der effektive Verwaltungssitz, ist es auch, der traditionell über die Bestimmung des Gesellschafsstatuts im autonomen Kollisionsrecht entschieden hat; dagegen war die bloße Festlegung eines „satzungsmäßigen Sitzes" bedeutungslos[464].

Anders dagegen in Großbritannien: Hier bestimmt der satzungsmäßige Sitz seit je her verbindlich und ausnahmslos über den allgemeinen Gerichtsstand einer Gesellschaft[465]. Mit seiner Eintragung steht zugleich das Domizil der Gesellschaft fest, so dass er mittelbar auch über das anwendbare Gesellschaftsstatut entscheidet[466].

---

[463] Deutschland: Für die Körperschaften statuiert § 17 Abs. 1 ZPO über die maßgebenden materiellen Normen (§ 5 Abs. 2 AktG und § 4a Abs. 2 GmbHG) den absoluten Vorrang des satzungsmäßigen vor dem tatsächlichen Verwaltungssitz (vgl. BayObLG, Beschl.v.8.9.2003, Az: 1Z AR /86/03; ZInsO 2003, 1045 (1046); dagegen gilt das Regelungssystem des § 17 Abs. 1 ZPO bei den Personengesellschaften spiegelbildlich: maßgebend ist der effektive Verwaltungssitz im Sinne des § 17 Abs. 1 S. 2 ZPO, wenn tatsächlicher und eingetragener Sitz voneinander abweichen (vgl. MünchKommHGB – Langheim, § 106 Rn. 29); Frankreich: Vgl. Codes Dalloz, Art. 43 N.C.P.C., S. 56, Rn. 4; Cozian/Viandier/Deboissy, Droit des Sociétés, Première Partie, Titre 1, Chapitre 2, S. 97, Rn. 210; Sonnenberger, Französisches Handels- und Wirtschaftsrecht, VIII. § 2, S. 418, Rn. VIII 63; Répertoire des Sociétés - Saintourens, Siège Social, Chapitre 1er, Détermination du siège social, Section 2, Siège social réel, S. 4, Rn. 19; Répertoire des Sociétés, Encyclopédie juridique – Le Gall, Siège social, section 3, S. 6, Rn. 78 (Stand: 1978); Italien: Vgl. Art. 19 Abs. 1 c.p.c. und Art. 46 Abs. 2 c.c.

[464] Deutschland: Für die Kapitalgesellschaften vgl. Raiser, Recht der Kapitalgesellschaften, § 10 Rn. 8 und § 25 Rn. 13; für die Personengesellschaften vgl. MünchKommIntGesR – Kindler, Rn. 191 f. und 194 f. (3. Aufl., 1999); Staudinger, BGB, IntGesR – Großfeld, Rn. 38 und 752; BGH, Urt.v.26.9.1966, Az: II ZR 56/65, NJW 1976, 36 (38), m.w.N.; a.A. Walden, Das Kollisionsrecht der Personengesellschaften im deutschen, europäischen und US-amerikanischen Recht, S. 207; Frankreich: Répertoire des Sociétés - Saintourens, Siège Social, Chapitre 1er, Détermination du siège social, Section 2, Siège social réel, S. 4, Rn. 19; ebenso: Répertoire des Sociétés, Encyclopédie juridique – Le Gall, Siège social, section 3, S. 6, Rn. 78 (Stand: 1978); Cozian/Viandier/Deboissy, Droit des Sociétés, Première Partie, Titre 1, Chapitre 2, S. 97, Rn. 210 und S. 98 f., Rn. 214, die jedoch bereits auf Änderungen durch das Europarecht hinweisen (S. 99, Rn. 216); Italien: Vgl. Art. 25 Abs. 1 S. 1 und 2 L. n. 218/95.

[465] Palmer's Company Law, Bd. 1 – Davies, Rn. 2.501 (Stand: Dezember 1998).

[466] Das *registered office* muss zwingend mit dem Domizil der Gesellschaft übereinstimmen (vgl. C.A. 1985, sec. 10 (1) (a) und (b)); wählt eine Gesellschaft ihr *registered office*, steht damit zugleich ihr Domizil fest; letzteres ist jedoch gerade maßgebend für die Bestimmung des Gesellschaftsstatuts (vgl. Triebel/Hodgson/Kellenter/Müller, Englisches Handels- und Wirtschaftsrecht, VI. § 3 Rn. 616; Morse, Charlesworth's Company Law, Chapter 3, S. 59; von Bernstorff, Einführung in das englische Recht, § 20 V., S. 262).

Die große Bedeutung gewinnt das *registered office* nicht aus den tatsächlichen Umständen, sondern aus der absoluten Publizität, die die rechtliche Festlegung in Form der Eintragung als solche erzeugt; solange sie rechtlich existiert, behält die Gesellschaft ihr *registered office* in dem gewählten Domizil, dort ist sie verbindlich erreich- und ermittelbar.

Hier stoßen zwei konträre Denkrichtungen aufeinander: subjektive Festlegbarkeit bei gleichzeitiger Verbindlichkeit der einmal getroffenen Wahl gegen eingeschränkte Wahlfreiheit bei gleichzeitigem Vorrang objektiver Momente. – Beides kann nach der jüngsten Rechtsprechung des EuGH zur Niederlassungsfreiheit[467] keine uneingeschränkte Geltung mehr für sich beanspruchen.

Denn diese zwingt zur Anerkennung EG-ausländischer Gesellschaften nach Maßgabe ihres jeweiligen Gründungsrechts, es vermittelt ihnen unmittelbar Rechts- und Parteifähigkeit[468].

Für die Mitgliedstaaten der europäischen Gemeinschaft, die nach ihrem autonomen internationalen Gesellschaftsrecht bislang die Sitztheorie angewendet haben, hat dies eine Spaltung des Gesellschaftskollisionsrechts zur Folge: Zusätzlich zur Anknüpfung an den effektiven Verwaltungssitz gilt im Anwendungsbereich der Niederlassungsfreiheit die „europarechtliche Gründungstheorie"[469]. Dies bedeutet, dass Gesellschaften, die in einem Mitgliedstaat der EG errichtet wurden, von Gerichten und Behörden anderer Mitgliedstaaten nach dem Recht des Gründungsstaates beurteilt werden müssen – sowohl was ihre Gründung als auch Existenz anlangt[470]. Das heißt, der satzungsmäßige Sitz EG-ausländischer Gesellschaften ist – vorbehaltlich missbräuchlicher Verwendung – zunächst als solcher anzuerkennen.

Aber auch für die Mitgliedstaaten, die ohnehin der Gründungstheorie folgen, hat die Entscheidung des EuGH Konsequenzen: Bisher konnte eine Gesellschaft ihr *registered office* nur mittels Neugründung nachträglich in ein anderes Domizil verlagern[471]; diese Praxis steht jedoch in klarem Widerspruch zu den Vorgaben des europäischen Gerichtshofs. Auch sie wird sich daher im Lichte der

---

467 EuGH, Urt.v.9.3.1999, Rs. 212/97 (Centros Ltd./Erhvervs-og Selskabsstyrelsen), Slg.1999, I-01459; EuGH, Urt.v.5.11.2002, Rs. C-208/00 (Überseering BV/Nordic Construction Company Baumanagement GmbH), Slg. 2002, I-09919; EuGH, Urt.v.30.9.2003, Rs. C-167/01 (Kramer van Koophandel en Fabrieken voor Amsterdam/Inspire Art Ltd.), Slg. 2003, I-10155.

468 Ausführlich dazu unter A.III.4.bb)α).

469 Reithmann/Martiny, Internationales Vertragsrecht – Hausmann, Rn. 2284.

470 Reithmann/Martiny, Internationales Vertragsrecht – Hausmann, Rn. 2284; einschränkend MünchKommIntWR – Kindler, IntGesR Rn. 9; ders., IntGesR Rn. 113 ff.: wo die Niederlassungsfreiheit nicht betroffen oder verletzt sei, verbleibe es bei der Sitzanknüpfung.

471 Triebel/Hodgson/Kellenter/Müller, Englisches Handels- und Wirtschaftsrecht, VI. § 3 Rn. 615; Palmer's Company Law, Bd. 1 - Davies, Rn. 2.504 (Stand: Dezember 1998). *Innerhalb* dieses Domizils lässt sich das *registered office* durch schlichte Mitteilung gegenüber dem Registrar nachträglich verändern (Morse, Charlesworth's Company Law, Chapter 1, S. 60).

neuesten Rechtsprechung zum europäischen Gesellschaftsrechts nicht aufrechterhalten lassen können.

Diese neuesten Entwicklungen gilt es zu berücksichtigen, wenn man nach dem Gehalt eines europäisch-autonomen „satzungsmäßigen Sitzes“ sucht.

Nichtsdestotrotz lässt sich aus Sicht der einzelnen Mitgliedstaaten festhalten: Die Überschneidungen der mitgliedstaatlichen Positionen, gleich ob grundsätzlich der Sitz- oder der Gründungstheorie folgend, reduzieren sich auf Fälle, in denen dem satzungsmäßigen Sitz aufgrund umfassender Offenlegungs- und korrespondierender Kontrollpflichten unwiderlegbare Vermutungswirkung zukommt.

Der Grundkonsens ist daher dieser: Der satzungsmäßige Sitz ist allein maßgebend, wenn sich das Unternehmen aufgrund der getroffenen Wahl an ihm festhalten lassen muss. Gewähren die Instrumentarien des Registerrechts den unbedingten Schutz des Rechtsverkehrs, so darf dieser sich auf die Richtigkeit der Angabe verlassen.

Diese Feststellung behält auch nach der Rechtsprechung des EuGH zur Niederlassungsfreiheit ihre Gültigkeit.

Inwieweit im Interesse der Rechtsklarheit eine tiefschürfendere Entscheidung für *ein* Begriffsverständnis, die verbindliche Fiktion oder das Faktum „satzungsmäßiger Sitz“, getroffen werden kann oder überhaupt noch darf, bleibt der weitergehenden Klärung vorbehalten. – Als Anhalt bietet sich der Kontext an, in dem der Begriff verwandt wird: zunächst die Vermutung des Art. 3 Abs. 1 S. 2 EuInsVO, sodann sein Gegenpol, der „Mittelpunkt der hauptsächlichen Interessen des Schuldners“ in Art. 3 Abs. 1 S. 1 EuInsVO.

b) Charakter der Vermutung

Wendet man sich zunächst der nämlichen Vermutung des Art. 3 Abs. 1 S. 2 EuInsVO für den „satzungsmäßigen Sitz“ zu, wird schnell klar, diese wirft gleich mehrere Fragen auf.

Zum einen geht es um die grundsätzliche Einordnung derselben: Handelt es sich um europäisch einheitliches Sachrecht oder lediglich um einen Verweis auf die jeweilige *lex fori processus*?

Der zweite Fragenkomplex kreist sowohl um die Stärke dieser Vermutung als auch um die Frage, an wem es nun eigentlich ist, den Beweis des Gegenteils zu erbringen.

Legt man die Prämisse zugrunde, es handle sich um einen Verweis auf das Verfahrensrecht des Forums, obliegt die Beantwortung zunächst den mitgliedstaatlichen Prozessrechten. Aber auch für eine etwaige einheitliche Sachregel mögen diese Anhalt und Aufschluss bieten.

aa) Deutschland

Im deutschen Zivilprozess ergibt sich aus dem Verhandlungsgrundsatz, dass grundsätzlich die Parteien und nicht das Gericht die entscheidungserheblichen Tatsachen darzulegen haben[472].

Steht fest, dass eine entscheidungserhebliche Tatsache beweisbedürftig ist, so folgt die Beweislast der Darlegungslast, d.h. jede Partei muss die Tatsachen beweisen, die für sie von Vorteil sind[473].

Es fragt sich, inwiefern diese Grundsätze auf das Insolvenzverfahren übertragen werden können, nimmt dieses doch eine Stellung zwischen streitigem und freiwilligen Verfahren ein: Einerseits handelt es sich um Gesamtvollstreckungsrecht und ist daher der streitigen Gerichtsbarkeit zuzuordnen, andererseits enthält es Elemente der freiwilligen Gerichtsbarkeit, so vor allem die Möglichkeit, die Insolvenzeröffnung durch einen Antrag des Schuldners (§ 13 InsO) herbeizuführen[474].

Dieser Zwischenstellung folgend gelten für das Insolvenzverfahren grundsätzlich die ZPO-Vorschriften der streitigen Gerichtsbarkeit analog, jedoch unter dem Vorbehalt der vorrangigen abweichenden Regelung durch die Insolvenzordnung (§ 4 InsO).

So statuiert der bereits erwähnte § 5 InsO eine Amtsermittlungspflicht des Insolvenzgerichts, welche im Gegensatz zur ZPO-Maxime des Verhandlungsgrundsatzes steht. Mit dieser Pflicht geht § 5 Abs. 1 S. 2 InsO, die Kompetenz zur eigenmächtigen Beweiserhebung, einher.

Isoliert betrachtet spricht § 5 InsO folglich für eine umfassende Nachforschungs- und Beweiserhebungspflicht des Insolvenzgerichts.

Allerdings ergibt sich aus der Natur des Insolvenzverfahrens als Antragsverfahren, dass die Pflicht nach § 5 InsO, die relevanten Tatsachen unabhängig vom

---

[472] Vgl. Zöller, ZPO – Greger, Vor § 128 Rn. 10.

[473] Vgl. Zöller, ZPO – Greger, Vor § 284 Rn. 15 und 17a: Die ungeschriebene Grundregel lautet in ihrer heute anerkannten Form: der Anspruchsteller trägt die Beweislast für die rechtsbegründenden, der Anspruchsgegner trägt sie für die rechtsvernichtenden, rechtshindernden und rechtshemmenden Tatbestandsmerkmale.

[474] Vgl. Foerste, Insolvenzrecht, Kapitel 2 § 5 II. 1. Rn. 40, der als weitere Gründe für die Annäherung des Insolvenzverfahrens an die freiwillige Gerichtsbarkeit die Möglichkeit der Eigenverwaltung durch den Schuldner (§ 270 InsO), die weitgehende Abwicklung des Verfahrens durch die Beteiligten (Insolvenzverwalter, Gläubiger bzw. Selbstverwaltungsorgane) anstelle des Gerichts anführt; demgegenüber stünden auf Seiten des Gerichts Fürsorgemaßnahmen im Vordergrund. Vom Leitbild des Vollstreckungsrechtes abgekehrt seien überdies die Förderung einvernehmlicher Schuldenbereinigung und die Begleitung der Restschuldbefreiung. Vgl. dazu auch Gottwald, Insolvenzrechtshandbuch – Klopp/Kluth, § 17 Rn. 2, die das Insolvenzverfahren aus diesem Grund als „selbständiges Verfahren eigener Art" begreifen, „das der ordentlichen (Zivil-) Gerichtsbarkeit angehört".

Parteivorbringen zu prüfen, erst nach Zulassung des Insolvenzantrags einsetzt[475]. Zu den Zulässigkeitsvoraussetzungen gehört indes gerade auch die Zuständigkeit des Insolvenzgerichts.

Gleichwohl soll nach allgemeiner Auffassung § 5 Abs. 1 S. 1 InsO für alle Umstände gelten, die für das Insolvenzverfahren relevant sind, d.h. namentlich auch die internationale Zuständigkeit[476].

Begreift man Art. 3 Abs. 1 S. 2 EuInsVO als Verweis auf das Prozessrecht des Forums, so gilt die Pflicht des § 5 InsO: Das Gericht muss den Interessenmittelpunkt von Amts wegen ermitteln; bleibt die Frage, ob diese Pflicht per se oder erst beim Vorliegen ausreichender Verdachtsmomente besteht.

Für innerdeutsche Sachverhalte gilt: Das Insolvenzgericht hat grundsätzlich einen Beurteilungsspielraum, ob der Sachstand Anlass zu Ermittlungen bietet. Dieser verdichtet sich indessen zur Ermittlungspflicht, sobald konkrete Umstände augenfällig werden, die im Falle ihres tatsächlichen Vorliegens gerichtliche Maßnahmen erfordern würden[477].

An dieser Stelle soll für grenzüberschreitende mitgliedstaatliche Sachverhalte die Vermutung des Art. 3 Abs. 1 S. 2 EuInsVO greifen, da die Amtsermittlungspflicht des § 5 InsO nichts an der Qualität der Vermutungsregel ändere[478]. Daher soll das Gericht mit Blick auf Art. 3 Abs. 1 S. 2 EuInsVO nur dann verpflichtet sein, den vom Satzungssitz abweichenden Interessenmittelpunkt festzustellen, wenn Tatsachen zu dieser Annahme Anlass bieten[479]. Maßgebend für derlei Verdachtsmomente seien wiederum die Maßstäbe der *lex fori*, d.h. es können nur solche Anhaltspunkte ins Gewicht fallen, die nach dem Recht des angerufenen Gerichts geeignet sind, die (abweichende) Feststellung des Interessenmittelpunktes zu begründen[480]. Da im deutschen Recht der Satzungs- bzw. Registersitz für gewöhnlich mit dem tatsächlichen Verwaltungssitz identisch ist, entspricht die Vermutung des Art. 3 Abs. 1 S. 2 EuInsVO dem insolvenzrechtlichen Regelfall für Gesellschaften und juristische Personen deutscher Rechtsform[481].

---

[475] Foerste, Insolvenzrecht, Kapitel 2 § 5 II. 1. Rn. 40; BGH, Beschl.v.12.12.2002, Az: IX ZB 426/02, NJW 2003, 1187 (1187): Im Zulassungsverfahren besteht noch keine Amtsermittlungspflicht. Diese greift erst, wenn ein zulässiger Eröffnungsantrag vorliegt.

[476] Herchen, ZInsO 2004, 825 (826); vgl. statt aller Heidelberger Kommentar zur InsO – Kirchhoff, § 5 Rn. 5: Die Vorschrift gilt grundsätzlich für das ganze gerichtliche Verfahren, insbesondere bei Prüfung der Zuständigkeit.

[477] So Heidelberger Kommentar zur InsO – Kirchhoff, § 5 Rn. 8.

[478] Herchen, ZInsO 2004, 825 (826).

[479] Herchen, ZInsO 2004, 825 (826); a.A. MünchKommIntWR – Kindler, IntInsR Rn. 149: Das Gericht muss den Ort des hauptsächlichen Interessenmittelpunktes stets von Amts wegen ermitteln. Daran ändert auch Art. 3 Abs. 1 S. 2 EuInsVO nichts. Die Vorschrift ist nur Zweifelsregelung, wenn ein Interessenmittelpunkt nicht festzustellen ist.

[480] AG Mönchengladbach, Beschl.v.27.4.2004, Az: 19 IN 54/04, NZI 2004, 383 (384).

[481] Herchen, ZInsO 2004, 825 (826). In Deutschland fallen satzungsmäßiger und effektiver Sitz in der Regel zusammen: für die Kapitalgesellschaften stellen die zwingenden Anforde-

Folglich kann das Insolvenzgericht bei Rechtssubjekten deutschen Gesellschaftsrechts grundsätzlich von der internationalen Zuständigkeit ausgehen[482]. Dagegen wohnt der Stellung eines Insolvenzantrags über eine ausländische Gesellschaft bei einem deutschen Gericht immer konkludent die Behauptung inne, der „Mittelpunkt hauptsächlicher Interessen" sei abweichend vom Satzungs- bzw. Registersitz[483]. Ein solcher Sachvortrag ist daher stets geeignet, Zweifel am vermuteten Interessenmittelpunkt aufkommen zu lassen, mithin die Amtsermittlungspflicht des § 5 InsO auszulösen[484].

Dieses Verständnis spiegelt auch die Entscheidung des AG Mönchengladbach vom 27. April 2004[485]: Der Antragssteller hatte die Eröffnung eines Sekundärinsolvenzverfahrens über das Vermögen der Schuldnerin in Deutschland beantragt - indes das Gericht eröffnete ein Hauptinsolvenzverfahren. Um zur eigenen internationalen Zuständigkeit nach Art. 3 Abs. 1 EuInsVO zu gelangen, musste das Gericht daher von seiner Amtsermittlungspflicht aus § 5 InsO Gebrauch machen. Ausgelöst sah das Gericht diese Pflicht offenbar durch die Tatsache, dass sich der satzungsmäßige Sitz der Schuldnerin in Deutschland, nicht dagegen in dem Staat befand, in dem der Hauptantrag gestellt wurde.

Gleiches gilt für die Entscheidung des AG München vom 4. Mai 2004 und die des AG Siegen vom 1. Juli 2004[486], jedoch unter umgekehrten Vorzeichen. Beide hatten über in Österreich eingetragene Gesellschaften zu entscheiden, die Situation erforderte daher jeweils gerichtliche Nachforschungen. Allerdings schlossen sich beide in Ausübung dieses Ermittlungsrechts den englischen Maßgaben an: Der Vermutungswirkung des Satzungssitzes wurde keinerlei ins Gewicht fallende Bedeutung beigemessen, vielmehr vorbehaltlos recherchiert und gewichtet.

Dies lässt sich nur so verstehen: Deutsche Gerichte begreifen die Vermutung des Art. 3 Abs. 1 S. 2 EuInsVO als prozessuale Schwelle für gerichtliche Ermittlungen, nicht dagegen im Sinne einer gesetzlichen Beweisregel.

Geht man daher davon aus, Art. 3 Abs. 1 S. 2 EuInsVO verweise auf das Prozessrecht des Forums, beantwortet das deutsche Recht die aufgeworfenen Fragen so:

---

rungen an den statutarischen Sitz der § 5 Abs. 2 AktG und § 4a Abs. 2 GmbHG dies sicher (vgl. Michalski, GmbHG, Bd. 1 – Michalski, § 4a Rn. 5); strenger noch ist dies für die Personengesellschaften; diese können als Sitz ausschließlich den Ort der Geschäftsführung wählen (vgl. Hausmann, in: Wieczorek/Schütze, ZPO, Bd. 1, § 17 Rn. 9).

482 Herchen, ZInsO 2004, 825 (826).

483 Herchen, ZInsO 2004, 825 (826).

484 Herchen, ZInsO 2004, 825 (826).

485 AG Mönchengladbach, Beschl.v.27.4.2004, Az: 19 IN 54/04, NZI 2004, 383 ff (s. unter A.III.1.b)aa)).

486 AG München, Beschl.v.4.5.2004, Az: 1501/IE 1276/04, NZI 2004, 450 (450); AG Siegen, Beschl.v.1.7.2004, Az: 25 IN 154/04, www.eir-database.com/world_doc/judgements_46_1.pdf. (s. unter A.III.1.b)bb) bzw.cc)).

1. Wird der Insolvenzantrag beim Gericht des satzungsmäßigen Sitzes der Gesellschaft gestellt, und kann der Antragssteller diesen mittels Registerauszug belegen, darf das Gericht gemäß Art. 3 Abs. 1 S. 2 EuInsVO von der eigenen internationalen Zuständigkeit ausgehen.

2. Will eine Partei die Zuständigkeit eines anderen Gerichts einwenden oder in Anspruch nehmen, so muss sie Umstände dartun, weswegen der satzungsmässige nicht mit dem tatsächlichen Verwaltungssitz identisch sein soll.

3. Das Insolvenzgericht hat die eigene Zuständigkeit von Amts wegen zu ermitteln; diese Pflicht besteht indes nicht per se, sondern entsteht erst, wenn Tatsachen das Auseinanderfallen von satzungsmäßigem und tatsächlichem Gesellschaftssitz nahe legen. Dann allerdings kann es bedingungslos Nachforschungen betreiben und die Ergebnisse wägen – Art. 3 Abs. 1 S. 2 EuInsVO macht ihm keine Vorgaben beweisrechtlicher Art.

bb) England

Das englische Zivilprozessrecht kennt mehrere Formen der Beweislast, die mangels besonderer Regelung auch für das Insolvenzverfahren gelten[487].

Die *legal burden of proof* regelt Behauptungs- und Feststellungslast. Sie besagt zum einen, dass jede Partei vortragen (*pleading*) muss, dass und weshalb die Voraussetzungen ihres Klagebegehrens erfüllt sind. Zum anderen muss jede Partei sämtliche Tatsachen nachweisen (*evidence*), die das geltend gemachte Recht voraussetzt – gleich, ob Anspruch oder Einwendung; kann sie dies nicht, so trägt sie das Risiko, dass eine behauptete Tatsache im Prozessverlauf unbewiesen bleibt[488].

Diese Maxime findet sich wieder in den kodifizierten Voraussetzungen für die Einleitung eines gerichtlichen Verfahrens: So muss der Antragssteller in seinem Antrag angeben, ob die EG-Verordnung 1346/2000 nach seinem Dafürhalten anwendbar sein wird, und falls dies bejaht wird, ob es sich bei dem Insolvenzverfahren um ein Haupt- oder Sekundärinsolvenzverfahren handelt (Insolvency Rules, r. 1.3 (2) (q) (CVA), 2 (4)[489] (*administration procedure*) und r. 5.3 (2)

---

487 Gemäß *Insolvency (Amendment) (No.2) Rules 1999* und *the Insolvent Companies (Disqualification of Unfit Directors) Proceedings Rules 1999* sind sämtliche Bestimmungen der C.P.R. sowie deren Handhabung durch High Court und County Court auf Insolvenzverfahren anwendbar, soweit diese nicht in Widerspruch zu den Bestimmungen stehen, die die Verfügungen für solche Verfahren treffen (*Insolvency Amendment (No. 2) Rules 1999, Explanatory Note* und *Amendment of Rule 7.51.* (*Principal court rules and practice to apply*) www.opsi.gov.uk/si/si1999/19991022.htm; und *Insolvent Companies (Disqualification of Unfit Directors) Proceedings Rule 1999, Explanatory Note* und *Amendment of Rule 2 (1)* www.opsi.gov.uk/si/si1999/19991023.htm)

488 Von Bernstorff, Einführung in das englische Recht, § 11 IV., S. 182.

489 In der durch SI 2003/1730 geänderten Fassung (Nachweis: www.opsi.gov.uk/si/si2003/20031730.htm)

(q)[490] (IVA)). Im Falle des Individualkonkurses ist es sogar erforderlich, dem Antrag ausreichende Informationen hinzuzufügen, um zu belegen, dass er bei einem zuständigen Gericht gestellt wurde (I.R. 1986, r. 5.8 (2) (IVA)[491] und r. 6.9 (5) (*creditor's bankruptcy petition*) bzw. r. 6.40 (4) (*debtor's bankruptcy petition*))[492]. Der Antragssteller ist daher bereits bei Antragsstellung umfassend darlegungs- und beweisbelastet, was die internationale Zuständigkeit des Insolvenzgerichts anlangt.

Darüber hinaus bürdet die *evidential burden of proof* der Partei die Pflicht auf, entscheidungserhebliche Behauptungen während des gesamten Prozesses so nachzuweisen, dass die begehrte Entscheidung möglich erscheint; kommt sie dieser nicht nach, kann die Klage abgewiesen werden. Diese Beweisführungslast folgt zunächst der Feststellungslast, sie kann jedoch im Verlaufe des Prozesses wechseln[493].

Schließlich besteht mit der *burden of proof on the whole case* eine weitere Form der Beweislast. Diese kann zwischen den Parteien wechseln. Ist das Gericht von den klagebegründenden Tatsachen überzeugt, geht sie vom Kläger auf den Beklagten über - nun ist es an ihm, alle Einwendungen vorzubringen und zu beweisen; d.h. diese Beweislast ist je nach Prozessverlauf an die aktuelle Feststellungslast der Parteien gekoppelt[494].

Damit ist indes die Frage nicht beantwortet, ob das Gericht Darlegung und Beweis der internationalen Zuständigkeit vollständig den Parteien überlässt, oder ob es nicht vielmehr diese selbst ermitteln kann oder gar muss.

Hier hilft r. 32 der englischen Zivilprozessordnung (*Civil Procedure Rules*)[495] weiter, welche bestimmt, wie Fakten bewiesen werden können und wie die Beweisführung zu erfolgen hat[496].

---

490 In der durch SI 2002/2712 geänderten Fassung (Nachweis: www.opsi.gov.uk/si/si2002/200 2712.htm).

491 In der durch SI 2002/2712 geänderten Fassung.

492 Wird der Antrag wider besseres Wissen bei einem unzuständigen Gericht gestellt, genügt dies, den Antrag als unzulässig zu erachten und ihn allein aus diesem Grunde abzuweisen (Fletcher, The law of Insolvency, Rn. 6-084).

493 Von Bernstorff, Einführung in das englische Recht, § 11 IV., S. 182 f.

494 Von Bernstorff, Einführung in das englische Recht, § 11 IV., S. 183.

495 Gemäß Bestimmung 2.1 der *Civil Procedure Rules* (C.P.R.), die am 26. April 1999 in Kraft trat, lassen sich Vorschriften derselben eigentlich nicht auf Insolvenzverfahren anwenden. Daher wurden Zusätze zur sekundären Insolvenzrechtsgesetzgebung in Bereichen unumgänglich, in denen selbige auf die Vorschriften des Supreme Court oder des County Court verweist und diese auch für die Umsetzung ihrer Entscheidungen benötigt. Diesem Erfordernis wurde mit den Verfügungen *Insolvency (Amendment) (No.2) Rules 1999, and the Insolvent Companies (Disqualification of Unfit Directors) Proceedings Rules 1999* Genüge getan (The Insolvency Service, „Guidance notes", 10. EC Regulation on Insolvency Proceedings, Part. 3 – Legislative Changes, www.insolvency.gov.uk/information/dearip/dearipmill/chapter 17.htm). Beide ordnen die Anwendung sämtlicher Bestimmungen der C.P.R. und die entsprechende Handhabung derselben durch den High Court und den County Court auf Insolvenzver-

Hiernach obliegt es allein dem Gericht, das Beweisverfahren zu kontrollieren (C.P.R., r. 32.1. (1)): Es ist befugt, nach eigenem Ermessen Anordnungen zu treffen zum Beweisgegenstand (C.P.R., r. 32.1 (1) (a)), zum Beweismittel (C.P.R., r. 32.1 (1) (b)) und zu der Art, in der die Beweisführung vor dem Gericht erfolgen soll (C.P.R., r. 32.1 (1) (c)) – welche Anordnung ergeht betreffs Gegenstand, Mittel oder Beweisführung, hängt wohlgemerkt stets allein von der Einschätzung des Gerichts ab, sprich davon, was es für erforderlich erachtet, um den Streitgegenstand zu entscheiden. Die Befugnis des Gerichts zur Kontrolle des Beweisverfahrens geht sogar soweit, bestimmte – an sich zulässige – Beweise auszuschließen bzw. nicht zuzulassen (C.P.R., r. 32.1 (2)).

Damit steht fest, das Gericht bestimmt die Ermittlungen; es ist nicht an die Anträge der Parteien gebunden, sondern kann nach eigenem Dafürhalten sowohl andere Rechtsfolgen in die Erwägung einbeziehen als auch andere Möglichkeiten ersinnen, um deren Voraussetzungen zu belegen.

Grund für den weiten richterlichen Spielraum ist eine Eigentümlichkeit des englischen Rechts; in weiten Teilen ist es nicht kodifiziert, d.h. es existiert kein schematisches System, in dem eine bestimmte Rechtsfolge eintritt, weil bzw. wenn die Bedingungen des Tatbestandes erfüllt sind; vielmehr bleiben Bestimmung und Anwendung vereinzelter Maßgaben den Richtern im Einzelfall vorbehalten.

Lange galt dies auch für die konkurrierende Zuständigkeit mehrerer Staaten, da Kollisionsrecht bis vor kurzem ausschließlich Fallrecht war[497]. Der englische Richter war daher von je her sehr frei in der Beurteilung seiner eigenen (internationalen) Zuständigkeit Im internationalen Insolvenzrecht geht man jedoch mehr und mehr dazu über, verbindliche Zuständigkeiten zu schaffen: So stellt beispielsweise Art. 3 Abs. 1 EuInsVO – kodifizierte - Maßgaben auf, die von dem Gericht bei der Beurteilung der eigenen internationalen Zuständigkeit zu beachten sind; gegenüber Mitgliedstaaten der EG bedeutet dies eine geschriebene Einschränkung der Zuständigkeit (I.A. 1986, sec. 117 (7), 221 (4), 225 (2), 265 (3)) wie auch – damit einhergehend - des richterlichen Spielraums[498]. Aber auch das

---

fahren an, soweit diese nicht in Widerspruch zu den Bestimmungen stehen, die die Verfügungen für solche Verfahren treffen (*Insolvency Amendment (No. 2) Rules 1999, Explanatory Note* und *Amendment of Rule 7.51 (Principal court rules and practice to apply)* www.opsi.gov.uk/si/si1999/19991022.htm; und *Insolvent Companies (Disqualification of Unfit Directors) Proceedings Rule 1999, Explanatory Note und Amendment of Rule 2 (1)* www.opsi.gov.uk/si/si1999/19991023.htm)

[496] Vgl. die Verfahrensanweisungen, die C.P.R., r. 32 ergänzen (Practice Direction – written evidence, r. 1.1., Nachweis: www.dca.gov.uk/civil/procrules_fin/contents/practice_directions/pd_part32. htm).

[497] Von Bernstorff, Einführung in das englische Recht, § 20, S. 255 f.

[498] Vgl. The Insolvency Service, „Guidance notes", 10. EC Regulation on Insolvency Proceedings, Part 1 - an Overview of the Regulation, 3. Proceedings under the Regulation, www.in

„*UNICITRAL Model Law*" beschneidet den Beurteilungsspielraum des Richters, indem es den Zugang ausländischer Verfahrensbeteiligter zu inländischen Insolvenzverfahren regelt ebenso wie die Anerkennung ausländischer Insolvenzverfahren im Inland und Vorkehrungen trifft für Abstimmung und Zusammenarbeit von Insolvenzverfahren verschiedener Staaten, die ein und den selben Schuldner betreffen[499].

Gleichwohl verbleibt der richterliche Spielraum dort, wo der Richter eine Entscheidung in der Sache trifft: Anders als einer Klageschrift muss er dem gestellten Antrag in einem englischen Insolvenzverfahren (*petition*) nicht folgen[500]; stattdessen kann er Maßnahmen treffen, die er für angemessen hält.

Angemessen in diesem Sinne sind je nach Verfahrensart, die begehrte Anordnung zu treffen, sie gegebenenfalls von Auflagen und Bedingungen abhängig zu machen oder den Antrag abzuweisen – bisweilen räumt das Gesetz dem Gericht sogar die Möglichkeit ein, über das Beantragte hinauszugehen und ein *aliud* anzuordnen[501].

---

solvency.gov.ukinformation/dearip/dearipmill/chapter17.htm; Annotated Guide to the Insolvency Legislation – Insolvency Act 1986, General Note, Sec. 220 (1), S. 261.

499 Seit 4. April 2006 gilt in England, Wales und Schottland das „*UNICITRAL Model Law*"; selbiges enthält Bestimmungen, die die Abwicklung grenzüberschreitender Insolvenzverfahren erleichtern sollen (Vgl. SI 2006 No. 1030, Explanatory Note, S. 59, www.opsi.gov.uk/si/si2006/uksi_20061030_en.pdf.; Explanatory Memorandum to the „Cross-Border Insolvency Regulations 2006", 2006 No. 1, Rn. 7.5-7.17, www.opsi.gov.uk/si/si2006/draft/em/uksidem_01107741587_en.pdf).

500 Florian, Das englische internationale Insolvenzrecht, S. 30. Seit dem 13./14. Jahrhundert wurden Ansprüche nicht mittels einer Klage, sondern eines Aktionenrechts durchgesetzt. Zu diesem Zweck wurde ein schriftlicher Befehl (*writ*) dem Sheriff oder Gerichtsherrn erteilt, um eine bestimmte prozessuale Maßnahme zu bewirken (von Bernstorff, Einführung in das englische Recht, § 1 I. 1., S. 4). Diese *writs* waren jedoch auf einen Katalog an bestimmten Maßnahmen beschränkt, entwickelte sich als Gegengewicht das System der *equity*; hiernach konnte man sich für Begehren, die nicht auf dem Wege des *writ* zu erreichen waren, an den Monarchen wenden, um Recht und Billigkeit abseits der strengen Regeln des *common law* zu erzielen (ders., § 1 II. 1., S. 6 f.).

Der Begriff des *writ* wurde erst durch eine Reform der C.P.R. vom 26.4.1999 abgeschafft und durch den Begriff *claim form* ersetzt. Schon zuvor (1873-1875) wurde jedoch bereits das System, nach dem sich der Kläger für einen bestimmten Befehl verbindlich entscheiden musste, abgeschafft; statt dessen wurde eine einheitliche Klageschrift für alle Prozesse vor dem High Court eingeführt: *writ of summons*. Weitere Neuerungen werden durch das *Whitepaper „Access to Justice"* erwartet (ders. § 1 II: 3., S. 9).

501 *Winding-up*: I.A. 1986, sec. 125 (1) räumt dem Gericht größtmögliches Ermessen ein: Es kann auf einen Antrag hin diesen verwerfen, eine vorläufige Anordnung treffen oder jede sonstige Anordnung treffen, die es für angemessen hält. Zusätzlich eröffnet I.A. 1986, sec. 125 (2) dem Gericht die Möglichkeit, ein Insolvenzverfahren aufgrund der „*just and equitable*"-Regeln zu eröffnen - entsprechendes gilt für das *winding-up* nicht (im UK) registrierter Gesellschaften (I.A. 1986, sec. 221 (1) i.V.m. I.A. 1986, sec. 125 (1)); *administration procedure:* Das Gericht kann die beantragte *administration order* erlassen (a), den Antrag abweisen

Vergegenwärtigt man sich das Kontrollrecht des Richters aus C.P.R., r. 32.1 vor dem Hintergrund dieser richterlichen Befugnisse und Möglichkeiten, ist klar, dass ihm ein umfassendes Ermittlungsrecht zusteht, um sein Ermessen optimal auszuüben. Er kann zu diesem Zweck sämtliche Maßnahmen zur Aufklärung anordnen; gebunden ist er dabei weder inhaltlich noch formell.

Gleichwohl weist nichts in der Zivilprozessordnung darauf hin, dass dieses *Recht* zugleich eine Prüfungs*pflicht* statuiert. Im Gegenteil: Stellt man in Rechnung, dass das Gericht in keiner Form gebunden ist, dem Antrag des Schuldners zu folgen, wäre es widersinnig, ihm gleichzeitig eine Ermittlungspflicht aufzuerlegen, würde dies doch den eingeräumten Ermessensspielraum unterlaufen.

Damit steht fest: Eine Ermittlungspflicht vergleichbar der eines deutschen Insolvenzrichters existiert nicht[502], die „Pflicht" des englischen Richters zur Ermittlung orientiert sich ausschließlich an dessen eigener Einschätzung als „notwendig" (vgl. C.P.R., r. 32.1 „which it requires").

Versteht man Art. 3 Abs. 1 S. 2 EuInsVO als Verweis auf die *lex fori processus*, so hat die Vermutung vor einem englischen Gericht folgende Wirkungen:

1. Behauptungs- und Feststellungslast liegen beim Antragssteller. Beruft sich dieser auf die internationale Zuständigkeit des Gerichts, in dessen Gerichtsbarkeit der satzungsmäßige Sitz gelegen ist, so muss er lediglich belegen, dass das *registered office* sich auch tatsächlich dort befindet. Dies kann er durch Vorlage eines Auszuges aus dem Handelsregister tun; zwar hat das englische Gesellschaftsregister (*Companies Register*) eine andere Aussagerichtung als etwa das deutsche Handelsregister - es beweist nur, dass die Gründungsvoraussetzungen erfüllt wurden[503]; zu diesen gehört indes gerade auch eine verbindliche Aussage über den Sitz, zumal eine Sitzverlegung in ein anderes Domizil im englischen

---

(b), die Verhandlung – ggf. unter Auflagen - vertagen (c), eine einstweilige Verfügung erlassen (d), den Antrag als einen Antrag auf Eröffnung eines *winding-up*-Verfahrens behandeln (e) oder schlicht jede Anordnung treffen, die das Gericht für angemessen hält (f) (I.A. 1986, Schedule B1, para. 13 (1)); *administrative receivership*: Das Gericht hat Ermessen bzgl. der Ernennung eines offiziellen Zwangsverwalters (*receiver*) (I.A. 1986, sec. 32) wie auch bzgl. sonstiger Begehren (*general discretion*) (I.A. 1986, sec. 35 (2)), d.h. es kann auch über das Beantragte hinaus gehen (Annotated Guide to the Insolvency Legislation – Insolvency Act 1986, Note, sec. 35 (2), S. 95); *bankruptcy*: Das Gericht ist befugt, eine *bankruptcy order* zu erlassen, den Antrag zu verwerfen oder das Verfahren zu eröffnen, dieses jedoch von Bedingungen und Auflagen abhängig zu machen (I.A. 1986, sec. 264 (2) („*may*") und I.A. 1986, sec. 266 (3)).

502 Vgl. Schilling, Insolvenz einer englischen Limited mit Verwaltungssitz in Deutschland, S. 60.

503 Von Bernstorff, Einführung in das englische Recht, § 3 VI., 5.b), S. 76; Morse, Charlesworth's Company Law, Chapter 1, S. 24, vgl. zum Beweiswert des *certificate of incorporation* künftig auch Companies Bill, sec. 16.

Recht eine Neugründung und damit einhergehend eine Neueintragung erforderlich macht[504].

Mit Vorlage des besagten Auszuges ist also die Voraussetzung für sein Begehren erfüllt.

Die widerlegliche Vermutung (*rebuttable presumption*) des Art. 3 Abs. 2 EuInsVO streitet dann solange für ihn, bis die Gegenpartei die Vermutung widerlegen kann; *the burden of proof on the whole case* hat gewechselt[505].

2. Behauptet der Antragssteller unterdessen die Zuständigkeit eines anderen Gerichts als dem des satzungsmäßigen Sitzes, ist er ungleich höher beweisbelastet; er alleine muss die relevanten Umstände dartun und belegen, warum der Interessenmittelpunkt ausnahmsweise nicht am Ort des *registered office* liegen soll[506].

3. Das Gericht ist nicht verpflichtet, von Amts wegen tätig zu werden; andererseits hat es jedoch ein umfassendes Ermittlungsrecht, das es nach eigenem Dafürhalten einsetzen kann - die Vermutung des Art. 3 Abs. 1 S. 2 EuInsVO stellt daher keine Schwelle für die Disziplinierung gerichtlicher Ermittlungen dar, weder für die Entstehung eines Rechts, noch für die Begrenzung einer Pflicht.

Stellt man die englische Rechtsprechung zu Art. 3 Abs. 1 S. 2 EuInsVO in diesen theoretischen Kontext, so bestätigt sich zwar die vorgezeichnete Beweislast - beweisbelastet ist, wer einen vom Satzungssitz abweichenden Interessenmittelpunkt behauptetet[507]. Gleichwohl werden an die Widerlegung nicht allzu hohe Anforderungen gestellt; es genügt, wenn feststeht, dass strategische, unternehmensleitende Entscheidungen nicht am Satzungssitz getroffen wurden.

In diese Überzeugungsbildung scheint das angelsächsische Verständnis zum *registered office* als reiner Briefadresse eingeflossen zu sein; das Auseinanderfallen von Anschrift der Gesellschaft und ihrem tatsächlichen Betätigungsort

---

504 Vgl. Triebel/Hodgson/Kellenter/ Müller, Englisches Handels- und Wirtschaftsrecht, VI. § 3 Rn. 615 (zu etwaig erforderlichen Änderungen an dieser Praxis durch die jüngste Rechtsprechung des EuGH zur Niederlassungsfreiheit s. A.III.4.a)ee)β)); vgl. zum Beweiswert des Registereintrags künftig auch Companies Bill, sec. 17 (4).

505 Vgl. dazu High Court of Justice, Chancery Division, London, Urt.v.26.11.2004, Az: 1948/2004 (Shierson v. Vlieland-Boddy), www.eir-database.com/world_doc/judgements_60.pdf., Rn. 41: „Die Beweislast liegt beim Antragssteller, die internationale Zuständigkeit zu belegen". Solange die Aussage des Schuldners, der nicht zugleich Antragssteller ist, vernünftigerweise nicht angezweifelt werden darf, verbleibt die Beweislast beim Antragssteller, „der Antragssteller hat die Beweislast nicht abgewälzt auf ihn".

506 Ebenso Schilling, Insolvenz einer englischen Limited mit Verwaltungssitz in Deutschland, S. 60; Fletcher, The Law of Insolvency, Rn. 31-025, ders., Insolvency in private international law, Rn. 7.44.

507 High Court of Justice Leeds, Urt.v.16.5.2003, Az: 861-876/03, NZG 2004, 340 (341); High Court of Justice, Chancery Division, London, Urt.v.26.11.2004, Az: 1948/2004 (Shierson v. Vlieland-Boddy), www.eir-database.com/world_doc/judgements_60.pdf, Rn. 41.

(*principal office*) ist dort eine solche Selbstverständlichkeit, dass das *registered office* offensichtlich keinerlei Vermutungswirkung für den Sitz einer Gesellschaft entfaltet.

Diese Deutung bestätigt unumwunden der *High Court of Justice Leeds*, wenn er sich zur Aufgabe macht, jeden Ort, der als Interessenmittelpunkt in Betracht kommt, zu erwägen, gleich, ob als Ergebnis der Vermutung des Art. 3 Abs. 1 oder aufgrund anderer Umstände[508]. Und freimütig fügt er in einer späteren Entscheidung hinzu, dass es keinen Grund gäbe, anzunehmen, dass die Vermutung für den Ort des satzungsmäßigen Sitzes eine besonders starke ist; eher sei sie nur einer der Faktoren, die mitsamt dem übrigen Beweismaterial in Erwägung gezogen werden müssen[509]. Schließlich spricht der *High Court of Birmingham* die unvermeidbare Konsequenz dieser Deutweise aus: die Reduzierung der Vermutung des Art. 3 Abs. 1 S. 2 EuInsVO auf die Funktion einer reinen Zweifelsregelung. Aufgabe einer solchen Vermutung sei, klarzustellen, bei wem die Beweislast liege. Dagegen werde sie die Streitfrage selten entscheiden; dies sei allenfalls dann vorstellbar, wenn entweder keinerlei Beweis vorliege oder wenn die beiderseitig erbrachten Beweise derart ausgeglichen sind, dass ein Gericht vernünftigerweise nicht zwischen den Darstellungen wählen könne[510].

cc) Frankreich

Verfahren des französischen Insolvenzrechts (*procédure de sauvegarde, de redressement judiciaire et de la liquidation judiciaire*) werden auf Antrag des Schuldners eingeleitet (Art. L.620-1 C.com., Art. L.631-4 al. 1 C.com. bzw. Art. L.640-4 al. 1 C.com.)[511]; unter Umständen können aber auch das Gericht von

---

[508] High Court of Justice Leeds, Urt.v.16.5.2003, Az: 861-876/03 (Daisytek-ISA), ZIP 2004, 963 (965), Rn. 14 (s. unter A.III.1.a)cc)).

[509] High Court of Justice, Chancery Division, Companies Court, Leeds District Registry, Beschl.v.20.5.2004, Az: 556/2004 und 557/2004 (Ci4net.com.Inc.), www.rws-verlag.de/volltext-2004(ci4net.htm., Rn. 20 (s. unter A.III.1.a)ee)); bestätigt und wiederholt in High Court of Justice, Chancery Division, Combined Court, Quayside Newcastle upon Tyne, Beschl.v. 9.2.2005, Az: 75/22005 (Parkside Flexibles), www.eir-database.com/word_doc/Judgements_75.pdf., S. 5, Rn. 9 (s. unter A.III.1.a)ff)).

[510] High Court of Justice, Birmingham, Beschl.v.18.4.2005, Az: 2375 bis 2382/05 (MG Rover), NZI 2005, 467 (467), Rn. 5 (s. unter A.III.1.a)gg)).

[511] Durch *Loi n° 2005-845 du 26 juillet 2005* hat das französische Insolvenzrecht wesentliche Neuerungen erfahren. Unter anderem wurden in *Livre VI* des *Code de Commerce* zwei eigenständige Titel eingefügt, um finanziellen Schwierigkeiten von Unternehmen rechtzeitig vorzubeugen bzw. in Schwierigkeiten geratene Unternehmen zu retten: *De la prévention des difficultés des entreprises* (*Titre Ier*) und *De la sauvegarde* (*Titre II*). Sowohl das Schlichtungsverfahren vor dem *Tribunal de Commerce* (*procédure de conciliation*) als auch das Verfahren zum Erhalt des Unternehmens (*procédure de sauvegarde*) wurden jedoch bislang nicht in Anhang A zur EuInsVO aufgenommen, sie sind mithin nicht zum eigentlichen Insolvenzverfahren i.S.v. Art. 1 Abs. 1 i.V.m. Art. 2 lit. a) EuInsVO zu zählen. Im Folgenden werden sie

Amts wegen, die Staatsanwaltschaft oder ein Gläubiger die Eröffnung des gerichtlichen Sanierungs- oder Liquidationsverfahrens betreiben (vgl. Art. L.631-4 al. 2 C.com. und Art. L.631-5 al.1 und 2 C.com. bzw. Art. L.640-4 al. 2 C.com. und Art. L.640-5 al. 1 und 2 C.com.).

Erklärt das derlei befasste Gericht sich für zuständig, entscheidet es in der Sache (Art. 342 décr. n° 2005-1677, 28 déc. 2005). Anderenfalls verweist es innerhalb des eigenen Berufungsgerichtsbezirks an ein zuständiges Gericht, im Übrigen übermittelt es die Akten zum Zweck der Verweisung an die *Cour de cassation* (vgl. Art. 343 al. 1 décr. n° 2005-1677, 28 déc. 2005 i.V.m. Art. L.662-2 C.com.); gleichzeitig bleibt es ihm unbenommen, einen gerichtlichen Verwalter einzusetzen bzw. vorläufige Maßnahmen anzuordnen (Art. 341 i.V.m. Art. 343 al. 7 décr. n° 2005-1677, 28 déc. 2005).

Dabei obliegt es grundsätzlich den Parteien, die Unzuständigkeit des Gerichts geltend zu machen; diese müssen ihre Einrede begründen und wissen lassen, vor welchem Gericht die Sache – ihrer Meinung nach – verhandelt werden soll (vgl. Art. 340 décr. n° 2005-1677, 28 déc. 2005 i.V.m. Art. 75 N.C.P.C.).

Daneben besteht die Möglichkeit, die Unzuständigkeit von Amts wegen vorzubringen (vgl. Art. 340 décr. n° 2005-1677, 28 déc. 2005 i.V.m. Art. 92, 93 N.C.P.C.). In sachlicher Hinsicht kann das Gericht dies, wenn der Beklagte säumig ist oder die anwendbaren Kompetenzvorschriften solche der öffentlichen Ordnung sind (Art. 92 N.C.P.C); betreffend die örtliche Kompetenz genügt (unter anderem) eine ausdrückliche Zuweisung an ein anderes Gericht (Art. 93 N.C.P.C.). Beide Vorschriften statuieren indes keine Pflicht, die Unzuständigkeit von Amts wegen zu rügen, sie geben ein Recht[512]. Anders ist dies nur, wenn eine Norm diese Pflicht *ausdrücklich* auferlegt, wie dies oftmals in internationa-

---

daher ausgespart. Sollte der französische Gesetzgeber die Aufnahme der *procédure de sauvegarde* in die Liste des Anhangs A betreiben, können die folgenden Ausführungen zur *procédure de redressement judiciaire* entsprechende Geltung beanspruchen, da der *Titre III* (*Du redressement judiciaire*) in wesentlichen Punkten auf *Titre II* (*De la sauvegarde*) verweist. Gleichwohl ist dies unwahrscheinlich, da die *procédure de sauvegarde* gerade voraussetzt, dass der Zustand der Zahlungsunfähigkeit nicht unmittelbar bevorsteht (vgl. Art. L.620-1 al.1 C.com.), wiewohl selbiger Voraussetzung für die Anwendbarkeit der EuInsVO wäre (vgl. Circulaire, 17.3.2003 relative à l'entrée en vigeur du règlement n 1346/2000, 29.5.2000 relatif aux procédures d'insolvabilité, 1.1.2., S. 314: „...le règlement est applicable aux seuls hypothèses dans lesquelles le redressement ou la liquidation judiciaire est ouverte en raison d'un état de cessation des paiements du débiteur. Les procédures n'étant pas fondées sur son insolvabilité ne sont donc pas concernées.“); diese Einschätzung teilend Urbain-Parleani, Revue des sociétés: journal des sociétés, Bd. 123/2005, 101 (105): „Les nouvelles procédures qui figurent dans le projet de sauvegarde des entreprises (...) resteront également hors du champ d'application du règlement.“

[512] Vgl. Code Dalloz, Art. 92 N.C.P.C., S. 93, Rn. 1 und 2; Art. 93 N.C.P.C.. 94, Rn. 1.

len Abkommen geschieht, um eine festgeschriebene ausschließliche Zuständigkeit zu gewährleisten, so beispielsweise in Art. 25 EuGVVO[513].

Mit Art. 3 Abs. 1 EuInsVO ist solch eine *ausschließliche* Zuständigkeit geschaffen. Für den Rechtsraum der europäischen Gemeinschaft legt er alternativlos und verbindlich fest, wo ein Hauptinsolvenzverfahren eröffnet wird, denn kraft seiner Rechtsgrundlage in einer EG-Verordnung, gilt er als unmittelbar anwendbares Recht einheitlich in allen Mitgliedstaaten[514] und geht daher nationalem Recht in der Anwendung vor (vgl. Art. 249 Abs. 2 EGV). Es besteht daher für grenzüberschreitende Insolvenzverfahren eine einzige, vorrangige Kompetenz zur Verfahrenseröffnung, mithin handelt es sich um eine ausschließliche Kompetenzzuweisung im Sinne von Art. 93 N.C.P.C.

Gleichwohl besteht für die EuInsVO – anders als in Art. 25 EuGVVO – keine Norm, die um der Einhaltung dieser ausschließlichen Zuständigkeit willen dazu *verpflichtet*, sich für unzuständig zu erklären.

Damit steht fest, dass der Konkursrichter seine (internationale) Zuständigkeit nach Art. 340 décr. n° 2005-1677, 28 déc. 2005 i.V.m. Art 93 N.C.P.C. von Amts wegen feststellen *kann*, verpflichtet ist er dazu indes nicht.

Es ist daher an den Parteien, die Unzuständigkeit des Gerichts mittels Prozesseinrede vorzubringen.

Art. 75 N.C.P.C. erlegt den Parteien zum einen auf, die für zuständig befundene Gerichtsbarkeit zu bezeichnen. Genügen soll diesem Erfordernis indes schon die Bezeichnung des zuständigen Landes, ohne dass das zuständige Gericht genau örtlich zu bestimmen ist[515]; unerheblich ist dagegen, ob die bezeichnete Gerichtsbarkeit tatsächlich zuständig ist[516].

Des Weiteren ist die Einrede nach Art. 75 N.C.P.C. zu begründen; hierfür sind die Parteien auf die klassische Beweislastverteilung im französischen Zivilprozessrecht verwiesen[517].

Gemäß Art. 6 N.C.P.C. liegt die Darlegungslast bei den Parteien; diese müssen alle Fakten vorbringen, die geeignet sind, ihre Behauptung zu begründen. Ist der Tatsachenvortrag nicht schlüssig, ist das Anliegen abzuweisen[518]. Dies des-

---

[513] Vgl. Code Dalloz, Art. 93 N.C.P.C., S. 93, Rn. 2 zu Art. 19 der *Convention de Bruxelles* vom 27. September 1968 (EuGVÜ); da es sich bei Art. 19 EuGVÜ um die sinnidentische Vorläuferregelung zu Art. 25 EuGVVO handelt, gilt die Aussage für letztere entsprechend.

[514] Mit Ausnahme Dänemarks (s. dazu Fn. 76).

[515] Code Dalloz, Art. 75 N.C.P.C., S. 81, Rn. 5.

[516] Code Dalloz, Art. 75 N.C.P.C., S. 81, Rn. 5.

[517] Das erste Buch des N.C.P.C. (*Dispositions communes à toutes les juridictions*, Art. 1-749) enthält die von allen Zivilgerichten zu beachtenden allgemeinen Verfahrensregeln (vgl. auch Hübner/Constantinesco, Einführung in das französische Recht, § 29 1., S. 254), gilt mithin auch für die Insolvenzgerichte (vgl. Art. 336 n° 1 décr. n° 2005-1677, 28 déc. 2005, der die Bestimmungen des N.C.P.C. ausdrücklich auf den *Livre VI* des *Code de Commerce* für anwendbar erklärt, sofern das Dekret keine abweichenden Bestimmungen trifft).

[518] Codes Dalloz, Art. 6 N.C.P.C., S. 12, Rn. 2.

halb, weil der Richter nicht verpflichtet ist zu ermitteln, ob Tatsachen geeignet sind, das Anliegen einer Partei zu begründen, wenn sie nicht ordnungsgemäß vorgebracht wurden[519]; ebenso wenig hat er ein Recht dazu[520].

Auch die Beweisführungslast ist den Parteien aufgebürdet, denn Art. 9 N.C.P.C. bestimmt, dass es jeder Partei obliegt, die für den Erfolg ihres Begehrens notwendigen Fakten – im Einklang mit dem Gesetz – zu beweisen.

Will eine Partei die Unzuständigkeit des Gerichts einwenden, sieht sie sich folglich zunächst auf sich allein gestellt darlegungs- und beweisbelastet.

Dieser schwere Stand wird erleichtert, wenn die anspruchsbegründenden Tatsachen einmal schlüssig vorgetragen sind, dann hat das Gericht ein Amtsermittlungsrecht; entschließt es sich, von diesem Gebrauch zu machen, so ist es gemäß Art. 10 N.C.P.C. befugt, von Amts wegen alle Ermittlungsmaßnamen anzuordnen, die gesetzlich erlaubt sind.

Sachlich erstreckt es sich auf alle *Tatsachen*, von denen die Lösung des Rechtsstreits abhängt (Art. 143 N.C.P.C.) und besteht in jeder Phase des Verfahrens (Art. 144 N.C.P.C). Mit dieser Ausdehnung der richterlichen Befugnis auf die Tatsachenermittlung wird die klassische Zweiteilung im Zivilprozess aufgehoben: Oblag die Tatsachenbeibringung traditionell dem Antragssteller, die Rechtsanwendung dagegen allein dem Richter, so entwickelt sich diese starre Trennlinie hin zu einer durchlässigen Membran: Tatsachenbehauptungen sind stets durchdrungen mit Recht, da Anknüpfungspunkte für Rechtsfolgen - die Rechtsanwendung andererseits ist eingeschnürt in ein Netz aus gesetzlichen Beweisen, um nur Vermutungen zu nennen[521].

Ähnlich fließend sind die Grenzen, was Zulässigkeits- und Begründetheitsvoraussetzungen anlangt. Es ist charakteristisch für das französische Zivilprozessrecht, dass materielles und Verfahrensrecht verwoben sind; daher existiert keine ähnlich scharfe Trennung zwischen Unzulässigkeit und Unbegründetheit wie in Deutschland[522].

Dazu passt, dass der Richter eine rechtsverbindliche Entscheidung in der Sache treffen kann, wenn er bei der Beurteilung der Zuständigkeit zu dem Ergebnis kommt, dass diese von der Sachentscheidung abhängt (vgl. Art. 95 N.C.P.C. und auch schon Art. 77 N.C.P.C.).

Der Richter sieht sich folglich vor der nahezu unbeschränkten Möglichkeit, Tatsachen zu erforschen – beschränkt allein durch die eigene Besonnenheit[523] und das Gesetz; die rechtliche Beurteilung derselben stößt indes an Grenzen: Gesetzliche Beweislastregeln zwingen der Tatsachenwürdigung ein straffes

---

519 Vgl. Codes Dalloz, Art. 6 N.C.P.C., S. 12, Rn. 1.

520 Codes Dalloz, Art. 6 N.C.P.C., S. 12, Rn.1.

521 Vincent/Guinchard, Procédure Civile, Troisième Partie, Titre 1, Sous-titre 2, Chapitre 2, Section 2, § 3 c), S. 412.

522 Hübner/Constantinesco, Einführung in das französische Recht, § 29 1.a)aa), S. 255.

523 Codes Dalloz, Art. 143 N.C.P.C., S. 131, Rn. 1.

Korsett auf - so auch Art. 3 Abs. 1 EuInsVO; begreift man diesen als Verweis auf die *lex fori processus*, so steht fest:

1. Kann der Antragssteller den satzungsmäßigen Sitz im Sinne des Art. 3 Abs. 1 S. 2 EuInsVO belegen, hat er seiner Darlegungs- und Beweislast genügt; möglich ist ihm dies mittels Auszug aus dem Gesellschaftsregister.

2. Soll diese Zuständigkeit bestritten werden, muss der Gegenbeweis durch die bestreitende Partei geführt werden. Ausdrücklich für Art. 3 Abs. 1 S. 2 EuInsVO hat dies die *Cour d'appel de Versailles* in ihrer Entscheidung vom 4. September 2003 klargestellt: Um zu einem vom satzungsmäßigen Sitz abweichenden Interessenmittelpunkt zu gelangen, sah sie den Antragssteller, der eine solche Abweichung behauptet hatte, für beweisbelastet; dieser muss also den Beweis erbringen, warum der Interessenmittelpunkt ein anderer sein soll als der von der Vermutung bezeichnete[524].

3. Das Gericht hat keine Amtsermittlungspflicht; es hat ein Amtsermittlungsrecht, wenn die bekräftigenden bzw. in diesem Fall die Zuständigkeit entkräftenden Fakten ausreichend dargelegt wurden. Dieses Amtsermittlungsrecht bezieht sich sachlich auf alle gesetzlich erlaubten Ermittlungsmaßnahmen.

Bei der Beurteilung der eigenen Zuständigkeit ist das Gericht nicht an die Anträge der Parteien gebunden. Gebunden ist es allerdings an die gesetzliche Beweisregel des Art. 3 Abs. 1 S. 2 EuInsVO.

Konkret bedeutet dies: Solange die Parteien keinen vom satzungsmäßigen Sitz abweichenden Interessenmittelpunkt des Schuldners behaupten, darf das Gericht nicht von sich aus abweichend ermitteln oder entscheiden.

Erst wenn hinreichende Fakten vorgetragen wurden, um die Vermutung zu erschüttern, darf sich das Gericht einschalten; dann allerdings kann es sich sämtlicher Ermittlungsmaßnahmen bedienen, um die Vermutung zu widerlegen, und es kann vor allem zu einem anderen als dem beantragten Ergebnis kommen, denn im Insolvenzrecht gilt der Grundsatz des „*ne ultra petita*" nicht[525]; Schwelle für eine Entscheidung ist allein die gesetzliche Beweislastregel des Art. 3 Abs. 1 S. 2 EuInsVO. Diese ist indes überschritten, wenn sich herausstellt, dass ein Gesellschaftssitz fiktiv ist[526] bzw. sich am angegebenen Ort keinerlei Infrastruktur befindet, die eine tatsächliche Aktivität vermuten lässt[527].

---

[524] Cour d'appel de Versailles, Urt.v.4.9.2003, Az: 05038/03, www.rws-verlag.de/volltext-2003/ca03. htm.

[525] Derrida/Godé/Sortais, Redressement et liquidation judiciaires des entreprises, S. 158, Rn. 248.

[526] Code de Commerce, zu Art. 1 décr. n° 85-1388, 27 déc. 1985 (entspricht sinngemäß Art. 1 al. 1 décr. n° 2005-1677, 28 déc. 2005 n.F.), S. 1464, Rn. 4 m.w.N.

[527] Code de Commerce, zu Art. 1 décr. n° 85-1388, 27 déc. 1985 (entspricht sinngemäß Art. 1 al. 1 décr. n° 2005-1677, 28 déc. 2005 n.F.), S. 1464, Rn. 4 m.w.N.

dd) Italien

Auch das italienische Konkursverfahren (*fallimento*) wird auf Antrag eingeleitet (Art. 6 l.fall[528]); den Antrag können der Schuldner (Art. 14 l.fall.[529]), ein oder mehrere Gläubiger oder die Staatsanwaltschaft (Art. 7 l.fall.[530]) stellen[531].

Erklärt das befasste Gericht sich für zuständig, trifft es eine Entscheidung über die Eröffnung (Art. 16 l.fall.) oder Ablehnung des Konkursverfahrens (Art. 22 Abs. 1 l.fall.)[532].

Grundsätzlich hat das Gericht allein über den Antrag, so wie er gestellt ist, zu entscheiden; es darf nicht von Amts wegen über Einwendungen entscheiden, die nur von den Parteien erhoben werden können (Art. 112 c.p.c.). Bei der (örtlichen) Unzuständigkeit handelt es sich jedoch um eine Einwendung, die auch von Amts wegen geprüft werden kann (Art. 38 Abs. 1 c.p.c.).

Um seine Zuständigkeit zu bestimmen, bedient sich das Gericht zuförderst der Aktenlage; summarische Erkundigungen (*sommarie informazioni*) stellt es nur an, wenn dies aufgrund der Einwendung des *Beklagten* oder der Wahrnehmung des Gerichts notwendig wird (Art. 38 Abs. 3 c.p.c.). – So erhellend diese Maßgabe auf den ersten Blick erscheint: Wann genügt der Aktenvortrag? Welche Anforderungen sind an ein zweifelndes Vorbringen bzw. Dafürhalten des Gerichts zu stellen?

Hier hilft das detailgenau kodifizierte italienische Beweisrecht, dessen Grundsatz Art. 2697 c.c. statuiert: Die Beweislast folgt der Darlegungslast, gleich ob Tatsachen unterfüttert oder erschüttert werden sollen.

Allerdings kann dem Beweisbelasteten eine gesetzliche Vermutung zu Hilfe kommen: Vermutungen sind per Legaldefinition des Art. 2727 c.c. „Folgerungen, die das Gesetz oder das Gericht aus einem bekannten Tatumstand zieht, um

---

[528] In der durch Art. 4 d.lgs. n. 5/06 geänderten Fassung. Art. 6 l.fall. a.F. sah überdies die Möglichkeit vor, das Verfahren von Amts wegen einzuleiten. Eine solche Verfahrenseröffnung von Amts wegen kam vor allem in Betracht, wenn sich die Zahlungsunfähigkeit in einem Zivilprozess ergab und das Prozessgericht dies dem zuständigen Landgericht mitteilte (Art. 8 l.fall. a.F.); über den Wortlaut des Art. 8 l.fall. hinaus war die Konkurseröffnung von Amts wegen in Rechtsprechung und Literatur auch dann anerkannt, wenn das zuständige Landgericht von der Zahlungsunfähigkeit Kenntnis erlangte, z.B. aus der Wechselprotestliste (vgl. Kindler, Italienisches Handels- und Wirtschaftsrecht, § 6 II. 1.b) Rn. 6.). Durch Art. 6 d.lgs. n. 5/06 wurde Art. 8 l.fall. jedoch aufgehoben.

[529] In der durch Art. 12 d.lgs. n. 5/06 geänderten Fassung.

[530] In der durch Art. 5 d.lgs. n. 5/06 geänderten Fassung.

[531] Gleiches gilt für das Verfahren der außerordentlichen Verwaltung (vgl. Art. 3 Abs. 1 d.lgs. n. 270/99); im beschleunigten Verfahren ist allein das Unternehmen antragsberechtigt, dies jedoch beim Wirtschaftsminister (Art. 2 Abs. 1 L. n. 39/04).

[532] Erklärt es sich für unzuständig, verfährt es nach Art. 9-bis l.fall. (eingefügt durch d.lgs. n. 5/06).

zu einem unbekannten Tatumstand zu gelangen." Sie „befreien jene von jeglichem Beweis, zu deren Gunsten sie aufgestellt sind" (Art. 2728 c.c.).
Eine solche gesetzliche Vermutung stellt auch Art. 3 Abs. 1 S. 2 EuInsVO dar, der an den satzungsmäßigen Sitz anknüpft, um den Interessenmittelpunkt des Schuldners zu bestimmen.

Integriert man Art. 3 Abs. 1 S. 2 EuInsVO in das Prozessrecht Italiens, so gilt für die Bestimmung der internationalen Zuständigkeit:

1. Die Partei, die ein Insolvenzverfahren am Ort des satzungsmäßigen Sitzes eröffnen will, muss nur die „bekannte Tatsache" *sede statutaria* belegen, im Übrigen streitet die Vermutung für sie[533].

2. Will eine Partei die Unzuständigkeit des befassten Gerichts einwenden oder das Verfahren von vornherein vor ein anderes Gericht bringen, ist sie gemäß Art. 2697 Abs. 2 c.c. i.V.m. Art. 2728 Abs. 2 c.c., Art. 3 Abs. 1 S. 2 EuInsVO darlegungs- und beweisbelastet; sie muss also belegen, dass der „Mittelpunkt der hauptsächlichen Interessen" des Schuldners nicht mit dem Ort des satzungsmäßigen Sitzes zusammenfällt[534]. Gemäß Art. 38 Abs. 2 c.p.c. muss sie überdies das als zuständig angesehene Gericht konkret benennen, anderenfalls gilt die Einwendung als nicht erhoben.

3. Ergibt sich aus dem Aktenvortrag, dass das Konkursverfahren im Gerichtsbezirk des satzungsmäßigen Sitzes des Unternehmens eröffnet werden soll, besteht grundsätzlich keine Veranlassung, summarische Erkundungen anzustellen (Art. 38 Abs. 3 c.p.c. i.V.m. Art. 3 Abs. 1 S. 2 EuInsVO) - das Gericht hat keine Amtsermittlungspflicht; es hat in diesem Fall auch kein Amtsermittlungsrecht, denn Art. 2728 Abs. 1 c.c. befreit im Falle einer gesetzlichen Vermutung von der grundsätzlichen Beweislastverteilung, kehrt diese vielmehr um; die gesetzliche Entscheidung würde unterlaufen, könnte sich das Gericht einfach über diese Regelung hinwegsetzen, selbst bedingungslos ermitteln und so im Ergebnis die Beweislast schließlich doch wieder der an sich begünstigten Partei auferlegen. Dafür spricht auch Art. 115 Abs. 1 c.p.c., wonach sich das Gericht - abgesehen von den im Gesetz vorgesehenen Fällen – nur der von den Parteien angebotenen Beweise bedienen und diese seiner Entscheidung zugrunde legen darf.

Berechtigt, von Amts wegen Ermittlungen anzustellen, ist es erst dann, wenn dies aufgrund Parteivorbringens oder eigener Wahrnehmung „notwendig" wird (*quando sia reso necessario*) – diese Notwendigkeit stellt zugleich die Schwelle

---

[533] Vgl. De Cesari/Montella, Le procedure di insolvenza nella nuova disciplina comunitaria: zu Art. 9 Abs. 1 l.fall. S. 20: Es wird vermutet, dass der Ort der Bestimmung (Hauptsitz des Unternehmens) mit dem gesetzlichen Sitz zusammenfällt; diese Annahme ist jedoch widerlegbar durch den Beweis, dass der formale Sitz rein fiktiver Natur ist; und zu Art. 3 Abs. 1 EuInsVO S. 106.

[534] Vgl. De Cesari/Montella, Le procedure di insolvenza nella nuova disciplina comunitaria, S. 106: Beweisbelastet ist, wer die Vermutung für den satzungsmäßigen Sitz widerlegen will.

für eine Pflicht des Gerichts zum Tätigwerden dar, da Art. 38 Abs. 2 c.p.c. es nicht in das Ermessen des Gerichts stellt (*sono decise*), summarische Erkundigungen anzustellen; allein auf der Voraussetzungsseite, nämlich der Einschätzung als „notwendig" mag ein gewisser Beurteilungsspielraum bestehen.

Ergeben sich jedoch aus der Einwendung einer Partei oder nach eigener Einschätzung des Gerichts ernsthafte Zweifel an der Übereinstimmung des tatsächlichen mit dem satzungsmäßigen Sitz, so genügt dies der „Notwendigkeit", Erkundigungen einzuholen – denn im italienischen Prozessrecht ist die Vermutung für den satzungsmäßigen Sitz widerlegt, wenn feststeht, dass dieser rein formaler oder fiktiver Natur ist. Dies ist immer dann der Fall, wenn Verwaltungs- oder Organisationstätigkeiten gänzlich oder doch zumindest in wesentlichen Teilen an einem anderen Ort als dem gesetzlichen Sitz erbracht werden[535].

Bettet man die Rechtsprechung des *Tribunale Civile di Parma* in diesen theoretischen Zusammenhang, so ist man überrascht, wie einfach sich der satzungsmäßige Sitz widerlegen lässt. Dies klärt sich indes auf, wenn man sich das Begründungsmuster der beiden Entscheidungen[536] vor Augen führt: Zur Bestimmung der eigenen internationalen Zuständigkeit stellte der *Tribunale* verfahrensrechtlich auf die Kollisionsregeln des nationalen IPR ab; dieses verweist grundsätzlich auf die Vorschriften zur örtlichen Zuständigkeit (Art. 3 Abs. 2 L. n. 218/95) – es sei denn, es liegt eine internationale Zuständigkeit nach der EuGVVO vor. Folgerichtig bestimmte er die eigene internationale Zuständigkeit nach Art. 9 Abs. 1 l.fall und sah die bestehende Vermutung zugunsten des satzungsmäßigen Sitzes vorschnell als widerlegt an[537]; denn im Unterschied zu Art. 3 Abs. 1 S. 2 EuInsVO besteht nach Art. 9 Abs. 1 l.fall. keine *gesetzliche* Vermutung für den satzungsmäßigen Sitz – vielmehr beruht sie auf einem Konsens von Rechtsprechung und Literatur[538]; und für Art. 9 Abs. 1 l.fall. be-

---

[535] Tribunale di Parma, Urt.v.9.2.2004, Az: 53/04, ZIP 2004, 1220 (1221), mit Anleihe bei Corte di cassazione civile, Urt.v.28.8.2002, Nr. 12640 und Corte di cassazione civile, Urt.v. 21.3.2003, Nr. 4206; vgl. auch Perilli, Problemi di diritto processuale internazionale italiano, in: www.ipsoa.it/ intlis/contenuto/INTILIS01.pdf, S. 25: maßgebend ist der effektive Verwaltungssitz, der sich durch schwerpunktmäßige Ansiedlung von Geschäftsleitung und Organisation feststellen lässt; De Cesari/Montella, Le procedure di insolvenza nella nouva disciplina comunitaria, S. 20 (speziell für Art. 9 Abs. 1 l.fall.) und S. 106 für Art. 3 Abs. 1 EuInsVO.

[536] Tribunale di Parma, Urt.v.9.2.2004, Az: 53/04 (Eurofood/Parmalat I), ZIP 2004, 1220 ff.; Tribunale di Parma, Urt.v.15.6.2004, Az: 93/04 (Parmalat Deutschland), ZIP 2004, 2295 ff. (s. unter A.III.1.c)aa) bzw. dd)).

[537] Vgl. Tribunale di Parma, Urt.v.9.2.2004, Az: 53/04 (Eurofood/Parmalat I), ZIP 2004, 1220 (1221); Tribunale di Parma, Urt.v.15.6.2004, Az: 93/04 (Parmalat Deutschland), ZIP 2004, 2295 (2296).

[538] Vgl. Kindler, Italienisches Handels- und Wirtschaftsrecht, § 6 II. 1.b), Rn. 7, mit Anleihe bei Corte di cassazione civile, Urt.v.24.4.1996, Nr. 3878; De Cesari/Montella, Le procedure di insolvenza nella nouva disciplina comunitaria, S. 20: Im Falle des Art. 9 Abs. 1 l.fall. besteht die Vermutung, dass der „Hauptsitz des Unternehmens" mit dem gesetzlichen Sitz zusammenfällt.

steht zudem Einvernehmen, dass der *effektive Verwaltungssitz* maßgebend sein soll[539] – für Art. 3 Abs. 1 EuInsVO ist dies indes gerade umstritten.

Das heißt, tatsächlich wird Art. 3 Abs. 1 S. 2 EuInsVO nicht als vollwertige, eigenständige gesetzliche Vermutung im Sinne des Art. 2728 Abs. 1 c.c. verstanden, sondern vielmehr als bloßer Verweis auf die Maßstäbe des italienischen Prozessrechts - sowohl hinsichtlich des Anknüpfungsgegenstandes wie auch dessen Gehalt und dessen Enttarnung als fiktiv.

ee) Vermutung für den „satzungsmäßigen Sitz", Art. 3 Abs. 1 S. 2 EuInsVO

α) Verweis auf die *lex fori processus*

Begreift man also Art. 3 Abs. 1 S. 2 EuInsVO als Verweis auf die einzelstaatlichen Prozessrechte, so lässt sich ein uneinheitliches Bild nachzeichnen: Einerseits bestehen zahlreiche Überschneidungen, dann wieder stechen Unterscheidungen hervor, teils in Nuancen, teils aber auch grundsätzlicher Natur.

In allen begutachteten Rechtsordnungen streitet die Vermutung des Art. 3 Abs. 1 S. 2 EuInsVO zunächst für denjenigen, der den Insolvenzantrag bei dem Gericht stellt, in dessen Bezirk sich der satzungsmäßige Sitz der Gesellschaft befindet; kann er diesen mittels Registerauszug belegen, hat er seiner Beweispflicht Genüge getan[540].

Will eine Partei die Zuständigkeit eines anderen Gerichts einwenden oder von vornherein in Anspruch nehmen, muss sie belegen, dass satzungsmäßiger und tatsächlicher Verwaltungssitz verschieden sind[541].

Einmütigkeit herrscht ferner, was die Existenz eines Amtsermittlungsrechts des Gerichts anlangt[542], wiewohl über dessen Voraussetzungen der Dissens beginnt.

---

[539] Vgl. Corte di cassazione civile, Urt.v.28.9.1994, Nr. 7903, Foro.it 1994, I. 3406, zitiert nach: Kindler, Italienisches Handels- und Wirtschaftsrecht, § 6 II. 1.b), Rn. 7; Corte di cassazione civile, Urt.v.28.8.2002, Nr. 12640 und Corte di cassazione civile, Urt.v.21.3.2003, Nr. 4206, zitiert nach: Perilli, Problemi di diritto processuale internazionale italiano, in: www.ipsoa.it/intlis/contenuto/INTILIS01.pdf, S. 25: Das in Art. 9 l.fall. enthaltene Kriterium wird von der Rechtsprechung ausgelegt als Verweis auf den effektiven Sitz des Unternehmens, als Schwerpunkt der Geschäftsleitung und Organisation. Gleiches gilt für Art. 3 Abs. 1 d.l. 270/99; da er sich offenkundig und bewusst derselben Formulierung bedient, gelten für das Auseinanderfallen von satzungsmäßigem und effektivem Gesellschaftssitz, Kompetenzkonflikte und für ausländische Gesellschaften die zivilrechtlichen und konkursrechtlichen Bestimmungen und die hierzu ergangene Rechtsprechung entsprechend (Bianca, La dichiarazione dello stato di insolvenza nell'amministrazione straordinaria delle grandi imprese, S. 86); De Cesari/Montella, Le procedure di insolvenza nella nuova disciplina comunitaria, S. 20.

[540] Vgl. jeweils These 1 zum Prozessrecht Deutschlands, Englands, Frankreichs und Italiens.

[541] Vgl. jeweils These 2 zum Prozessrecht Deutschlands, Englands, Frankreichs und Italiens.

In Deutschland ist dieses Recht als Pflicht ausgestaltet. Von dieser vermag auch die Vermutungsregel des Art. 3 Abs. 1 S. 2 EuInsVO nicht zu entbinden; der Richter könne sich daher nicht mit der Feststellung des satzungsmäßigen Sitzes begnügen[543]. Im Gegenteil wäre es sogar pflichtwidrig, wenn das Gericht es den Beteiligten überlassen würde, die widerlegenden Tatsachen beizubringen[544]. Gleichwohl ist die Vermutungsregel der europäischen Verordnung zu beachten; daher hat das Insolvenzgericht zwar die eigene Zuständigkeit von Amts wegen zu ermitteln, jedoch setzt diese Pflicht erst ein, wenn Zweifel an der Identität von satzungsmäßigem und tatsächlichem Gesellschaftssitz be- bzw. entstehen[545].

Eine Verpflichtung des Gerichts lehnen die anderen begutachteten Rechtsordnungen allesamt ab; Uneinigkeit besteht jedoch wiederum, ob das zugestandene Amtsermittlungsrecht per se besteht oder vielmehr erst einsetzt bei Zweifeln an der Gültigkeit der Vermutung des Art. 3 Abs. 1 S. 2 EuInsVO im Einzelfall. Im ersteren Sinne versteht sich das Prozessrecht Englands[546], im letztgenannten die Prozessrechte Frankreichs und Italiens[547].

Man kann daher resümieren: Das befasste Gericht kann bis zur Schwelle der Vermutung des Art. 3 Abs. 1 S. 2 untätig bleiben, muss dies bisweilen sogar; in Italien beispielsweise ist es zu dieser Zurückhaltung verpflichtet. Erst wenn konkrete Anhaltspunkte zur Erschütterung der Vermutung vorgebracht wurden, wird es tätig: in Deutschland pflichtgemäß, im Übrigen nach eigenem Ermessen.

β) Sachrechtsregel

Betrachtet man diese Gemeinsamkeiten oberflächlich, so muss man sich bei der Fülle an festgestellten Gemeinsamkeiten fragen, warum derartig unterschiedliche Entscheidungen zu Art. 3 Abs. 1 EuInsVO ergehen; doch lange können diese einfach anmutenden Feststellungen das eigentliche Problem nicht verhehlen: die Bewertung der Vermutungswirkung des Art. 3 Abs. 1 S. 2 EuInsVO.

Diese ist es nämlich, die nicht nur über die Landesgrenzen hinweg, sondern bisweilen innerhalb der nationalen Rechtsordnungen vollkommen uneinheitlich bemessen wird. Am wenigsten Gewicht gestehen ihr die Gerichte Großbritanniens zu. Die Bewertungen, die von der Entscheidung *Daisytek-ISA* an stetig er-

---

542 In Deutschland ist dieses Recht als Pflicht ausgestaltet (§ 5 InsO), vgl. im Übrigen These 3 zum Prozessrecht Deutschlands, Englands, Frankreichs und Italiens.

543 Huber, ZZP 2001, 133 (141); Wimmer, ZInsO 2005, 119 (122); Smid, Internationales Insolvenzrecht/EurInsVO, Art. 3 Rn. 13; ders., DZWIR 2003, 397 (399); ders. DZWIR 2004, 397 (401).

544 Smid, Internationales Insolvenzrecht/EurInsVO, Art. 3 Rn. 13; ders., DZWIR 2003, 397 (399); ders. DZWIR 2004, 397 (401).

545 Vgl. These 3 zum deutschen Prozessrecht.

546 Vgl. These 3 zum englischen Prozessrecht.

547 Vgl. jeweils These 3 zum französischen und italienischen Prozessrecht.

gingen, kulminierten in der Reduktion ihres Gehalts auf eine reine Zweifelsregelung durch den *High Court of Justice Birmingham* (MG Rover)[548].

Dagegen wohnt den kontinentaleuropäischen Rechtsordnungen Deutschlands, Frankreichs und Italiens jeweils zunächst eine Vermutungswirkung für den satzungsmäßigen Sitz inne, die es zu widerlegen gilt; solange ist er nicht anzuzweifeln, als nicht Tatsachen seine fiktive Natur nahelegen[549]. Gleichwohl treten in der Handhabe dieser Vermutung die benannten Uneinheitlichkeiten zutage: Während vereinzelte Gerichte das Tatsachenmaterial streng an der Vermutung messen[550], stellt deren Mehrzahl sämtliche Umstände und Fakten gleichwertig und voraussetzungslos in die eigene Beurteilung ein[551].

Art. 3 Abs. 2 S. 1 EuInsVO als reinen Verweis auf das Prozessrecht des Forums zu verstehen, vermag daher Rechtssicherheit nicht zu bieten. Die unterschiedlichen mitgliedstaatlichen Auffassungen zur Wirkung einer Vermutungsregel, noch dazu einer europarechtlichen, die es in die nationale Rechtsordnung zu integrieren gilt, sind vielmehr dazu angetan, mehr Verwirrung zu stiften, als Klarheit zu schaffen - und mehr noch deren Handhabe im Einzelfall.

Die Berufung der jeweiligen mitgliedstaatlichen Prozessrechte führt daher zu Widersprüchlichkeiten, die mit dem Ziel der Verordnung unvereinbar sind: einer gleichförmigen und vorhersehbaren Bewertung der internationalen Zuständigkeit (vgl. Erwägungsgrund 4 und 6 zur EuInsVO und Art. 3 EuInsVO)[552]. – Angesichts dessen fragt sich, ob es nicht möglich und zugleich vernünftiger wäre, Art. 3 Abs. 1 S. 2 EuInsVO nicht als Verweis auf die *lex fori processus*, sondern vielmehr als Norm des europäischen Sachrechts zu verstehen[553].

---

[548] Vgl. High Court of Justice, Birmingham, Beschl.v.18.4.2005, Az: 2375 bis 2382/05 (MG Rover), NZI 2005, 467 (467), Rn. 5.

[549] Vgl. jeweils These 3 zum Prozessrecht Deutschlands, Frankreichs und Italiens.

[550] So AG Mönchengladbach, Beschl.v.27.4.2004, Az: 19 IN 54/04, NZI 2004, 383 (384); angedeutet in Cour d'appel de Versailles, Urt.v.4.9.2003, Az: 05038/03, www.rws-verlag.de/volltext-2003/ca03.htm.

[551] AG München, Beschl.v.4.5.2004, Az: 1501 IE 1276/04, NZI 2004, 450 (450); AG Siegen, Beschl.v.1.7.2004, Az: 25 IN 154/04,), www.eir-database.com/world_doc /judgements_46_1.pdf; Tribunale di Parma, Urt.v.9.2.2004, Az: 53/04, ZIP 2004, 1220 (1221); Tribunale di Parma, Urt.v.15.6.2004, Az: 93/04, ZIP 2004, 2295 (2296); Stadtgericht Fejer/Székesfehérvár, Beschl.v.14.6.2004, www.eir-database.com/world_doc/judgements_47.pdf

[552] Vgl. Duursma-Kepplinger/Duursma/Chalupsky, EuInsVO – Duursma-Kepplinger, Vorbem. zur EuInsVO, Rn. 12; schließlich auch EuGH, Urt.v.2.5.2006, Rs. C-341/04 (Eurofood IFSC Ltd.), www.curia.eut.int/jurisp, Rn. 33: Rechtssicherheit und Vorhersehbarkeit sollten bei der Bestimmung des für die Eröffnung zuständigen Gerichts garantiert werden; dies sei umso wichtiger, als sie nach Art. 4 Abs. 1 EuInsVO die Bestimmung des anwendbaren Rechts nach sich zieht (eingehend dazu unter 4. dd)).

[553] So angedacht Herchen, ZInsO 2004, 825 (826), der gleichwohl grundsätzlich die *lex fori processus* berufen sieht, um die Vermutung zu entkräften; ablehnend dagegen Schilling, Insolvenz einer englischen Limited mit Verwaltungssitz in Deutschland, S. 63: Die gesetzliche

Zwar obliegt die Ausgestaltung gerichtlicher Verfahren, namentlich der Beweislastverteilung, grundsätzlich den innerstaatlichen Rechtsordnungen der einzelnen Mitgliedstaaten[554]; dieser Grundsatz steht jedoch unter dem Vorbehalt einer vorrangigen gemeinschaftsrechtlichen Regelung[555]. - Könnte nicht Art. 3 Abs. 1 S. 2 EuInsVO eine solche sein?

Wortlaut und Struktur nach muss es sich nicht zwingend um einen – an sich überflüssigen – Verweis auf das Prozessrecht des Forums handeln, wird dieses doch anerkanntermaßen ohnehin angewandt (*Lex-fori*-Prinzip); vielmehr spricht beides dafür, dass es sich um eine eigenständige gesetzliche Vermutung handelt, die solange Geltung beansprucht, bis der Beweis des Gegenteils geführt ist[556].

Diese Deutweise stützt auch das Bestreben der EuInsVO, insolvenzrechtliche Maßnahmen zu koordinieren, um ein ordnungsgemäßes Funktionieren des Binnenmarktes zu gewährleisten (vgl. Erwägungsgrund 3 zur EuInsVO). Die Funktionsfähigkeit der EG als Rechtsgemeinschaft verlangt jedoch nach effektiver und einheitlicher Anwendung des Gemeinschaftsrechts durch nationale Stellen[557]; das Gemeinschaftsrecht kann nur Respekt verlangen, wenn alle Unionsbürger hinreichende Gewissheit haben können, dass es in allen Mitgliedstaaten in der selben Weise und mit gleicher Verlässlichkeit durchgesetzt wird und somit Rechtsgleichheit herrscht[558]. Diese Einsicht hatte offenbar auch Erwägungsgrund 8 zur EuInsVO im Blick, wenn er der Verordnung aufgibt, Effizienz und Wirksamkeit von Insolvenzverfahren zu steigern, indem Bestimmungen über den Gerichtsstand in einem einheitlichen Rechtsakt zusammengefasst werden, der in den Mitgliedstaaten verbindlich ist und unmittelbar gilt.

Den Rechtsanwender lässt er indes – ob diesen hehren Zieles - mit der anhalts- und beispiellosen Bestimmung des Art. 3 Abs. 1 EuInsVO zurück. Einzig die Vermutung des Art. 3 Abs. 1 S. 2 EuInsVO hält ein Hilfsmittel zur Feststellung des Interessenmittelpunktes bereit; sie gibt dem Begriff des Interessenmittelpunktes Gestalt, indem sie auf ein einfach feststell- und handhabbares Kriterium wie den satzungsmäßigen Sitz abstellt[559].

Will man also Ernst machen mit den formulierten Ansprüchen an die Funktionsfähigkeit der EG als Rechtsgemeinschaft, so darf man es nicht den

---

Systematik der EuInsVO sei einheitlich kollisionsrechtlicher Natur, sie enthalte kein Sachrecht.

[554] Calliess/Ruffert, EUV/EGV – Kahl, Art. 10 EGV Rn. 31.

[555] Vgl. Calliess/Ruffert, EUV/EGV – Kahl, Art. 10 EGV Rn. 31.

[556] Vgl. Duursma-Kepplinger/Duursma/Chalupsky, EuInsVO – Duursma-Kepplinger, Art. 3 Rn. 25.

[557] Vgl. Von Bogdandy in: Grabitz/Hilf, Recht der EU, Bd. 1, Art. 10 EGV Rn. 7 (Stand: August 2002, EL 20); Calliess/Ruffert, EUV/EGV – Kahl, Art. 10 EGV Rn. 11.

[558] Von Bogdandy in: Grabitz/Hilf, Recht der EU, Bd. 1, Art. 10 EGV Rn. 7 (Stand: August 2002, EL 20).

[559] So Mankowski, NZI 2004, 450 (451); Kübler, Der Mittelpunkt hauptsächlicher Interessen nach Art. 3 Abs. 1 EuInsVO, in: Festschrift für Gerhardt, 527 (551).

einzelnen Mitgliedstaaten anheim stellen, die Vermutung in ihr Prozessrecht zu integrieren, sondern muss ihr vielmehr eigene übergeordnete Bedeutung und Stärke beimessen – als einheitliche Sachrechtsregel[560]; sie gilt dann gemäß Art. 249 Abs. 2 EGV allgemein und unmittelbar - und zwar ihrem eigenen Gehalt nach und nicht als Brücke in das nationale Verfahrensrecht.

Nur so lässt sich dem Missverhältnis von theoretischen Ansprüchen an die Verordnung und praktischen Schwierigkeiten begegnen. Daher gebietet eine Auslegung des Art. 3 Abs. 1 S. 2 EuInsVO, die ihren Gehalt und Wert möglichst effektiv für die Ziele der Verordnung zu nutzen sucht („*effet utile*")[561], dieses Ergebnis: Art. 3 Abs. 1 S. 2 EuInsVO als Norm des europäischen Insolvenzsachrechts zu begreifen.

Bleibt, ihr diesen einheitlichen, verbindlichen Gehalt zu entnehmen.

Zu diesem Zweck kann man wiederum auf einen Vergleich der mitgliedstaatlichen Auffassungen zurückgreifen. Als Konsens hat sich herauskristallisiert: Darlegungs- und Beweislast hinsichtlich der internationalen Zuständigkeit liegen zunächst beim Antragssteller; will eine Partei die Zuständigkeit eines anderen Gerichts einwenden, muss sie belegen, dass satzungsmäßiger und tatsächlicher Verwaltungssitz verschieden sind. Das befasste Gericht kann bis zur Schwelle der Vermutung des Art. 3 Abs. 1 S. 2 untätig bleiben, muss dies bisweilen sogar; erst wenn konkrete Anhaltspunkte zur Erschütterung der Vermutung vorgebracht wurden, wird es tätig, teils pflichtgemäß, teils nach eigenem Ermessen.

Im Interesse einheitlicher Anwendung und praktischer Wirksamkeit sind die verbleibenden Unterschiede auszumerzen: Besteht unterhalb der Schwelle der Vermutung des Art. 3 Abs. 1 S. 2 EuInsVO ein Amtsermittlungsrecht? Entsteht mit Überschreiten der Schwelle eine Amtsermittlungspflicht?

Antwort zu geben vermag Art. 10 EGV. Hiernach sind die Mitgliedstaaten gehalten, alle geeigneten Maßnahmen zu treffen zur Erfüllung der Verpflichtun-

---

560 Vgl. für ein erhebliches Eigengewicht der Vermutung, nicht jedoch explizit im Sinne einer einheitlichen Sachregel Mankowski, NZI 2004, 450 (451), der sie der einfachen Handhabbarkeit und der Rechtssicherheit wegen zum Regelfall erheben will, von dem nur in absoluten Ausnahmefällen abzuweichen ist, da eine leichte Widerlegung der Vermutung ihr jeglichen Wert absprechen würde; ähnlich Wimmer, ZInsO 2005, 119 (122); Kübler, Der Mittelpunkt hauptsächlicher Interessen nach Art. 3 Abs. 1 EuInsVO, in: Festschrift für Gerhardt, 527 (551).

561 Vgl. zur teleologischen Auslegung anhand der praktischen Wirksamkeit der jeweiligen Norm Calliess/Ruffert, EUV/EGV – Wegener, Art. 220 EGV Rn. 14; ständige Rechtsprechung des EuGH, um die Abschwächung der praktischen Wirksamkeit einer Maßnahme zu verhindern (*effet utile*), vgl. nur: EuGH, Urt.v.4.12.1974, Rs. 41/74 (van Duyn), Rn. 12, Slg. 1974, 1337/BeckRS 2004 71134; EuGH, Urt.v.1.2.1977, Rs. 51/76 (Nederlandse Ondernemingen), Rn. 20/29, Slg. 1977, 113/BeckRS 2004 73250; EuGH, Urt.v.20.9.1988, Rs. 31/87 (Beentjes), Rn. 11, Slg. 1988, 4635/BeckRS 200470722; EuGH, Urt.v.20.9.1988, Rs. 190/87 (Borken/Moorman), Rn. 27, Slg. 1988, 4689/BeckRS 2004 72137.

gen, die sich aus dem EG-Vertrag ergeben, der Gemeinschaft die Erfüllung ihrer Aufgabe zu erleichtern und Maßnahmen zu unterlassen, welche die Verwirklichung der Ziele dieses Vertrages gefährden könnten.

Anerkanntermaßen ist Art. 10 EGV Ausdruck eines allgemeinen Rechtsgrundsatzes, der für gewöhnlich mit dem Begriff „Grundsatz der loyalen Zusammenarbeit" überschrieben wird[562]. Sein Ziel ist es, die Funktionsfähigkeit der EG als Rechtsgemeinschaft zu sichern; dies kann nur erreicht werden durch wirksame und gleichmäßige Anwendung des Gemeinschaftsrechts in den Mitgliedstaaten[563].

Um dieses Bestreben nicht zu einem schlichten Programmsatz verkommen zu lassen, ist Art. 10 EGV mit dem Instrumentarium ausgestattet, Rechtspflichten zu begründen[564]. Mitgliedstaaten (oder auch der Gemeinschaft) werden so eigenständige Pflichten auferlegt, die im EG-Recht jedenfalls nicht ausdrücklich angelegt sind, wenn bestimmte Voraussetzungen erfüllt sind[565]. Diese Voraussetzungen ergeben sich – neben dem sehr vage gefassten Wortlaut – aus einer Zusammenschau des verfassungsrechtlichen Kontextes, der dogmatischen Grundlagen und der Rechtsprechung des EuGH[566]: Erstens muss das Ge- oder Verbot akzessorisch zu einer bestehenden Gemeinschaftskompetenz oder einer gemeinschaftsrechtlichen Regelung sein[567], mit anderen Worten, es darf lediglich dienenden Charakter haben, um das Funktionieren der Europäischen Union gegenüber den Mitgliedstaaten zu gewährleisten, nicht dagegen darf es ein neues Ziel begründen[568].

Zweitens muss sich mit hinreichender Bestimmtheit ermitteln lassen, was im Einzelfall ge- oder verboten ist[569]. Dies ist entweder der Fall, wenn einer Verpflichtung tatsächlich nur durch eine einzige Maßnahme nachgekommen werden

---

562 Zum Begriff Von Bogdandy in: Grabitz/Hilf, Recht der EU, Bd. 1, Art. 10 EGV Rn. 6 (Stand: August 2002, EL 20); vgl. schon EuGH, Urt.v.10.2.1983, Rs. 230/81 (Luxemburg/ Parlament), Slg. 1983, 255/BeckRS 2004 72469, Rn. 37 zu Art. 5 EWG-Vertrag; für „Gemeinschaftstreue" oder „Unionstreue" Calliess/Ruffert, EUV/EGV – Kahl, Art. 10 EGV Rn. 6.

563 Vgl. Von Bogdandy in: Grabitz/Hilf, Recht der EU, Bd. 1, Art. 10 EGV Rn. 7 (Stand: August 2002, EL 20); Calliess/Ruffert, EUV/EGV – Kahl, Art. 10 EGV Rn. 11.

564 Vgl. Calliess/Ruffert, EUV/EGV – Kahl, Art. 10 EGV Rn. 15; Von Bogdandy in: Grabitz/ Hilf, Recht der EU, Bd. 1, Art. 10 EGV Rn. 2 (Stand: August 2002, EL 20).

565 Vgl. Calliess/Ruffert, EUV/EGV – Kahl, Art. 10 EGV Rn. 15; Von Bogdandy in: Grabitz/ Hilf, Recht der EU, Bd. 1, Art. 10 EGV Rn. 12 (Stand: August 2002, EL 20).

566 Von Bogdandy in: Grabitz/Hilf, Recht der EU, Bd. 1, Art. 10 EGV Rn. 12 (Stand: August 2002, EL 20).

567 Von Bogdandy in: Grabitz/Hilf, Recht der EU, Bd. 1, Art. 10 EGV Rn. 14 (Stand: August 2002, EL 20).

568 Vgl. Von Bogdandy in: Grabitz/Hilf, Recht der EU, Bd. 1, Art. 10 EGV Rn. 13 f. (Stand: August 2002, EL 20).

569 Von Bogdandy in: Grabitz/Hilf, Recht der EU, Bd. 1, Art. 10 EGV Rn. 15 (Stand: August 2002, EL 20).

kann (Ermessensreduzierung auf Null), oder wenn die Pflicht sich konkretisieren lässt durch Zusammenspiel mit einer anderen, hinreichend präzisen und unbedingten Norm des Primär- oder Sekundärrechts[570].

Drittens darf die Pflicht das institutionelle Gefüge der Gemeinschaft nicht in Frage stellen. Die Grundsätze von Subsidiarität und Verhältnismäßigkeit, wie sie Art. 5 EGV für den Erlass von Sekundärrecht aufstellt, gelten daher auch bei Auslegung und Fortentwicklung des Primärrechts[571].

Diese Voraussetzungen sind folglich an Art. 3 Abs. 1 EuInsVO anzulegen, um ein verbindliches Verhalten in Bezug auf die Handhabe der Vermutung zu ermitteln.

Die EuInsVO ist ein Instrumentarium, das dem reibungslosen Funktionieren des Binnenmarktes dienen soll (vgl. Erwägungsgrund 3 zur EuInsVO); als solches ist es auf die primärrechtlichen Grundlagen der Art. 61 lit. c), 65 lit. a) und 67 Abs. 1 EGV gestützt[572], die sich eben dieses Ziel auf die Fahnen geschrieben haben. Eine wie auch immer geartete Pflicht aus Art. 3 Abs. 1 S. 2 EuInsVO müsste daher unterstützend wirken, um die angestrebte Rechtslage zu erreichen: einen Rechtsraum, der eine effektive, einheitliche Anwendung des Rechts gewährleistet und daher funktionstüchtig ist.

An diesem Ziel muss sich daher ein Ge- oder Verbot aus Art. 10 EGV ausrichten.

Wie gesehen, resultieren die Diskrepanzen in der Bewertung des „Mittelpunktes hauptsächlicher Interessen“ unter anderem daraus, dass die einzelnen Mitgliedstaaten die Schwelle für die Erschütterung der Vermutung des Art. 3 Abs. 1 S. 2 EuInsVO für den satzungsmäßigen Sitz nicht einheitlich anwenden.

Dies schwächt die Wirksamkeit des Gemeinschaftsrechts – an den Maßstäben der fortgesetzten Rechtsprechung des EuGH gemessen, ist diese Handhabe daher mit dem Gemeinschafsrecht unvereinbar; der EuGH hat in ähnlichen Fällen nationalen Gerichten wiederholt aufgegeben, eine entgegenstehende nationale Bestimmung oder Gerichtspraxis zu ignorieren, wenn deren Anwendung zu einer Abschwächung der Wirksamkeit des Gemeinschaftsrechts führen würde[573].

---

[570] Calliess/Ruffert, EUV/EGV – Kahl, Art. 10 EGV Rn. 15.

[571] Von Bogdandy in: Grabitz/Hilf, Recht der EU, Bd. 1, Art. 10 EGV Rn. 22 (Stand: August 2002, EL 20).

[572] Vgl. Duursma-Kepplinger/Duursma/Chalupsky, EuInsVO – Duursma, Europarechtliche Aspekte, Rn. 2.

[573] In diesem Sinne schon EuGH, Urt.v.9.3.1978, Rs. 106/77 (Simmenthal), Slg. 1978, 629/ BeckRS 2004 70669, Rn. 21/23: „aus alledem folgt, dass jeder (...) Richter verpflichtet ist, das Gemeinschaftsrecht uneingeschränkt anzuwenden (...), indem er jede möglicherweise entgegenstehende Bestimmung des nationalen Rechts, gleichgültig, ob sie früher oder später ergangen ist, unangewendet lässt. Sonach wäre jede Bestimmung einer nationalen Rechtsordnung oder jede (...) Gerichtspraxis mit den in der Natur des Gemeinschaftsrechts liegenden Erfordernissen unvereinbar, die dadurch zu einer Abschwächung der Wirksamkeit des Ge-

Bei allen dogmatisch nicht begründeten und daher unvorhersehbaren Ausschweifungen der Praxis haben sich jedoch für die begutachteten Rechtsordnungen Gemeinsamkeiten feststellen lassen, die eine gleichförmige Anwendung der Vermutung leicht gewähren könnten. Dies dann, wenn Darlegungs- und Beweislast hinsichtlich der internationalen Zuständigkeit vollauf beim Antragssteller belassen bleiben, das befasste Gericht demgegenüber bis zur Schwelle der Vermutung des Art. 3 Abs. 1 S. 2 untätig bleibt; erst wenn der Antragssteller, konkrete Umstände dartut, die geeignet sind, begründete Zweifel an der Identität von satzungsmäßigem und tatsächlichem Gesellschaftssitz zu hegen, darf es tätig werden[574].

Da der EuGH den nationalen Gerichten jedoch gerade aufgibt, Gemeinschaftsrecht so anzuwenden, dass dessen Einheit und Wirksamkeit gewährleistet wird[575], lässt sich aus Art. 10 EGV in Verbindung mit Art. 3 Abs. 1 S. 2 EuInsVO eine konkrete Unterlassungspflicht ableiten: Bis zur Erschütterung der Vermutung des Art. 3 Abs. 1 S. 2 EuInsVO darf ein Gericht keinen Gebrauch von seinem etwaig bestehenden nationalen Amtsermittlungsrecht machen; vielmehr muss es dies aufgrund des Anwendungsvorrangs der spezielleren europäischen Sachrechtsregel (Art. 3 Abs. 1 S. 2 EuInsVO) unangewendet lassen.

Eine gleichförmige Anwendung der Vermutung gebietet indes auch Auflagen für die nationalen Gerichte, die die Handhabe des Amtsermittlungsrechts überhalb der Schwelle der Vermutung des Art. 3 Abs. 1 S. 2 EuInsVO in einheitliche Bahnen lenken.

Bislang ist das Tätigwerden des Gerichts teils allein am eigenen Gutdünken ausgerichtet (Großbritannien), teils an Voraussetzungen gebunden: so in Frankreich, wo hinreichend Fakten vorgetragen werden müssen, um die Vermutung zu

---

meinschaftsrechts führen würde"; dem folgend EuGH, Urt.v.19.6.1990, Rs. C-213-89 (Factortame, u.a.), Slg. 1990, I-2433/BeckRS 2004 75128, Rn. 20 f.

[574] So angedacht auch Herchen, ZInsO 2004, 825 (826), der die Frage aufwirft, ob es sich nicht bei Art. 3 Abs. 1 S. 2 EuInsVO um eine Norm des europäischen Sachrechts handeln könnte, welche eine etwaig bestehende Amtsermittlungspflicht suspendiert, vielmehr dem Antragssteller, der eine vom Satzungssitz abweichende internationale Zuständigkeit behauptet, die volle Darlegungs- und Beweislast aufbürdet. Ähnlich i.E. auch Duursma-Kepplinger/Duursma/Chalupsky, EuInsVO – Duursma-Kepplinger, Art. 3 Rn. 25, die darauf hinweist, dass eine ausgedehnte Nachforschungs- und Prüfpflicht des Gerichts dazu führen würde, dass die Vermutung des Art. 3 Abs. 1 S. 2 EuInsVO ihre Bedeutung fast gänzlich einbüßt; vielmehr solle es sich um eine gesetzliche Vermutung dergestalt handeln, dass sie solange Geltung beansprucht, bis der Beweis des Gegenteils geführt ist.

[575] Vgl. EuGH, Urt.v.19.6.1990, Rs. C-213-89 (Factortame, u.a.), Slg. 1990, I-2433/BeckRS 2004 75128, Rn. 18-22: Die Mitgliedstaaten haben die Mitwirkungspflicht aus Art. 5 EWG-Vertrag, dem Gemeinschaftsrecht zu seiner vollen Wirksamkeit einheitlich in sämtlichen Mitgliedstaaten zu verhelfen; EuGH, Urt.v.15.5.1986, Rs. 222/84 (Johnston), Slg. 1986, 1651/BeckRS 2004 72403, Rn. 53; EuGH, Urt.v.9.3.1978, Rs. 106/77 (Simmenthal), Slg. 1978, 629/BeckRS 2004 70669, Rn. 21/23; Calliess/Ruffert, EUV/EGV – Kahl, Art. 10 EGV Rn. 31.

erschüttern, oder in Italien, wo das Gericht tätig wird, wenn ihm das „notwendig“ erscheint; in Deutschland dagegen muss das Gericht per se tätig werden. Diese unterschiedlichen Anforderungen, die an ein Tätigwerden des Gerichts angelegt werden, bedingen die uneinheitlichen und unvorhersehbaren Entscheidungen der nationalen Gerichte in der Beurteilung der internationalen Zuständigkeit.

Eine Pflicht, die die einheitliche und effektive Anwendung des Gemeinschaftsrechts sicherstellt, muss daher angetan sein, die Handhabe der Amtsermittlung zu disziplinieren – durch einheitliche Anforderungen an das Einsetzen von Ermittlungstätigkeiten des Gerichts.

Diese lassen sich indes durch Art. 3 Abs. 1 S. 2 EuInsVO leicht konkretisieren: Wie bereits festgestellt, darf das Gericht erst tätig werden, wenn der Antragssteller konkrete Umstände dartut, die geeignet sind, begründete Zweifel an der Identität von satzungsmäßigem und tatsächlichem Gesellschaftssitz zu hegen; um die einheitliche Anwendung des Gemeinschaftsrechts vollends sicherzustellen, ist dieses Gebot durch ein weiteres zu ergänzen: Ist die Schwelle zum begründeten Zweifel überschritten, darf das Gericht nicht nur tätig werden, es muss dies vielmehr – nur durch diese beiderseitige Begrenzung des Amtsermittlungsrechts lässt sich die gleichförmige, wirksame Anwendung des Gemeinschafsrechts sicherstellen. Aus Art. 10 EGV in Verbindung mit Art. 3 Abs. 1 S. 2 EuInsVO lässt sich folglich die konkrete Handlungspflicht ableiten: Ist die Vermutung des Art. 3 Abs. 1 S. 2 EuInsVO für den satzungsmäßigen Sitz durch den Tatsachen- und Beweisvortrag des Antragsstellers erschüttert, setzt die Pflicht des Gerichts ein, den – abweichenden – „Mittelpunkt der hauptsächlichen Interessen des Schuldners“ von Amts wegen zu ermitteln; Art. 3 Abs. 1 S. 2 EuInsVO stellt insofern eine spezielle europäische Sachrechtsregel auf, die das etwaig bestehende nationale Ermessen des Gerichts suspendiert und im Interesse einheitlicher, effektiver Rechtsanwendung eine Amtsermittlungspflicht auferlegt.

Beide derlei aufgestellten Pflichten, die Unterlassungs- und Handlungspflicht aus Art. 3 Abs. 1 S. 2 EuInsVO, sichern nur die Beachtung der durch Art. 61 lit. c) und 65 lit. a) EGV aufgestellten und durch die EuInsVO konkretisierten Ziele ab; sie greifen daher nicht über das Pflichtengefüge des EG-Vertrages hinaus und bewegen sich damit innerhalb der Grundsätze von Subsidiarität und Verhältnismäßigkeit, wie sie Art. 5 EGV aufstellt[576].

Durch Art. 10 EGV lassen sich daher dem Art. 3 EuInsVO verbindliche Maßgaben für die einheitliche, wirksame Anwendung der Vermutung entnehmen: zum einen das Gebot, ein etwaig bestehendes Amtsermittlungsrecht unterhalb der Schwelle des Art. 3 Abs. 1 S. 2 EuInsVO unangewendet zu lassen und zum anderen das Gebot, den Interessenmittelpunkt von Amts wegen zu ermitteln, so-

---

576 Vgl. zu den Anforderungen Von Bogdandy in: Grabitz/Hilf, Recht der EU, Bd. 1, Art. 10 EGV Rn. 23 (Stand: August 2002, EL 20).

bald begründete Zweifel an der Identität von satzungsmäßigem und tatsächlichem Gesellschaftssitz bestehen. Als Sachrechtsregel genießen diese Maßgaben gemäß Art. 249 Abs. 2 EGV Vorrang vor dem nationalen Recht.

c) „Mittelpunkt hauptsächlicher Interessen des Schuldners"

Wann aber ist der „satzungsmäßige Sitz" tatsächlich widerlegt? – Art. 3 Abs. 1 S. 1 EuInsVO stellt dem „satzungsmäßigen Sitz" den Begriff des „Mittelpunkt(es) der hauptsächlichen Interessen des Schuldners" gegenüber; dieser sucht unumstritten die engste Verbindung zu einer Rechtsordnung – strittig ist indes geblieben, welcher Natur diese Verbindung sein soll: Entscheiden nach außen zutage tretende Umstände oder sind interne Entscheidungszuständigkeiten und –mechanismen maßgebend? Und vor allem, sind Schuldnergesellschaften entsprechend ihrer rechtlichen Eigenständigkeit isoliert zu betrachten oder kann die rechtliche Existenz einer Gesellschaft für die Zwecke des Art. 3 Abs. 1 S. 1 EuInsVO im Konzern durchbrochen werden?

Der schiere Wortlaut des Art. 3 Abs. 1 S. 1 EuInsVO ist dazu angetan, jede dieser Deutweisen zu erfassen, keine zwingend auszuschließen

aa) Anerkennung des Konzerninsolvenzgerichtsstandes?

Erhebt man die Beherrschung durch die Muttergesellschaft zum zentralen Kriterium, so sieht man sich gezwungen, den „Mittelpunkt der hauptsächlichen Interessen" jeder Schuldnergesellschaft an der Zentrale des Konzerns zu verorten. Auf diese Weise wird die rechtliche Selbständigkeit der Konzerngesellschaften aufgehoben und ein einheitlicher Konzerninsolvenzgerichtsstand geschaffen; in diesem Sinne verfahren englische Gerichte seit Einführung der EuInsVO, deutsche und italienische zogen nach.

Nach dem Willen der Verordnungsgeber war dies jedoch gerade nicht beabsichtigt. So hält bereits der erläuternde Bericht zum EuIÜ fest: „Das Übereinkommen enthält keine Vorschriften für Unternehmenszusammenschlüsse (in der Form von Mutter- und Tochtergesellschaften)."[577] Vielmehr gilt für ein Unternehmen, das einem solchen Zusammenschluss angehört, „grundsätzlich die allgemeine Regel, dass für jeden der betroffenen Schuldner mit eigener Rechtspersönlichkeit die Zuständigkeit nach dem Übereinkommen gegeben sein muss."[578] Ob dieser eindeutigen Aussage zum „Europäischen Übereinkommen über Insolvenzverfahren vom 23.11.1995" hätte eine geänderte Sichtweise, nämlich die Durchbrechung der allgemeinen Regel im Falle verbundener Unternehmen, ausdrücklicher Erwähnung bedurft, diente das EuIÜ der EuInsVO doch in Konzep-

---

[577] Virgos/Schmit-Report Rn. 76.

[578] Virgos/Schmit-Report Rn. 76.

tion und Wortwahl als Vorbild[579]. Weder ist dies geschehen, noch lässt sich ein Abrücken von dieser Intention anderweitig belegen; im Gegenteil, dem Verordnungsgeber kam es gerade darauf an, den Erläuterungen des Virgos/Schmit-Reports weiterhin Gültigkeit beizumessen. Um dies sicherzustellen, wurden gar die Kernaussagen dieses Berichts in den einleitenden Bemerkungen zur EuInsVO verankert[580].

Nach alledem ist klar, dass kein einheitlicher Konzerninsolvenzgerichtsstand geschaffen werden sollte; gleichwohl trägt der Normtext diese Deutweise.

Es besteht daher eine Divergenz zwischen Willen und Erklärung, die Mehrdeutigkeit schafft und die uneinheitliche Rechtsanwendung befördert. Diese Lücke ist durch Auslegung zu schließen.

Stellt man sich auf den Standpunkt der subjektiven Auslegungstheorie, ist dies schnell geschehen: Da es der Gesetzgeber ist, der die betreffende Norm erlässt und damit ihren Inhalt bestimmt, muss es auch sein Wille sein, der zur Beseitigung von Unklarheiten über eben diesen Inhalt entscheidet[581].

Die Intention des Verordnungsgebers wurde jedoch klar und unmissverständlich dokumentiert: Die internationale Zuständigkeit von Konzerninsolvenzen sollte nicht geregelt werden. Die bestehende Diskrepanz zum Erklärten ist danach lediglich textueller Natur, rührt sie doch allein von sprachlicher Ungenauigkeit und Unschärfe.

Gleichwohl ist unbestreitbar, die historische Intention ist nicht sakrosankt. Dem Normgeber kann es kaum je möglich sein, sämtliche Sachverhaltskonstellationen abzusehen und bewusst in den Anwendungsbereich einer Norm zu integrieren oder von selbigem auszuschließen. Es kann daher im Nachhinein notwendig werden, die Norm an geänderte Verhältnisse anzupassen. Fraglich ist indes, inwieweit dies durch Auslegung geschehen kann oder soll, oder ob nicht vielmehr die Grenze der Missachtung positiven Rechts erreicht ist[582].

---

579 Vgl. Duursma-Kepplinger/Duursma/Chalupsky, EuInsVO – Duursma, Geschichte der EuInsVO Rn. 10: Der Verordnungsvorschlag transformierte den Inhalt des EuIÜ weitgehend inhaltsgleich in Verordnungsform; ders., Geschichte der EuInsVO Rn. 10, Fn. 20: Die wesentlichen Veränderungen hängen damit zusammen, dass bei einer Verordnung anders als bei einem Übereinkommen keine ausdrückliche Kompetenz des EuGH zur Vorabentscheidung vorgesehen werden braucht (vgl. Art. 43 ff. EuIÜ), da eine solche bereits aufgrund des Art. 249 EGV besteht. Vgl. auch Jacobs, Schlussanträge des Generalanwalts, 27.9.2005, Rs. C-341/04 (Eurofood IFSC Ltd.), www.curia.eut.int/jurisp, Rn. 2: „Der Text der Verordnung entspricht (...) in allen wesentlichen Punkten dem Text des Übereinkommens. M.E kann deshalb der erläuternde Bericht zum Übereinkommen (...) nützliche Hinweise für die Auslegung der Verordnung geben".

580 Duursma-Kepplinger/Duursma/Chalupsky, EuInsVO – Duursma, Geschichte der EuInsVO Rn. 10.

581 Vgl. Bydlinski, Juristische Methodenlehre und Rechtsbegriff, 2. Teil I., S. 430.

582 Vgl. Bydlinski, Juristische Methodenlehre und Rechtsbegriff, 2. Teil I., S. 429 und 5. Teil III., S. 567.

Wie gesehen, deckt der Wortlaut des Art. 3 Abs. 1 S. 1 EuInsVO die Anerkennung eines einheitlichen Konzerninsolvenzgerichtsstandes; für einen sorgfältigen Rechtsanwender lässt sich diese Lesart der Norm objektiv entnehmen. Folgt man also der objektiven Auslegungstheorie, hält sich das Ergebnis noch im Rahmen der Auslegung, die Grenzen der Rechtsgewinnung *de lege lata* sind nicht überschritten; nach der subjektiven Auslegungstheorie stellt dies dagegen einen unzulässigen Grenzübertritt dar, wurden die in Rede stehenden Konzerninsolvenzen doch sehr wohl *bewusst* vom Anwendungsbereich der Norm ausgeschlossen.

Bei aller geschätzten Autorität des Gesetzgebers, muss eine Rechtsordnung jedoch flexibel sein, gesellschaftlich geänderte Bedürfnisse wahrzunehmen und auf diese zu reagieren – nur so bewährt sie sich im Alltag, erfährt fortwährend Anerkennung und wird schließlich befolgt.

Daher ist klar, Ziel einer Auslegung muss stets sein, den Sinngehalt einer Norm zu suchen, wie er *heute* rechtlich maßgebend ist[583]. Die subjektive Auslegungstheorie in ihrer Reinform ist daher abzulehnen. - Bleibt die Frage, ob der Gehalt der Norm tatsächlich durch Auslegung derartig neu belegt werden kann und soll.

Antwort zu geben vermag die Intention, die der EuInsVO allgemein zugrunde liegt: Bedingt eine Auslegung nach Sinn und Zweck der EuInsVO diesen Regelungsgehalt, die Anerkennung des Konzerninsolvenzgerichtsstandes?

Die Frage ist (in erster Linie) an die Erwägungen zu stellen, auf denen die EuInsVO gründet. Diese sehen die EuInsVO als Maßnahme, die in einem einheitlichen Rechtsraum dazu beitragen soll, das reibungslose Funktionieren des Binnenmarktes zu gewährleisten (vgl. Erwägungsgrund 1 und 2). Hauptanliegen der Verordnung sind daher zum einen, insolvenzrechtliche Entscheidungen aufeinander abzustimmen (Erwägungsgrund 3) und zum anderen, missbräuchliche Vermögensverlagerungen auszuschließen (Erwägungsgrund 4).

Nimmt man diese Maßgaben beim Wort, muss man sich fragen lassen, ob nicht der Funktionstüchtigkeit des Rechtsraumes am besten gedient wäre, wenn für sämtliche Unternehmen eines Konzerns ein einheitliches Insolvenzverfahren am Sitz der Konzernzentrale durchgeführt würde; wäre eine solch einheitliche Abwicklung nicht leichter zu koordinieren? Führte sie nicht zu weniger Friktionen?

Hilfestellung kann hier ein Blick auf die mitgliedstaatlichen Lösungen bzw. Lösungsansätze geben.

---

[583] Bydlinski, Juristische Methodenlehre und Rechtsbegriff, 2. Teil I., S. 436; speziell zum Europarecht EuGH, Urt.v.6.10.1982, Rs. 283/81 (Cilfit u.a.), Slg. 1982, 3415, Rn. 20: „schließlich ist jede Vorschrift des Gemeinschaftsrechts in ihrem Zusammenhang zu sehen und im Lichte des gesamten Gemeinschaftsrechts, seiner Ziele und seines Entwicklungsstandes zur Zeit der Anwendung der betreffenden Vorschrift auszulegen".

α) Deutschland

Im deutschen Recht ist der Konzern an sich nicht insolvenzfähig; potentielle Insolvenzschuldner sind allein die einzelnen Konzerngesellschaften[584]. Für diese gilt das Selbe wie auch sonst im allgemeinen Prozessrecht, die schlichte Tatsache der Konzernverbindung ändert nichts an den allgemein gültigen Grundsätzen zur Bestimmung des allgemeinen Gerichtsstandes der einzelnen Gesellschaft[585]: Abzustellen ist zwar auf den effektiven Verwaltungssitz; dieser richtet sich jedoch nicht nach dem Ort, an dem die zentralen unternehmerischen Entscheidungen getroffen, sondern nach dem, an dem sie augenfällig, da umgesetzt werden[586].

Damit steht fest, dass es einen einheitlichen Konzerninsolvenzgerichtsstand oder ein einheitliches Insolvenzverfahren über Gesellschafen eines Konzerns in Deutschland nicht gibt; vielmehr wird über jede rechtlich selbständige Gesellschaft ein eigenes Insolvenzverfahren eröffnet, so es denn angezeigt ist[587]. Zuständigkeit, Wirksamkeit und Umfang der Insolvenzeröffnung bestimmen sich dann nach dem Recht des Gerichtsstaates[588].

Auch im Übrigen enthält die Insolvenzordnung keine konzernrechtlichen Regelungen[589]. Gleichwohl stellt sie mit den Regelungen zum Insolvenzplan (§§ 217-269 InsO), zur Eigenverwaltung (§§ 270-285 InsO) und Fortführung des Unternehmens (vgl. § 1 S. 1 Alt. 2 InsO) Instrumentarien zur Verfügung, die insbesondere im Falle der Sanierung verbundener Unternehmen von Interesse und Nutzen sein können[590].

Es stellt sich daher die Frage, inwiefern diese Einrichtungen für Gesellschaften eines Konzerns gesellschaftsübergreifend genutzt werden können und dürfen.

---

[584] Scheel, Konzerninsolvenzrecht, C. I., S. 37; Gottwald, Insolvenzrechtshandbuch – Haas, § 95 Rn. 2.

[585] Wieczorek/Schütze, ZPO, Bd. 1 – Hausmann, § 17 Rn. 17; Gottwald, Insolvenzrechtshandbuch – Haas, § 95 Rn. 3.

[586] Hausmann, Doppelter Sitz von Kapitalgesellschaften nach deutschem Gesellschaftsrecht und internationalem Privatrecht, in: Hausmann/Raupach, Steuergestaltung durch doppelt ansässige Gesellschaften?, S. 20; ders., Wieczorek/Schütze, ZPO, Bd. 1, § 17 Rn. 17; ders., Reithmann/Martiny, Internationales Vertragsrecht, Rn. 2218; OLG Hamburg, Urt.v. 28.5.1973, Az: 8 U 121/72, MDR 1976, 402 (402); Staudinger , BGB, IntGesR – Großfeld, Rn. 230 f.); Westermann, Handbuch der Personengesellschaften – Paefgen, Rn. I 4102; Gottwald, Insolvenzrechtshandbuch – Haas, § 95 Rn. 3.

[587] Vgl. Scheel, Konzerninsolvenzrecht, C. II., S. 39, der jedoch dafür plädiert, einen gemeinsamen Insolvenzgerichtsstand verbundener Unternehmen einzuführen; MünchKommIntWR – Kindler, IntGesR Rn. 716; Gottwald, Insolvenzrechtshandbuch – Haas, § 95 Rn. 2.

[588] MünchKommIntWR – Kindler, IntGesR Rn. 811.

[589] Uhlenbruck, NZI 1999, 41 (42).

[590] Vgl. Piepenburg, NZI 2004, 231 (233).

Zwei Modelle sind denkbar: erstens die sogenannte *„joint administration"* oder auch *„procedural consolidation"*, hierunter versteht man die gemeinsame Insolvenzverwaltung des Vermögens mehrerer verbundener Unternehmen unter Aufsicht ein und desselben Insolvenzgerichts[591], und zweitens die sogenannte *„substantive consolidation"*, die materielle Zusammenfassung mehrerer Insolvenzverfahren[592]; nicht nur bündelt sie die Insolvenzen der einzelnen Konzernunternehmen in einem Verfahren, sie stellt in selbiges überdies sämtliche Aktiva und Passiva der Unternehmen unterschiedslos ein, behandelt die einzelnen Konzerngesellschaften mithin als rechtliche Einheit[593].

Letztere, die *substantive consolidation*, ist im deutschen Recht unzulässig[594]. Dies deshalb, weil im deutschen Recht strikt am Grundsatz der Haftungstrennung festgehalten wird[595]. Dieser gebietet in der Insolvenz einer Gesellschaft, das Vermögen allein nach den Interessen der jeweiligen Verfahrensbeteiligten, i.e. der Gläubiger, zu verwalten[596]. Würde die Haftungstrennung aufgehoben, Aktiva und Passiva mithin vermengt, würden Gläubiger verhältnismäßig solventer Konzerngesellschaften grundlos benachteiligt: Ihre Haftungsmasse würde geschmälert, gleichzeitig die Basis für Operationen und damit der Handlungsspielraum eingeengt, in Konsequenz würde die Aussicht auf optimale Befriedigung ihrer Forderungen genommen.

Eine einheitliche Insolvenzverwaltung müsste daher zwangsläufig widerstreitenden Interessen begegnen und würde ihr Verfahrensziel, die gemeinschaftliche, gleichmäßige Befriedigung der Gläubiger (§ 1 S. 1 InsO), schließlich verfehlen.

Uneingeschränkt mag dies für die Liquidation zutreffen – doch rechtfertigen nicht Unternehmensfortführung oder –veräußerung eine andere Bewertung? In beiden Fällen geht es um die Sanierung des insolventen Unternehmens, deren Ziel die Wertsteigerung des Unternehmens selbst ist, dadurch gleichsam die besseren Befriedigungsaussichten der Gläubiger. – Die oben angeführten Interessenkonflikte vermögen daher als Grund für die Ablehnung einer konzernübergreifenden Sanierung nicht zu überzeugen.

Die gemeinschaftliche Konsolidation mehrerer verbundener Gesellschaften scheint daher nicht von vornherein ausgeschlossen. Nichtsdestotrotz ist klar, nach der Grundentscheidung des deutschen Gesetzgebers besteht keine Möglich-

---

591 Uhlenbruck, NZI 1999, 41 (41).
592 Uhlenbruck, NZI 1999, 41 (41 f.).
593 Uhlenbruck, NZI 1999, 41 (42).
594 Uhlenbruck, NZI 1999, 41 (42).
595 Vgl. Hüffer, AktG, § 1 Rn. 4; Wimmer-Leonhardt, Konzernhaftungsrecht, Kapitel I, S. 12.
596 Uhlenbruck, NZI 1999, 41 (42) mit Verweis auf den „Ersten Bericht der Kommission für Insolvenzrecht" aus dem Jahr 1985.

keit, mehrere konzernmäßig verbundene Unternehmen in ein einheitliches Insolvenzverfahren einzubinden[597].

Gleichwohl kann eine gemeinschaftliche Konsolidation zwar nicht über ein *Verfahren*, wohl aber über einen *Insolvenzplan* erfolgen, der in einem „führenden" Verfahren aufgestellt wird[598]. Auf diese Weise wird der gesetzgeberischen Entscheidung für die Insolvenzfähigkeit der einzelnen Gesellschaften bzw. der Trennung der Haftungsmassen Rechnung getragen, gleichzeitig werden wirtschaftliche Bedürfnisse und Realitäten berücksichtigt.

Der Konzernvorstand kann die Chance der Eigenverwaltung nutzen und auf Grundlage des „führenden" Insolvenzplans konzernübergreifende Maßnahmen zur Unternehmenssanierung und –fortführung anordnen. Ihm zur Seite gestellt wird ein Sachwalter, der die Aufgaben des Insolvenzverwalters übernimmt und insbesondere überwacht, dass den Gläubigern aus der Eigenverwaltung keine Nachteile entstehen (§ 274 Abs. 3 InsO).

Wegen des angesprochenen latent vorhandenen Interessenkonfliktes werden für die Tochtergesellschaften Sondersachwalter eingesetzt, deren Funktion sich darin erschöpft, dafür Sorge zu tragen, dass die Interessen der Gläubiger der einzelnen Tochtergesellschaften nicht beeinträchtigt werden[599].

Die Vorteile dieses Systems erhellen sich rasch: Zum einen kann auf den konzerninternen Leistungsaustausch zugegriffen werden; das bedeutet, dass der Konzern zwar im Außenverhältnis einen einheitlichen Vertrag abschließt, sich dann aber intern der Leistungen seiner Tochtergesellschaften bedient. Auf diese Weise kann kostengünstig produziert werden, sich der Konzern aber gleichzeitig der gleichbleibenden Qualität und rechtzeitigen Lieferung versichert sein - kurz: Synergieeffekte können optimal genutzt werden[600].

Würden dagegen bei allen Tochtergesellschaften unterschiedliche Insolvenzverwalter oder Sachwalter eingesetzt, wären Funktionsfähigkeit nach innen und äußere Verlässlichkeit des gesamten Konzerns geschwächt: Sperrt sich auch nur ein Insolvenzverwalter einer Entscheidung, entfällt eine für die Auftragserfüllung erforderliche Teilleistung und der Gesamtauftrag scheitert. Die Sanierung des Konzerns bzw. einzelner seiner Unternehmen würde so nahezu unmöglich gemacht, gleichzeitig sänken die Befriedigungsaussichten der Gläubiger[601].

Ein weiterer praktisch bedeutsamer Aspekt ist die zentrale Verwaltung des Konzerns. Regelmäßig werden nur auf Ebene der Muttergesellschaft entsprechende Einrichtungen unterhalten: Personalwesen, Buchhaltung und Rechnungswesen, Recht&Steuern, Marketing, M&A-Aktivitäten, Datenverarbeitung, Grundstücksverwaltungen, Versicherungen, Einkauf, Vertrieb und Vertragsab-

---

[597] Uhlenbruck, NZI 1999, 41 (43).
[598] Uhlenbruck, NZI 1999, 41 (43).
[599] Vgl. Piepenburg, NZI 2004, 231 (234).
[600] Vgl. Piepenburg, NZI 2004, 231 (234).
[601] Piepenburg, NZI 2004, 231 (234).

wicklung; allein sie verfügt daher über die ausreichende Fülle an Informationen, um fortführungsrelevante Entscheidungen zu treffen[602]. Wird dagegen in jeder Tochtergesellschaft ein Fremdverwalter eingesetzt, muss er sich aufwendig und langwierig die erforderlichen Informationen in der Konzernzentrale beschaffen. Auch dadurch wird die Leistungsfähigkeit sowohl der einzelnen Gesellschaften wie auch des Gesamtkonzerns beeinträchtigt[603], die Sanierung erschwert und das Verfahrensziel optimaler Gläubigerbefriedigung verfehlt.

Hinzu kommt, dass auch das System der Konzernfinanzierung häufig eine Sanierung der einzelnen Konzerngesellschaft behindert; meist handelt es sich dabei um ein sogenanntes „*Cash-Clearing*", ein vertragliches Gebilde, in dem sich sämtliche Tochtergesellschaften verpflichten, Liquiditätsüberschüsse an die Mutter abzuführen; im Gegenzug sind die Gesellschaften berechtigt, Liquiditätsbedarf bei der Mutter abzurufen[604]. Praktisch werden so Darlehensverträge mit der Konzernmutter geschlossen. Für den Konzern ist dieses Verfahren deshalb attraktiv, weil er sich so intern finanzieren kann, anstatt sich im Außenverhältnis teuer auf dem Kapitalmarkt einzudecken[605].

In der Insolvenz einer Konzerngesellschaft offenbart das System dagegen seine Schwächen: Wird die Muttergesellschaft zahlungsunfähig, wird aus der Darlehensforderung der Tochter eine Insolvenzforderung; mangels vorhandener eigener, da sogleich an die Mutter abgeführter Überschüsse besteht in der Regel keine Kapitaldecke, die den Verlust ausgleichen könnte; es folgt die eigene Insolvenz[606].

Da eigene Rücklagen im System des *Cash-Clearings* nicht bestehen, sind die Möglichkeiten der Tochtergesellschaft eingeschränkt, eigene Rettungsmaßnahmen einzuleiten. Auch deshalb reduziert und fokussiert sich die Möglichkeit effektiver Sanierung allzu oft auf die Entscheidungsebene der Obergesellschaft[607].

Alles in allem zeigen daher die unternehmerischen Realitäten, dass eine Sanierung sowohl für den Gesamtkonzern wie auch für die einzelnen Gesellschaften nur sinnvoll erfolgen kann, wenn die Insolvenzen über einen einheitlichen Sanierungsplan zusammengefasst werden und die Einhaltung zentral koordiniert wird.

Bei diesem Vorgehen handelt es sich nicht um die – unzulässige – *substantive consolidation*, sondern um eine verfahrensmäßige Konsolidation[608]. Diese ist nach der geltenden Insolvenzordnung zulässig, wenn die Voraussetzungen ord-

---

602 Piepenburg, NZI 2004, 231 (235).
603 Piepenburg, NZI 2004, 231 (235).
604 Piepenburg, NZI 2004, 231 (233).
605 Piepenburg, NZI 2004, 231 (233).
606 Vgl. Piepenburg, NZI 2004, 231 (234).
607 Vgl. Piepenburg, NZI 2004, 231 (235).
608 Uhlenbruck, NZI 1999, 41 (43).

nungsgemäßer Planaufstellung eingehalten werden. Zu allererst muss daher die vertragliche oder faktische Konzernherrschaft fortbestehen oder wieder aufgenommen werden[609].

Grundsätzlich endet ein Beherrschungs- und Gewinnabführungsvertrag mit Eintritt der Insolvenzeröffnung. Grund hierfür ist, dass mit Eröffnung des Insolvenzverfahrens die meisten Gesellschaften kraft Gesetzes aufgelöst werden (§ 262 Abs. 1 Nr. 3 AktG, § 131 Abs. 1 Nr. 3 HGB, § 60 Abs. 1 Nr. 4 GmbHG), der Gesellschaftszweck sich folglich ändert[610]. Der Beherrschungsvertrag steht diesem Zweck nunmehr im Wege, zum einen weil dem Insolvenzverwalter keine Weisungen erteilt werden können (§ 80 Abs. 1 InsO), zum anderen wegen der Gewinnabführungs- bzw. Verlustausgleichspflicht – diese lässt sich mit dem Ziel des Insolvenzverfahrens nicht vereinbaren, das Gesellschaftsvermögen zu verwerten und die Gläubiger zu befriedigen[611]. Nach (noch) herrschender Meinung enden daher diese Verträge, wenn über einen der Vertragspartner das (Regel-)Insolvenzverfahren eröffnet wird[612].

---

609 Uhlenbruck, NZI 1999, 41 (43).

610 Kuhlmann/Anis, Konzernrecht, E. 2. d) cc) (3) Rn. 76; Gottwald, Insolvenzrechtshandbuch – Haas, § 95 Rn. 6; Altmeppen weist noch auf einen weiteren, speziell auf Beherrschungs- und Gewinnabführungsverträge zugeschnittenen Aspekt hin: Verträge im Sinne des § 291 AktG stellen sich als Tatbestand einer wirtschaftlichen Fusion dar, kraft dessen das herrschende Unternehmen die wirtschaftliche Existenz der abhängigen Gesellschaft und die Befriedigung ihrer Gläubiger garantiert. Im Falle der Insolvenz ist diese Garantie hinfällig, und es versteht sich, dass die abhängige Gesellschaft keinerlei vertragliche Leistungen mehr an das herrschende Unternehmen erbringen darf (MünchKommAktG – Altmeppen, § 297 Rn. 106).

611 Kuhlmann/Anis, Konzernrecht, E. 2. d) cc) (3) Rn. 76 und 84; Gottwald, Insolvenzrechtshandbuch – Haas, § 95 Rn. 6.

612 Vgl. nur Kuhlmann/Anis, Konzernrecht, E. 2. d) cc) (3) Rn. 76; Hüffer, AktG, § 297 Rn. 22a, MünchKommAktG – Altmeppen, § 297 Rn. 106. Diese Automatik in der Rechtsfolge ließ sich für die Konkursordnung bedenkenlos vertreten, da diese streng zwischen Konkurs und Vergleichsverfahren unterschied; ersterer zielte allein auf Abwicklung, weshalb die o.g. Begründung verfing, für letzteres dagegen sah man in der Insolvenzeröffnung einen außerordentlichen Grund zur Kündigung. Die InsO verschmilzt dagegen Konkurs und Vergleichsverfahren zu einem einheitlichen Verfahren mit der Folge, dass mit der Insolvenzeröffnung heute noch keine definitive Entscheidung für oder gegen die Abwicklung der betroffenen Gesellschaft gefallen ist. Deshalb kann auch nicht von einer Zweckänderung (Abwicklung) gesprochen werden (so Zeidler, Ausgewählte Probleme des GmbH-Vertragskonzernrechts, NZG 1999, 692 (696 f.); zugestanden auch von Kuhlmann/Anis, Konzernrecht, E. I. 2. dd) (5) Rn. 84). Verneint man konsequenterweise die automatische Beendigung des Beherrschungs- und Gewinnabführungsvertrages, so steht beiden Parteien jedenfalls aber ein außerordentliches Kündigungsrecht im Falle der Insolvenz des Vertragspartners zu (Zeidler, Ausgewählte Probleme des GmbH-Vertragskonzernrechts, NZG 1999, 692 (697); Kuhlmann/Anis, Konzernrecht, E. I. 2. dd) (5) Rn. 84; Gottwald, Insolvenzrechtshandbuch – Haas, § 95 Rn. 17). Altmeppen sieht dagegen den Tatbestand der wirtschaftlichen Fusion für nicht mehr erfüllt, wenn ein Vertragsunternehmen in die Insolvenz fällt; das Ende der Unternehmensverträge ist nach

Anders als das Regelinsolvenzverfahren zielen Eigenverwaltung und Insolvenzplanverfahren jedoch nicht auf die Liquidation des Unternehmens, sondern vielmehr auf dessen Fortführung; die ausgeführte Begründung kann daher nur bedingt Gültigkeit beanspruchen[613]. Gleichwohl gibt es Stimmen, die auch in diesen Fällen an der automatischen Beendigung festhalten; dann aber besteht die Möglichkeit, den Unternehmensvertrag durch Neu-Abschluss fortzusetzen[614].

Wie bereits eingangs erwähnt, genügt eine solche Reaktivierung der Konzernherrschaft den Anforderungen für eine ordnungsgemäße Planaufstellung; die höchste Hürde für eine gemeinschaftliche, verfahrensmäßig Konsolidation ist damit genommen. Zusätzlich müssen Schuldner und Gläubigerversammlung dem Plan zustimmen (§§ 244-246 bzw. 247 InsO)[615], das Insolvenzgericht ihn bestätigen (§ 248 Abs. 1 InsO).

Für Deutschland lässt sich daher resümieren: Eine Sanierung des insolventen Unternehmens lässt sich auch ohne einheitlichen Konzerninsolvenzgerichtsstand wirtschaftlich und unternehmerisch sinnvoll bewerkstelligen. Die Abstimmung zwischen den verbundenen Gesellschaften kann über einen „führenden" Insolvenzplan erfolgen, wirtschaftliche Vorteile innerhalb eines Konzerns können optimal genutzt werden, seien es nun die interne Arbeitsteilung, eine einheitliche Verwaltung oder das eigene Finanzierungssystem.

Allein für das Regelinsolvenzverfahren, das der Verwertung des Schuldnervermögens und anschließenden Verteilung des Erlöses dient (§ 1 Abs. 1 S. 1 Alt. 1 InsO), besteht das deutsche Recht aus Gründen des Gläubigerschutzes auf der Trennung der Verfahren. Daran ändert auch eine etwaig bestehende „Durchgriffshaftung" nichts.

Darunter versteht man die unmittelbare Inanspruchnahme der Muttergesellschaft für Schulden der Tochtergesellschaft[616]. Neben rechtsgeschäftlichen und gesetzlichen Verpflichtungsgründen[617] besteht die eigentliche „Durchgriffshaf-

---

dieser Ansicht Ergebnis der zwingenden Regeln der § 302 ff. AktG, mithin unabhängig vom Ziel des Insolvenzverfahrens (MünchKommAktG - Altmeppen, § 297 Rn. 108).

[613] Nach e.A. besteht daher die Konzernherrschaft im Falle der Eigenverwaltung oder der Vorlage eines konsolidierten Insolvenzplans durch das schuldnerische Konzernunternehmen ohne weiteres fort (so Uhlenbruck, NZI 1999, 41 (43); tendenziell für eine solche Möglichkeit auch Hüffer, AktG, § 297 Rn. 22a (m.w.N.)).

[614] MünchKommAktG – Altmeppen, § 297 Rn. 107.

[615] Auch die Gläubiger nicht insolventer Gesellschaften stimmen mit über den Insolvenzplan ab. Wegen der verfahrensmäßigen Einbeziehung greift für sie sowohl das Obstruktionsverbot des § 245 InsO ein als auch der Minderheitenschutz des § 251 InsO. Kommt auf diese Weise ein konsolidierter Insolvenzplan zustande, treten seine Rechtswirkungen konzernübergreifend ein (Uhlenbruck, NZI 1999, 41 (44)).

[616] Vgl. Emmerich/Habersack, Konzernrecht, § 20. IV. 1., S. 275.

[617] Emmerich/Habersack, Konzernrecht, § 20. IV. 2., S. 276. Als rechtsgeschäftliche Verpflichtungsgründe kommen vor allem Bürgschaft, Schuldbeitritt und Garantie in Frage (§ 20. IV. 2., S. 276). Gesetzlich normierter Fall der direkten Inanspruchnahme des herrschenden

tung“ im engeren Sinne in einigen wenigen Ausnahmen von dem allgemein gültigen sogenannten „Trennungsprinzip“, nach dem jedes Konzernunternehmen allein für seine Schulden einzustehen hat[618]. Um diese Ausnahmen greifbar zu machen, haben sich in der Rechtslehre Fallgruppen herausgebildet: Missbrauch der Verbundsstruktur und Vermögensvermischung[619].

Diese Möglichkeit, direkt auf das Vermögen der Muttergesellschaft zuzugreifen, hat jedoch keine Auswirkungen auf die rechtliche Selbständigkeit der einzelnen Gesellschaften. Das Insolvenzverfahren eines verbundenen Unternehmens hat nicht etwa automatisch die Insolvenz des haftenden Unternehmens zur Folge[620]; auch hebt die Durchgriffshaftung die Trennung der Konzerngesellschaften nicht zur Gänze, sondern allein hinsichtlich ihrer Haftungsmassen auf[621]. Vielmehr handelt es sich bei den Tatbeständen der Durchgriffshaftung um eigene, wenngleich abhängige Ansprüche der Gläubiger gegen das herr-

---

Unternehmens ist § 303 AktG i.V.m. § 302 AktG, der sich im Falle der Insolvenz der abhängigen Gesellschaft in einen direkten Zahlungsanspruch wandelt, wenn der Ausfall höhenmässig und endgültig feststeht (Ausfallhaftung) (Kuhlmann/Anis, Konzernrecht, D. III. 2. c)), dd) Rn. 110). Der BGH hat dies bei Vermögenslosigkeit der abhängigen Gesellschaft zunächst nur für den Fall des qualifiziert faktischen Konzerns unter Bezugnahme auf den Grundsatz von Treu und Glauben bejaht. Diese Rechtsprechung wurde sodann auch auf den Fall der Beendigung eines Beherrschungs- und Gewinnabführungsvertrages übertragen (Wimmer-Leonhardt, Konzernhaftungsrecht, Kapitel I, S. 42; Nachweise: BGH, Urt.v.16.9.1985, Az: II ZR 275/84 (BGHZ 95, 330, 347); BGH, Urt.v.19.9.1988, Az: II ZR 255/87 (BGHZ, 105, 168, 183); BGH, Urt.v.23.9.1991, Az: II ZR 135/90 (BGHZ 115, 187, 200); BGH, Urt.v. 11.11.1991, Az: II ZR 287/90 (BGHZ 116, 37, 42). Ablehnend dagegen Scheel, Konzerninsolvenzrecht, G. VII., S. 363: Der Gesetzgeber habe für die Haftung im Vertragskonzern bewusst das Prinzip der Innenhaftung normiert; nicht der Durchgriff sondern der Verlustausgleich sei daher der primäre Haftungsanspruch; Hüffer, AktG, § 303 Rn. 7: Diese Fälle ließen sich ebenso gut über die bestandsschützende Durchgriffshaftung lösen, welche überdies von konzernrechtlichen Beschränkungen losgelöst ist. Als weitere gesetzliche Verpflichtungsgründe kommen die Haftungstatbestände zur Insolvenzverschleppung (§ 64 GmbHG) i.V.m. den Grundsätzen zur faktischen Geschäftsführung der herrschenden Gesellschaft in Betracht (Wimmer-Leonhardt, Konzernhaftungsrecht, Kapitel III., S. 396-408), ebenso wie deliktische Ansprüche: § 823 Abs. 2 BGB i.V.m. § 266 StGB bzw. § 263 StGB oder § 826 BGB.

618 Emmerich/Habersack, Konzernrecht, § 20. IV. 1., S. 275.

619 Vgl. Emmerich/Habersack, Konzernrecht, § 20. IV. 1., S. 275; zum Teil wird weiter differenziert in Unterkapitalisierung, Vermögensvermischung, Sphärenvermischung und Institutsmissbrauch (so z.B. Kuhlmann/Anis, Konzernrecht, D. III.2. c) aa) (1) (b), S. 217). Seit jüngstem wird zudem die Haftung nach den Grundsätzen der c.i.c. erwogen, falls die Muttergesellschaft durch ihr Verhalten ganz bestimmte (konkrete) Erwartungen der Gläubiger in ihre Konzernverantwortung geweckt hat (sog. „Konzernvertrauenshaftung“) (Emmerich/Habersack, Konzernrecht, § 20. IV. 1., S. 275, m.w.N.).

620 Vgl. MünchKommIntWR – Kindler, IntGesR Rn. 811.

621 Scheel, Konzerninsolvenzrecht, G. IX., S. 369.

schende Unternehmen, die neben die Haftung der primär schuldenden Gesellschaft treten[622].

β) England

Im englischen Gesellschaftsrecht gilt das Prinzip der „*seperate legal entity*": Mutter- und Tochtergesellschaften sind trotz etwaig wirtschaftlicher Verflechtungen als selbständige juristische Personen zu behandeln[623]. Bereits im Jahre 1897 wurde dies in der Grundsatzentscheidung des *House of Lords* im Rechtsstreit *Salomon v. Salomon & Co. Ltd.* [624] festgeschrieben und seither in ständiger Rechtsprechung gerade auch für verbundene Gesellschaften bestätigt[625]. Trotz noch so übermächtiger Herrschaftsposition eines (Geschäftsführungs-) Gesellschafters ist die Gesellschaft strikt von ihren Gesellschaftern zu trennen; sie stellt eine eigene rechtliche Einheit dar, die entsprechend ihren jeweiligen Rechten und Pflichten zu behandeln ist[626].

Folgerichtig gilt im englischen Recht die Maxime, dass auch verbundene Unternehmen grundsätzlich nur für ihre eigenen Verbindlichkeiten haften; indes sie gilt nicht absolut: In Ausnahmefällen kann eine Haftung der Gesellschafter auf allgemeinen Rechtsgrundsätze gründen, mithin auf die Muttergesellschaft zugegriffen werden[627]. Auf welche Rechtsgrundlagen sich eine solche Einstandspflicht stützt, bleibt unterdessen vielfach unklar, ebenso wie Anwendungsgebiete und Voraussetzungen bestimmter Rechtsinstitute – es handelt sich daher um schlichte Billigkeitsrechtsprechung[628]. Als (grobe) Leitlinien lassen sich dennoch herausstellen: die Haftung der Muttergesellschaft, wenn die Tochter-

---

622 Vgl. Scheel, Konzerninsolvenzrecht, G. IX.4, S. 376.

623 Wimmer-Leonhardt, Konzernrecht, Kapitel V., S. 552; Hadden, Tom, Die Regelung der Konzerne in Großbritannien: Sonderbehandlung im Rahmen des allgemeinen Gesellschaftsrechts, in: Mestmäcker/Behrens: Das Gesellschaftsrecht der Konzerne im internationalen Vergleich, C. VII., S. 335.

624 House of Lords, Urt.v.16.11.1896, *Salomon v. Salomon & Co. Ltd.*, The Law Times Reports of Cases Decided in The House of Lords, The Privy Council, The Court of Appeal, Vol. 75 (Sep. 1896 - Feb. 1897), S. 426 (435): „The company is at law a different person altogether from the subscribers to the memorandum (...) Nor are the subscribers as members liable, in any shape or form, except to the extent and in the manner provided by the Act".

625 Wimmer-Leonhardt, Konzernrecht, Kapitel V., S. 552 f. mit beispielhaftem Verweis auf *Ord v. Belhaven Pubs Ltd.* (1998), British Company Cases 607 (BCC): „A holding company is a shareholder and, like other shareholders, enjoys limited liability in respect of the debts of the companies whose shares it owns, that is, its subsidiary companies. The courts will not allow a plaintiff with a claim against one company in a group to substitute the holding company or other group subsidiaries as defendants to that claim merely because the group may be a single economic entity".

626 Wimmer-Leonhardt, Konzernrecht, Kapitel V., S. 553.

627 Vgl. Wimmer-Leonhardt, Konzernrecht, Kapitel V., S. 548.

628 Wimmer-Leonhardt, Konzernrecht, Kapitel V., S. 548.

gesellschaft bloße Fassade ist, um die wahren Verhältnisse zu verschleiern, insbesondere um vertragliche oder gesetzliche Verpflichtungen zu umgehen, oder wenn die Tochter als Vertreterin der Muttergesellschaft auftritt; daneben wird eine Haftung selbstverständlich auch bei betrügerischem Handeln der Gesellschafter bejaht[629].

Weitaus bedeutender und vor allem spezifisch auf das Insolvenzrecht zugeschnitten sind die durch den *Insolvency Act 1986* eingeführten Tatbestände der „Betrügerischen Betriebsfortführung" (*fraudulent trading,* I.A. 1986, sec. 213) und des „Betreibens unrechtmäßiger Geschäfte" (*wrongful trading*, I.A. 1986, sec. 214).

I.A. 1986, sec. 213 ermöglicht es, Personen persönlich haftbar zu machen, wenn sie Geschäfte der Gesellschaft in einem Liquidationsverfahrens in der betrügerischen Absicht durchgeführt haben, Gläubiger bzw. sonstige Personen zu täuschen oder andere fraudulöse Zwecke zu verfolgen. Persönlich erfasst der Tatbestand jeden, der wissentlich an der Fortführung des Geschäftsbetriebes teilgenommen hat; dies ist nicht nur die Geschäftsführung der Gesellschaft, sondern gerade auch wer aus dem Hintergrund die Geschäftsfortführung betreibt bzw. aktiv beeinflusst; folglich gehört auch die Muttergesellschaft zu den möglichen Normadressaten[630]. Allerdings ist I.A. 1986, sec. 213 auf Personen zugeschnitten, die *unmittelbar* für die Gesellschaft handeln; bloße Einflussnahmen, die sich im Rahmen des für eine Obergesellschaft Üblichen halten, sind daher gerade nicht erfasst[631].

Für die Praxis weitaus bedeutender ist daher I.A. 1986, sec. 214, denn ihr liegt die Erkenntnis zugrunde, dass den Leitungsorganen betrügerisches Verhalten nur schwer nachzuweisen sein wird[632]. Hiernach können Leitungsorgane in einem Insolvenzverfahren für Gesellschaftsschulden haftbar gemacht werden, wenn sie den Geschäftsbetrieb der Gesellschaft fortgeführt haben, obwohl sie bereits einige Zeit vor Einleitung des Verfahrens wussten oder hätten wissen müssen, dass keine vernünftige Aussicht bestand, den Konkurs der Gesellschaft zu vermeiden (I.A. 1986 sec. 214 (2) (b))[633]. Normadressat sind neben (ehemali-

---

[629] Wimmer-Leonhardt, Konzernhaftungsrecht, Kapitel V., S. 548 und 587.

[630] Wimmer-Leonhardt, Konzernhaftungsrecht, Kapitel V., S. 531; vgl. auch Morse, Charlesworth's Company Law, Chapter 27, S. 611.

[631] Wimmer-Leonhardt, Konzernhaftungsrecht, Kapitel V., S. 535; vgl. auch Morse, Charlesworth's Company Law, Chapter 27, S. 611: „The fraud of the parent compay cannot be linked to the subsidiary, since to establish liability the fraudulent trading must be committed by someone carrying on the business, i.e. the subsidiary. (...) general statements would not be sufficient to prove fraud."

[632] Wimmer-Leonhardt, Konzernhaftungsrecht, Kapitel V., S. 536; vgl. auch Morse, Charlesworth's Company Law, Chapter 15, S. 317 und Chapter 27, S. 611.

[633] Morse, Charlesworth's Company Law, Chapter 15, S. 317: „Note that no dishonesty need be involved, simply unreasonable behaviour or neglicence."

gen) Direktoren einer Gesellschaft auch faktische Leitungsorgane[634], und vor allem der sogenannte „Schattendirektor" (*shadow director*) (I.A. 1986, sec. 214 (7)).

Nach der Legaldefinition der sec. 251 des I.A. 1986 ist Schattendirektor, wessen Weisungen oder Instruktionen von den ordnungsgemäß bestellten Direktoren einer Gesellschaft für gewöhnlich beachtet werden - ausgenommen Personen, deren Rat die Geschäftsführung aufgrund ihrer beruflichen Befähigung einholt. Auch Muttergesellschaften fallen hierunter, da im *Insolvency Act* eine Ausnahmeregelung, wie sie C.A. 1985, sec. 741 (3) vorsieht, nicht besteht[635]; sie sind daher als Schattendirektor haftbar, wenn die Geschäftsleitung der Tochtergesellschaft derart in die Konzernstruktur eingebunden ist, dass es letztlich die Obergesellschaft ist, die entscheidenden Einfluss auf die Geschäftsführung der Tochter nimmt bzw. die effektive Kontrolle über die Tochtergesellschaft ausübt[636].

Man kann daher schlussfolgern: Mit Einführung der Tatbestände der „Betrügerischen Betriebsfortführung" (*fraudulent trading,* I.A. 1986, sec. 213) und des „Betreibens unrechtmäßiger Geschäfte" (*wrongful trading*, I.A. 1986, sec. 214) wurde dem gesellschaftsrechtlichen Prinzip absoluter Trennung (*seperate legal entity*) die Berechtigung genommen; die unbedingte rechtliche Eigenständigkeit wurde zugunsten der Gläubiger aufgehoben, fortan konnte jede Person, gleich ob mit der Gesellschaft verbunden oder nicht, wegen „Betrügerischer Betriebsfortführung" oder „Betreibens unrechtmäßiger Geschäfte" in Haftung genommen werden[637].

---

634 Wimmer-Leonhardt, Konzernhaftungsrecht, Kapitel V., S. 538: Der *de-facto-director* wird vom *common law* weitgehend dem rechtmäßigen Geschäftsleiter gleichgestellt. Allerdings ist von einem d*e-facto-director* nur auszugehen, wenn jemand nach außen hin den Anschein erweckt hat, er sei Direktor der Tochtergesellschaft. Bloße organisatorische Verflechtungen, wie etwa identische Leitungsorgane oder die Einbindung der Geschäftsführung der Tochtergesellschaft in die Geschäftspolitik des Gesamtkonzerns durch Vorgabe finanzieller und unternehmerischer Richtlinien für die *subsidiary* reichen nicht aus. Die Grenze wird i.d.R. erst überschritten sein, wo die Muttergesellschaft direkt die konkreten Einzelheiten der Alltagsgeschäftsführung bestimmt. Ein solcher Fall wird allenfalls in Ausnahmefällen vorliegen. Eingehend zu den Anforderungen, die an einen de-facto-director zu stellen sind Morse, Charlesworth's Company Law, Chapter 15, S. 267 ff.

635 Wimmer-Leonhardt, Konzernhaftungsrecht, Kapitel V., S. 539.

636 Wimmer-Leonhardt, Konzernhaftungsrecht, Kapitel V., S. 539; Hadden, Tom, Die Regelung der Konzerne in Großbritannien: Sonderbehandlung im Rahmen des allgemeinen Gesellschaftsrechts, in: Mestmäcker/Behrens: Das Gesellschaftsrecht der Konzerne im internationalen Vergleich, C. VII., S. 336.

637 Hadden, Tom, Die Regelung der Konzerne in Großbritannien: Sonderbehandlung im Rahmen des allgemeinen Gesellschaftsrechts, in: Mestmäcker/Behrens: Das Gesellschaftsrecht der Konzerne im internationalen Vergleich, C. VII., S. 335.

Typischerweise folgen diese Tatbestände gerade aus der Beherrschung einer Gesellschaft[638], daher haben beide Normen die Tür zur Konzernhaftung aufgestoßen und so – mittelbar – den Weg zu einem Konzerninsolvenzrecht bereitet[639]. Denn seit nicht mehr nur die Gesellschaft haftet, wird in der englischen Rechtsprechung der Schuldnerbegriff weit verstanden; nicht mehr länger ist nur derjenige Schuldner, der die Verbindlichkeit einging bzw. sie sonst auf sich gezogen hat, sondern auch der, der letztlich für deren Begleichung haftet[640]. Ein zweiter Schritt hin zum Konzerninsolvenzrecht ließ nicht lange auf sich warten: Durch den *Enterprise Act 2002* wurden die Voraussetzungen und Ziele eines *administration*-Verfahrens in *Insolvency Act 1986, Schedule B 1* festgeschrieben[641].

In Paragraph 3 Absatz 1 sind die Ziele eines solchen Verfahrens unter anderem benannt als: entweder (a) eine Gesellschaft durch Aufrechterhaltung ihres Geschäftsbetriebs zu retten oder (b) eine höhere Befriedigung zu erzielen für die Gläubiger der Gesellschaft in ihrer Gesamtheit als vermutlich erzielt werden würde, wenn die Gesellschaft liquidiert würde, ohne zunächst ein Verwaltungsverfahren zu durchlaufen[642].

Wie die Praxis englischer Gerichte gezeigt hat, wird in solch eine Prognose zur Unternehmensfortführung oder –verwertung nicht nur die einzelne Gesellschaft, sondern der gesamte Unternehmensverbund eingestellt; im Besonderen gilt dies für die vergleichende Betrachtung zwischen Verwaltungsverfahren und sofortiger Liquidation, werden hier doch ausdrücklich die Folgen getrennter Ab-

---

638 Vgl. Hadden, Tom, Die Regelung der Konzerne in Großbritannien: Sonderbehandlung im Rahmen des allgemeinen Gesellschaftsrechts, in: Mestmäcker/Behrens: Das Gesellschaftsrecht der Konzerne im internationalen Vergleich, C. VII., S. 336: Die Tatsache, dass die Vorschrift zum *wrongful trading* den „Schattendirektor" ausdrücklich einbezieht, vergrößert das Risiko einer Konzernhaftung. Holdinggesellschaften sind dieser Gefahr auch aufgrund der neuen Bestimmungen nach sec. 238 des I.A. 1986 zu den gläubigerbenachteiligenden Geschäften (*transactions at an undervalue*) ausgesetzt.

639 Vgl. Wimmer-Leonhardt, Konzernhaftungsrecht, Kapitel V., S. 539: I.A. 1986, sec. 214 übernimmt, wie die *action en comblement du passif* des französischen Rechts, Funktionen, die im deutschen Recht dem Konzernrecht zugewiesen werden.

640 Vgl. High Court of Justice, Combined Court, Quayside Newcastle Upon Tyne, Beschl.v. 9.2.2005, Az: 75/2005, www.eir-database.com/word_doc/Judgements_75.pdf., S. 10, Rn. 30 f.; High Court of Justice Birmingham, Beschl.v.18.4.2005, Az: 2375 bis 2382/05, NZI 2005, 467 (468), Rn. 16; klarstellend sei aber darauf hingewiesen, dass es sich dabei nicht um kodifiziertes Konzernrecht, sondern nur um Fallrecht handelt (vgl. Wimmer-Leonhardt, Konzernhaftungsrecht, Kapitel V., S. 496 und 500: Ein besonderes Konzernrecht fehlt in England).

641 Nachweis: www.opsi.gov.uk/acts/acts2002/20040-an.htm#sch16, eingefügt durch E.A. 2002, Schedule 16, sec. 248.

642 Innerhalb der Teilabsätze besteht ein Stufenverhältnis dergestalt, dass der *administrator* das nächstniedrigere Ziel grundsätzlich nur verfolgen darf, wenn das nächsthöhere vernünftigerweise nicht erreichbar ist, I.A. 1986, Schedule B1, para 3 (3) (Rossbach, Europäische Insolvenzverwalter in Deutschland, S. 46; Charlesworth's Company Law, Chapter 26, S. 565).

wicklung abgewogen mit denen bei gemeinschaftlicher Verwaltung[643]. In Konsequenz können die Insolvenzen verbundener Unternehmen in einem einheitlichen Verfahren zusammengefasst werden, wenn dies eine bessere Befriedigung der Gläubiger erwarten lässt; die ehedem strikte Trennung selbständiger Gesellschaften wird so aufgegeben. - Befördert hat diese Entwicklung hin zu einer großzügigen Handhabe sowohl des Schuldnerbegriffs wie auch des Insolvenzgerichtsstandes nicht zuletzt Art. 3 Abs. 1 S. 1 EuInsVO, da dieser mit dem *centre of main interests* ein gegenüber dem starren *registered office* flexibles Anknüpfungskriterium bietet.

Für England lässt sich daher zusammenfassen: Grundsätzlich setzt sich die gesellschaftsrechtliche Eigenständigkeit von Gesellschaften (*separate legal entity*) auch in der Insolvenz fort; der Insolvenzgerichtsstand bestimmt sich – wie allgemein im englischen Prozessrecht – nach dem Ort der Registrierung der jeweiligen Gesellschaft (*registered office*) (vgl. I.A. 1986, sec. 117 (1)). Allerdings gilt der Grundsatz rechtlicher Selbständigkeit im Insolvenzverfahren nicht mehr uneingeschränkt; vielmehr wird er aus Gründen optimaler Befriedigung der Gläubiger zurückgedrängt, er muss im Sanierungsverfahren dem Konzerninsolvenzgerichtsstand weichen.

γ) Frankreich

Auch im französischen Recht kann die Unternehmensgruppe – mangels Rechtspersönlichkeit - nicht Gegenstand eines gerichtlichen Sanierungs- oder Liquidationsverfahrens sein; auch enthält das französische Insolvenzgesetz keine speziell konzernrechtlichen Bestimmungen[644]. Es gilt daher das Prinzip der rechtlichen Selbständigkeit der einzelnen Konzerngesellschaften[645]. Dieses wird allerdings bisweilen zugunsten der Gläubiger durchbrochen: Zum einen besteht mit der *action en comblementif de passif* (Art. L.651-2 C.com.[646]) eine Ausfallhaftung des Geschäftsleiters, gleich ob es sich um rechtliche oder faktische Leitung handelt (*dirigeant de droit ou de fait*); diese ist nicht notwendig als subsidiäre, innere Einstandspflicht nach vorangegangener erfolgloser Befriedi-

---

643 So High Court of Justice Leeds, Urt.v.16.5.2003, Az: 861-876/03 (Daisytek-ISA), ZIP 2004, 963 (964), Rn. 11; High Court of Justice, Combined Court, Quayside Newcastle Upon Tyne, Beschl.v.9.2.2005, Az: 75/2005 (Parkside Flexibles), www.eir-database.com/word_doc/Judgements_75.pdf., S. 13, Rn. 38; High Court of Justice Birmingham, Beschl.v. 18.4.2005, Az: 2375 bis 2382/05 (MG Rover), NZI 2005, 467 (469), Rn. 17-22.

644 Béjot, Michel, Einige Elemente der konzernrechtlichen Sonderregelungen in Frankreich, in: Mestmäcker/Behrens, Das Gesellschaftsrecht der Konzerne im internationalen Vergleich, H. Procédures collectives, S. 195.

645 Sonnenberger, Französisches Handels- und Wirtschaftsrecht, III. Kapitel § 1 Rn. VI 20; Urbain-Parleani, Revue des sociétés: journal des sociétés, Bd. 123/2005, 101 (105 f.); Cozian/Viandier/Deboissy, Droit des Sociétés, Troisième Partie, Titre 2, S. 603, Rn. 1352.

646 Art. 180 L. n° 85-98, 25. janv. 1985 (a.F.).

gung der Gläubiger aus dem Gesellschaftsvermögen ausgestaltet (vgl. Art. L.651-2 al. 3 C.com[647]), sondern kann sich bei fraudulösem Verhalten unmittelbar auf das Vermögen des Geschäftsleiters erstrecken (Art. L.652-1 al. 1 C.com.)[648].

In Konsequenz hebt Art. L.652-1 al. 1 C.com. den gesellschaftsrechtlichen Grundsatz rechtlicher Trennung auf; Gläubiger des Tochterunternehmens können vollumfänglich auf das Vermögen der Muttergesellschaft als zusätzliches Haftungsobjekt zugreifen[649].

Neben diesem Fall kodifizierter Mithaftung selbständigen Vermögens existieren ungeschriebene Tatbestände, die zu einer echten Ausdehnung eines einheitlichen Verfahrens auf weitere Gesellschaften der Gruppe führen. Zum einen ist dies der Fall bei einer fiktiven Gesellschaft (*société fictive, société façade*), die zwar formal ordnungsgemäß errichtet wurde, ihrer Funktion nach aber allein der Verfolgung geschäftsfremder Drittinteressen dient[650].

Im Insolvenzfall sollen die Gläubiger auf das Vermögen desjenigen zugreifen können, der eigentlich hinter der juristischen Person steht; die involvierten Gesellschaften werden daher als wirtschaftliche Einheit betrachtet, die Insolvenz auf selbige ausgedehnt und in einem einheitlichen Verfahren abgewickelt[651].

Eine weitere Fallgruppe bildet die Vermögensvermischung (*confusion des patrimoines*). Wird das Vermögen, d.h. letztlich das Zugriffsobjekt der Gläubiger, nicht gesondert gehalten und verwaltet, ist der Grundsatz der Haftungstrennung nicht mehr länger gerechtfertigt; vielmehr können Gläubiger auf das

647 „Les sommes versées par les dirigeants en application de l'alinéa 1er *entrent dans le patrimoine du débiteur*. Ces sommes *sont réparties entre tous les créanciers* au marc le franc." (Betonung hinzugefügt).

648 In diesem Fall werden dem Geschäftsleiter die Schulden der juristischen Person ganz oder teilweise unmittelbar auferlegt (Art. L.652-1 al. 1 C.com:„...le tribunal peut décider de mettre à la charge de l'un des dirigeants de droit ou de fait d'une personne morale la totalité ou une partie des dettes de cette dernière..."). Kann er die Schulden nicht begleichen, kann das Gericht das Insolvenzverfahren über selbigen eröffnen (Art. L.653-6 C.com.); es kann dies überdies – selbst wenn keine Zahlungsunfähigkeit vorliegt – zum Zwecke der Sanktion (vgl. Art. L.653-3 bis L.653-5 C.com.). In diesem letzteren Fall handelt es sich jedoch nicht um ein Verfahren im Sinne der EuInsVO, da es sich nicht auf der Insolvenz des Geschäftsleiters gründet (Circulaire, 17.3.2003 relative à l'entrée en vigueur du règlement n 1346/2000 relatif aux procédures d'insolvabilité, S. 314 zu Art. L.624-5 C.com. (a.F.)).

649 Falcke, Konzernrecht in Frankreich, Dritter Teil: § 6 I. 2. a), S. 133 (zu Art. 182 L. n° 85-98, 25 janv. 1985 a.F.).

650 Falcke, Konzernrecht in Frankreich, Dritter Teil: § 6 I. 2. c) a), S. 136; vgl. auch Chaput/Rontchevsky, Code de Commerce, zu Art. L.620-2 C.com. a.F. (entspricht im Wesentlichen Art. L.631-2 C.com. n.F.), S. 719, Rn. 22, mit Beispielen auf S. 723 f., Rn. 31 ff.

651 Falcke, Konzernrecht in Frankreich, Dritter Teil: § 6 I. 2. c) a), S. 136; vgl. nunmehr ausdrücklich Art. L.621-2 al. 2 C.com.

ineinanderübergreifende Vermögen der Gruppe zugreifen[652]. Unter Umständen kommt es so nicht nur zu einem vertikalen, sondern unter auch zu einem horizontalen Gruppenkonkurs[653].

In beiden Fällen werden daher die involvierten Unternehmen wie *ein* Unternehmen behandelt: Es findet ein einheitliches Sanierungs- oder Liquidationsverfahren statt, das Vermögen steht den Gläubigern sämtlicher verwickelter Unternehmen insgesamt zur Verfügung[654]. Zuständig ist unternehmensübergreifend das Gericht, welches das Verfahren eröffnet hat, das später auf weitere Gesellschaften ausgedehnt werden sollte (vgl. Art. L.631-7 C.com. i.V.m. L.621-2 al. 2 C.com.[655]). Eben dieses Gericht ist auch zuständig für die interne Ausfallhaftung nach Art. L.651-2 (Art. 316 décr. n° 2005-1677, 28 déc. 2005) und die unmittelbare Inanspruchnahme des Geschäftsleiters für Schulden der juristischen Person nach Art. L.652-1 C.com (Art. 321 décr. n° 2005-1677, 28 déc. 2005)[656].

Liegt daher ein Pflichtverletzungs- oder Missbrauchstatbestand des herrschenden Unternehmens vor, der die interne Ausfallhaftung des Art. L.651-2 C.com. bzw. den unmittelbaren Zugriff auf den Geschäftsleiter nach Art. L.652-1 C.com. auslöst, kommt es zu einer Zusammenfassung mehrerer selbständiger Insolvenzverfahren; einheitlicher Insolvenzgerichtsstand ist dann der Ort des ursprünglichen Insolvenzverfahrens.

Auch für Frankreich gilt daher der Grundsatz rechtlicher Selbständigkeit nicht schrankenlos. Weisen Unternehmen konzernrechtliche Verflechtungen rechtlicher oder faktischer Natur auf, kann das Trennungsprinzip zugunsten der Gläubiger aufgehoben werden. In Konsequenz können die Insolvenzverfahren über pflichtige, da verwickelte Unternehmen bei einem Insolvenzgericht zusammengefasst werden - sowohl das gerichtliche Sanierungs- als auch das Liquidations-

---

652 Falcke, Konzernrecht in Frankreich, Dritter Teil: § 6 I. 2. c) bb), S. 137; vgl. auch Chaput/Rontchevsky, Code de Commerce, zu Art. L.620-2 C.com. a.F. (entspricht im Wesentlichen Art. L.631-2 C.com. n.F.), S. 719, Rn. 22; Cozian/Viandier/Deboissy, Droit des Sociétés, Troisième Partie, Titre 1, S. 604, Rn. 1356.

653 Falcke, Konzernrecht in Frankreich, Dritter Teil: § 6 I. 2. c) bb), S. 137; vgl. auch Béjot, Michel, Einige Elemente der konzernrechtlichen Sonderregelungen in Frankreich, in: Mestmäcker/Behrens, Das Gesellschaftsrecht der Konzerne im internationalen Vergleich, H. Procédures collectives, S. 195 f.: Gerichte haben das Sanierungsverfahren, das über ein Tochter- oder Mutterunternehmen durchgeführt wurde, auf andere Unternehmen derselben Gruppe oder gar auf die gesamte Unternehmensgruppe erweitert; die Feststellung der mangelnden Vermögenstrennung (*confusion des patrimoines*) erlaubt den Gerichten, die Konzernunternehmen als ein Unternehmen anzusehen.

654 Vgl. Chaput/Rontchevsky, Code de Commerce, zu Art. L.620-2 C.com. a.F., S. 722, Rn. 28.

655 Art. 7 al. 1 L. n° 85-98, 25 janv. 1985 a.F.

656 Vgl. Falcke, Konzernrecht in Frankreich, Dritter Teil: § 6 I. 1. a), S. 126 zu Art. 163 décr. 85-1388, 27 déc. 1985 (a.F.).

verfahren[657]; das Vermögen selbiger Unternehmen dient den Gläubigern dann einheitlich als Haftungsmasse.

Im Falle der Scheingesellschaft oder der Vermögensvermischung kommt es gar zu einem einheitlichen Verfahren über die verbundenen Unternehmen.

Allerdings ist hervorzuheben, dass es sich dabei um Ausnahmefälle handelt, in denen der Schutz der Gläubiger dem Grundsatz der rechtlichen Selbständigkeit der Gesellschaft vorgeht[658]; eine einheitliche Sanierung verbundener Unternehmen aus Gründen des Konzerninteresses ist gesetzlich nicht vorgesehen, hier bleibt es bei der Vermögenstrennung.

Andererseits ist oberstes Ziel des französischen Insolvenzverfahrens, das Unternehmen zu retten, den Geschäftsbetrieb aufrecht und Arbeitsplätze zu erhalten und für die Bereinigung der Verbindlichkeiten zu sorgen (vgl. Art. L.631-1 al. 2 C.com[659]). Dies kann unter Umständen leichter erreicht werden, wenn Synergieeffekte des Konzerns genutzt werden können – denkbar ist daher auch hier eine gemeinschaftliche Sanierung über aufeinander abgestimmte Insolvenzpläne verbundener Unternehmen, wie sie für das deutsche Recht vorgeschlagen wird.

In Frankreich lässt diese sich sogar noch einfacher begründen als in Deutschland. Denn das öffentliche Interesse am Erhalt des bedrohten Unternehmens genießt absoluten Vorrang vor allen privaten Interessen[660]; die Befriedigung der Gläubiger spielt nach der Konzeption des *Livre VI* des *Code de Commerce* nurmehr eine untergeordnete Rolle[661]. Existiert die ernsthafte Möglichkeit, das

---

[657] Zur Möglichkeit, bei Vermögensvermischung einen gemeinsamen Fortführungsplan zur Sanierung für zwei Gesellschaften aufzustellen, vgl. Chaput/Rontchevsky, Code de Commerce, zu Art. L.621-62 C.com. a.F., S. 877, Rn. 5 bis.

[658] Vgl. Chaput/Rontchevsky, Code de Commerce, zu Art. L.620-2 C.com. a.F., S. 179, Rn. 22: „La liquidation judiciaire d'une personne morale ne peut être étendue à une autre qu'en cas de confusion de leurs patrimoines ou de fictivité de l'une d'entre elles".

[659] Art. 1 L. n° 85-98, 25. janv. 1985 (a.F.). Das neue Insolvenzrecht nach dem L. n° 2005-845, 26 juillet 2005 (*Loi de sauvegarde des entreprises*) unterstreicht diesen Zweck zusätzlich: Mit dem Verfahren zur Prävention von Schwierigkeiten des Unternehmens und dem Schlichtungsverfahren vor dem *Tribunal de Commerce* (Titre Ier) und dem Verfahren zum Erhalt des Unternehmens (Titre II) ergänzt es die Bandbreite der Möglichkeiten, ein Unternehmen zu retten; gleichzeitig erhöht es die Sanierungschancen, greifen die Maßnahmen nach dem *Titre Ier* doch bereits in der Phase der Entstehung der Schwierigkeiten ein (vgl. Art. L.611-1 al. 3 C.com. „Lorsque le groupement relève des indices de difficultés..." für das Tätigwerden der „Vereinigung zur Vorbeugung" (*groupement de prévention*) bzw. Art. L.611-4 C.com. „Il est institué...une procédure de conciliation dont peuvent bénéficier les personnes...qui...ne se trouvent pas en cessation des paiements depuis plus de quarante-cinq jours." als Voraussetzung eines Schlichtungsverfahrens).

[660] Vgl. Laut, Universalität und Sanierung im internationalen Insolvenzrecht, S. 204 (ehedem zu L. n° 85-98, 25. janv. 1985).

[661] Vgl. Laut, Universalität und Sanierung im internationalen Insolvenzrecht, S. 204, der darauf hinweist, dass die Gläubigerinteressen - in Art. 1 al. 1 Ordonnance v. 23.9.1967 immer-

Unternehmen zu erhalten, wird ein Sanierungsplan aufgestellt (vgl. Art. L.626-1 C.com.); das alleinige Vorschlagsrecht für einen solchen Plan liegt beim *administrateur* (vgl. Art. L.631-18 C.com. i.V.m. Art. L.623-1 al. 4 C.com.). Interessenkonflikte, wie sie für das deutsche Recht gesehen werden, können hier daher gar nicht erst entstehen.

Allein bei der Frage, ob ein konkreter Plan zum Erhalt des Unternehmens gerichtlich beschlossen werden soll, haben Schuldner und Gläubiger gewisse Mitwirkungsrechte: Traditionell hat der Schuldner nur ein Anhörungsrecht (Art. L.626-9 C.com.); dagegen ist nach dem Gesetz zum Erhalt des Unternehmens neuerdings vorgesehen, dass zu den Vorschlägen des Plans betreffend die Schulden das Einverständnis eines jeden Gläubigers einzuholen ist (Art. L.626-5 al. 2 C.com., zum Vorgehen: Art. 132 décr. n° 2005-1677, 28 déc. 2005).

Handelt es sich bei dem Schuldner um ein Großunternehmen, werden sogar zwei Gläubigerausschüsse eingesetzt (Art. L.626-30 al. 1 C.com.)[662]. Diese entscheiden durch Mehrheitsbeschluss über die Annahme des Plans zum Erhalt bzw. zur Sanierung des Unternehmens (Art. L.626-30 al. 3 C.com.). Nehmen sie ihn an, versichert sich das Gericht nur noch, dass die Interessen aller Gläubiger ausreichend berücksichtigt wurden; ist dies der Fall, beschließt es den Plan (Art. L.626-31 C.com.). Wird der Plan nicht angenommen oder weigert sich das Gericht, ihn zu beschließen, muss ein neuer, veränderter Plan aufgestellt werden – das Verfahren wiederholt sich (Art. L.626-34 C.com.).

Können sich daher die Insolvenzverwalter und Gläubigerausschüsse auf ein abgestimmtes Konzept zum Erhalt der Unternehmen einigen und kommen die einzelnen Insolvenzgerichte überein, dass die aufeinander abgestimmten Insolvenzpläne geeignet sind, die Ziele des Art. L.631-1 al. 2 C.com. zu erreichen, können die Sanierungspläne jeweils gerichtlich angeordnet werden. Mithin kann trotz rechtlicher Trennung der Gesellschaften eine Sanierung mit übergeordnetem, wirtschaftlich einheitlichen Konzept stattfinden.

---

hin noch als Verfahrensziel genannt – in Art. 1 L. n° 85-98, 25. janv. 1985 nicht einmal mehr erwähnt werden. Gleiches gilt für Art. L.631-1 C.com.

[662] Grundsätzlich muss die Anzahl der Lohnempfänger die Schwelle von 150 übersteigen oder der Umsatz des Unternehmens mehr als 20 Millionen Euro betragen. Auf Antrag des Schuldners oder Verwalters kann der beauftragte Richter anordnen, dass selbiges - ausnahmsweise - auch unterhalb der festgesetzten Schwellen gilt. Voraussetzung ist jedoch, dass die Rechnungslegung des Unternehmens durch einen Buchprüfer bestätigt oder durch einen Buchhaltungsexperten aufgestellt wurde (vgl. Art. L.626-29 al. 1 C.com. i.V.m. Art. L.626-35 C.com. und Art. 162 al. 1 décr. n° 2005-1677, 28 déc. 2005)

δ) Italien

Auch in Italien ist der Konzern an sich nicht insolvenzfähig (vgl. Art. 1 l.fall.[663]); den Verfahren des italienischen Insolvenzgesetzes unterliegt daher immer das jeweilige Unternehmen.

Anders ist dies dagegen, wenn es um die Sanierung des Unternehmens geht: Das d.lgs. 270/99 enthält Bestimmungen, die spezielles Insolvenzrecht für Konzerne vorsehen. Um das einträgliche Vermögen zu erhalten, können mehrere Unternehmensinsolvenzen in einem einheitlichen Sanierungsverfahrens zusammengefasst werden, sei es zur Fortführung, zur Wiederherstellung oder der Umwandlung der unternehmerischen Aktivitäten (vgl. Art. 1 Abs. 1 d.lgs. 270/99).

Voraussetzung einer solchen Einbeziehung ist zum einen, dass es sich um ein „Konzernunternehmen" im Sinne der Definition des Art. 80 Abs. 1 lit. b) d.lgs. 270/99 handelt; liegt einer der Beherrschungstatbestände des Art. 80 Abs. 1 lit. b) d.lgs. 270/99 vor, kann solch ein Unternehmen gemäß Art. 81 Abs. 1 d.lgs. 270/99 im Falle der eigenen Insolvenz dem Verfahren der außerordentlichen Verwaltung über ein Großunternehmen derselben Gruppe eingegliedert werden (*procedura madre*, Art. 80 Abs. 1 a) d.lgs. 270/99).

Zum anderen muss die konkrete Aussicht auf Wiederherstellung des wirtschaftlichen Gleichgewichts der unternehmerischen Aktivitäten bestehen, oder die Möglichkeit, dass sich unter einheitlicher Leitung die Verfahrensziele für den wirtschaftlichen Verbund leichter erreichen lassen (vgl. Art. 81 Abs. 2 d.lgs. 270/99).

Ob diese beiden Voraussetzungen für die Zulassung zum Verfahren der ausserordentlichen Verwaltung erfüllt sind, prüft gemäß Art. 82 Abs. 1 d.lgs. 270/99 i.V.m Art. 3 Abs. 1 d.lgs. 270/99 das Gericht am Hauptsitz der betreffenden Gesellschaft. Die Vermutung für die Belegenheit des Gesellschaftsitzes am Ort des satzungsmäßigen Sitzes wird jedoch durch die Beherrschung widerlegt; die Rechtsprechung kommt daher einhellig zu dem Ergebnis, dass der rechtliche Sitz einer beherrschten Gesellschaft ein fiktiver ist, sich der tatsächliche Verwaltungssitz vielmehr am Sitz der Muttergesellschaft befindet[664]. Allgemein örtlich zuständig ist daher das Gericht am Hauptsitz des herrschenden Unternehmens.

---

[663] In der Fassung des Art. 1 d.lgs. n. 5/06.

[664] Vgl. nur Tribunale di Parma, Urt.v.15.6.2004, Az: 93/04 (Deutsche Parmalat), ZIP 2004, 2295 (2297); davor bereits Tribunale di Roma, Urt.v.26.11.2003 („Cirio del Monte", unveröffentlicht): Das Gericht erklärte die *Cirio Finance Luxemburg S.A.* für insolvent und eröffnete das Insolvenzverfahren am Ort der einheitlichen Unternehmensleitung der Gruppe in Rom, da sich dort der wahre Kern ihrer gesellschaftlichen Existenz befinde, der gesetzmäßige Sitz in Luxemburg mithin nicht mit ihrem „Mittelpunkt hauptsächlicher Interessen" übereinstimme (De Cesari/Montella, Le procedure di insolvenza nella nuova disciplina comunitaria, S. 76); über drei italienische Gesellschaften der *Cirio*-Gruppe hatte das Gericht bereits am 7.8.2003 das Verfahren der außerordentlichen Verwaltung eröffnet (Tribunale Civile di Roma, Urt.v.

Konzernrechtliche Verbindungen können daher Auswirkungen auf den Gerichtsstand des Unternehmens in der Insolvenz haben; liegen die Voraussetzungen des d.lgs. 270/99 vor, findet ein einheitliches Sanierungsverfahren unter einheitlicher Aufsicht eines Insolvenzgerichts statt.
Beachtenswert ist jedoch, dass dies nur im Falle der Sanierung des Unternehmens gilt; hat das Insolvenzverfahren dagegen das Ziel der Liquidation, gilt Art. 1 l.fall; ihm sind allein die einzelnen Gesellschaften unterstellt.

Auch eine etwaige Durchgriffshaftung vermag daran nichts zu ändern. Zwar ordnet Art. 90 d.lgs. 270/99 bei einheitlicher Leitung (*direzione unitaria*) die Haftung der Geschäftsführer der herrschenden Gesellschaft für Schäden an, die sie der Krisengesellschaft durch Missbrauch ihrer Leitungsmacht zugefügt haben[665]. Diese Haftung tritt allerdings gesamtschuldnerisch *neben* die Haftung der Geschäftsführer der Krisengesellschaft[666]; die Haftungsmassen werden nicht miteinander vermengt, die Trennung bleibt vielmehr aufrechterhalten.

ε) Konzerninsolvenzgerichtsstand über Art. 3 Abs. 1 EuInsVO

Es lässt sich daher zusammenfassen: In allen begutachteten Rechtsordnungen ist der Konzern an sich nicht insolvenzfähig, mithin Schuldner im Sinne des Art. 3 Abs. 1 EuInsVO. Außerdem haben konzernrechtliche Verflechtungen nicht notwendig die Aufhebung der rechtlichen Trennung der Gesellschaften zur Folge; vielmehr bleibt es im Grundsatz bei der rechtlichen Eigenständigkeit der Gesellschaft, der Trennung der Haftungsmassen und der eigenständigen Verfahrensabwicklung – daran ändert auch eine etwaig bestehende Durchgriffshaftung nichts. Die Durchgriffshaftung hebt die Trennung der Konzerngesellschaften nur hinsichtlich ihrer Haftungsmassen auf[667], nicht etwa wird die Muttergesellschaft durch eine etwaige Durchgriffshaftung zum eigentlichen Gemeinschuldner[668].

7.8.2003, Az: 2357, 2358 und 2359/2003 (Cirio del Monte), www.credfed.it/rosi/ciriosentenzaprima.htm) .

[665] Art. 90 d.lgs. 270/99: „Nei casi di direzione unitaria delle imprese del gruppo, gli amministratori delle societa che hanno abusato di tale direzione rispondono in solido con gli amministratori della societa dichiarata insolvente dei danni da questi cagionati alla societa stessa in conseguenza delle direttive impartite".

[666] Kindler, Italienisches Handels- und Wirtschaftsrecht, § 6 VI. 8. Rn. 111; ders., in: Hommelhoff/Hopt/Lutter, Konzernrecht und Kapitalmarkrecht, E. II. 6.c), S. 138.

[667] Scheel, Konzerninsolvenzrecht, G. IX., S. 369; so auch grundsätzlich in Frankreich für die *action en comblementif de passif* (vgl. Falcke, Konzernrecht in Frankreich, Dritter Teil,: § 6 I. 1. a), S. 133), ausnahmsweise Behandlung auch als rechtliche Einheit im Falle der Vermögensvermischung (*confusion des patrimoines*) oder fiktiven Gesellschaft (*société fictive*) (Chaput/Rontchevsky, Code de Commerce, Anmerkung D zu Art. L.620-2 C.com. a.F. (S. 726) i.V.m. Art. L.621-5 C.com. a.F., S. 734, Rn. 298.

[668] Vgl. auch MünchKommIntWR – Kindler, IntGesR Rn. 811 und 815, der darauf hinweist, dass eine verhaltensunabhängige Haftung des gesamten Konzerns oder auch nur der Mutter-

Dies zum einen deshalb, weil es sich um einen eigenen, wenngleich nicht autonomen Anspruch gegen den Durchgriffsschuldner handelt[669], in seiner Entstehung abhängig von weiteren Tatbestandsvoraussetzungen, meist fraudulöses Verhalten, Missbrauch der Verbundstruktur, aber auch nachteilige Beherrschung[670]; zum anderen deshalb, weil die Haftung des Durchgriffsschuldners die Pflicht des Insolvenzschuldners nicht ersetzt, sondern vielmehr *neben* die Haftung der primär schuldenden Konzerngesellschaft tritt[671].

Es bestehen jedoch zum Teil Tatbestände, die die Eröffnung eines einheitlichen Verfahrens über mehrere Gesellschaften vorsehen, so im französischen Recht die „Vermögensvermischung" (*confusion des patrimoines*) oder die „fiktive Gesellschaft" (*société fictive, société façade*); ganz allgemein, ohne auf diese Ausnahmen beschränkt zu sein, findet ein einheitliches Insolvenzverfahren über verbundene Unternehmen in Italien statt (*amministrazione straordinaria delle grandi imprese in stato di insolvenza*).

Überdies kennen die meisten Rechtsordnungen Instrumentarien, Insolvenzverfahren über mehrere Gesellschaften zusammenzufassen oder doch zumindest aufeinander abzustimmen, wenn dies der Sanierung des bzw. der Unternehmen insgesamt förderlich ist: In Italien geschieht dies im Rahmen ausdrücklicher gesetzlicher Normierung; in England rechtfertigt sich die Bündelung mehrerer Unternehmensinsolvenzen in einem Verfahren mit den Verfahrenszielen. Um den Geschäftsbetrieb einer Gesellschaft aufrecht zu erhalten oder eine optimale Befriedigung der Gläubiger zu erzielen (I.A. 1986, Schedule B1, para. 3 (1) (a) und

---

gesellschaft aus einem „Konzerntatbestand" abzulehnen ist. Dies erfordere nicht nur der Schutz der Gläubiger der haftenden Gesellschaft, deren Haftungsbasis durch die Einstandspflicht geschmälert oder genommen würde, sondern sei überdies gemeinsame Linie der allermeisten Rechtsordnungen der Welt; nach einer von der OECD 1979 veranlassten Untersuchung gebe es kein Land, das eine solche reine Strukturhaftung kenne.

669 Vgl. Scheel, Konzerninsolvenzrecht, G. IX.4, S. 376.

670 Vgl. MünchKommIntWR – Kindler, IntGesR Rn. 810. In Deutschland: Unterkapitalisierung, Vermögensvermischung und Haftung nach § 303 AktG (analog); in England: *fraudulent trading* (I.A. 1986, sec. 213), *wrongful trading* (I.A. 1986, sec. 214); in Frankreich: *action en comblementif de passif* (Art. L.651-2 bzw. Art. L.652-1 C.com.); in Italien: *direzione unitaria* (Art. 90 d.lgs. 270/99).

671 Vgl. Scheel, Konzerninsolvenzrecht, G. IX.4, S. 376; in England sind *fraudulent trading* und *wrongful trading* beide – unabhängig von einer etwaigen Haftung des insolventen Unternehmens - in ihren Rechtsfolgen in das Ermessen des Gerichts gestellt, welches in die Höhe der Schadenssumme auch ein bestrafendes Element einbeziehen kann (vgl. Sealy/Milman, Annotated Guide to the Insolvency Legislation, I.A. 1986, General Note sec. 213 (2), S. 249 und General Note sec. 214, S. 251; neben der internen französischen Nachschusspflicht (Art. L.651-2 C.com.) besteht die Möglichkeit unmittelbarer Inanspruchnahme des Geschäftsleiters nach Art. L.652-1 C.com.; die italienische Haftung wegen einheitlicher Leitung (*direzione unitaria*) tritt gesamtschuldnerisch neben die Haftung der Krisengesellschaft (Kindler, Italienisches Handels- und Wirtschaftsrecht, § 6 VI. 8. Rn. 111; ders. in Hommelhoff/Hopt/Lutter, Konzernrecht und Kapitalmarktrecht, E. II. 6.c), S. 138.

(b)), ist es oftmals erforderlich, dass die Gesellschaft in die Konzernstruktur eingebunden bleibt, damit sie auf das interne Leistungs-, Verwaltungs- und Finanzierungssystem der Gruppe zurückgreifen, mithin Synergieeffekte voll ausschöpfen kann[672].

Eben diese Überlegungen sind es, die eine einheitliche bzw. zumindest doch koordinierte Abwicklung von Unternehmensinsolvenzen in Deutschland und Frankreich fordern, obgleich von keiner Norm zwingend oder auch nur andeutungsweise in dieser Deutlichkeit vorgesehen. Die Praxis behilft sich daher, indem sie die vorhandenen Instrumentarien ausreizt, um einerseits die gesetzliche Grundentscheidung für die rechtliche Trennung der Gesellschaften zu respektieren, andererseits jedoch auch die wirtschaftlichen Verflechtungen nicht nur zu berücksichtigen, sondern sie sich auch im Sinne des Gesetzeszweckes zu Nutze zu machen: der Fortführung (§ 1 InsO) bzw. dem Erhalt des Unternehmens (Art. L.631-1 C.com.).

Oftmals ist dieser Intention tatsächlich am besten gedient, wenn die beschriebenen Synergieeffekte fruchtbar gemacht werden können. Abgestimmte Sanierungspläne sind daher der Schlüssel zur gemeinschaftlichen Konsolidation verbundener Unternehmen. Einen einheitlichen Konzerninsolvenzgerichtsstand, wie er in Italien und mittlerweile auch in England anerkannt ist, setzt dies nicht zwingend voraus.

Man kann daher zweierlei Schlüsse ziehen: 1. Die mitgliedstaatlichen Rechtsordnungen bieten Optionen an, die Insolvenz einer Unternehmensgruppe sachgerecht und zugleich betriebswirtschaftlich sinnvoll abzuwickeln; insbesondere falls eine Sanierung nach einheitlichem Konzept mehr Aussicht auf Erfolg verspricht als eine isolierte Abwicklung, bestehen jeweils Möglichkeiten, diese zu realisieren.

Dass dies nicht notwendig über ein einziges Insolvenzgericht geschieht, mögen die Beteiligten als umständlich empfinden[673], unerträgliche Reibungen, welche auf die Funktionsfähigkeit des jeweiligen Rechts- und Wirtschaftssystems drückend eingewirkt hätten, sind hingegen nicht belegt.

2. Die mitgliedstaatlichen Ansätze, Konzerninsolvenzen Herr zu werden, sind so mannigfaltig wie zahlreich; die befürchteten Friktionen können daher bei einer grenzüberschreitenden Konzerninsolvenz entstehen. Dies dann, wenn die mitgliedstaatlich ersonnenen Instrumentarien nicht über die Staatsgrenze reichen, vielmehr an dieser abstumpfen.

---

[672] Vgl. Burbidge, European Law Review 2002 (Bd. 27), 589 (593), der auf einen weiteren Aspekt verweist: „The best procedures are therefore those that provide quick and easy means for holding its assets, employees and goodwill together until a buyer can be found to inject the necessary capital."

[673] Bedauernd beispielsweise Scheel, Konzerninsolvenzrecht, C. II., S. 39, der dafür plädiert einen gemeinsamen Insolvenzgerichtsstand verbundener Unternehmen einzuführen.

Hierfür ist zu klären: Können Vorgaben aus einem „führenden“ Insolvenzverfahren auch gegenüber Konzernunternehmen gemacht werden, die anderen Rechtsordnungen unterliegen? Zwei Szenarien sind zu unterscheiden:

αα) Gesellschaftsübergreifendes Konzerninsolvenzverfahren

Es findet ein einheitliches Hauptinsolvenzverfahren statt, das sämtliche oder ausgewählte Unternehmen einer Gruppe integriert.

Dieser Lösung folgen Italien und auch England. Bei rechtlicher oder faktischer Beherrschung wird der Gesellschaftssitz des beherrschten Konzernunternehmens als fiktiv betrachtet, tatsächlich befinde er sich am Ort der Beherrschung. Folglich erklärt sich das Gericht am Sitz der Konzernzentrale nach Art. 3 Abs. 1 EuInsVO für zuständig und es kommt zu einer Eingliederung der Unternehmensinsolvenz in das Hauptverfahren. Auf diese Weise findet nur ein einziges Verfahren im Sinne von Art. 3 Abs. 1 EuInsVO über an sich rechtlich selbständige Gesellschaften statt. - Der Vorteil: Mit der Entscheidung des Gerichts, seine Zuständigkeit zu bejahen, mithin das Verfahren zu eröffnen, darf kein weiteres Hauptverfahren über das Vermögen der Gesellschaft eröffnet werden; denn da ihm der Grundsatz der Universalität innewohnt, ist das Hauptverfahren exklusiv[674]; der Insolvenzbeschlag des ersten Insolvenzeröffnungsbeschlusses erfasst sämtliche Vermögenswerte des Schuldners, diese sind daher einem zweiten universalistischen Verfahren entzogen[675].

In Konsequenz unterliegen sämtliche Unternehmen, die in dieses Verfahren eingegliedert sind, einheitlich der Aufsicht eines einzigen Insolvenzgerichts. Ausdrücklich sind als solche Verfahren auch die italienische *amministrazione straordinaria* und die englische *administration* anerkannt (vgl. Anhang A zur EuInsVO „Insolvenzverfahren gemäß Art. 2 lit. a)). Wird daher eines dieser Verfahren über ein Schuldnerunternehmen eröffnet, unterstehen das Insolvenzverfahren und dessen Wirkungen konzernübergreifend grundsätzlich dem Recht des Eröffnungsstaates (Art. 4 EuInsVO). Sämtliche Entscheidungen, von der Verfahrenseröffnung bis hin zu dessen Beendigung, richten sich nach eben dieser Rechtsordnung und sind in den anderen Mitgliedstaaten – vorbehaltlich entgegenstehender Bestimmungen der EuInsVO – ohne weiteres anzuerkennen (vgl. Art. 16, 17 Abs. 1 und 25 Abs. 1 EuInsVO).

Auf diese Weise wird nicht nur der Konzerninsolvenzgerichtsstand auf europäischer Ebene verwirklicht, sondern greift auch das nationale Konzerninsolvenzrecht Platz.

---

674 Duursma-Kepplinger/Duursma/Chalupsky, EuInsVO – Duursma-Kepplinger, Art. 3, Rn. 25.

675 Duursma-Kepplinger/Duursma/Chalupsky, EuInsVO – Duursma-Kepplinger, Art. 3, Rn. 25.

Zudem wird für sämtliche eingegliederten Unternehmen eine einheitliche Insolvenzverwaltung bestellt. Auch deren Kompetenzen richten sich grundsätzlich nach dem Recht des Mitgliedstaates, in dem das Verfahren eröffnet wurde (Art. 4 Abs. 1 EuInsVO). Darüber hinaus bestehen Pflichten und Befugnisse des Hauptverwalters nach der EuInsVO; die wesentlichen Befugnisse nennt Art. 18 EuInsVO, insoweit Grundnorm, weitere sind an entsprechender Stelle in der EuInsVO geregelt[676].

Gemäß Art. 18 Abs. 1 EuInsVO darf der Insolvenzverwalter im Gebiet eines anderen Mitgliedstaates grundsätzlich alle Befugnisse ausüben, die ihm nach dem Recht des Eröffnungsstaates zustehen. Im Regelfall gehen mit Eröffnung des Insolvenzverfahrens Verwaltungs- und Verfügungsbefugnis bezüglich der Insolvenzmasse auf den Insolvenzverwalter über[677], er handelt nunmehr anstelle des Schuldners und ist befugt, sämtliche Rechte in Bezug auf die Masse, die zuvor dem Schuldner zustanden, auszuüben, insbesondere die Geschäftsführung des Unternehmens zu übernehmen[678]. Allein in Frankreich erhält der *administrateur* nicht automatisch die Verwaltungs- und Verfügungsbefugnis über das Vermögen des Gemeinschuldners (vgl. Art. L.631-14 i.V.m. Art. L.622-3 al. 1 C. com.[679]).

Des *administrateurs* Kompetenzen bestimmt - neben dem *Livre VI* des *Code de Commerce* - nach eigenem Dafürhalten das Gericht (Art. L.622-1 C. com. bzw. Art. L.631-12 C.com.[680]); die Spanne potentieller Kompetenzen reicht dabei von der bloßen Überwachung des Schuldners, über die Unterstützung

---

676 Duursma-Kepplinger/Duursma/Chalupsky, EuInsVO – Duursma-Kepplinger, Art. 3, Rn. 58. Die Befugnisse des Verwalters bestimmt das Recht der Verfahrenseröffnung (Art. 4 Abs. 2 lit.c) EuInsVO), Art. 18 EuInsVO dient der Verwirklichung der Ausübung dieser Befugnisse (vgl. Smid, Internationales Insolvenzrecht/EurInsVO, Art. 18 Rn. 1 und 4).

677 In Deutschland gemäß § 80 Abs. 1 InsO; für das englische *administration*-Verfahren vgl. MünchKommInsO – Schlegel/Taylor, Länderbericht England und Wales, Rn. 30; in der italienischen *amministrazione straordinaria* gemäß Art. 36 d.lgs. 270/99 i.V.m. Art. 200 Abs. 1 i.V.m. Art. 42 Abs. 1 l.fall und Art. 201 Abs. 2 l.fall..

678 Der deutsche Insolvenzverwalter ist „Partei kraft Amtes", als solcher handelt er im eigenen Namen (vgl. Heidelberger Kommentar zur InsO – Eickmann, § 56 Rn. 23 und § 80 Rn. 7 f.; Foerste, Insolvenzrecht, Kapitel 4, § 15 V. Rn. 180). In England handelt der *administrator* einer Gesellschaft bei Ausübung seiner Aufgaben als deren *agent* (I.A. 1986, Schedule B1, para. 69) als solcher obliegt ihm die gesamte Geschäftsführung und –verwaltung (vgl. I.A. 1986, Schedule B1, para. 59 (1) und para. 61); gleichwohl handelt es sich nicht um ein „echtes" Vertretungsverhältnis, da der *administrator* allein Kontrolle und Weisungen des Gerichts unterliegt und er von den *directors* der Gesellschaft nicht entlassen werden kann (Rossbach, Europäische Insolvenzverwalter in Deutschland. S. 47). In Italien übernimmt der *commissario straordinario* die Geschäftsführung des Unternehmens (Laut, Universalität und Sanierung im internationalen Insolvenzrecht, S. 232).

679 Art. 32 al. 1 L. n° 85-98, 25 janv. 1985 (a.F.).

680 Art. 31 al. 1 L. n° 85-98, 25 janv. 1985 (a.F.).

desselben in Verwaltung und Leitung des Unternehmens bis hin zur alleinigen Geschäftsführung (vgl. Art. L.622-1 n° II C.com. bzw. Art. L.631-12 C.com.)[681]. Findet daher ein einheitliches Insolvenzverfahren über mehrere Konzernunternehmen statt, kann der Verwalter unternehmensübergreifend auf sämtliche Informationen zugreifen: Bilanzen, wirtschaftliche sowie gesellschaftsrechtliche Verknüpfungen bzw. Abhängigkeiten der Gruppenunternehmen[682]. Dies versetzt ihn in die Lage, ein ganzheitliches Konzept über Staatsgrenzen hinweg zur Sanierung des Unternehmensverbundes zu entwerfen[683]; als (Mit-) Inhaber der Geschäftsführungsbefugnis ist es ihm möglich, dieses Konzept auch konsequent umzusetzen, da sämtliche Fäden bei ihm zusammenlaufen, mithin Entscheidungen aus einer Hand getroffen werden können. – Auf diese Weise hebt sich der Blick für eine neue, zusätzliche Perspektive und für eine Option, die bei isolierter Betrachtung nicht bestand.

Ob ein Sanierungsverfahren tatsächlich durchgeführt wird, entscheidet letztlich das Insolvenzgericht weitgehend nach eigenem Ermessen[684]. Um so höher sind Möglichkeiten wertzuschätzen, vollständige, umfassende und zusammenhängende Informationen über verbundene Unternehmen zu erhalten: In allen Rechtsordnungen muss der Schuldner dem zuständigen Gericht (unaufgefordert) sämtliche Auskünfte erteilen, die zur Entscheidung über den Antrag erforderlich

---

681 Dagegen hat das Liquidationsurteil automatisch den Konkursbeschlag gegen den Schuldner zur Folge, korrespondierend übt der Verwalter alle Rechte und Handlungen betreffend das schuldnerische Vermögen während der Dauer des Liquidationsverfahrens aus (Art. L.641-9 n° 1 C.com. (Art. 152 al. 1 L. n° 85-98, 25 janv. 1985 a.F.)).

682 Ausdrücklich: Art. L.623-3 C.com. (i.V.m. Art. L.631-18 C.com.): Um seinen Auftrag zu erfüllen, sei es die Erstellung des Wirtschafts- und Sozialplans, des Sanierungsplans oder die Ausübung der ihm übertragenen Kompetenzen, erhält der *administrateur* vom beauftragten Richter alle Auskünfte und Dokumente, die hierfür sachdienlich sind (al. 1); überdies kann er jede Person konsultieren, die befähigt erscheint, Auskunft zu geben über die gegenwärtige Situation des Unternehmens oder die Sanierungsaussichten (al. 3).

683 Ausdrücklich für den Unternehmensverbund: Art. 86 d.lgs. 270/99 im italienischen Verfahren der außerordentlichen Verwaltung; allgemein zur Vorlageberechtigung des Insolvenzverwalters für ein Sanierungskonzept: in Deutschland: § 218 Abs. 1 S. 1 InsO); in England: I.A. 1986, Schedule B1, para. 49; in Frankreich: Art. L.631-18 C.com. i.V.m. Art. L.623-1 al. 4 C.com.

684 England: I.A. 1986, Schedule B1, para. 13 (1); Frankreich: Art. L.621-1 C.com (zu Art. 61 L. °n 85-98, 25 janv. 1985 a.F.: Sonnenberger, Französisches Handels- und Wirtschaftsrecht, VII. § 3, S. 381, Rn. VII 14; Chaput/Rontchevsky, Code de Commerce, zu Art. L.621-62 C.com. a.F., S. 876, Rn. 4); eine Pflicht zur gerichtlichen Bestätigung enthält auch Art. L.626-31 C.com. nicht; Italien: Art. 30 Abs. 1 d.lgs. 270/99. Allein in Deutschland muss das Insolvenzgericht den Plan bestätigen, wenn keine Gründe nach §§ 249-251 InsO entgegenstehen. Ein zusätzliches eigenes Ermessen hat es nicht, namentlich ist es nicht befugt, von sich aus die wirtschaftliche Zweckmäßigkeit und Erfolgsaussicht des Insolvenzplans zu überprüfen (Heidelberger Kommentar zur InsO – Flessner, § 248 Rn. 2; vgl. auch Uhlenbruck, InsO – Lüer, § 248 Rn. 2)

sind, einschließlich einer ausführlichen Vermögensaufstellung[685]. Benötigt das Gericht weitere Informationen, um eine Entscheidung in der Sache zu treffen, kann es den Beteiligten aufgeben, diese vorzulegen oder es kann eigene Ermittlungen anstellen. Zu diesem Zweck kann das Insolvenzgericht in Deutschland von Amts wegen auf alle zulässigen Beweismittel zugreifen (§ 5 Abs. 1 S. 1 InsO)[686]. In England kann es sowohl bestimmen, zu welchen Fragen es (weitere) Informationen benötigt, als auch welcher Art diese Informationen sein sollen (C.P.R., r. 32.1. (1) (a) und (b))). Falls es dies für sachdienlich hält, kann das französische Gericht, gar einen Richter eigens damit betrauen, alle Auskünfte über die finanzielle, wirtschaftliche oder soziale Situation des Unternehmens zusammenzutragen, sowohl vor Eröffnung der Beobachtungsphase (Art. L.621-1 al. 3 und Art. L.623-2 C.com. i.V.m. Art. L.631-7 C.com.) als auch - zusätzlich zur Wirtschafts- und Sozialbilanz durch den Verwalter - bevor es ein erhaltendes oder sanierendes Verfahren einleitet (Art. L.623-2 C.com. i.V.m. Art. L.631-18 al. 1 C.com.); ähnlich in Italien: Soll ein Großunternehmen der außerordentlichen Verwaltung unterstellt werden, verfasst zunächst ein gerichtlicher Kommissar einen Bericht zu den Ursachen der Insolvenz und der möglichen Zulassung zum Verfahren der außerordentlichen Verwaltung (Art. 28 Abs. 1 d.lgs. 270/99). Auf Grundlage dieses Berichts erstellt der Wirtschaftsminister schließlich ein eigenes Gutachten (Art. 29 Abs. 1 d.lgs. 270/99), das letztlich die Entscheidungsgrundlage für das Gericht bildet.

Erfolgt daher eine einheitliche Sanierung verbundener Unternehmen unter Aufsicht eines einzigen Insolvenzgerichts, so ist dieses befugt, die beschriebenen Instrumentarien grenzüberschreitend einzusetzen, mithin Informationen über sämtliche Unternehmen, deren (finanzielle) Situation und Sanierungsaussichten einzuholen. Auf diese Weise wird es in die Lage versetzt, seine Entscheidung auszurichten an ganzheitlichen, konzernübergreifenden Erwägungen.

Beides, einheitliche Aufsicht eines einzigen Insolvenzgerichts und einheitliche Insolvenzverwaltung, ist daher dazu angetan, Maßnahmen, die mit Blick auf das Schuldnervermögen getroffen werden, optimal aufeinander abzustimmen[687].

Die Konsolidierung verbundener Unternehmen ist nach dieser Lesart unter einheitlicher Leitung möglich, ohne dass Reibungsflächen aufträten, die nicht auch nach nationalem Recht bestehen. Hiernach ist daher das Ziel der Verord-

---

[685] In Deutschland: § 20 Abs. 1 S. 1 (ggf. § 229 S. 1) InsO; England: I.R. 1986, r. 2.3. (1); Frankreich: Art. L.622-6 al. 1 und 2 C.com. (i.V.m. Art. L.631-14 al. 1 C.com.) sowie Art. 50 décr. n° 2005-1677, 28 déc. 2005; Italien: Art. 14 und 16 Abs. 2 Nr. 3 l.fall. (in der durch Art. 12 bzw. Art. 14 d.lgs. n. 5/06 geänderten Fassung).

[686] Vgl. Foerste, Insolvenzrecht, Kapitel 3, § 13 I. , Rn. 127; Heidelberger Kommentar zur InsO – Kirchhof, § 5 Rn. 10.

[687] Vgl. De Cesari/Montella, Le procedure di insolvenza nella nuova disciplina comunitaria, S. 74 f. und 108, die aus diesem Grund tendenziell den Konzerninsolvenzgerichtsstand über Art. 3 Abs. 1 EuInsVO am formalen oder auch effektiven Sitz der Dachgesellschaft befürworten.

nung erreicht, Beeinträchtigungen, die sich gerade aus der Grenzüberschreitung und der damit einhergehenden Kollision mehrerer Rechtsordnungen ergeben, einzudämmen, wenn nicht gar auszuschließen (vgl. Erwägungsgrund 3 zur EuInsVO).

ββ) Unabhängige Insolvenzverfahren über Gesellschaften eines Konzerns

Was aber gilt, wenn – wie in Frankreich und Deutschland – nicht ein einheitliches Hauptinsolvenzverfahren über Unternehmen eines Konzerns stattfindet, sondern isolierte Insolvenzverfahren über rechtlich selbständige Gesellschaften eines Konzerns?

Verbleiben solche Konstellationen innerhalb eines Mitgliedstaates, bestehen die oben aufgezeichneten Möglichkeiten, Insolvenzpläne aufeinander abzustimmen, um eine konzernumspannende Sanierung zu versuchen. Übertreten sie dagegen Staatsgrenzen, kommt es zu Zuständigkeits- und Kompetenzkonflikten, denn eine Koordinierung der Insolvenzpläne der verschiedenen Gesellschaften setzt die Mitwirkung mindestens der Verwalter und der jeweils zuständigen Insolvenzgerichte voraus[688]. Die Verwalter haben in erster Linie die ihnen überantworteten Interessen und Ziele des jeweiligen nationalen Verfahrens im Blick; diese zu einem Abrücken hiervon und zu Kompromissen im Interesse des Verbundes zu bewegen, wird daher überaus schwierig werden - nicht zuletzt deshalb, weil sie sich bei Verletzung dieser Interessen selbst schadensersatzpflichtig machen würden[689].

---

[688] In Deutschland ist u.a. der Verwalter vorlageberechtigt (§ 218 Abs. 1 S. 1 InsO) bzw. zur Stellungnahme berechtigt, wenn der Schuldner den Plan vorgelegt hat (§ 232 Abs. 1 Nr. 3 InsO), die Bestätigung des Plans erfolgt durch das Insolvenzgericht (§ 248 Abs. 1 InsO). In England entscheidet das Gericht darüber, ob überhaupt ein Sanierungsverfahren stattfindet und welchen Zwecken dieses dienen soll (I.A. 1986, Schedule B1 para. 13 (1)), der Verwalter legt sodann Vorschläge vor, wie diese Ziele erreicht werden können (I.A. 1986, Schedule B1 para. 49). In Frankreich liegt das alleinige Vorschlagsrecht für einen Sanierungsplan beim *administrateur* (Art. L.631-18 C.com. i.V.m. Art. L.623-1 al. 4 C.com.); über die Eröffnung der – eine Sanierung ggf. einleitenden – Beobachtungsphase wie auch über die letztliche Bestätigung des Plans entscheidet das Gericht (Art. L.621-1 C.com. (i.V.m. Art. L.631-7 C.com.). In Italien ist der außerordentliche Verwalter sogar verpflichtet, dem Wirtschaftsministerium einen Sanierungsplan vorzulegen (Art. 54 d.lgs. 270/99); nachdem zuvor das Gericht die grundsätzliche Durchführung einer *amministrazione staordinaria* gebilligt hatte (vgl. Art. 30 Abs. 1 d.lgs. 270/99) ist es nunmehr am Wirtschaftsministerium, die konkrete Ausrichtung zu genehmigen (Art. 57 d.lgs. 270/99). Zu den Komplikationen, die eine solche grenzüberschreitende Sanierung birgt, vgl. auch Circulaire, 17.3.2003, relative à l'entrée en vigeur du règlement n 1346/2000, 29.5.2000, relative aux procédures d'insolvabilité, 3.2.2.1, S. 326.

[689] Der deutsche Insolvenzverwalter haftet nach § 60 Abs. 1 InsO bei Pflichtverletzung. In England begeht der Verwalter ein Vergehen (*offence*), wenn er z.B. eine beantragte Gläubigerversammlung nicht einberuft (I.A. 1986, Schedule B1, para. 55 (2)) oder Beschlüsse derselben nicht ordnungsgemäß weiterleitet (I.A. 1986, Schedule B1 para. 53 (3) und 54 (7)),

Ein weiteres Problem gesellt sich hinzu: Teilweise setzen die Rechtsordnungen nicht nur eine (fakultative) Mitwirkung der Gläubiger bei Aufstellung des Insolvenzplans voraus, sondern fordern zudem deren Zustimmung; im deutschen Recht ist sie Voraussetzung für die Wirksamkeit des Plans (vgl. §§ 244-246 InsO), entbehrlich allein im Falle der Obstruktion (§ 245 InsO).

Auch in England haben die Gläubiger weitgehende Mitspracherechte: Die Gläubigerversammlung darf die Vorschläge des Verwalters diskutieren, gegebenenfalls auch modifizieren (vgl. I.A. 1986, Schedule B1, para. 53 (1)[690]). Kann eine Einigung trotz etwaiger Änderungen letztlich nicht erzielt werden, wird die Entscheidung in die Hände des Gerichts gelegt; nunmehr ist es an ihm, diese Pattsituation nach eigenem Ermessen aufzulösen (vgl. I.A. 1986, Schedule B1, para. 55 (1) und (2)).

Ähnlich in Frankreich: Im Verfahren für kleine Unternehmen holt der *mandataire judiciaire* das Einverständnis eines jeden Gläubigers zu den Bestimmungen betreffend die Schulden ein (Art. L.626-5 al. 2 C.com.); im Verfahren für Großunternehmen gar muss der Gläubigerausschuss dem Sanierungsplan mehrheitlich zustimmen, damit das Gericht ihn beschließen kann (vgl. Art. L.626-31 C.com.)

Dagegen sind ähnliche Vorbehalte in Italien nicht bekannt; die Bedeutung des Gläubigerausschusses reduziert sich allgemein auf ein Recht zur Stellungnahme, sofern gesetzlich vorgesehenen (vgl. Art. 36 d.lgs. 270/99 i.V.m. Art. 201 Abs. 2 und Art. 41 l.fall); speziell für die Sanierung insolventer Großunternehmen nach der *amministrazione straordinaria* bedeutet dies, dass Schuldner und Gläubiger

---

überdies macht er sich ggf. schadensersatz- oder rückzahlungspflichtig, wenn er Pflichten, wie sie die Paragraphen 67 f. I.A. 1986, Schedule B1 ihm auferlegen, verletzt, sog. „*misfeasance*" (vgl. I.A. 1986, Schedule B1, para. 75 (4)); im Übrigen haftet er deliktisch (eingehend Rossbach, Europäische Insolvenzverwalter in Deutschland, S. 58 und 42). Ein – im Rahmen eines Vergleichsverfahrens (CVA) – bestellter *supervisor* macht sich schadensersatzpflichtig, wenn er die im Vergleichsvertrag festgelegten Pflichten verletzt (Rossbach, Europäische Insolvenzverwalter in Deutschland, S. 66). In Frankreich stellen die eigennützige Verletzung der Interessen der Gläubiger bzw. des Schuldners gar Straftatbestände dar (Art. L.654-12 C.com. (Art. 203 al. 3 und Art. 204 bzw. 207 L. n° 85-98, 25. janv. 1985 a.F.)); beide lösen gleichzeitig Schadensersatzansprüche aus (vgl. Art. L.654-12 n° II C.com. (Art. 206 und Art. 207 L. n° 85-98, 25. janv. 1985 a.F.)). In Italien haftet der Masseverwalter nach Art. 38 Abs. 1 l.fall. (in der durch Art. 36 d.lgs. n. 5/06 geänderten Fassung) wenn er den Obliegenheiten seines Amtes nicht mit Sorgfalt nachkommt (Art. 36 d.lgs. 270/99 i.V.m. Art. 201 Abs. 2 l.fall.).

[690] Im Falle des CVA gemäß I.A. 1986, sec. 4 bzw. im Falle eines *scheme of arrangement* gemäß C.A. 1985, sec. 425. *Schemes of arrangement* nach C.A. 1985 bieten den beteiligten Gesellschaften mehr Möglichkeiten als die *voluntary arrangements* nach dem I.A. 1986; sie können zusätzlich Verschmelzung oder Teilung mehrerer Gesellschaften beinhalten (Morse, Charlesworth's Company Law, Chapter 30, S. 661). Zugleich stellen sie jedoch erhöhte Anforderungen (eingehend Morse, Charlesworth's Company Law, Chapter 15, S. 661 und S. 669 ff.).

darauf beschränkt sind, ihre Einwände gegen das Gutachten des Wirtschaftsministers vorzutragen (vgl. Art. 29 Abs. 2 d.lgs. 270/99).

Führt man sich daher die verschieden ausgestalteten Voraussetzungen für die Aufstellung eines Insolvenzplans vor Augen, wird klar: Praktisch ist es kaum möglich, einen Insolvenzplan aufzustellen, der zum einen den Interessen aller Beteiligten auch nur im Ansatz entsprechen kann, gar gerecht wird - und zum anderen, und dies keineswegs zuletzt, der gesetzmäßig zustande gekommen ist. Denn es stellt sich die berechtigte Frage: Was gilt? Anders als im Falle eines Hauptinsolvenzverfahrens, gibt es keine maßgebende Rechtsordnung, deren Verfahrensrecht über Art. 4 Abs. 1 EuInsVO auch für Insolvenzpläne der Unternehmen anderer Mitgliedstaaten bindend ist. Sind die Gläubiger daher generell und obligatorisch zu beteiligen, oder auszuschließen? Gleiches gilt für den Schuldner: Hat ein Mitspracherecht nur derjenige Schuldner, dem das nationale Gesetz selbiges verbrieft[691]? Und wenn, gilt dies dann nur im Inland oder muss es unter Diskriminierung inländischer Schuldner auch in einem Mitgliedsstaat anerkannt werden, das ein solches an sich nicht vorsieht?

Schnell erhellt sich: Nicht nur lassen sich diese Fragen vernünftig nicht beantworten, der Versuch einer Beantwortung müsste auch, gleich in welche Richtung er weist, zwangsläufig in einen Gesetzesverstoß münden: Die Befolgung der einen Rechtordnung ist notwendig *contra legem* der anderen.

Bleibt zu fragen, ob die EuInsVO Instrumentarien vorsieht, die geeignet sind, dieses Dilemma aufzulösen. Ähnlich wie schon das einheitliche Hauptverfahren müssten diese *ein* Verfahrensrecht vorschreiben, und jeweils *ein* Gericht und *einen* Insolvenzverwalter in die Position versetzen, eine letztverbindliche Entscheidung treffen zu können, an der sich die übrigen auszurichten haben.

Als solches Werkzeug, eine Führungsfunktion des Verwalters zu etablieren, bietet sich die Abstimmungspflicht des Art. 31 EuInsVO zwischen Haupt- und Sekundärinsolvenzverfahren an. Begreift man allein das zuerst eröffnete Insolvenzverfahren als Hauptinsolvenzverfahren nach Art. 3 Abs. 1 EuInsVO, alle weiteren Unternehmensinsolvenzen eines Konzerns dagegen als Sekundärinsolvenzverfahren im Sinne von Art. 3 Abs. 3 EuInsVO, unterliegen sie den Koordinierungsmöglichkeiten der Art. 27 ff. EuInsVO.

So besteht zunächst die Pflicht zur gegenseitigen Unterrichtung: Art. 31 Abs. 1 EuInsVO erlegt den Verwaltern - sowohl des Hauptinsolvenzverfahrens als

---

[691] Obligatorisch ist eine Zustimmung des Schuldners allein im deutschen Recht (§ 247 InsO); im Übrigen ist der Schuldner darauf beschränkt, seine Einwände gegen einen Insolvenzplan vorzutragen (Art. L.626-9 C.com. (i.V.m. Art. L. 631-19 C.com.) bzw. Art. 29 Abs. 2 d.lgs. 270/99); in England hat der Schuldner allenfalls dann ein Mitspracherecht, wenn die Gläubigerversammlung den Vorschlag des Verwalters zur Einleitung eines Planverfahrens (*company's voluntary arrangement*) oder eines Vergleichsverfahrens nach C.A. 1985, sec. 425 (*compromise with creditors or members)* annimmt (vgl. I.A. 1986, Schedule B1, para. 49 (3) und 53 (1)).

auch des Sekundärinsolvenzverfahrens - auf, einander unverzüglich alle Informationen mitzuteilen, die für das jeweilige Verfahren von Bedeutung sein können. Überdies sind sie zur Zusammenarbeit verpflichtet (Art. 31 Abs. 2 EuInsVO); namentlich bei der Verwertung der Masse ist der Verwalter des Hauptinsolvenzverfahrens aktiv zu beteiligen: Er kann konkrete Vorschläge unterbreiten, wie die Masse des Sekundärinsolvenzverfahrens zu verwerten oder sonst zu verwenden ist (vgl. Art. 31 Abs. 3 EuInsVO).

Auf den ersten Blick erscheint die Regelung, die unversöhnlichen Widersprüche zugunsten des Verwalters des Hauptinsolvenzverfahrens aufzulösen. Nicht zuletzt die Abstimmungspflicht bezüglich der Verwertung der Masse nach Art. 31 Abs. 3 EuInsVO könnte zur einheitlichen Sanierung verbundener Unternehmen über die Grenzen verschiedener Rechtsordnungen hinweg beitragen.

Bei näherer Betrachtung entpuppt sich dies jedoch als Trugschluss: Wird das Verfahren über ein Konzernunternehmen, das man dann folgerichtig als „Niederlassung" begreifen müsste[692], nicht *vor* dem eigentlich „führenden" Hauptinsolvenzverfahren eröffnet, kann es sich nur noch um ein Sekundärinsolvenzverfahren handeln (Art. 3 Abs. 3 EuInsVO); dessen Zielrichtung gibt Art. 3 Abs. 3 S. 2 EuInsVO jedoch unumstößlich vor: die Liquidation. Damit sind sämtliche Aussichten auf eine grenzüberschreitende Sanierung verbundener Unternehmen über die Art. 27 ff. EuInsVO indes auch schon zunichte gemacht. Hinzu kommt, dass Art. 29 bis 38 EuInsVO dem Hauptverwalter zwar wichtige Eingriffsrechte in Bezug auf Sekundärinsolvenzverfahren einräumen, die auch seine leitende Funktion bei der Abwicklung des Vermögens des Schuldners verdeutlichen; eine rechtliche Überordnung beziehungsweise ein darüber hinausgehendes Weisungsrecht gegenüber dem Sekundärverwalter besteht dagegen nicht[693].

Das heißt, trotz der dienenden Funktion des Sekundärinsolvenzverfahrens bestehen nur eingeschränkte Vorgabe- und Einwirkmöglichkeiten, da es sich nach

---

[692] Ob eine Tochtergesellschaft überhaupt eine „Niederlassung" i.S.v. Art. 2 lit. h) EuInsVO sein kann, ist schon höchst fraglich, und wird zu Recht von der h.M. mit Verweis auf deren rechtliche Selbständigkeit abgelehnt (vgl. nur Duursma-Kepplinger/Duursma/Chalupsky, EuInsVO – Duursma-Kepplinger, Art. 3 Rn. 121 m.w.N.). Auch eine analoge Anwendung der Kooperations- und Unterrichtungspflicht scheitert mangels Vorliegen einer Regelungslücke, da die EuInsVO Konzernsachverhalte ausdrücklich ausnimmt (Duursma-Kepplinger/Duursma/Chalupsky, EuInsVO – Duursma-Kepplinger, Art. 1 Rn. 49), überdies daran, dass die Vorschriften des Kapitel III EuInsVO davon ausgehen, dass es sich bei Haupt- und Sekundärverfahren um Verfahren über das Vermögen *einer* Person handelt (Ehricke, EWS 2002, 101 (105)).

[693] Duursma-Kepplinger/Duursma/Chalupsky, EuInsVO – Duursma-Kepplinger, Art. 3 Rn. 58; MünchKommIntWR – Kindler, IntInsR Rn. 711; Kübler, Der Mittelpunkt hauptsächlicher Interessen nach Art. 3 Abs. 1 EuInsVO, in: Festschrift für Gerhardt, 527 (539); Ehricke, WM 2005, 397 (400); Rossbach, Europäische Insolvenzverwalter in Deutschland, S. 242: Insbesondere ist es angesichts der (...) Regelungen ausgeschlossen, dass der Hauptinsolvenzverwalter gleichzeitig auch als Sekundärinsolvenzverwalter eingesetzt wird.

der Konzeption der EuInsVO in Teilen um ein selbständiges Verfahren handelt[694] und in den Genuss der Sanierung könnte in der Konzerninsolvenz allenfalls die Muttergesellschaft kommen (vgl. Art. 34 Abs. 1 EuInsVO)[695]. Die Anwendung der Art. 27 ff. EuInsVO ist daher nicht geeignet, den praktischen Bedürfnissen in der Konzerninsolvenz Rechnung zu tragen[696], sie muss überdies zwangsläufig in einen Verstoß gegen den Grundsatz der Gläubigergleichbehandlung münden, da über das System der Art. 27 ff. EuInsVO die Vermögensmassen von Haupt- und Sekundärinsolvenzverfahrens verschmelzen, d.h. Gläubiger an der Verteilung der Masse eines Unternehmens teilnehmen könnten, obwohl sie keine schuldrechtliche Beziehung zu diesem Rechtsträger unterhalten haben[697].

Damit steht fest, die EuInsVO enthält keine Instrumentarien, die es ermöglichen könnten, isolierte Insolvenzverfahren derart aufeinander abzustimmen, dass die Grenzüberschreitung keine nachteiligen Auswirkungen auf deren Abwicklung hat. Nach wir vor behindern Staats- und Rechtsordnungsgrenzen die Sanierung verbundener Unternehmen, berauben mithin die Beteiligten einer Option, der Insolvenz Herr zu werden und ein Verfahrensziel zu erreichen: das der Fortführung des Unternehmens. Die von den Erwägungsgründen 2 und 3 zur EuInsVO angeprangerten Reibungen haben sich daher nicht verringern oder gar ausmerzen lassen.

Gleichzeitig ist aber klar, dass Unternehmenszusammenschlüsse nicht nur die gesellschaftsrechtliche und wirtschaftliche Landschaft prägen – und dies auch über Staatsgrenzen hinweg (vgl. Erwägungsgrund 3 zur EuInsVO), sondern dass es gerade die Insolvenz derselben oder einzelner ihrer Elemente ist, die den Binnenmarkt vor Herausforderungen und die EuInsVO vor eine Bewährungsprobe stellt.

---

694 Selbständig insofern, als es der getrennten Verwaltung nach der *lex fori concursus* unterworfen ist (vgl. Ehricke, WM 2005, 397 (397), abhängig dagegen sowohl in der Eröffnung als auch in seinen Zielen („Hilfsfunktion“) von einem Hauptinsolvenzverfahren nach Art. 3 Abs. 1 EuInsVO (Ehricke, Verfahrenskoordination bei grenzüberschreitenden Unternehmensinsolvenzen, in: Basedow, Aufbruch nach Europa, 337 (343, Fn. 27(„teilselbständig“); MünchKommIntWR – Kindler, IntInsR Rn. 623 und 628) .

695 Ehricke, EWS 2002, 101 (107).

696 Ehricke sieht daher die aussichtsreichste Möglichkeit, Konzerninsolvenzen aufeinander abzustimmen, im Einsatz sog. „*protocols*“, d.h. privater, meist ad hoc getroffener Vereinbarungen mehrerer Verwalter, die für bestimmte Problemlagen Regelungen vorsehen; Bindungswirkung entfalten diese kraft freiwilliger Unterwerfung bzw. als Konkretisierung der Pflichten des Insolvenzverwalters, bei deren Verletzung sich der Insolvenzverwalter schadensersatzpflichtig macht (Ehricke, Verfahrenskoordination bei grenzüberschreitenden Unternehmensinsolvenzen, in: Basedow, Aufbruch nach Europa, 337 (352, 355 und 360f.); ders., EWS 2002, 101 (107); ders., WM 2005, 397 (403 ff.).

697 Ehricke, EWS 2002, 101 (107).

Nimmt man die Ziele der EuInsVO, wie in den Erwägungsgründen niedergelegt, beim Wort, muss die Verordnung gerade auch auf diese neue Bedrohung des Binnenmarktes reagieren können. Dann aber muss der Anspruch reibungsloser, koordinierter Abwicklung von Unternehmensinsolvenzen auch für Unternehmenszusammenschlüsse gelten.

Mittel der EuInsVO, um der angeprangerten Entwicklungen und vorhergesehenen Bedrohungen habhaft zu werden, sind gemäß Erwägungsgrund 8 zur EuInsVO unter anderem: gemeinschaftliche Bestimmungen über den Gerichtsstand und das anwendbare Recht.

Nach dem oben Ausgeführten steht unterdessen fest, dass allein der *Konzern*insolvenzgerichtsstand in die Lage versetzen könnte, Verwaltung und Verwertung der Insolvenzmassen gezielt aufeinander abzustimmen. Dann nämlich unterläge die Insolvenz des Unternehmensverbundes zur Gänze einem Rechtssystem – nicht mehr länger würde es beim Grenzübertritt eines Verfahrens zu Friktionen kommen; ein einziger Verwalter könnte bindende Vorgaben machen und das einheitlich zuständige Insolvenzgericht könnte die letztverbindliche Entscheidung treffen[698]. Der Konzerninsolvenzgerichtsstand drängt sich daher als Medium zur Verwirklichung verbesserter Effizienz und Wirksamkeit von Insolvenzverfahren im Sinne von Erwägungsgrund 8 zur EuInsVO auf; durch ihn ließe sich eine grenzüberschreitende Unternehmensinsolvenz koordiniert und reibungslos abwickeln, die Ziele der Erwägungsgründe 2 und 3 zur EuInsVO wären erreicht.

Man kann daher schließen: Grenzüberschreitende Unternehmenszusammenschlüsse stellen vermehrt eine Bedrohung für das reibungslose Funktionieren des Binnenmarktes dar. Will die EuInsVO sich im Alltag bewähren und ihren hehren Ansprüchen genügen, muss sie eine taugliche Handhabe bieten, um diese abzuwickeln. Sinn und Zweck der EuInsVO, wie in den Erwägungsgründen festgeschrieben, weisen daher tatsächlich das Bedürfnis nach einem einheitlichen Konzerninsolvenzgerichtsstand auf. Eine objektive Auslegung, die die Ziele der EuInsVO möglichst effektiv zu erreichen sucht (*effet utile*)[699], könnte daher andenken, den Konzerninsolvenzgerichtsstand in Art. 3 EuInsVO zu integrieren - denn jede gemeinschaftsrechtliche Vorschrift ist auszulegen im Lichte des ge-

---

[698] Vgl. De Cesari/Montella, Le procedure di insolvenza nella nuova disciplina comunitaria, S. 74 f. und 108 f.; ähnlich Damman, Recueil Dalloz, Bd. 181/2005, 1779 (1784): „Il est en effet souhaitable que la gestion des différents sociétés continue d'être assuré grace à une certaine centralisation des différentes procédures principales distinctes sous la houlette d'un tribunal unique pour permettre l'élaboration d'un plan de redressement global"; Fletcher, Insolvency in private international law, Rn. 7.68.

[699] Vgl. zur teleologischen Interpretation des Gemeinschaftsrechts (*effet utile*): Calliess/Ruffert, EUV/EGV – Wegener, Art. 220 EGV Rn. 14.

samten Gemeinschaftsrechts, seiner Ziele und seines Entwicklungsstandes zur Zeit ihrer Anwendung[700].

Allerdings ist es bei der Mannigfaltigkeit der Lösungsansätze in den unterschiedlichen Mitgliedstaaten, die teils ihrerseits noch nicht einmal kodifiziert sind, sondern Ergebnis der Tüfteleien der Praxis, unmöglich, eine gemeinsame Schnittmenge für eine einheitliche Lösung zu ermitteln und diese Art. 3 Abs. 1 EuInsVO autonom zugrunde zu legen. Dies wäre aber Mindestvoraussetzung, um eine europarechtliche Norm mittels teleologischer Auslegung mit einem solch neuen Bedeutungsgehalt zu belegen[701].

Auch eine objektive Auslegung, die geänderte wirtschaftliche Bedürfnisse im Blick hat, vermag daher Art. 3 EuInsVO den Regelungsgehalt eines Konzerninsolvenzgerichtsstandes nicht zuzuweisen; vielmehr führte eine solche zu einer Überdehnung der Grenzen teleologischer Auslegung, mithin schließlich zur Missachtung positiven Rechts[702].

Gleichwohl stellte schon der Virgos/Schmit-Report fest: „Diese Lage könnte sich natürlich ändern, wenn europäische Rechtsvorschriften für Unternehmenszusammenschlüsse ausgearbeitet werden[703]".

Bis zum heutigen Tag gibt es jedoch noch kein europäisches Konzernrecht und ist nicht abzusehen, ob und wann ein solches geschaffen wird[704].

Könnte sich die Gemeinschaft eines Tages durchringen, konzernrechtliches oder insolvenzrechtliches Sachrecht zu erlassen, mag die Vorschrift des Art. 3 Abs. 1 EuInsVO in einem neuen Licht gesehen werden[705].

---

[700] EuGH, Urt.v.6.10.1982, Rs. 283/81 (Cilfit u.a.), Rn. 20, Slg. 1982, 3415.

[701] Vgl. zu den Anforderungen Von Bogdandy in: Grabitz/Hilf, Recht der EU, Bd. 1, Art. 10 EGV Rn. 15 (Stand: August 2002, EL 20): es muss sich (unter anderem) mit hinreichender Bestimmtheit ermitteln lassen, was im Einzelfall ge- oder verboten ist; so i.E. auch Urbain-Parleani, Revue des sociétés: journal des sociétés, Bd. 123/2005, 101 (109).

[702] Vgl. Schilling/Schmidt, ZInsO 2006, 113 (117): ein anderes Ergebnis ist *de lege lata* nicht mit dem Willen des europäischen Gesetzes zu vereinbaren; ebenso Schilling, Insolvenz einer englischen Limited mit Verwaltungssitz in Deutschland, S. 75; ähnlich MünchKommIntWR – Kindler, IntInsR Rn. 152.

[703] Virgos/Schmit-Report Rn. 76.

[704] Vgl. MünchKommAktG – Altmeppen, Einl. §§ 291 ff., Rn. 32 f.; Kölner Kommentar zum AktG – Koppensteiner, Vorbem. § 291, Rn. 131: Im Unterschied zu früheren Entwürfen enthält das am 8.10.2004 in Kraft getretene Statut der Europäischen Gesellschaft (EG-Verordnung 2157/2001) keine eigenen materiell-konzernrechtlichen Regelungen mehr, denn (…) für das Konzernrecht konnten keine allseits akzeptablen Regelungskonzepte gefunden werden.; allein es existieren vereinzelte Richtlinien zur Koordinierung des Gesellschaftsrechts (z.B. die Richtlinie 2005/56/EG über die Verschmelzung von Kapitalgesellschaften aus verschiedenen Mitgliedstaaten).

[705] Ähnlich Duursma-Kepplinger/Duursma/Chalupsky, EuInsVO – Duursma-Kepplinger, Art. 3 Rn. 120: Sollte es zu einer Kodifizierung eines Europäischen Konzernrechts kommen, bestünde die Möglichkeit vor diesem Hintergrund anders zu entscheiden.

Nichtsdestotrotz ist aber klarzustellen, dass dies nur für die *procedural consolidation*, die gemeinsame Insolvenzverwaltung mehrerer verbundener Unternehmen unter Aufsicht eines einzigen Insolvenzgerichts[706], gelten kann. Die *substantive consolidation*, die materielle Zusammenfassung mehrerer Insolvenzverfahren[707], bedürfte dagegen einer ausdrücklichen Entscheidung des Gesetzgebers. Dies deshalb, weil es sich es bei Vermögens- und Haftungstrennung um Grundpfeiler der nationalen Gesellschaftsrechte handelt[708]; allein die jeweiligen Gesellschaftsstatute sind daher befähigt, über die Aufhebung der rechtlichen Trennung zwischen der juristischen Person und dem hinter ihr stehenden Gesellschafter zu entscheiden[709].

Damit steht fest: Solange nicht ausdrücklich auf gemeinschaftsrechtlicher Ebene entgegenstehende Bestimmungen erlassen werden, sind Konzerngesellschaften gesondert und entsprechend ihrer eigenen rechtlichen Existenz zu behandeln; eine Durchbrechung der rechtlichen Existenz der Konzerngesellschaft kann mittels Auslegung nicht bewirkt werden.

bb) Anforderungen an Widerlegung des „satzungsmäßigen Sitzes"

Bleibt zu klären, wann der „satzungsmäßige Sitz" widerlegt ist, wenn nicht im Falle konzernrechtlicher Beherrschung[710]. Entscheidet das Auftreten nach außen

---

[706] Vgl. Definition bei Uhlenbruck, NZI 1999, 41 (41).

[707] Vgl. Definition bei Uhlenbruck, NZI 1999, 41 (41f.).

[708] Deutschland: Es gilt das sog. Trennungsprinzip (Hüffer, AktG, § 1 Rn. 4), d.h. grundsätzlich haftet jede verbundene Gesellschaft für ihre Verbindlichkeiten selbst und ausschließlich (Wimmer-Leonhardt, Konzernhaftungsrecht, Kapitel I, S. 12); England: Prinzip der *seperate legal entity* ständige Spruchpraxis seit: House of Lords, Urt.v.16.11.1896, *Salomon v. Salomon & Co. Ltd.*, The Law Times Reports of Cases Decided in The House of Lords, The Privy Council, The Court of Appeal, Vol. 75 (Sep. 1896 - Feb. 1897), S. 426 ff.; Frankreich: Prinzip der rechtlichen Selbständigkeit der einzelnen Konzerngesellschaften (Sonnenberger, Französisches Handels- und Wirtschaftsrecht, III. Kapitel § 1 Rn. VI 20; Cozian/Viandier/Deboissy, Droit des Sociétés, Troisième Partie, Titre 1, S. 603, Rn. 1352); für Italien vgl. Kindler, Italienisches Handels- und Wirtschaftsrecht, § 6 VI. 8. Rn. 111; ders., in: Hommelhoff/Hopt/Lutter, Konzernrecht und Kapitalmarktrecht, E. II. 6.c), S. 138.

[709] MünchKommIntWR – Kindler, IntGesR Rn. 610.

[710] So grundsätzlich zwar auch Jacobs, Schlussanträge des Generalanwalts, 27.9.2005, Rs. C-341/04 (Eurofood IFSC Ltd.), www.curia.eut.int/jurisp, jedoch nicht im Sinne eines allgemeingültigen Prinzips, sondern eher als Frage der Beweisbarkeit: Aus dem bloßen Umstand, dass eine schuldnerische Gesellschaft die Tochter einer anderen Gesellschaft ist, dürften nicht zwangsläufig Schlüsse gezogen werden" (Rn. 117); denn der „bloße Umstand, dass eine Gesellschaft aufgrund ihrer Beteiligung und ihrer Befugnis (...), die Geschäftspolitik einer Tochtergesellschaft zu kontrollieren, beweist, selbst wenn für Dritte feststellbar, nicht, dass die Gesellschaft die Geschäftspolitik tatsächlich kontrolliert." (Rn. 121) Allerdings deutet er an, dass man dies anders sehen könne, „würde bewiesen, dass die Muttergesellschaft des Schuldners dessen Geschäftspolitik (...) kontrollierte und dass diese Situation zum maßgeblichen Zeitpunkt (und damit nicht nur rückblickend) transparent und feststellbar war" (Rn. 124); ähnlich

oder die interne Gesellschaftsstruktur? - In den gängigen plakativen Worten: die *„business-activity“* oder das *„mind-of-management“*?

α) Entstehungsgeschichte der EuInsVO

Zu allererst ist diese Frage an den historischen Kontext zu stellen, in dem die EuInsVO erlassen wurde; dieser mag die Gründe erhellen, die den Verordnungsgeber bewogen haben, in Art. 3 Abs. 1 eine widerlegliche Vermutung für den satzungsmäßigen Sitz zu integrieren, ebenso wie seine Vorstellungen zu den Anforderungen an deren Widerlegung.

Die Geschichte seiner Entstehung indes ist schnell erzählt: Art. 3 Abs. 1 EuInsVO wurde aus Art. 4 des Istanbuler Übereinkommens übernommen; er ist von der gesellschaftsrechtlichen Sitztheorie beeinflusst[711], wiewohl er den Begriff des „effektiven Verwaltungssitzes“ bewusst nicht verwendet; dies zuzugestehen waren jene Staaten, welche gemeinhin der Gründungstheorie folgen, nicht bereit[712].

Der Begriff des „Mittelpunktes hauptsächlicher Interessen“ entspringt daher einem Formulierungskompromiss, der eher der Sitz-, denn der Gründungstheorie folgt[713]; lediglich die Schwächen der Sitztheorie, namentlich die mangelnde

---

auch Schilling/Schmidt, ZInsO 2006, 113 (118), nach denen es bereits heute in Einzelfällen zu einer einheitlichen Abwicklung mehrerer Konzergesellschaften am Sitz der Mutter kommen kann, wenn dessen Maßgeblichkeit für sämtliche Dritte erkennbar ist; Schilling, Insolvenz einer englischen Limited mit Verwaltungssitz in Deutschland, S. 77; ebenso Ehricke, EWS 2002, 101 (104); Gottwald, Insolvenzrechtshandbuch – Gottwald, § 129 Rn. 20; ähnlich Kübler, Der Mittelpunkt hauptsächlicher Interessen nach Art. 3 Abs. 1 EuInsVO, in: Festschrift für Gerhardt, 527 (550): Eine Ausnahme sei zu machen, wenn sich das Unternehmen nach außen erkennbar als „verlängerte Werkbank“ der Muttergesellschaft darstellt; schließlich wohl auch EuGH, Urt.v.2.5.2006, Rs. C-341/04 (Eurofood IFSC Ltd.), www.curia.eut.int/jurisp, Rn. 36, dessen Aussage insofern unbestimmt und offen bleibt: „wenn (...) eine Gesellschaft ihrer Tätigkeit im Gebiet des Mitgliedstaates, in dem sie ihren satzungsmäßigen Sitz hat, nachgeht, so reicht die Tatsache *allein*, dass ihre wirtschaftlichen Entscheidungen von einer Muttergesellschaft mit Sitz in einem anderen Mitgliedstaat kontrolliert werden oder kontrolliert werden können, nicht aus, um die mit der Verordnung aufgestellte Vermutung zu entkräften (Betonung hinzugefügt)“ (eingehend dazu unter 4. dd)).

711 Gottwald, Grenzüberschreitende Insolvenzen, S. 19 f.; Duursma-Kepplinger/Duursma/Chalupsky, EuInsVO – Duursma-Kepplinger, Art. 3 Rn. 14; MünchKommIntWR – Kindler, IntInsR Rn. 127; ders., IntGesR Rn. 402; vgl. Virgos/Schmit-Report, Rn. 75, der von einer gewöhnlichen Zuständigkeit am Ort des Hauptsitzes des Schuldner ausgeht.

712 Mankowski, NZI 2004, 450 (451).

713 Vgl. Mankowski, NZI 2004, 450 (451); ähnlich Gottwald, Insolvenzrechtshandbuch – Gottwald, § 129 Rn. 11; a.A. MünchKommIntWR – Kindler, IntInsR Rn. 127: Das COMI werde zu Unrecht als Kompromisslösung zwischen Sitz- und Gründungstheorie gewertet; vielmehr stehe es als reales Anknüpfungsmerkmal dem effektiven Verwaltungssitz nahe.

Rechtssicherheit, sollten durch die Anknüpfung an ein Element der Gründungstheorie, den Satzungssitz, kompensiert werden[714].

Dieses Verständnis lag Art. 3 Abs. 1 EuInsVO bei Erlass zugrunde; es könnte sich unterdessen durch die jüngste Rechtsprechung des EuGH zur Niederlassungsfreiheit zwingend gewandelt haben, die schlagwortartig mit den Begriffen „Centros“, „Überseering“ und „Inspire Art“ umschrieben wird. Diese lässt eine schrittweise Hinwendung zur Gründungstheorie erkennen: So markiert die *Centros*-Entscheidung des EuGH[715] einen Meilenstein in der Abkehr von der hergebrachten, im kontinentaleuropäischen Rechtskreis vorherrschenden Sitztheorie[716]. Dies ergibt sich aus den Feststellungen des EuGH, die sich in 4 Thesen zusammenfassen lassen: 1. die Gründung einer Zweigniederlassung fällt unter die vertraglich gewährte Niederlassungsfreiheit (Rn. 18), 2. in einem Mitgliedstaat ordnungsgemäß gegründete Gesellschaften sind in den übrigen Mitgliedstaaten als solche anzuerkennen, Gerichte oder Behörden dürfen ihre Errichtung daher nicht einer erneuten Überprüfung anhand nationaler Bewertungsmaßstäbe unterziehen (Rn. 19 und 30), 3. die Niederlassungsfreiheit erlaubt Gesellschaften, ihre Tätigkeit über eine Niederlassung oder Tochtergesellschaft auszuüben (Rn. 20), es sei denn dies stellt einen Missbrauch dieser Freiheit dar (Rn. 24); 4. Da Ziel der Niederlassungsfreiheit ist, Gesellschaften, die nach dem Recht eines Mitgliedstaates errichtet wurden und ihren Sitz innerhalb der Gemeinschaft haben, die Tätigkeit in einem anderen Mitgliedstaat zu ermöglichen (sei es mittels Agentur, Niederlassung oder Tochtergesellschaft) (Rn. 26), ist in der bloßen Tätigkeitsverlagerung gerade kein Missbrauch zu sehen (Rn. 27).

Diese Feststellungen bildeten die Grundlage für die nachfolgenden Entscheidungen. In seiner *Überseering*-Entscheidung[717] geht der EuGH daher noch weiter, wenn er feststellt, die Inanspruchnahme der Niederlassungsfreiheit setze

---

[714] Vgl. Gottwald, Grenzüberschreitende Insolvenzen, S. 20; Duursma-Kepplinger/Duursma/Chalupsky, EuInsVO – Duursma-Kepplinger, Art. 3 Rn. 14; ähnlich Mankowski, NZI, 450 (451).

[715] EuGH, Urt.v.9.3.1999, Rs. 212/97 (Centros Ltd./Erhvervs-og Selskabsstyrelsen), Slg.1999, I-01459.

[716] Deutschland (Ständige Rechtsprechung des BGH bis zur Vorlagefrage an den EuGH: BGH, Beschl.v.30.3.2000, Az: VII ZR 370/98 (vgl. nur BGH Urt.v.21.3.1986, Az: V ZR 10/85, NJW 1986, 219 (2195), m.w.N.); vgl. für das Schrifttum: Raiser, Recht der Kapitalgesellschaften, § 10 Rn. 8 und § 25 Rn. 13; Staudinger, BGB, IntGesR – Großfeld, Rn. 38; MünchKommIntGesR – Kindler, Rn. 313 ff. (3. Aufl., 1999)); Reithmann/Martiny, Internationales Vertragsrecht – Hausmann, Rn. 1545 (5. Aufl., 1996); Österreich (Duursma-Kepplinger/Duursma/Chalupsky, EuInsVO – Duursma-Kepplinger, Art. 3 Rn. 14); Frankreich über Art. 1837 al. 1 Code Civil (Sonnenberger, Französisches Handels- und Wirtschaftsrecht, VIII. § 2, S. 418, Rn. VIII 63: Art. 1837 C.civ. ist zwar eine einseitige Kollisionsnorm, die aber ein allgemeines Prinzip ausdrückt). Darüber hinaus folgen ihr etwa Belgien, Luxemburg, Österreich, Portugal, Spanien (Reithmann/Martiny, Internationales Vertragsrecht – Hausmann, Rn. 2198).

[717] EuGH, Urt.v.5.11.2002, Rs. C-208/00 (Überseering BV/Nordic Construction Company Baumanagement GmbH), Slg. 2002, I-09919.

zwingend die Anerkennung der Gesellschaft in allen Mitgliedstaaten voraus, in denen sich die Gesellschaft niederlassen will (Rn. 5); daher verstoße es gegen die Art. 43 und 48 EGV, wenn einer Gesellschaft, die nach dem Recht eines Mitgliedstaates, in dessen Hoheitsgebiet sie ihren satzungsmäßigen Sitz hat, gegründet worden ist, in dem Staat, in den sie ihre Aktivitäten verlagert hat, die Rechts- und Parteifähigkeit abgesprochen wird (Rn. 94); vielmehr ist letzterer nach den Art. 43 und 48 EGV verpflichtet, die Rechts- und damit die Parteifähigkeit zu achten, die diese Gesellschaft nach dem Recht ihres Gründungsstaates besitzt (Rn. 95).

Diese Leitlinien bestätigte der EuGH in der letzten Entscheidung der Dreierkette (*Inspire Art*)[718] zum einen und schärfte sie zusätzlich: Art. 43 und 48 EG stehen nunmehr ausdrücklich einer Regelung eines Mitgliedstaates entgegen, die die Errichtung einer Zweigniederlassung durch eine Gesellschaft, die nach dem Recht eines anderen Mitgliedstaates gegründet wurde, von der Erfüllung bestimmter Voraussetzungen des innerstaatlichen Rechts zur Gründung von Gesellschaften abhängig macht. Die Gründe, aus denen die Gesellschaft in dem anderen Mitgliedstaat errichtet wurde, sowie der Umstand, dass sie ihre Tätigkeit (nahezu) ausschließlich im Mitgliedstaat der Niederlassung ausübt, nehmen ihr nicht das Recht, sich auf die durch den EG-Vertrag garantierte Niederlassungsfreiheit zu berufen, es sei denn im konkreten Fall wird ein Missbrauch nachgewiesen (Rn. 143).

Eben diese finale Stellungnahme des EuGH schafft Klarheit über die Frage nach dem anwendbaren Gesellschaftsstatut wie auch dessen Umfang: Maßstab für alle gesellschaftsrechtlichen Fragen ist dasjenige Gesellschafsrecht, nach dem die Gesellschaft errichtet wurde (sog. „Gründungsstatut")[719].

Die Sitztheorie kann hiernach nur noch beschränkt Geltung beanspruchen[720]; uneingeschränkt kann sie *räumlich* nur noch auf Gesellschaften angewandt werden, die außerhalb des Gebiets des EWR gegründet wurden - und auch dies

---

718 EuGH, Urt.v.30.9.2003, Rs. C-167/01 (Kramer van Koophandel en Fabrieken voor Amsterdam/Inspire Art Ltd.), Slg. 2003, I-10155.

719 So gedeutet Köke, ZInsO 2005, 354 (356); Reithmann/Martiny, Internationales Vertragsrecht – Hausmann, Rn. 2282; Leible/Hoffmann, EuZW 2003, 677 (681 f.); Zimmer, NJW 2003, 3585 (3591); Behrens, IPRax 2004, 20 (25); Eidenmüller, JZ 2004, 24 (25 und 33); weniger deutlich Westermann, Handbuch der Personengesellschaften – Paefgen, Rn. I 4112; a.A. MünchKommIntWR – Kindler, IntGesR Rn. 111 und 116: „Die Beschränkung (der Niederlassungsfreiheit) liegt nicht schlechthin in der Anwendung des Rechts des effektiven Verwaltungssitzes/der Geschäftstätigkeit, sondern (...) in bestimmten, dort enthaltenen belastenden Rechtsfolgen (...). In Wirklichkeit missbilligt der EuGH allein eine Verdoppelung der gesellschaftsrechtlichen Gründungsanforderungen, erhebt aber keine Einwände gegen die Anwendung tätigkeitsbezogener gesellschaftsrechtlicher Vorschriften (...)." „Gegenstand des Verdikts des EuGH ist in keinem Fall die Anwendung der Sitztheorie schlechthin (...)."

720 Vgl. Westermann, Handbuch der Personengesellschaften – Paefgen, Rn. I 4111; Reithmann/Martiny, Internationales Vertragsrecht – Hausmann, Rn. 2284 und 2206.

nur, soweit nicht Staatsverträge die Gründungstheorie vorziehen[721]. Im Anwendungsbereich der Niederlassungsfreiheit dagegen wird sie von der europarechtlichen Gründungstheorie verdrängt, d.h. Gründung und Existenz von Gesellschaften, die in einem Mitgliedstaat der EG gegründet wurden, sind in anderen Mitgliedstaaten nach dem Recht ihres Gründungsstaates zu beurteilen[722].

Auch in *sachlicher* Hinsicht sind keine Ausnahmen geboten: Zwar zielt die Sitztheorie primär auf Kapitalgesellschaften, gleichwohl beansprucht die vom EuGH nunmehr zum Maßstab erhobene Gründungstheorie auch für Personengesellschaften Geltung. Dies deshalb, weil Personengesellschaften trotz des insoweit unklaren Wortlauts des Art. 48 S. 2 EGV, der von „Gesellschaften" und „sonstigen juristischen Personen" spricht, dem Schutzbereich der Niederlassungsfreiheit unterfallen[723]. Außerdem erhebt der EuGH in der Begründung des *Überseering*-Urteils die Frage der Anerkennung der Rechtsfähigkeit von Gesellschaften zum Kernpunkt seiner Entscheidung – diese stellt sich jedoch unterschiedslos auch bei den Personengesellschaften des Handelsrechts (§§ 124 Abs. 1, 161 Abs. 2 HGB) und bei der rechtsfähigen BGB-Außengesellschaft[724].

Folglich ist auf europäischer Ebene – sowohl in sachlicher als auch in räumlicher Hinsicht - eine Entscheidung für die Gründungstheorie getroffen[725].

---

721 Westermann, Handbuch der Personengesellschaften – Paefgen, Rn. I 4104; Reithmann/Martiny, Internationales Vertragsrecht – Hausmann, Rn. 2284 und 2206.

722 Reithmann/Martiny, Internationales Vertragsrecht – Hausmann, Rn. 2284 und 2206: Für außerhalb der EG (und des EWR) gegründete Gesellschaften behält die Sitztheorie ihre Berechtigung, für die Mitgliedstaaten der EG und des EWR dagegen tritt die „europarechtliche Gründungstheorie" neben die Anknüpfung an den effektiven Verwaltungssitz; einschränkend MünchKommIntWR – Kindler, IntGesR Rn. 109: Das Gründungsstatut ist nur bei Wegfall der Rechts- und Parteifähigkeit nach dem Recht des Zuzugsstaates maßgeblich.

723 Westermann, Handbuch der Personengesellschaften – Paefgen, Rn. I 4120, m.w.N.

724 Westermann, Handbuch der Personengesellschaften – Paefgen, Rn. I 4120.

725 Ähnlich Schillig, IPRax 2005, 208 (217): Im Anwendungsbereich der Niederlassungsfreiheit kann die Sitztheorie nicht aufrechterhalten werden. Für vollständigen Übergang zur Gründungstheorie als universalem Anknüpfungspunkt: Duursma-Kepplinger/Duursma/Chalupsky, EuInsVO – Duursma-Kepplinger, Art. 3 Rn. 14, Fn. 26; Westermann, Handbuch der Personengesellschaften – Paefgen, Rn. I 4122; Sympathie für Übergang zur Gründungsanknüpfung zeigt auch Zimmer, ZHR 2004, 362 f.: Der Weg zurück zu einer reiner Sitzanknüpfung dürfte verbaut sein. Der Zug der Zeit geht in Richtung Liberalität, in Richtung auf vermehrte Zulassung von Auslandsgesellschaften; gegen generellen Übergang zur Gründungstheorie dagegen MünchKommIntWR – Kindler, IntGesR Rn. 9, vielmehr könne die Sitzanknüpfung aufrechterhalten werden, wo die Niederlassungsfreiheit nicht betroffen oder nicht verletzt ist (ders., IntGesR Rn. 113 ff.).

β) Auswirkungen der EuGH-Rechtsprechung zur Niederlassungsfreiheit auf das internationale Zivilprozessrecht

In erster Linie betreffen diese primärrechtlichen Vorgaben aus Art. 43 und 48 EGV das *gesellschaftsrechtliche* Kollisionsrecht der Mitgliedstaaten; gleichwohl liegt nahe, dass dies gewandelte Verständnis auch Auswirkungen auf die Auslegung des Art. 3 Abs. 1 EuInsVO haben muss, betont der EuGH doch beständig, dass jede gemeinschaftsrechtliche Vorschrift auszulegen ist im Lichte des gesamten Gemeinschaftsrechts, seiner Ziele und seines Entwicklungsstandes zur Zeit ihrer Anwendung[726].

Dies setzt jedoch voraus, dass die (europarechtliche) Gründungstheorie auch auf das internationale Zivilprozessrecht übertragbar ist.

Teilweise wird dies mit dem Argument abgelehnt, für die Inanspruchnahme der Zuständigkeit nationaler Gerichte sei der Anwendungsbereich der Niederlassungsfreiheit gar nicht betroffen: So rekurriert Art. 22 Nr. 2 der EuGVVO schließlich auf den Sitz der Gesellschaft, welcher ausdrücklich nach den Vorschriften des internationalen Privatrechts des *angerufenen Gerichts* zu bestimmen ist; d.h. das Gericht ist ausdrücklich dazu berufen, sein eigenes Kollisionsrecht, anzuwenden. Die Verordnung stelle daher gerade einen gewollten Kompromiss zwischen Staaten, die der Sitz- und solchen, die der Gründungstheorie folgen, her[727]. Schon deshalb könne die *Inanspruchnahme* dieser Zuständigkeit keine Beschränkung der Niederlassungsfreiheit darstellen[728]. Abgesehen von dieser bewussten Entscheidung des Gesetzgebers gesellt sich ein allgemeiner Aspekt hinzu: Die schlichte Tatsache, dass ein Staat sämtliche Personenvereinigungen, die ihre tatsächliche Hauptverwaltung auf seinem Hoheitsgebiet haben, seiner Gerichtsbarkeit unterstellt, stellt eben gerade *keine* Ungleichbehandlung im Ausland gegründeter Gesellschaften dar[729] – vielmehr ist dies Ausdruck sei-

---

[726] EuGH, Urt.v.6.10.1982, Rs. 283/81 (Cilfit u.a.), Rn. 20, Slg. 1982, 3415.

[727] Vgl. Zimmer, ZHR 2004, 355 (361).

[728] Vgl. Zimmer, ZHR 2004, 355 (361).

[729] Vgl. Zimmer, ZHR 2004, 355 (361); ähnlich auch Stein/Jonas, ZPO Bd. 1 - Roth, § 17 Rn. 11: Wenigstens für den Anwendungsbereich des § 17 könne es für das Zivilprozessrecht dahinstehen, ob mit der Centros- und nachfolgend der Überseering-Entscheidung des EuGH die Sitztheorie für Länder der EU aus vorrangigen Gründen des Europarechts aufgegeben werden müsse, denn die hauptsächlich beanstandeten Folgen lägen im materiellen Recht, prozessrechtlich stellten sich diese Fragen nicht, da Gesellschaften jedenfalls über § 17 ZPO einen allgemeinen Gerichtsstand haben; zugestanden, dass sich eine solche Beschränkung nur schwer konstruieren lässt, auch Schillig, IPRax 2005, 208 (217 f.): Nach der von Art. 43, 48 EGV geforderten Gründungstheorie ist eben gerade gemeinschaftsweit das Recht des Gründungsstaates maßgeblich und von den Gerichten in allen übrigen Mitgliedstaaten anzuwenden. Ein Auseinanderfallen von internationaler Zuständigkeit und Gesellschafsstatut vermag daher allenfalls im Bereich gerichtlicher Eingriffs- und Regelungsbefugnisse eine partielle Verdrängung des Gründungsrechts zu bewirken.

ner Souveränität, welche Gesellschaften, die ihre Tätigkeit in eben diesen Staat verlegen, stillschweigend akzeptieren; eine Beschränkung der Niederlassungsfreiheit stellt dies jedenfalls nicht dar.

Nach anderer Ansicht kommt es darauf auch nicht entscheidend an; nicht die *eigene* Beschränkung der Niederlassungsfreiheit durch die Zuständigkeitsvorschriften bedingt die Anwendung der Gründungstheorie, sondern – *mittelbar* - die Entscheidung für die Gründungstheorie im *materiellen* Kollisionsrecht.

Dies deshalb, weil es Sinn und Zweck der Bestimmungen des internationalen Zivilprozessrechts auf europäischer Ebene ist, zum einen Zuständigkeitsvorschriften zu vereinheitlichen, zum anderen sie in hohen Maße vorhersehbar zu machen. Ausdrücklich gibt sich diese Intention nur die EuGVVO in Erwägungsgrund 2 und 11 auf, wiewohl sie sich auch auf die EuInsVO übertragen lässt, denn die EuInsVO soll Lücken schließen, die im Anwendungsbereich der EuGVVO verbleiben[730]; so kündigt Erwägungsgrund 6 zur EuInsVO unter anderem die Regelung der Zuständigkeit zur Eröffnung von Insolvenzverfahren an, ebenso wie die der Anerkennung solcher Entscheidungen. Damit bedient sich die EuInsVO einer sinnidentischen Formulierung wie Erwägungsgrund 6 EuGVVO, der von Vereinheitlichung der internationalen Zuständigkeit und Vereinfachung der Formalitäten in Betreff der Anerkennung und Vollstreckung von Entscheidungen spricht – dies allerdings in Zivil- und Handelssachen. Beide Vorschriften zielen daher im Wesentlichen sachlich auf denselben Regelungsgehalt: die einheitliche Regelung der internationalen Entscheidungs- und Anerkennungszuständigkeit. Allein im Anwendungsbereich unterscheiden sie sich: Während Art. 1 Abs. 2 lit. b) EuGVVO Konkurse, Vergleiche und ähnliche Verfahren ausdrücklich ausnimmt, nimmt die EuInsVO sich eben dieser Verfahren an (vgl. Erwägungsgrund 7 zur EuInsVO). Beide Verordnungen dienen daher der Regelung eines einheitlichen Regelungsgegenstandes: der direkten und indirekten internationalen Zuständigkeit; ihr Anwendungsbereich greift daher ineinander über[731], so dass man den Zweck, wie er einheitlichen Zuständigkeitsvor-

[730] Gemäß Art. 1 Abs. 2 lit. b) EuGVVO i.V.m. Erwägungsgrund 7 zur EuInsVO ist die EuInsVO *lex specialis* zur Regelung von „Konkursen, Vergleichen und ähnlicher Verfahren". Im Zuge der Auslegung beider Verordnungen ist darauf zu achten, dass es zu keinen Zuständigkeitslücken kommt (Duursma-Kepplinger/Duursma/Chalupsky, EuInsVO – Duursma-Kepplinger, Vorbem. zur EuInsVO, Rn. 14)

[731] Idealiter sollten EuInsVO und EUGVVO *nahtlos* ineinander greifen (Haubold, IPRax 2002, 157 (160)); tatsächlich jedoch besteht für Einzelverfahren im Zusammenhang mit einer Insolvenz keine ausdrückliche Regelung der internationalen Zuständigkeit, da Art. 25 Abs. 1 Unterabs. 2 EuInsVO nur Folgerungen für den Fall zieht, dass ein Mitgliedstaat eine Zuständigkeit für solche Verfahren in Anspruch nimmt, selbst aber keine internationale Zuständigkeit der Einzelstaaten begründet (vgl. nur BGH, Urt.v.27.5.2003, Az: IX ZR 203/02, NZI 2003, 545 (546), m.w.N; zuletzt OLG Frankfurt, Urt.v.26.1.2006, Az: 15 U 200/05, ZIP 2006, 769 (771)). Im Einzelnen ist das Verhältnis der beiden Verordnungen daher durchaus streitig, insbesondere für Klagen des Insolvenzverwalters mit insolvenzrechtlichem Bezug (vgl. zu

schriften des Gemeinschaftsrechts in Erwägungsgrund 2 und 11 allgemein beigemessen wird, auch auf die EuInsVO übertragen kann.

Einheitlichkeit und Vorhersehbarkeit der Zuständigkeit bedingen jedoch eine verbindliche Entscheidung *entweder* für die Sitz- *oder* die Gründungstheorie: Würde man nur zur Gründungstheorie übergehen, soweit die Niederlassungsfreiheit betroffen ist, im Übrigen aber an der Sitztheorie festhalten, ergäbe sich ein schier undurchdringliches Dickicht an situations- bzw. einzelfallabhängiger Anknüpfung; das internationale Zivilprozessrecht würde für grenzüberschreitend agierende Gesellschaften zu einer hochkomplexen, in hohem Maße intransparenten und unvorhersehbaren Materie[732]. Gleichzeitig würden Kompetenzkonflikte befördert, obgleich diese gerade möglichst vermieden werden sollten (vgl. Erwägungsgrund 11 zur EuGVVO und Erwägungsgrund 22 zur EuInsVO, der sich mit den Folgen eines gleichwohl aufkommenden solchen Konfliktes befasst)[733].

Beides würde dem Zweck internationaler Zuständigkeitsvorschriften diametral entgegenlaufen; um deren gleichförmige Anwendung sicherzustellen, ist daher auch im internationalen Zivilprozessrecht der Übergang zur Gründungstheorie geboten. Allein der Gleichlauf von materiellem Recht und internationaler Zuständigkeit schafft eindeutige, unverrückbare Anknüpfungspunkte zur Bestimmung des jeweiligen Gerichtsstandes[734]. - Diese Feststellung ist so bestechend, wie sie einfach ist. Im Falle des Art. 3 Abs. 1 EuInsVO kann sie daher auch nur im Sinne eines Grundsatzes taugen. Grund hierfür ist, dass Art. 3 Abs. 1 S. 2 EuInsVO als widerlegliche Vermutung ausgestaltet ist; eine vollständige, ausnahmslose Entscheidung für die Gründungstheorie würde diese gesetzgeberische Vorgabe negieren[735]. Art. 3 Abs. 1 S. 1 EuInsVO muss daher einen verbleibenden Anwendungsbereich behalten.

Problematik und Lösungsansätzen beispielsweise Mörsdorf-Schulte, IPRax 2004, 31 (31 ff.); Mankowski, NZI 2003, 545 (546 f.); Schwarz, NZI 2002, 290 (290 ff.); Haubold, IPRax 2002, 157 (157 ff.); zuletzt OLG Frankfurt, Urt.v.26.1.2006, Az: 15 U 200/05, ZIP 2006, 769 (769-772)).

[732] Vgl. Schillig, IPRax 2005, 208 (217).

[733] Vgl. Schillig, IPRax 2005, 208 (217).

[734] Vgl. Schillig, IPRax 2005, 208 (217).

[735] So aber Gottwald mit der Begründung, die nachteiligen Konsequenzen, die die Anknüpfung an ein solch flexibles Kriterium wie den „Mittelpunkt hauptsächlicher Interessen" mit sich bringt (v.a. gezielte Verlagerung desselben in ein anderes Land, ggf. gar außerhalb der EU) könnten nur dann vermieden werden, wenn man unwiderleglich an den statutarischen Sitz anknüpft (Gottwald, Grenzüberschreitende Insolvenzen, 20 f.).
Vgl. auch Jacobs, Schlussanträge des Generalanwalts, 27.9.2005, Rs. C-341/04 (Eurofood IFSC Ltd.), www.curia.eut.int/jurisp, Rn. 122: „Das bedeutet nicht, dass das rein formale Kriterium des Ortes des satzungsmäßigen Sitzes einer Tochtergesellschaft unweigerlich den Mitgliedstaat bestimmt, dessen Gerichte für eine Insolvenz zuständig sind. Ein dem Begriff „Mittelpunkt der hauptsächlichen Interessen" immanenter Aspekt besteht darin, sicherzustellen, dass funktionale Realitäten rein formale Kriterien ersetzen können".

Nichtsdestotrotz ist klar, mit der Entscheidung für die Gründungstheorie im internationalen Gesellschaftsrecht geht eine Stärkung der Argumente für die Anwendung der Gründungstheorie auch im internationalen Zivilprozessrecht einher; überdies bietet der Registereintrag eine starke Vermutung für die Richtigkeit des satzungsmäßigen Sitzes. Das Verhältnis der Sätze 2 und 1 des Art. 3 Abs. 1 EuInsVO kann daher nurmehr dieses sein, dass die Anknüpfung an den satzungsmäßigen Sitz zum Regelfall erhoben wird[736].

Grund hierfür ist, dass der Registereintrag Beleg für die Gründung einer Gesellschaft nach einem bestimmten Recht ist. Uneingeschränkt gilt dies für Gesellschaften, für welche die Eintragung konstitutiv ist – hier sichert das nationale Registerrecht mit seinen ausdifferenzierten Überwachungsmechanismen die Einhaltung der Gründungsvoraussetzungen[737]; aber auch für Gesellschaften, deren Eintragung in ein staatliches Register nur deklaratorisch ist bzw. allein Publizitätszwecken dient, lässt der Eintrag als Gesellschaft inländischen Rechts doch – dank registerrechtlicher Kontrollmechanismen - vermuten, dass sie nach der Rechtsordnung des Registrierungsstaates gegründet wurden[738].

An dieser Rechtswahl wollen sich die Gesellschafter im Prinzip festhalten lassen – mit all ihren Konsequenzen, gerade auch in Betreff des Gerichtsstandes[739]. Bei nicht registrierten Personengesellschaften fehlt ein solch eindeutiger Beleg, wiewohl für eine rein vertragliche Festlegung des statutarischen Sitzes nichts anderes gelten kann. Ein Berufen auf einen abweichenden Ge-

---

736 Ähnlich Kübler, Der Mittelpunkt der hauptsächlichen Interessen nach Art. 3 Abs. 1 EuInsVO, in: Festschrift für Gerhardt, 527 (551); a.A. MünchKommIntWR – Kindler, IntInsR Rn. 144, der innere Umstände zum Ausgangspunkt der Beurteilung erhebt, d.h. von wo aus die Geschicke des Unternehmens gelenkt werden. In einem zweiten Schritt müsse dieses Ergebnis jedoch durch die äußeren Umstände bestätigt werden (Erwägungsgrund 13). Sei dies der Fall, liege der Mittelpunkt hauptsächlicher Interessen in diesem Mitgliedstaat. Anderenfalls komme die Vermutungsregel des Abs. 1 S. 2 zum Zuge.

737 Vgl. im Einzelnen dazu die Ausführungen zu den Anforderungen an die Erfüllung der Gründungsvoraussetzungen und deren Überwachung durch das Registerrecht im Abschnitt zu Art. 3 Abs. 1 S. 2 EuInsVO (A.III.4.a)).

738 Vgl. Walden, Das Kollisionsrecht der Personengesellschaften im deutschen, europäischen und US-amerikanischen Recht, S. 208.

739 Deutschland: Bei Kapitalgesellschaften entscheidet der satzungsmäßige Sitz verbindlich über den Gerichtsstand der Gesellschaft (vgl. § 17 Abs. 1 S. 1 ZPO i.V.m. § 5 Abs. 1 AktG bzw. § 4a Abs. 1 GmbHG), bei Personengesellschaften entscheidet er, sofern sich ein solcher feststellen lässt (§ 17 Abs. 1 S. 1 ZPO), hilfsweise ist der Ort der Verwaltungsführung maßgebend (§ 17 Abs. 1 S. 2 ZPO). England: Mit der Wahl des *registered office* steht zugleich die zuständige Gerichtsbarkeit fest (Morse, Charlesworth's Company Law, Chapter 3, S. 59 f.). Frankreich: Der *siège social* entscheidet über den allgemeinen Gerichtsstand (vgl. Art. 42 al.1 und Art. 43 N.C.P.C.). Italien: Bei juristischen Personen bestimmt sich der allgemeine Gerichtsstand nach ihrem Sitz (Art. 19 Abs. 1 c.p.c.), für Gesellschaften ohne Rechtspersönlichkeit entscheidet der Ort, an dem die Gesellschaft Tätigkeiten von dauerhaftem Charakter ausübt (Art. 19 Abs. 2 c.p.c.).

richtsstand, im Falle des Art. 3 konkret auf einen abweichenden „Mittelpunkt hauptsächlicher Interessen“, sieht sich daher grundsätzlich dem Vorwurf widersprüchlichen Verhaltens ausgesetzt, ist daher gleichsam im Sinne des Gedankens des Verbots des *venire contra factum proprium* unbeachtlich[740].

Eine Durchbrechung dieser Vermutung kann daher allein im Missbrauchsfall zum Tragen kommen, wenn es sich also bei dem satzungsmäßigen Sitz um eine Farce handelt. Diese Lesart bewegt sich auf der Linie des Rechtsverständnisses der kontinentaleuropäischen Staaten; Deutschland, Frankreich und Italien lehnen die Anerkennung des fiktiven Gesellschaftssitzes jeweils strikt ab[741]. Das abweichende englische Verständnis zum *„registered office“*, d.h. die verbindliche Fiktion, kann insofern ignoriert werden, als dieses Verständnis mit Art. 3 Abs. 1 S. 1 ohnehin nicht vereinbar ist; denn für Satz 1 muss nach der gesetzlichen Entscheidung ein Anwendungsbereich verbleiben[742]. Das kontinentaleuropäische Rechtsverständnis kann daher bedenkenlos an Art. 3 Abs. 1 EuInsVO angelegt werden. –

Verbleibt die Aufgabe, Kriterien für den Nachweis eines fiktiven Gesellschaftssitzes aufzustellen. Als alleiniger Anhalt steht Erwägungsgrund 13 zur EuInsVO zur Seite, der zwei entscheidende Kriterien vorgibt: erstens die gewöhnliche Interessenverwaltung des Schuldners; an das Vorhandensein von Verwaltungseinrichtungen eines Unternehmens knüpft der Erwägungsgrund die

---

[740] Vgl. für das internationale Gesellschaftsrecht: Walden, Das Kollisionsrecht der Personengesellschaften im deutschen, europäischen und US-amerikanischen Recht, S. 208; zugestanden konkret für Art. 3 EuIÜ auch: Gottwald, Grenzüberschreitende Insolvenzen, S. 20.

[741] Deutschland: Für Kapitalgesellschaften werden fiktive Gesellschaftssitze über die Anforderungen an den Gesellschaftssitz in § 5 Abs. 2 AktG bzw. § 4a Abs. 2 GmbHG verhindert, für Personengesellschaften ist allein der tatsächliche Sitz maßgebend, falls dieser vom eingetragenen Sitz abweicht (MünchKommHGB - Langhein, § 106 Rn. 29; Wieczorek/Schütze, ZPO, Bd. 1 - Hausmann, § 17 Rn. 9; Staudinger, BGB, IntGesR – Großfeld, Rn. 754). Frankreich: Der effektive verdrängt einen fiktiven Gesellschaftssitz (Répertoire des Sociétés – Saintourens, Siège Social, Chapitre 1er, Détermination du siège social, Section 2, Siège social réel, S. 4, Rn. 19; ebenso Répertoire des Sociétés, Encyclopédie juridique – Le Gall, Siège social, section 3, S. 6, Rn. 78 (Stand: 1978); Cozian/Viandier/Deboissy, Droit des Sociétés, Première Partie, Titre 1, Chapitre 2, S. 97, Rn. 210). Italien: Bei juristischen Personen kann alternativ auf den tatsächlichen Sitz abgestellt werden, wenn dieser vom satzungsmäßigen verschieden ist (vgl. Art. 46 Abs. 2 c.c.), bei Gesellschaften ohne Rechtspersönlichkeit ist ohnehin auf den effektiven Verwaltungssitz abzustellen (Art. 19 Abs. 2 c.p.c.) (vgl. auch De Cesari, Montella, Le procedure di insolvenza nella nuova disciplina comunitaria, S. 20).

[742] Vgl. Fletcher, Insolvency in private international law, Rn. 7.42: Inhärenter Bestandteil des "*COMI-concept*" ist, dass empirisch nachprüfbare Tatsachen die Wirkung formaler Kriterien ersetzen; dies kulminiert in einem Sieg der vom *civil law*-inspirierten Sitztheorie (*real seat theory*) über die vom anglo-amerikanischen Rechtskreis favorisierte Gründungstheorie (*state of incorporation theory*), mit anderen Worten einem Sieg der Substanz über die Form (*victory of substance over form*).

Erwartung, dass sich dort sowohl künftige Insolvenzgläubiger wie auch die Insolvenzmasse zum Großteil befinden[743].

Zweitens die Erkennbarkeit für Dritte; die potentiellen Gläubiger des betreffenden Schuldners sollen den Ort kennen, an den die internationale Zuständigkeit im Insolvenzfall angeknüpft wird – nur so werden deren rechtliche Risiken kalkulierbar[744], richtet sich doch sowohl das Verfahrensrecht als auch das materielle Insolvenzrecht, namentlich die Befriedigung der Gläubiger und das Haftungsregime nach dem Recht des Eröffnungsstaates (vgl. Art. 4 Abs. 1 und 2 EuInsVO).

Die Erkennbarkeit indes ist im Sinne einer abstrakten Erkennbarkeit zu verstehen; denn weder fordert die EuInsVO eine konkrete Erkennbarkeit, noch wäre sie für die Gerichtspraxis bzw. eine zügige Insolvenzabwicklung praktikabel: die Insolvenzgerichte müssten aufwendig ermitteln, wann welcher Gläubiger Kenntnis von Umständen, die den „Mittelpunkt hauptsächlicher Interessen des Schuldners" begründen, hatte bzw. hätte haben müssen[745]. Vielmehr genügt es, wenn Tatsachen vorliegen, aufgrund deren ein objektiver Dritter auf den vom Satzungssitz abweichenden Interessenmittelpunkt schließen konnte[746].

Daraus ergibt sich dies: Wenn Verwaltungseinrichtungen des Unternehmens an der statutarischen Adresse nicht bestehen und entsprechende Tätigkeiten nicht vorgenommen werden, bezogen sowohl auf die potentiellen Gläubiger als auch die potentielle Insolvenzmasse, sich diese vielmehr als reiner „Briefkasten" darstellt, und die Gläubiger nicht ersehen können, wes Staates Insolvenzrecht etwaig angewendet würde, handelt es sich bei dem satzungsmäßigen Sitz um

---

743 Vgl. Duursma-Kepplinger/Duursma/Chalupsky, EuInsVO – Duursma-Kepplinger, Art. 3 Rn. 12; MünchKommIntWR – Kindler, IntInsR Rn. 127; ders., IntGesR Rn. 402.

744 Virgos/Schmit-Report Rn. 75; „Transparenz" und „objektive Feststellbarkeit" (*transparency* und *objective ascertainability*) sind es auch, die Jacobs als „völlig angemessene Kriterien" herausarbeitet, „um die gerichtliche Zuständigkeit im Kontext der Insolvenz zu bestimmen"; daher sei es „besonders wichtig, dass (...) zum Zeitpunkt (des Geschäftskontakts) klar ist, welche Gerichte für die Feststellung der Rechte und Ansprüche der Gläubiger zuständig sind." (Jacobs, Schlussanträge des Generalanwalts, 27.9.2005, Rs. C-341/04 (Eurofood IFSC Ltd.), www.curia.eut.int/jurisp, Rn. 118); ähnlich zuvor bereits Fletcher, The Law of Insolvency, Rn. 31-026, ders., Insolvency in private international law, Rn. 7.41, welcher das Gewicht dieser Kriterien für eine Annäherung an eine Interpretation herausstellt; vgl. schließlich auch EuGH, Urt.v.2.5.2006, Rs. C-341/04 (Eurofood IFSC Ltd.), www.curia.eut.int/jurisp, Rn. 33: Objektivität und Möglichkeit der Feststellung durch Dritte seien erforderlich, um Rechtssicherheit und Vorhersehbarkeit bei der Bestimmung des zuständigen Gerichts und über Art. 4 Abs. 1 EuInsVO gleichsam des anwendbaren Rechts zu gewährleisten (eingehend dazu unter 4. dd)).

745 Kübler, Der Mittelpunkt der hauptsächlichen Interessen nach Art. 3 Abs. 1 EuInsVO, in: Festschrift für Gerhardt, 527 (557).

746 Kübler, Der Mittelpunkt der hauptsächlichen Interessen nach Art. 3 Abs. 1 EuInsVO, in: Festschrift für Gerhardt, 527 (557).

eine reine Fiktion[747]. Maßgebend ist dann der Ort, an dem das Unternehmen *tatsächlich* seiner Interessenverwaltung nachgeht, mithin ist der Anwendungsbereich des Art. 3 Abs. 1 S. 1 EuInsVO eröffnet.

Nimmt man nun die oben getroffenen Feststellungen zum Ermittlungsgebzw. –verbot des Gerichts hinzu, lässt sich für eine autonome Handhabe des Art. 3 Abs. 1 EuInsVO zusammenfassen:

1. Den Ausgangspunkt der kollisionsrechtlichen Betrachtung bildet Art. 3 Abs. 1 S. 2 EuInsVO. Mit dem „satzungsmäßigen Sitz" wird an ein Merkmal angeknüpft, das der Rechtswahl der Gesellschafter entspricht, mithin für sie wegen des Verbots widersprüchlichen Verhaltens grundsätzlich verbindlich ist; mit dieser Verbindlichkeit geht die Vermutung einher, dass der gewählte Sitz mit dem tatsächlichen „Mittelpunkt hauptsächlicher Interessen" übereinstimmt. Diese Vermutung ist wegen des Gebots der praktischen Wirksamkeit des Gemeinschaftsrechts (*effet utile*) als Sachrechtsregel ausgestaltet. Für die nationalen Gerichte bedeutet dies, dass sie die Angaben zur internationalen Zuständigkeit nach Art. 3 Abs. 1 EuInsVO lediglich einer Schlüssigkeitsprüfung unterziehen dürfen – ein etwaig bestehendes Amtsermittlungsrecht ist wegen des Vorrangs des Gemeinschaftsrechts unangewendet zu lassen.

2. Kommen im Rahmen der Schlüssigkeitsprüfung begründete Zweifel an der Identität von satzungsmäßigem und tatsächlichem Gesellschafssitz auf, ist die Vermutung des Art. 3 Abs. 1 S. 2 EuInsVO erschüttert; gleichzeitig wird das Amtsermittlungsrecht aus Art. 3 Abs. 1 S. 2 EuInsVO i.V.m. Art. 10 EGV des Gerichts ausgelöst; um die einheitliche Anwendung des Gemeinschaftsrechts sicherzustellen, ist dieses Amtsermittlungsrecht für den Anwendungsbereich des Art. 3 Abs. 1 S. 1 EuInsVO als Pflicht ausgestaltet – nach nationalem Prozessrecht etwaig bestehendes Ermessen ist mithin wegen der vorrangigen europarechtlichen Sachrechtsregel suspendiert.

3. Der tatsächliche „Mittelpunkt hauptsächlicher Interessen des Schuldners" im Sinne von Art. 3 Abs. 1 S. 1 EuInsVO ist anhand der Maßgaben des Erwägungsgrundes 13 zur EuInsVO zu ermitteln: Zum einen müssen daher Verwaltungseinrichtungen für die Verfolgung des *konkreten* Geschäftszwecks vorhanden sein, zum anderen muss die Gesellschaft auch tatsächlich für potentielle Gläubiger erkennbar von diesem Ort aus am Rechtsverkehr teilnehmen[748].

---

[747] Vgl. ähnlich schließlich auch EuGH, Urt.v.2.5.2006, Rs. C-341/04 (Eurofood IFSC Ltd.), www.curia.eut.int/jurisp, Rn. 34 f.: Die Vermutung lässt sich „nur entkräften, wenn objektive und für Dritte feststellbare Elemente belegen, dass in Wirklichkeit die Lage nicht derjenigen entspricht, die die Verortung am genannten satzungsmäßigen Sitz widerspiegeln soll. Dies könnte insbesondere bei einer Briefkastenfirma der Fall sein, die im Gebiet des Mitgliedstaates, in dem sich ihr satzungsmäßiger Sitz befindet, keiner Tätigkeit nachgeht" (eingehend dazu unter 4. dd)).

[748] Ähnlich Jacobs, Schlussanträge des Generalanwalts, 27.9.2005, Rs. C-341/04 (Eurofood IFSC Ltd.), www.curia.eut.int/jurisp, Rn. 116: Ausschlaggebend ist, „dass die Tochtergesellschaft in einer für Dritte feststellbaren Art und Weise und unter vollständiger und stetiger

cc) Übertrag der Theorie in die Rechtswirklichkeit

Der Charme dieser Lösung besteht in ihrer bestechenden Einfachheit – indes es fragt sich, ob sie auch geeignet ist, sich in der Praxis zu bewähren. Dies bedarf der Probe aufs Exempel.

Dafür sollen die aufgestellten Vorgaben an Fälle angelegt werden, welche mitgliedstaatliche Gerichte zu entscheiden hatten[749].

Zunächst der Fall *Enron*[750]: Die *Enron directo Sociedad Limitada* war in Spanien eingetragen – diese Tatsache lässt gemäß Art. 3 Abs. 1 S. 2 EuInsVO vermuten, dass die Gesellschaft am Ort ihres satzungsmäßigen Sitzes Verwaltungseinrichtungen unterhielt, die der Geschäftsführung dienten, und dass dies zugleich für Gläubiger der Gesellschaft erkennbar war.

In Konsequenz musste das Gericht sein nach nationalem Recht bestehendes Amtsermittlungsrecht ruhen lassen bis begründete Zweifel an dieser Vermutung vorgetragen wurden. Dies bedurfte des Nachweises, dass entgegen der Vermutung am Ort des satzungsmäßigen Sitzes weder Einrichtungen der Verwaltung, noch Aktivitäten der Geschäftsführung vorhanden waren, *und* dass dies für potentielle Gläubiger erkennbar war. Eine gerichtliche Prüfung, die die Stimmigkeit der Angaben auf ihre Schlüssigkeit überprüfte, musste indessen zu dem Ergebnis kommen, dass die Gesellschaft an ihrem Satzungssitz tatsächlich Kundenbeziehungen unterhielt und das laufende Geschäft verwaltete[751], mithin keinerlei Anzeichen für einen Missbrauch erkennbar waren. Folglich musste der *London High Court* nach der hier vertretenen Ansicht seine Ermittlungsbefugnisse unangewendet lassen, mithin seine internationale Zuständigkeit verneinen.

Besonderes Augenmerk gilt sodann der Entscheidung in der Sache *Daisytek-ISA*[752], stellte Richter McGonigal doch in eben dieser Maßgaben zur Anwendung des Art. 3 Abs. 1 S. 2 EuInsVO auf, auf die sich eine Vielzahl nachfolgender Entscheidungen staatenübergreifend stützte: Vorbehaltlos seien sämtliche Orte, die als Interessenmittelpunkt in Betracht kommen könnten, vom Gericht zu ermitteln, eine Entscheidung schließlich sei ausschließlich anhand Um-

---

Wahrung ihrer eigenen Corporate Identity der Verwaltung ihrer Interessen nachgeht, in dem ihr satzungsmäßiger Sitz liegt"; Betonung legt er dabei ausdrücklich auf die „eigene Rechtspersönlichkeit", da Art. 3 Abs. 1 vom Mittelpunkt „ihrer" Interessen und Erwägungsgrund 13 von der gewöhnlichen Verwaltung „seiner" Interessen spreche (Rn. 117); Kübler, Der Mittelpunkt der hauptsächlichen Interessen nach Art. 3 Abs. 1 EuInsVO, in: Festschrift für Gerhardt, 527 (549): Die Bestimmung des COMI hängt davon ab, welches Geschäft die Schuldnerin tatsächlich betreibt.

[749] Vgl. dazu im Einzelnen die ausführliche Darstellung der „Leitentscheidungen" unter A.III.1.

[750] S. unter A.III.1.a)aa).

[751] Vgl. London High Court, Beschl.v.4.7.2002 (Enron), zitiert nach: Ferber, European Insolvency Regulation, S. 42 und 44, 2.6.9.

[752] S. unter A.III.1.a)bb).

fang und Bedeutung der jeweils angesiedelten Interessen zu treffen[753]. Diese Maßgabe hat vor der hier vertretenen Lösung keinen Bestand, vielmehr fällt verstärkt ins Gewicht, dass der statutarische Sitz der rechtlich selbständigen Tochtergesellschaften sich *nicht* in England, sondern jeweils in Frankreich bzw. Deutschland befand; die internationale Zuständigkeit war daher allenfalls bei Anhaltspunkten, die auf einen fiktiven Sitz schließen ließen, zu prüfen. In den betroffenen Fällen waren jedoch Verwaltungseinrichtungen und –funktionen vor Ort vorhanden; mögen diese auch gering gewesen sein, dienten sie doch der Verfolgung eines selbständigen Geschäftszwecks: der Vornahme von Verkaufsaktivitäten. Was die Sicht der Gläubiger anlangt, differenzierte der *High Court* sodann nach typisierender „Wichtigkeit": Da für eine Handelsgesellschaft typischerweise Geldgeber und Lieferanten die wichtigsten potentiellen Gläubiger darstellten, sei ausschlaggebend, wo und wie deren Verträge ausgehandelt wurden[754]. Abgesehen davon, dass sich dies mit dem Grundsatz der Gläubigergleichbehandlung, wie er den meisten Rechtsordnungen eigen ist[755] und auch der EuInsVO zugrundeliegt[756], schwerlich verträgt, verkennt das Gericht zudem, dass maßgebend nicht ist, *wo* diese Verträge abgeschlossen wurden, sondern *in wessen Namen*: Tritt die „Konzernzentrale" als Vertreter der Untergesellschaft auf, ist die Erkennbarkeit des eigentlichen Vertragspartners gewahrt; handelt sie dagegen im eigenen Namen bzw. legt das Vertretungsverhältnis nicht offen, wird sie zum Vertragspartner, mag sie auch intern für Rechnung der Untergesellschaft handeln. Dann aber handelt es sich tatsächlich um Gläubiger der Obergesellschaft; deren Sichtweise ist folglich mangels Gläubigereigenschaft in der Insolvenz der Untergesellschaft ohne Belang. Im konkret zu entscheidenden Fall hätte dies bedeutet: Entweder war für die potentiellen Gläubiger erkennbar, dass sie mit Gesellschaften in Deutschland oder Frankreich kontrahierten – am

[753] Vgl. High Court of Justice Leeds, Urt.v.16.5.2003, Az: 861-876/03 (Daisytek-ISA), ZIP 2004, 963 (965), Rn. 14.

[754] Vgl. High Court of Justice Leeds, Urt.v.16.5.2003, Az: 861-876/03 (Daisytek-ISA), ZIP 2004, 963 (965), Rn. 16.

[755] Gemeinschaftliche Befriedigung der Gläubiger: In Deutschland: § 1 S. 1 InsO (*par conditio creditorum*); in England gilt in der Liquidation eine bestimmte Rangfolge bei der Verteilung der Insolvenzmasse, innerhalb dieser ist jedoch Gleichbehandlung geboten (vgl. MünchKommInsO – Schlegel/Taylor, Länderbericht England und Wales, Rn. 11; vgl. zur grundsätzlichen Geltung des *pari passu*-Prinzips und dessen vielfältigen Ausnahmen auch Fletcher, The law of Insolvency, Rn. 24-021 bis 24-023), im Sanierungsverfahren geht es um die gemeinschaftliche Befriedigung der Gläubiger in ihrer Gesamtheit (vgl. I.A. 1986, Schedule B1, para. 3 (1) (b)); in Frankreich: Art. L.643-8 al. C.com. (nach Befriedigung der bevorrechtigten Gläubiger); in Italien: Art. 52 Abs. 1 und Art. 111 l.fall. (*par conditio creditorum*).

[756] Essentielle Grundsätze der EuInsVO sind die gleiche Behandlung aller Gläubiger und ihre gleichmäßige Befriedigung (vgl. Art. 20, 32, 35, 39 EuInsVO und Erwägungsgrund 21 zur EuInsVO) (Duursma-Kepplinger/Duursma/Chalupsky, EuInsVO – Duursma-Kepplinger, Vorbem. zur EuInsVO, Rn. 19, 50; Schilling/Schmidt, ZInsO 2006, 113 (117).

„Mittelpunkt hauptsächlicher Interessen" war folglich nicht zu zweifeln; oder aber der eigentliche, interne Leistungsempfänger war ihnen nicht bekannt - dann aber ist ihr Vertragspartner, mithin potentieller Insolvenzschuldner die Obergesellschaft in England; in Konsequenz war deren Sicht in der Insolvenz der Untergesellschaften ohnehin belanglos. So oder so bestätigt eine Schlüssigkeitsprüfung die Vermutung des Art. 3 Abs. 1 S. 2 EuInsVO: Die Gesellschaften in Deutschland und Frankreich verfolgten mittels entsprechender Einrichtungen selbständig eigene Zwecke am Ort ihres satzungsmäßigen Sitzes, dies war potentiellen Gläubigern auch erkennbar; folgerichtig musste das Gericht auch hier seine internationale Zuständigkeit mit Verweis auf Art. 3 Abs. 1 S. 2 EuInsVO verneinen.

Ähnliches gilt im Falle *Parkside Flexibles*[757]: Auch hier hatte die Gesellschaft ihren satzungsmäßigen Sitz in dem Mitgliedstaat, in dem sie ihren Geschäftszweck verfolgte[758]; gleichwohl ließ das Gericht dies nicht genügen, um den Gemeinschuldner am Satzungssitz auszumachen. Es stieß sich zum einen daran, dass die Untergesellschaft offensichtlich als Gesellschaft einer Gruppe auftrat, zum anderen daran, dass die Begleichung von Forderungen zum Großteil tatsächlich nur durch die Obergesellschaft zu erwarten war[759]; daher kam es zu dem Ergebnis, dass für die Gläubiger eindeutig ersichtlich war, wer eigentlich verantwortlich zeichnete, sowohl in Betreff der Unternehmensführung als auch als potentieller Anspruchsgegner: die Obergesellschaft[760]. Keines dieser Argumente vermag indes zu verfangen, im Gegenteil: Die Sichtweise verkennt die rechtliche Selbständigkeit von Konzerngesellschaften in zweierlei Hinsicht: Der einheitliche Außenauftritt verdeutlicht nur die Gruppenzugehörigkeit, kann aber nicht darüber hinwegtäuschen, dass es „den Konzern" als Rechtssubjekt nicht gibt; und was die Eigenschaft der Obergesellschaft als Adressat für Ansprüche der Gläubiger anbelangt, ist darauf zu verweisen, dass es sich dabei nur um *eigene* Ansprüche gegen die Obergesellschaft aus selbständigen Verpflichtungsgründen, wie z.B. Garantie oder Bürgschaft, handeln kann. Dies deshalb, weil auch im Konzernrecht der Grundsatz der Haftungs- und Vermögenstrennung gilt (*seperate legal entity*), es mithin nicht per se eine Einstandspflicht der Obergesellschaft für Schulden der Tochtergesellschaft gibt. Richtigerweise hätte das Gericht sich daher auf den Registersitz in Polen stützen und im Übrigen fest-

[757] S. unter A.III.1.a)ff).

[758] Vgl. High Court of Justice, Combined Court, Quayside Newcastle Upon Tyne, Beschl.v. 9.2.2005, Az: 75/2005, www.eir-database.com/word_doc/Judgements_75.pdf., S. 2, Rn. 3. und S. 5, Rn. 10.

[759] Vgl. High Court of Justice, Combined Court, Quayside Newcastle Upon Tyne, Beschl.v. 9.2.2005, Az: 75/2005, www.eir-database.com/word_doc/Judgements_75.pdf., S. 9, Rn. 25 und S. 12, Rn. 36

[760] Vgl. High Court of Justice, Combined Court, Quayside Newcastle Upon Tyne, Beschl.v. 9.2.2005, Az: 75/2005, www.eir-database.com/word_doc/Judgements_75.pdf., S. 12, Rn. 36.

stellen müssen, dass es keine Anhaltspunkte gab, an der Übereinstimmung des Satzungssitzes mit dem Interessenmittelpunkt des Schuldners zu zweifeln, weder mangels vorhandener Verwaltungseinrichtungen noch mangels Erkennbarkeit für etwaige Gläubiger[761].

Gleiches gilt für die Entscheidung *MG Rover*[762]. Hätte sich das Gericht darauf beschränkt, nachzuprüfen, ob Anlass bestand zu der Vermutung, die satzungsmäßigen Sitze der europäischen Gesellschaften seien fiktiver Natur, hätte es seine Zuständigkeit ohne weitergehende Ermittlungen verneinen können, ja sogar müssen: So rekurrierte das Gericht auf den beschränkten Zweck der Gesellschaften, sie seien bloßes Bindeglied zwischen Konzernspitze und dem örtlichen Absatzmarkt, in ihrer Funktion darauf reduziert, Verkäufe zu organisieren und das Marketing der Produktmarke zu erleichtern[763]. Zugleich übersah es, dass dies bereits ausreicht; entscheidend ist nur, dass die tatsächliche Umsetzung über die Gesellschaften erfolgt, diese mithin nicht nur Anschriften zur Weiterleitung an den eigentlichen Leistungserbringer darstellen. Der objektive Teil des Schlüssigkeitstests wäre mithin erfüllt; nichts Gegenteiliges vermochte die Argumentation zur Wahrnehmung Dritter zu leisten, stützte sich das Gericht doch ähnlich wie schon im Fall *Parkside Flexibles* darauf, dass Gläubiger die Begleichung ihrer Forderungen ernsthaft nur durch die Obergesellschaft erwarten konnten[764]; mag dies auch faktisch zutreffend sein, vermag es nichts an der Schuldnereigenschaft der Untergesellschaften zu ändern.

Gänzlich vernachlässigt wurde sowohl der Satzungssitz der einzelnen Gesellschaften wie auch die Gläubigersicht zum „Mittelpunkt hauptsächlicher Interessen" des Schuldners dagegen vom *High Court* im Fall *Collins&Aikman*[765]; statt dessen stellte er vorbehaltlos auf Wichtigkeit und Konzentration sogenannter *„head office functions"* ab[766]. Hätte das Gericht dagegen die hier erarbeiteten Maßstäbe angelegt, war nicht zu prüfen, wie wichtig und wie umfangreich die

---

[761] Ähnlich Shandro, Bankruptcy jurisdiction in the US and Europe: reconsideration needed, www.freshfields.com/practice/finance/publications/pdfs/11513.pdf, S. 19: „One starts with the presumption because it is fair to presume that the majority of cases the jurisdiction in which a company has its registered office will be where the company conducts the administration of ist interests on a regular basis, and that the company's creditors will be aware of that fact. The presumption can be rebutted only if it can be shown on the balance of probabilities that the debtor conducts the administration of its interest on a regular basis in another member state and that this fact is ascertainable by its creditors."

[762] S. unter A.III.1.a)gg).

[763] Vgl. High Court of Justice Birmingham, Beschl.v.18.4.2005, Az: 2375 bis 2382/05, NZI 2005, 467 (467).

[764] Vgl. High Court of Justice Birmingham, Beschl.v.18.4.2005, Az: 2375 bis 2382/05, NZI 2005, 467 (468), Rn. 15.

[765] S. unter A.III.1.a)hh).

[766] Vgl. High Court of Justice London, Urt.v.15.7.2005, Az: 4697-4712/05 und 4717-4725/05, www.eir-database.com/world_doc/judgements_102.pdf, Rn. 16 und 30 ff.

jeweils vor Ort vorgenommenen Tätigkeiten waren, sondern ob die relevante Aktivität, nämlich der Geschäftszweck – und sei er noch so unbedeutend -, für Gläubiger erkennbar dort ausgeübt wurde. Dann aber hätte es seine internationale Zuständigkeit sämtlich mit Verweis auf die Vermutung des Art. 3 Abs. 1 S. 2 EuInsVO verneinen müssen.

Auch das AG München[767] und kurz darauf das AG Siegen[768] legten eine wenig dogmatisch fundierte, sondern vielmehr wirtschaftlich orientierte Sichtweise zugrunde: Wie schon von den englischen Gerichte zuvor wurde daher auf Ballung und Erheblichkeit bestimmter Unternehmensfunktionen abgestellt[769]. Beide Entscheidungen hätten einen anderen Ausgang gefunden, wenn, wie hier vorgeschlagen, zunächst auf den Satzungssitz abgestellt und anschließend nur eine Plausibilitätskontrolle vorgenommen worden wäre, ob Einrichtungen zur Verfolgung des Geschäftszwecks vor Ort vorhanden waren und dies für die Gläubiger auch so erkennbar war. Dann nämlich musste die Zuständigkeitsprüfung nach Art. 3 Abs. 1 EuInsVO ergeben, dass sich der Interessenmittelpunkt korrespondierend zum satzungsmäßigen Sitz jeweils in Österreich befand.

Dagegen war zumindest die Herangehensweise des AG Mönchengladbachs in seiner *EMBIC*-Entscheidung[770] nicht zu beanstanden - sieht man einmal davon ab, dass es mit der „Entfaltung der werbenden Tätigkeit vor Antragsstellung" auf die deutsche Rechtsprechung zu § 3 InsO abgestellt und damit einen gemeinschaftsrechtlichen Rechtsbegriff unzulässigerweise an Kriterien des nationalen Rechts gemessen hat[771]. *Methodisch* stellte es zunächst auf den Satzungssitz ab, erwog sodann Gründe, die für die Widerlegung der Vermutung sprechen könnten[772] – so weit, so gut. Allein *inhaltlich* ist zu kritisieren, dass es sich dann an der innerdeutschen Rechtsprechung orientierte; in der Sache hätte die Argumentation dagegen auch vor der hier vertretenen Lösung Bestand: So entfaltete die Gesellschaft - für potentielle Gläubiger ohne weiteres ersichtlich - ihre Tätigkeit vom Ort des Registersitzes aus[773]. Mit der konsequenten Feststellung, dass ein fiktiver Sitz ausgeschlossen werden kann, wäre die Ermittlung dann auch schon an ihrem Ende angelangt gewesen.

Anderes könnte man dagegen von der Entscheidung *Parmalat Deutschland*[774] vermuten: Nach Darstellung des Gerichts erschöpfte sich die Tätigkeit der *Deutschen Parmalat* darin, Milch an die eigentlichen Produktionsstätten des Kon-

---

767 S. unter A.III.1.b)bb).

768 S. unter A.III.1.b)cc).

769 Vgl. AG München, Beschl.v.4.5.2004, Az: 1501 IE 1276/04; NZI 2004, 450 (450) bzw. AG Siegen, Beschl.v.1.7.2004, Az: 25 IN 154/04, www.eir-database.com/world_doc/judgements_46_1.pdf.

770 S. unter A.III.1.b)aa).

771 Vgl. auch Smid, DZWIR, 2004, 397 (404).

772 AG Mönchengladbach, Beschl.v.27.4.2004, Az: 19 IN 54/04, NZI 2004, 383 (384), Rn. 4.

773 AG Mönchengladbach, Beschl.v.27.4.2004, Az: 19 IN 54/04, NZI 2004, 383 (384), Rn. 4.

774 S. unter A.III.1.c)dd).

zerns zu liefern, mithin in einer rein unterstützenden Funktion[775]; faktisch sei sie daher der Obergesellschaft zuzuordnen gewesen. Dritte hätten diesen Zusammenhang ohne weiteres zu durchschauen vermocht; dies belege schon die Tatsache, dass die Hauptgläubiger der *Deutschen Parmalat* und *Deutschen Molkerei* Erklärungen und Aufforderungen stets direkt an die *Parmalat s.p.a.* richteten; gesetzliche Vertreter und Geschäftsführer dagegen wurden faktisch übergangen, da ihnen ohnehin keine tatsächliche Entscheidungsgewalt zukam. Das Gericht kam daher zu dem Schluss, dass sämtliche Personen, die mit den deutschen Gesellschaften Geschäftskontakte unterhielten, die kontrollierende *Parmalat s.p.a.* stets als eigentlichen Verhandlungspartner angesehen haben[776].

Auf den ersten Blick mag dies überzeugend klingen; zwar lag keine fingierte Gesellschaft im Sinne eines „Briefkastens" vor, gleichwohl schien es sich um eine bloße Produktionsstätte zu handeln - fingiert insofern, als sie nicht selbständig am Rechtsverkehr teilnahm[777]. Hier aber wurde der „kurze Weg" nur aus praktischen Gründen gewählt, nicht dagegen weil die Gesellschaft als solche am Rechtsverkehr nicht teilnahm; überdies sprechen die Entscheidungsgründe nur davon, dass Partner und Gläubiger die Obergesellschaft als eigentlichen Vertragspartner angesehen haben[778], nicht dagegen, dass sie dies auch war – darauf aber kommt es entscheidend an, und sei es mangels Offenlegung des Vertretungsverhältnisses; mit keinem Wort ist indes belegt, dass das Handeln für die *Deutsche Parmalat* nicht offenkundig war.

Mit einem echten Fall rein fiktiver Gesellschaftssitze hatte schließlich der *High Court* im Falle *Ci4Net.com.Inc*[779] zu tun. Sämtliche Aktivitäten der Gesellschaften wurden über eine Adresse in London vorgenommen: Kontenführung, Kundenkontakt und Korrespondenz erfolgten ausschließlich über die Londoner Anschrift, wohingegen die Gesellschaften in Delaware und Jersey eingetragen, dort jedoch noch nicht einmal unter eigener Telefonnummer zu erreichen waren[780]. Wäre die EuInsVO auf Drittstaaten anwendbar, wäre in diesem Falle tatsächlich der Beweis erbracht, dass der Satzungssitz jeweils rein fiktiver Natur war; gleichzeitig wäre die Pflicht des Gerichts über Art. 3 Abs. 1 EuInsVO i.V.m. Art. 10 EGV ausgelöst, den abweichenden „Mittelpunkt hauptsächlicher Interessen" von Amts wegen zu ermitteln.

---

[775] Tribunale di Parma, Urt.v.15.6.2004, Az: 93/04, ZIP 2004, 2295 (2297).
[776] Tribunale di Parma, Urt.v.15.6.2004, Az: 93/04, ZIP 2004, 2295 (2297).
[777] Diesen Fall der „verlängerten Werkbank", so er denn vorläge, erkennt auch Kübler als Ausnahme zu Art. 3 Abs. 1 S. 2 EuInsVO an; d.h. wenn das Unternehmen selbst nicht oder nur sehr geringfügig am Rechtsverkehr teilnimmt (Kübler, Der Mittelpunkt hauptsächlicher Interessen nach Art. 3 Abs. 1 EuInsVO, in: Festschrift für Gerhardt, 527 (550)).
[778] Tribunale di Parma, Urt.v.15.6.2004, Az: 93/04, ZIP 2004, 2295 (2297).
[779] S. unter A.III.1.a)ee).
[780] Vgl. High Court of Justice, Chancery Division, Companies Court, Leeds District Registry, Beschl.v.20.5.2004, Az: 556/2004 und 557/2004 (Ci4Net.com.Inc.), www.rws-verlag.de/volltext-2004/ci4net.htm., Rn. 1, 22, 26 f. bzw. 32 f.

dd) Europäischer Gerichtshof, Urteil vom 2. Mai 2006 („Eurofood IFSC Ltd.")

Mit Urteil vom 2. Mai 2006 hat nunmehr auch der EuGH[781] seine Entscheidung im Falle *Eurofood/Parmalat*[782] getroffen: Die Vermutung des Art. 3 Abs. 1 S. 2 EuInsVO kann nur widerlegt werden, „sofern objektive und für Dritte feststellbare Elemente belegen, dass in Wirklichkeit die Lage nicht derjenigen entspricht, die die Verortung am genannten satzungsmäßigen Sitz widerspiegeln soll"[783]. Augenfällig und fassbar wird eine solche Divergenz zwischen Vermutungswirkung des Satzungssitzes und tatsächlicher Situation, wenn eine „Gesellschaft (...) im Gebiet des Mitgliedstaates, in dem sich ihr satzungsmäßiger Sitz befindet, keiner Tätigkeit nachgeht.", d.h. insbesondere im Falle einer „Briefkastenfirma"[784]. Demgegenüber reicht es nicht aus, die Vermutung zu erschüttern, dass „wirtschaftliche Entscheidungen" der Tochter- „von einer Muttergesellschaft mit Sitz in einem anderen Mitgliedstaat kontrolliert werden oder kontrolliert werden können", wenn die Tochtergesellschaft „ihrer Tätigkeit im Gebiet des Mitgliedstaates, in dem sie ihren satzungsmäßigen Sitz hat, nachgeht"[785].

Zur Begründung stützt sich der Gerichtshof direkt auf Systematik und Struktur des Art. 3 EuInsVO. Klar gegeneinander abgegrenzt sieht dieser zwei Verfahrensarten vor: ein „Hauptinsolvenzverfahren" in dem Mitgliedstaat, in dessen Gebiet der Schuldner den „Mittelpunkt seiner hauptsächlichen Interessen" hat, und ein „Sekundärinsolvenzverfahren" im Gebiet eines Mitgliedstaates, in dem der Schuldner eine Niederlassung unterhält[786]. Jener „Mittelpunkt hauptsächlicher Interessen" wird bei Gesellschaften bis zum Beweis des Gegenteils am Ort des satzungsmäßigen Sitzes vermutet (Art. 3 Abs. 1 S. 2 EuInsVO).

Daraus folgert der Gerichtshof, dass die Verordnung in Art. 3 ein System zur Feststellung der Zuständigkeit der Gerichte der Mitgliedstaaten einführt, in welchem „eine eigene gerichtliche Zuständigkeit für jeden Schuldner existiert, der eine juristisch selbständige Einheit darstellt"[787]. Der EuGH entscheidet sich mit dieser Aussage für das Trennungsprinzip, d.h. grundsätzlich gegen einen allgemeinen Konzerninsolvenzgerichtsstand über Art. 3 Abs. 1 EuInsVO – gleich-

---

[781] EuGH, Urt.v.2.5.2006, Rs. C-341/04 (Eurofood IFSC Ltd.), www.curia.eut.int/jurisp.

[782] S. unter A.III.1.c)aa) und bb) sowie A.III.3.

[783] EuGH, Urt.v.2.5.2006, Rs. C-341/04 (Eurofood IFSC Ltd.), www.curia.eut.int/jurisp, Rn. 37.

[784] EuGH, Urt.v.2.5.2006, Rs. C-341/04 (Eurofood IFSC Ltd.), www.curia.eut.int/jurisp, Rn. 37 und 35.

[785] EuGH, Urt.v.2.5.2006, Rs. C-341/04 (Eurofood IFSC Ltd.), www.curia.eut.int/jurisp, Rn. 37.

[786] EuGH, Urt.v.2.5.2006, Rs. C-341/04 (Eurofood IFSC Ltd.), www.curia.eut.int/jurisp, Rn. 28.

[787] EuGH, Urt.v.2.5.2006, Rs. C-341/04 (Eurofood IFSC Ltd.), www.curia.eut.int/jurisp, Rn. 30.

wohl lässt er bei der gewählten Formulierung offen, ob nicht bei offenkundiger, überwiegender Beherrschung eine abweichende Beurteilung im Einzelfall getroffen werden könnte: „Wenn jedoch eine Gesellschaft ihrer Tätigkeit im Gebiet des Mitgliedstaats, in dem sie ihren satzungsmäßigen Sitz hat, nachgeht, so reicht die Tatsache *allein*, dass ihre wirtschaftlichen Entscheidungen von einer Muttergesellschaft mit Sitz in einem anderen Mitgliedstaat kontrolliert werden oder kontrolliert werden können, nicht aus, um die mit der Verordnung aufgestellte Vermutung zu entkräften“[788]. - Zu Kriterien für die Verortung des Interessenmittelpunktes werden so allein Objektivität und Feststellbarkeit für Dritte erhoben; Erwägungsgrund 13 zur EuInsVO gibt dies klar vor, d.h. die innere Beherrschungs- und Entscheidungsstruktur kann im Interesse von Rechtssicherheit und Vorhersehbarkeit keine Bedeutung erlangen[789]. Tritt sie dagegen nach außen hin in Erscheinung, wäre objektiver Anforderung und rechtssichernder Intention Genüge getan - die Berücksichtigung könnte nach dieser Lesart stattfinden; der Konzerninsolvenzgerichtsstand wäre hiernach nur grundsätzlich, nicht dagegen strikt ausgeschlossen.

Festhalten lässt sich daher dieses: Der EuGH entscheidet sich klar für die *business-activity-*, mithin gegen die *mind-of-management*-Theorie. Ebenso klar entscheidet er sich für die getrennte Bestimmung der internationalen Zuständigkeit für jedes rechtlich selbständige Subjekt. Lediglich im Sinne eines Grundsatzes dagegen spricht er sich gegen den allgemeinen Konzerninsolvenzgerichtsstand über Art. 3 Abs. 1 EuInsVO aus – nichtsdestotrotz bleibt dieser im Einzelfall nach wie vor möglich, sofern den Anforderungen an Erkennbarkeit und Rechtssicherheit genügt wird.

Bezogen auf die Rechtssache *Eurofood/Parmalat* haben diese Leitlinien zur Folge, dass die rechtliche und tatsächliche Möglichkeit, Einfluss auf die Geschäftspolitik der Tochtergesellschaft zu nehmen, nicht ausreichen konnte, den „Mittelpunkt hauptsächlicher Interessen“ der *Eurofood IFSC Ltd.* am Ort ihres satzungsmäßigen Sitzes in Dublin zu widerlegen.

Zu keinem anderen Ergebnis kommt diese Arbeit – jedoch in ihrem Vorgehen dogmatisch unterlegt, scharf in ihren Konturen und strikt in der Abfolge der Prüfungsschritte:

---

[788] EuGH, Urt.v.2.5.2006, Rs. C-341/04 (Eurofood IFSC Ltd.), www.curia.eut.int/jurisp, Rn. 36 (Betonung hinzugefügt).

[789] Vgl. EuGH, Urt.v.2.5.2006, Rs. C-341/04 (Eurofood IFSC Ltd.), www.curia.eut.int/jurisp, Rn. 33: Objektivität und die Möglichkeit der Feststellung durch Dritte sind erforderlich, um Rechtssicherheit und Vorhersehbarkeit bei der Bestimmung des für die Eröffnung eines Hauptinsolvenzverfahrens zuständigen Gerichts zu garantieren. Beide sind umso wichtiger als die Bestimmung des für die Eröffnung zuständigen Gerichts nach Art. 4 Abs. 1 der Verordnung die des anwendbaren Rechts nach sich zieht.

Mit dem *High Court Dublin* ist die Vermutung des Art. 3 Abs. 1 S. 2 EuInsVO zugrunde zu legen. Da sich der satzungsmäßige Sitz der *Eurofood IFSC Ltd.* in Dublin befindet, ist der „Mittelpunkt hauptsächlicher Interessen" vorbehaltlich etwaiger Anhaltspunkte für einen Missbrauch in Irland zu vermuten, mithin die internationale Zuständigkeit irischer Gerichte gegeben[790]. In der Folge hätte es nicht der umfassenden, ausschweifigen Ermittlungen und Erwägungen – insbesondere des italienischen *Tribunale* – bedurft. Zwar mag sich dem Gericht durch die Tatsache, dass es sich bei dem „satzungsmäßigen Sitz" um das Büro einer Anwaltssozietät handelte, ohne eigene Angestellte der Gesellschaft[791], der Eindruck aufgedrängt haben, dieser sei rein fiktiver Natur. Dies deshalb, weil im italienischen Recht der Sitz dann als rein formal enttarnt ist, wenn Geschäftsleitungs- und Organisationstätigkeiten gänzlich oder doch zumindest in wesentlichen Teilen an einem anderen Ort als dem gesetzlichen Sitz erbracht werden[792]. Diese Auffassung setzt jedoch – ähnlich wie zuvor das deutsche AG Mönchengladbach – die nationalen Maßstäbe in unzulässiger Weise an einen gemeinschaftsrechtlichen Begriff an. Entscheidend muss nach autonomer Lesart vielmehr sein, ob an dem Ort, der als statutarischer Sitz bestimmt ist, Verwaltungseinrichtungen vorhanden sind, die der Ausübung des *konkreten* Geschäftszwecks dienen und ob den potentiellen Gläubigern dieser Ort als Interessenmittelpunkt des Schuldners ersichtlich ist. Da es sich vorliegend um eine Finanzierungsgesellschaft handelte, steht das Fehlen eigener Räumlichkeiten nicht entgegen. Umso mehr rückt die Sicht der Gläubiger in den Vordergrund. Diese waren wie selbstverständlich davon ausgegangen, dass sie mit einer irischen Gesellschaft kontrahierten[793]; dementsprechend war Grundlage all ihrer geschäftlichen Entscheidungen die Annahme, die Gesellschaft werde in Irland verwaltet, unterliege irischem Recht und irischer Gerichtsbarkeit[794].

Diese Feststellung hätte den Schlusspunkt der ganzen Rechtssache *Eurofood/ Parmalat* markiert. Denn sobald klar war, dass die Gesellschaft in Irland keine fiktive, sondern vielmehr - für Gläubiger ersichtlich – eine rechtlich selbständige, eigenständig agierende Gesellschaft war, wäre das Ermittlungsrecht des Gerichts erschöpft gewesen; weitergehende Ermittlungen hätten sich nicht nur erübrigt, sondern gar verboten - die internationale Zuständigkeit Irlands hätte gemäß Art. 3 Abs. 1 S. 2 EuInsVO unverrückbar bestanden.

[790] Vgl. High Court Dublin, Beschl.v.23.3.2004, Az: 33/04, ZIP 2004, 1223 (1225).
[791] So Tribunale di Parma, Urt.v.9.2.2004, Az: 53/04, ZIP 2004, 1220 (1221).
[792] Vgl. Tribunale di Parma, Urt.v.9.2.2004, Az: 53/04, ZIP 2004, 1220 (1221) in Anlehnung an Corte di Cassazione civile, Urt.v.28.8.2002, Nr. 12640 und Corte di Cassazione civile, Urt. v.21.3.2003, Nr. 4206: „centro di direzione ed organizzazione".
[793] High Court Dublin, Beschl.v.23.3.2004, Az: 33/04, ZIP 2004, 1223 (1225 f.).
[794] High Court Dublin, Beschl.v.23.3.2004, Az: 33/04, ZIP 2004, 1223 (1227).

Wie gesehen lassen sich sämtliche Fälle zu Art. 3 Abs. 1 EuInsVO, mit denen die Praxis im Laufe der letzten Jahre befasst war, mit den erarbeiteten Vorgaben einfach und zugleich gleichförmig lösen.

Die Vorteile dieses Systems liegen auf der Hand: Zum einen bietet es in hohem Maß Rechtssicherheit und Vorhersehbarkeit in der Handhabe der Zuständigkeitsregel; grundsätzlich lässt sich so mit einem Blick in das nationale Register ersehen, welchem Staat die internationale Zuständigkeit gebührt und wes Staates Insolvenzrecht zur Anwendung kommen wird.

Überdies steht die Lösung im Einklang mit den Maßgaben des EuGH zur Niederlassungsfreiheit; sie stellt auf diese Weise den Gleichklang mit dem internationalen Gesellschaftsrecht her, verhilft mithin den Zwecken der Zuständigkeitsvorschriften des internationalen Zivilprozessrecht zu optimaler Geltung (*effet utile*), indem sie deren Anwendung vereinheitlicht und transparent macht. Gleichzeitig berücksichtigt sie die gewandelten Verhältnisse, den konkreten Stand des Gemeinschaftsrechts und nimmt ihn in sich auf; auch dem Gebot objektiver Deutung ist damit Genüge getan.

Ein weiteres Argument gesellt sich hinzu: Verbindlichkeit und Einfachheit der Anknüpfung an den Satzungssitz schieben dem als Bedrohung des Binnenmarktes wahrgenommenen *forum shopping* (Erwägungsgrund 4) einen Riegel vor.

Andererseits ist zugleich klar, dass diese strikte Entscheidung für die isolierte Betrachtung von Gesellschaften teilweise unternehmerischen Interessen entgegenläuft: Scharf durchtrennt die streng juristisch-dogmatische Sichtweise wirtschaftliche Verflechtungen; gleichzeitig werden Unternehmen der Chance beraubt, positive Wirkungen, die sich aus dem Zusammenschluss oder der Zusammenarbeit mit weiteren (Gruppen-) Unternehmen ergeben, in die Insolvenz hineinzutragen und sie in einer etwaigen Sanierung nutzbar zu machen.

Die Lösung stößt hier an ihre Grenzen und zugleich an einen uralten interdisziplinären Streit zwischen Rechts- und Wirtschaftswissenschaften. Während erstere allein die einzelnen rechtlich selbständigen Konzerngesellschaften als Unternehmen behandelt, der Konzern als solcher dagegen rechtlich nicht existiert, begreift eine wirtschaftlich orientierte Sichtweise den Konzern als einheitliches Unternehmen, das unternehmerische Planung ohne Rücksicht auf die rechtliche Selbständigkeit der Konzernglieder zulässt[795]. Je nachdem welchen Aspekt man in den Vordergrund rückt, stellt sich also die Grundsatzfrage: Gibt man der wirtschafswissenschaftlichen Sicht den Vorzug oder der streng juristisch-dogmatischen? – Dies allerdings zu entscheiden, obliegt nicht dem Rechtsanwender, sondern ist vielmehr in das Benehmen des Gesetzgebers gestellt.

Mit der EuInsVO hat dieser indes – vorläufig – seine Priorität zu erkennen gegeben: Geschaffen werden sollte nicht ein internationales Insolvenzsach- oder -

[795] Vgl. Emmerich/Habersack, Konzernrecht, § 4 II., S. 50.

kollisionsrecht für Konzerne, sondern (allein) eine Zuständigkeitsordnung, die sich an der rechtlichen Selbständigkeit der Gesellschaften orientiert[796]. Wie aufgezeigt, gibt das Regelwerk der EuInsVO auch nicht – unbeabsichtigt – Werkzeuge an die Hand, mit deren Hilfe Konzerninsolvenzen im Wege großzügiger Handhabe begegnet werden könnte - anders als beispielsweise im nationalen Recht. Diese Arbeit vermag daher weder zu leisten, was dem Gesetzgeber überantwortet ist, noch will oder kann sie dies; denn die Materie ist gleichermaßen komplex wie bedeutend[797]. Einheitliche, wohldurchdachte und auf andere europäische Verordnungen und Rechtsgebiete abgestimmte Regelungen tun daher Not, so dass die Versöhnung beider Extrempositionen, die sowohl den Anspruch juristisch-dogmatischer Unangreifbarkeit erheben als auch wirtschaftliche Praxistauglichkeit für sich behaupten kann, der Einschätzungsprärogative des Gesetzgebers vorbehalten ist.

Die Arbeit bietet aber eine dogmatisch saubere Lösung an – autonom, zugleich jedoch auf Konsens und Rechtsverständnis der mitgliedstaatlichen Rechtsordnungen gleichsam beruhend; gleichzeitig ist die vorgeschlagene Lösung höchst praktikabel: Für den Rechtsanwender ist regelmäßig auf einen Blick erkennbar, wo sich der „Mittelpunkt hauptsächlicher Interessen“ befindet; dies vereinfacht die Anwendung und erhöht zugleich ihre Vorhersehbarkeit.

B. Maßgebender Zeitpunkt für die Bestimmung des Interessenmittelpunktes

Gleichzeitig taucht eine weitere Frage auf, die mit der EuInsVO vermeintlich geklärt sein sollte: Zu welchem Zeitpunkt müssen die die Internationale Zuständigkeit begründenden Tatsachen vorliegen? Die EuInsVO regelt dies nicht explizit; allein sie spricht davon, dass die Gerichte des Mitgliedstaates für die Eröffnung des Insolvenzverfahrens zuständig sind, „in dessen Gebiet der Schuldner den Mittelpunkt seiner hauptsächlichen Interessen hat“. Dank dieser vagen Formulierung kommen gleich mehrere Bezugspunkte als maßgebend in Betracht: erstens der Zeitpunkt der Entstehung der Verbindlichkeiten, zweitens die Stellung des Insolvenzantrags und drittens der Zeitpunkt der Eröffnungsentscheidung. – Kaum kann es daher verwundern, dass tatsächlich sämtliche Auffassungen nicht nur vertreten werden, sondern auch in der mitgliedstaatlichen Praxis Niederschlag gefunden haben.

---

[796] Vgl. Virgos/Schmit-Report Rn. 76; in diesem Sinne auch EuGH, Urt.v.2.5.2006, Rs. C-341/04 (Eurofood IFSC Ltd.), www.curia.eut.int/jurisp, Rn. 30.

[797] Vgl. Eidenmüller, NJW 2004, 3455 (3456), der die Lösung in einer mittelfristigen Nachbesserung an der EuInsVO sieht; als rechtstechnische Schwierigkeiten benennt er beispielsweise die Fragen: Was ist ein Konzern? Welcher Anknüpfungspunkt sollte gewählt werden?, aber auch die Notwendigkeit, zunächst die Verfahrenskonzentration für *inländische* Konzerninsolvenzen zu realisieren.

So hatte beispielsweise der Registrar im Fall *Shierson v. Vlieland-Boddy* darauf rekurriert, wann sich der Schuldner die Schulden zugezogen hatte, die schließlich zur Stellung des Insolvenzantrags geführt haben[798].

Die Wahl des Tempus ist allerdings ein unumstößliches Faktum, das sich solch einer Deutweise in den Weg stellt: Da Art. 3 Abs. 1 S. 1 EuInsVO das Präsens verwendet („hat", „is situated", „est situé", „è situato"), ist von vornherein klar, dass der Bezugspunkt zum Zeitpunkt der Entscheidung vorliegen muss, nicht dagegen an irgendeinem Punkt in der Vergangenheit[799]. Ähnlich hatten dies auch die Gerichte im Falle *Shierson v. Vlieland-Boddy* gesehen[800], so dass erstere Ansicht vor dem insoweit eindeutigen Wortlaut – zu Recht – keinen Bestand hatte und haben kann.

Dagegen kann sich die Gegenwart sowohl auf die Sicht des Antragsstellers beziehen als auch auf die des Gerichts; im ersteren Falle bestimmt sich die Zuständigkeit für das Insolvenzverfahren nach den Umständen, die im Zeitpunkt der Antragsstellung vorliegen, im letzteren Falle urteilt das Gericht nach den Umständen zum Zeitpunkt seiner Befassung; beides ist – je nach Sichtweise – gegenwärtig im Sinne des Art. 3 Abs. 1 EuInsVO.

Eine bestimmte Lesart geben auch die der EuInsVO allgemein zugrunde liegenden Definitionen in Art. 2 EuInsVO nicht vor. Denn mit dem „Zeitpunkt der Verfahrenseröffnung" wie er in Art. 2 lit. f) EuInsVO definiert wird, ist nur eine isolierte, von Art. 3 Abs. 1 EuInsVO losgelöste Definition geschaffen, die die gestellte Frage nicht zu beantworten vermag; nicht der Zeitpunkt zur *Bestimmung* der internationalen Zuständigkeit wird festgelegt, sondern der Zeitpunkt, ab welchem das eröffnete Verfahren – unabhängig von der Richtigkeit der Zuständigkeitsentscheidung – mit den verfahrensrechtlichen und materiellrechtlichen *Wirkungen* der EuInsVO belegt wird.

Anhaltspunkte sind daher wiederum durch einen Rechtsvergleich zu ziehen; je nach Handhabe der Zuständigkeitsvorschriften in den Mitgliedstaaten lassen sich möglicherweise Gemeinsamkeiten absehen, die ein autonomes Verständnis ermöglichen.

---

[798] Vgl. High Court of Justice, Chancery Division, London, Urt.v.26.11.2004, Az: 1948/2004, www.eir-database.com/word_doc/judgements_60.pdf, Rn. 13.

[799] Ähnlich Schilling, Insolvenz einer englischen Limited mit Verwaltungssitz in Deutschland, S. 55.

[800] High Court of Justice, Chancery Division, London, Urt.v.26.11.2004, Az: 1948/2004, www.eir-database.com/word_doc/judgements_60.pdf, Rn. 14; Court of Appeal, Supreme Court of Judicature, Chancery Division, London, Urt.v.27.7.2005, Az: A2/2004/2614, Beck RS 2005 09991, Rn. 41.

In Deutschland ist maßgebender Zeitpunkt für das Vorliegen der Anknüpfungsmerkmale nach § 3 InsO – d.h. auch für das autonome deutsche internationale Insolvenzrecht - grundsätzlich der Eingang des Insolvenzantrags bei Gericht; dies entspricht ständiger Rechtsprechung[801] und der ungeteilten Auffassung im Schrifttum[802]. Hinzu kommt, dass eine Verlagerung des Bezugspunktes (Sitz oder Wohnsitz) nach Einstellung der Geschäftstätigkeit als rechtsmissbräuchlich angesehen, mithin nicht anerkannt wird[803].

Demgegenüber beurteilen die anderen Mitgliedstaaten die maßgebenden Umstände für die Zuständigkeit des Gerichts nach innerstaatlichem Recht zu dem Zeitpunkt, in dem das Gericht mit der Entscheidung über die Eröffnung des Insolvenzverfahrens befasst ist. In Italien entspricht dies der gängigen Handhabe der Gerichte[804]. In Frankreich schreibt Absatz 1 des Art. 1 décr. n° 2005-1677, 28 déc. 2005[805] dies im Sinne eines Grundsatzes vor, während Absatz 2 sogleich eine wichtige Ausnahme statuiert: Wenn binnen der letzten sechs Monate seit Eröffnung des Verfahrens der Gesellschaftssitz der juristischen Person verlegt wurde, bleibt es bei der alleinigen örtlichen Zuständigkeit des Gerichts, in dessen Bezirk sich der Sitz ursprünglich befunden hatte. Es existiert also eine ausdrückliche Regelung, um Missbräuchen vorzubeugen. Ebenso in Italien: Art. 9 Abs. 2 l.fall.[806] ordnet an, dass eine Verlagerung des Sitzes binnen Jahresfrist vor Betreiben der Verfahrenseröffnung nicht zu einer Zuständigkeitsänderung

---

801 OLG Celle, Beschl.v.8.12.2003, Az: 2 W 123/03, InVO 2004, 188 (188); BayObLG, Beschl.v 13.8.2003, Az: 1 Z AR 83/03, DZWIR 2004, 86 (86); OLG Frankfurt/Main, Beschl. v.21.5.2002; Az: 21 AR 113/01, NZI 2002, 499 (499); OLG Naumburg, Beschl.v.28.3.2001, Az: 5 AR 1/01, DZWIR 2001, 331 (331); BayObLG, Beschl.v.11.8.1999, Az: 4 Z AR 23/99, InVO 1999, 373 (373); bereits zur Vergleichs- und Konkursordnung LG Stuttgart, Beschl.v. 16.11.1982, Az: 2 T 781/82, ZIP 1983, 348 (350): Die einmal begründete Zuständigkeit (...) wird in entsprechender Anwendung des § 261 Abs. 3 Nr. 2 ZPO durch eine Veränderung der sie begründenden Umstände nicht berührt; maßgebender Zeitpunkt ist der Eingang des Antrags.

802 Vgl. nur Heidelberger Kommentar zur InsO – Kirchhof, § 3 Rn. 5; Uhlenbruck, InsO – Uhlenbruck, § 3 Rn. 3; Geimer, IZPR, Rn. 1839.

803 Vgl. AG Mönchengladbach, Beschl.v.27.4.2004, Az: 19 IN 54/04, NZI 2004, 383 (384).

804 Vgl. Tribunale di Parma, Urt.v.19.2.2004, Az: 53/04, ZIP 2004, 1220 (1221 und 1222 f.); Tribunale di Parma, Urt.v.15.6.2004, Az: 93/04, ZIP 2004, 2295 (2296 f.).

805 Art. 1 décr. n° 85-1388, 27 déc. 1985 a.F. Im Anwendungsbereich der EuInsVO wird diese Vorschrift aufgrund des europarechtlichen Vorrangs jedoch als nicht anwendbar gesehen (Circulaire, 17.3.2003, relative à l'entrée en vigeur du règlement n 1346/2000, 29.5.200, relative aux procédures d'insolvabilité, S. 315 f.)

806 In der durch Art. 7 d.lgs. n. 5/06 geänderten Fassung. Gleiches gilt für die Zwangsliquidation im Verwaltungsweg (Art. 195 Abs. 1 l.fall., geändert durch Art. 148 d.lgs. n. 5/06) und den Ausgleich (Art. 161 Abs. 1 l.fall., geändert durch Art. 2 lit. e) d.l. n. 35/05).

führt; und Absatz 3 stellt klar, dass ein Unternehmen sich durch derlei Sitzverlegung ins Ausland nicht der Zuständigkeit italienischer Gerichte entziehen kann.

Auch in England ist über die internationale Zuständigkeit zu entscheiden im Zeitpunkt der mündlichen Verhandlung über den Antrag; dass dies gerade auch für Art. 3 Abs. 1 EuInsVO gilt, wurde erst jüngst höchstrichterlich bestätigt[807]. Allerdings wurde auch in der englischen Rechtsprechung mehrfach betont, dass der „Mittelpunkt hauptsächlicher Interessen" – nicht zuletzt wegen der expliziten Anforderung in Erwägungsgrund 13 – für Dritte erkennbar sein müsse, was wiederum eine gewisse Beständigkeit desselben voraussetze[808]; eine Veränderung des Anknüpfungspunktes in der Phase materieller Insolvenz könne daher nur in seltenen Ausnahmefällen tatsächlich Auswirkungen auf die internationale Zuständigkeit haben[809].

II. Die Rechtssache „Susanne Staubitz-Schreiber"

Dagegen herrschte in der deutschen Rechtsprechung weniger Einmütigkeit, ob die eigene, nationale Sichtweise zu §§ 2 und 3 InsO auch an Art. 3 EuInsVO angelegt werden könne oder sollte. So sprach sich beispielsweise das AG Celle dafür aus, für die Bestimmung des „Mittelpunktes der hauptsächlichen Interessen" auf den Zeitpunkt des Insolvenzantrags abzustellen, gleichzeitig ließ es jedoch offen, ob im Falle der Verlegung des Interessenmittelpunktes zwischen Insolvenzantrag und Eröffnungsentscheidung nicht doch auf letzteren Zeitpunkt abzustellen ist[810]. In letzterem Sinne hatte nämlich das LG Wuppertal entschieden; es hielt die §§ 2 und 3 InsO mit ihrer Anknüpfung an den Zeitpunkt der Antragsstellung für unanwendbar, da mit Art. 3 Abs. 1 EuInsVO eine vorrangige, gemeinschaftsrechtliche Regel geschaffen sei. Deren Formulierung entnahm es,

---

807 Court of Appeal, Supreme Court of Judicature, Chancery Division, London, Urt.v. 27.7.2005, Az: A2/2004/2614, BeckRS 2005 09991, Rn. 54; ebenso schon die Vorinstanz High Court of Justice, Chancery Division, London, Urt.v.26.11.2004, Az: 1948/2004, www. eir-database.com/word_doc/judgements_60.pdf, Rn. 14; dem folgend High Court of Justice London, Urt.v.15.7.2005, Az: 4697-4712/05 und 4717-4725/05 (Collins&Aikman), www.eir-database.com/world_doc/judgements_102. pdf, Rn. 39.

808 So z.B. Court of Appeal, Supreme Court of Judicature, Chancery Division, London, Urt.v. 27.7.2005, Az: A2/2004/2614, BeckRS 2005 09991, Rn. 55; davor schon High Court of Justice, Chancery Division, Companies Court, Leeds District Registry, Beschl.v.20.5.2004, Az: 556/2004 und 557/2004, www.rws-verlag.de/volltext-2004/ci4net.htm., Rn. 18.

809 Vgl. Court of Appeal, Supreme Court of Judicature, Chancery Division, London, Urt.v. 27.7.2005, Az: A2/2004/2614, BeckRS 2005 09991, Rn. 55; High Court of Justice, Chancery Division, Companies Court, Leeds District Registry, Beschl.v.20.5.2004, Az: 556/2004 und 557/2004, www.rws-verlag.de/volltext-2004/ci4net.htm., Rn. 18; zum nationalen Recht vgl. Fletcher, The law of Insolvency, Rn. 6-079 (rr. 6.9 (4), 6.40 (2) (c)).

810 AG Celle, Beschl.v.18.4.2005, Az: 29 IN 11/05, www.eir-database.com/word_doc/judgements_97.pdf.

dass sich die Gegenwärtigkeit auf den Zeitpunkt der Eröffnungsentscheidung bezieht; in Konsequenz müsse eine Verlagerung des Interessenmittelpunktes zwischen Antragsstellung und Verfahrenseröffnung zu einem Statutenwechsel führen[811]. Die Rechtsbeschwerde brachte den Fall vor den BGH, welcher Sympathie für die Auffassung des Beschwerdegerichts erkennen ließ, wiewohl er sich zu einer eindeutigen Entscheidung nicht durchringen konnte, da Art. 3 EuInsVO diese Frage nicht ausdrücklich regelt[812]. Daher wandte er sich mit einer Vorlagefrage an den EuGH:

„Bleibt das Gericht des Mitgliedstaats, bei dem der Antrag auf Eröffnung des Insolvenzverfahrens gestellt worden ist, (...) zuständig, wenn der Schuldner nach Antragstellung, aber vor der Eröffnung den Mittelpunkt seiner hauptsächlichen Interessen in das Gebiet eines anderen Mitgliedstaats verlegt, oder wird das Gericht des anderen Mitgliedstaats zuständig?“[813]

Die Frage ist nunmehr in ersterem Sinne beantwortet: „Das Gericht des Mitgliedstaates, in dessen Gebiet der Schuldner bei Stellung seines Antrags auf Eröffnung des Insolvenzverfahrens den Mittelpunkt seiner hauptsächlichen Interessen hat“, bleibt „für die Entscheidung über die Eröffnung dieses Verfahrens zuständig“[814].

Zur Begründung stützt sich der EuGH auf die Ziele der EuInsVO[815], allen voran Erwägungsgrund 4, dessen Absicht es ist, die gezielte Verlagerung von Anknüpfungspunkten in einen anderen Mitgliedstaat zu unterbinden, um auf diese Weise eine verbesserte Rechtsstellung zu erlangen. Wäre dem Schuldner gestattet, in der Zeit zwischen Einreichung des Eröffnungsantrags und abschließender Entscheidung Gerichtsstand und anwendbares Recht frei und vorbehaltlos zu bestimmen, indem er den „Mittelpunkt seiner hauptsächlichen Interessen“ in einen anderen Mitgliedstaat verlegt, würde dieses Ziel verfehlt[816]. Zugleich würde die

---

[811] LG Wuppertal, Beschl.v.14.8.2002, Az: 6 T 495/02, ZInsO 2002, 1099 (1099). Dass der Wortlaut es nahe liegend erscheinen lässt, auf den Eröffnungszeitpunkt abzustellen, findet auch Herchen, ZInsO 2004, 825 (830).

[812] BGH, Beschl.v.27.11.2003, Az: IX ZB 418/02, ZInsO 2004, 34 (34 f.).

[813] BGH, Beschl.v.27.11.2003, Az: IX ZB 418/02 (Vorabentscheidungsersuchen), RIW 2003, 388 (388).

[814] EuGH, Urt.v.17.1.2006, Rs. C-1/04 (Susanne Staubitz/Schreiber), Rn. 29, www.curia.eut. int/jurisp bzw. IPRax 2006, 149 (151).

[815] EuGH, Urt.v.17.1.2006, Rs. C-1/04 (Susanne Staubitz/Schreiber), Rn. 24, www.curia.eut. int/jurisp bzw. IPRax 2006, 149 (150).

[816] Vgl. EuGH, Urt.v.17.1.2006, Rs. C-1/04 (Susanne Staubitz/Schreiber), Rn. 25, www.curia. eut.int/jurisp bzw. IPRax 2006, 149 (151); so auch schon Ruiz-Jarabo Colomer, Schlussanträge des Generalanwalts, 6.9.2005 Rs. C-1/04 (Susanne Staubitz-Schreiber), Rn. 75, www.cu ria.eut.int/jurisp: „dieses Grundprinzip (...) würde völlig wertlos, wenn der Schuldner in der Zeit zwischen der Stellung des Eröffnungsantrags und der Eröffnung des Insolvenzverfahrens den Mittelpunkt hauptsächlicher Interessen in einen anderen Mitgliedstaat verlegen könnte“; ebenso Herchen, ZInsO 2004, 825 (830).

Intention effizienter, wirksamer grenzüberschreitender Insolvenzverfahren (Erwägungsgrund 2 und 8 zur EuInsVO) vereitelt: Gläubiger wären gezwungen, gegen den Schuldner jeweils an seinem gegenwärtigen Niederlassungsort vorzugehen, ungeachtet der Dauer des Aufenthalts; dadurch würden grenzüberschreitende Insolvenzverfahren verzögert, Effizienz und Wirksamkeit hintertrieben und vermindert, statt sie zu steigern[817].

Überdies bietet der Fortbestand der Zuständigkeit des zuerst befassten Gerichts erhöhte Rechtssicherheit für die Gläubiger; immerhin haben diese die Risiken einer Insolvenz des Schuldners nach dem Recht des Mitgliedstaates beurteilt, in dem der „Mittelpunkt hauptsächlicher Interessen" lag, als sie mit ihm rechtliche Beziehungen eingingen[818].

Dass sich mit Verlegung des Interessenmittelpunktes das gesamte oder wesentliche Teile des schuldnerischen Vermögens außerhalb der Gerichtsbarkeit des zunächst befassten Gerichts befinden, es mithin praktisch sinnvoll sei, das Insolvenzverfahren „vor Ort" zu eröffnen[819], könne demgegenüber nicht überzeugen. Zur Begründung verweist der EuGH auf die Universalität des Hauptinsolvenzverfahrens, sie ermöglicht den maximalen Zugriff auf das Vermögen des Schuldners; in Zusammenschau mit diversen, wirkungsstarken Instrumentarien der EuInsVO bietet sie Gewähr dafür, auch außerhalb ihres Gerichtsbezirks befindliches Schuldnervermögen – grenzübergreifend - zu erfassen[820]. Als solche Instrumentarien benannt werden vor allem die Möglichkeit, ein Sekundärinsolvenzverfahren zu eröffnen, und die Befugnis eines vom zuerst befassten Gericht bestellten vorläufigen Insolvenzverwalters, Maßnahmen zu beantragen, um die Insolvenzmasse, die sich in einem anderen Mitgliedstaat befindet, zu sichern und zu erhalten[821].

Überdies lässt sich ebenso gut argumentieren, es diene gerade der Praktikabilität, das Verfahren bei einem einmal befassten und eingearbeiteten Gericht zu

---

[817] Vgl. EuGH, Urt.v.17.1.2006, Rs. C-1/04 (Susanne Staubitz/Schreiber), Rn. 26, www.curia.eut.int/jurisp bzw. IPRax 2006, 149 (151).

[818] Vgl. EuGH, Urt.v.17.1.2006, Rs. C-1/04 (Susanne Staubitz/Schreiber), Rn. 27, www.curia.eut.int/jurisp bzw. IPRax 2006, 149 (151).

[819] So aber zugestanden BGH, Beschl.v.27.11.2003, Az: IX ZB 418/02, ZInsO 2004, 34 (35). Dies gelte um so mehr, wenn es sich bei dem Schuldner um eine natürliche Person handelt, zumal in diesem Fall die Möglichkeit, ein Sekundärinsolvenzverfahren zu eröffnen, nicht besteht. Zudem sei die Abwicklung des Insolvenzverfahrens erleichtert, wenn sich der Schuldner im eröffnenden Staat aufhält und damit ständig zur Verfügung steht.

[820] Vgl. EuGH, Urt.v.17.1.2006, Rs. C-1/04 (Susanne Staubitz/Schreiber), Rn. 28, www.curia.eut.int/ jurisp bzw. IPRax 2006, 149 (151).

[821] Vgl. EuGH, Urt.v.17.1.2006, Rs. C-1/04 (Susanne Staubitz/Schreiber), Rn. 28, www.curia.eut.int/jurisp bzw. IPRax 2006, 149 (151).

belassen, denn selbiges ist mit den besonderen Schwierigkeiten des Falles vertraut und kann ohne zeitliche Verzögerung entscheiden[822].

Mit der Entscheidung ist die Frage nunmehr abschließend geklärt. Ohne dies explizit zu benennen, entscheidet der EuGH sich für die *perpetuatio fori* im internationalen Insolvenzrecht[823].

Während im internationalen Zivilprozessrecht insgesamt umstritten ist, ob dieser Grundsatz gilt[824], weist die Struktur des Insolvenzverfahrens doch klar die Richtung: Anders als im strikt kontradiktorischen Parteiprozess sind im Gesamtvollstreckungsverfahren die Interessen der Beteiligten dem Staat überantwortet[825], d.h. er kann sich seiner Pflicht, diese wahrzunehmen und zum Ausgleich zu bringen, nicht entziehen indem er die Beteiligten zur eigenen Entlastung an eine andere Rechtsordnung verweist[826]; dies gebietet der Anspruch der Verfahrensbeteiligten auf Justizgewährung[827]. Zugleich muss die Zulässigkeit des Verfahrens vorhersehbar, die Sicherheit in die Verwirklichung einer bestimmten Insolvenzrechtsordnung verlässlich bleiben[828]. Beides leistet die Entscheidung; indem sie den Zeitpunkt der Antragstellung zum Maßstab erklärt, stellt sie auf ein sachliches Kriterium, i.e. das der Insolvenzreife ab. Dass dieses nicht willkürlich gewählt, sondern in der EuInsVO selbst angelegt ist, belegt die Ratio der Artikel 3 und 4 EuInsVO:

---

822 Herchen, ZInsO 2004, 825 (830); LG Stuttgart, Beschl.v.16.11.1982, Az: 2 T 781/82, ZIP 1983, 348 (350); ähnlich Schilling, Insolvenz einer englischen Limited mit Verwaltungssitz in Deutschland, S. 56.

823 Ebenso gedeutet Kindler, IPRax 2006, 114 (114).

824 Vgl. zum Streitstand Geimer, IZPR, Rn. 1830, Fn. 1218; für das europäische Zivilprozessrecht sieht Schilling die *perpetuatio fori* mittlerweile als gemeinhin anerkannt (Schilling, Insolvenz einer englischen Limited mit Verwaltungssitz in Deutschland, S. 56). Zwar ist die *perpetuatio-fori*-Regel nirgends in der EuGVVO ausdrücklich bestimmt, gleichwohl ist für die Verordnung weitgehend anerkannt, dass der Wegfall der Zuständigkeitsvoraussetzungen im Entscheidungszeitpunkt unbeachtlich ist (vgl. nur Kindler, IPRax 2006, 114 (115), m.w.N.).

825 Vgl. Foerste, Insolvenzrecht, Kapitel 2 § 5 II. 1. Rn. 40, der auf Fürsorgefunktion und Amtsermittlungspflicht des Gerichts (§ 5 InsO) in Abweichung zur strikt streitigen Gerichtsbarkeit verweist.

826 So aber Damrau, Fortdauer der internationalen Zuständigkeit trotz Wegfalls ihrer Voraussetzungen?, in: Festschrift für Bosch, 1976, 103 (113) grundsätzlich zum IZPR: das staatliche Interesse verlange die Prozessabweisung, da ein zweites, in einem anderen Staat befasstes Gericht, nicht von Einarbeitung und Vorarbeit des ersten Gerichts profitieren könne; die richterliche Arbeitskraft sei daher zu sparen. Überdies sei nicht gewährleistet, dass ein ausländischer Staat die inländische *perpetuatio iurisdictionis* billige.

827 Allgemein für das IZPR Geimer, IZPR, Rn. 1835.

828 Vgl. allgemein für die Voraussehbarkeit der Zulässigkeit einer Klage Geimer, IZPR, Rn. 1835; ebenso speziell für die internationale Zuständigkeit für die Eröffnung eines Insolvenzverfahrens: Schilling, Insolvenz einer englischen Limited mit Verwaltungssitz in Deutschland, S. 56.

Da das materielle Insolvenzrecht direkt mit der internationalen Zuständigkeit verbunden ist, kann über die Verlegung des Anknüpfungsgegenstandes eine Wahl über das Insolvenzstatut getroffen werden. Grundsätzlich ist dies nicht zu beanstanden, sondern natürliche Folge vorausschauender Anwendung des jeweiligen IPR[829]; findet die Wahl indes zu einem Zeitpunkt statt, der vermuten lässt, dass sie gezielt getroffen wurde, um Parteien eines Rechtsstreits zu benachteiligen, so handelt es sich um einen Missbrauch dieser Freiheit[830]. Im Falle grenzüberschreitender Insolvenzverfahren hat der Gemeinschaftsgesetzgeber die Grenze von zulässigem Ge- zu unzulässigem Missbrauch mit Erwägungsgrund 4 zur EuInsVO verbindlich festgeschrieben: Ausdrücklich soll verhindert werden, dass es für die Parteien vorteilhafter ist, die Anknüpfungsgegenstände in einen Mitgliedsstaat zu verlagern, um auf diese Weise eine verbesserte Rechtsstellung zu erlangen. Die verbesserte Rechtsstellung indes kann sich nur aus der Wahl einer bestimmten Verfahrensart oder einer bestimmten materiellen Rechtsordnung ergeben, dies ergibt sich aus dem Zweck der EuInsVO, beides in einem Raum grundsätzlicher Niederlassungsfreiheit verbindlich festzulegen - die prozessuale und materielle Behandlung grenzüberschreitender Insolvenzverfahren (vgl. Erwägungsgrund 8 zur EuInsVO). Daher ist die Grenze jedenfalls überschritten, wenn Insolvenzreife eintritt[831]. Ab diesem Zeitpunkt nämlich muss sich das Ver-

---

[829] Vgl. Ruiz-Jarabo Colomer, Schlussanträge des Generalanwalts, 6.9.2005 Rs. C-1/04 (Susanne Staubitz-Schreiber), Rn. 71, www.curia.eut.int/jurisp; vgl. auch Court of Appeal, Supreme Court of Judicature, Chancery Division, London, Urt.v.27.7.2005, Az: A2/2004/2614, BeckRS 2005 09991, Rn. 41, der darauf hinweist, dass der Schuldner grundsätzlich frei sei, seinen „Mittelpunkt hauptsächlicher Interessen“ zu ändern in der Zeit zwischen Entstehung der Verbindlichkeiten und der Eröffnung eines Insolvenzverfahrens; ähnlich Gottwald, Insolvenzrechtshandbuch – Gottwald, § 129 Rn. 18; Mankowski, NZI 2005, 368 (369).

[830] Vgl. Ruiz-Jarabo Colomer, Schlussanträge des Generalanwalts, 6.9.2005 Rs. C-1/04 (Susanne Staubitz-Schreiber), Rn. 73, www.curia.eut.int/jurisp; ähnlich Gottwald, Insolvenzrechtshandbuch – Gottwald, § 129 Rn. 17.

[831] Vgl. Weller, IPRax 2004, 412 (416); vgl. Court of Appeal, Supreme Court of Judicature, Chancery Division, London, Urt.v.27.7.2005, Az: A2/2004/2614, BeckRS 2005 09991, Rn. 55: „In circumstances where there are grounds for suspicion that a debtor has sought, deliberately, to change his centre of main interests at a time when he is insolvent, or threatened with insolvency, in order to alter the insolvency rules which will apply to him in respect of existing debts, the court will need to scrutinise the facts which are said to give rise to a change in the centre of main interests with that in mind"; High Court of Justice, Chancery Division, Companies Court, Leeds District Registry, Beschl.v.20.5.2004, Az: 556/2004 und 557/2004, www.rws-verlag.de/volltext-2004/ci4net.htm., Rn. 18: „A more or less cynical removal of the seat of a company's operations from the EU to a non-EU territory a few weeks before the business goes to the wall would not be regarded as working an alteration in the CoMI of the company"; für Zeitpunkt der Antragsstellung auch: MünchKommIntWR – Kindler, IntInsR Rn. 154; ebenso, wenngleich mit Sympathie für eine noch weitere Vorverlagerung auch Schilling, Insolvenz einer englischen Limited mit Verwaltungssitz in Deutschland, S. 57-59; Mankowski, NZI 2005, 368 (369); Adam, Zuständigkeitsfragen bei der Insolvenz internationaler Unternehmensverbindungen, S. 110.

trauen in die Verwirklichung einer bestimmten Insolvenzrechtsordnung bewähren[832]; eine spätere Verlagerung des Interessenmittelpunktes setzt sich daher zwangsläufig dem Vorwurf aus, von manipulativen Gründen getragen zu sein, können unternehmerische doch ab Insolvenzreife nicht mehr zum Tragen kommen.

Die Entscheidung des EuGH für die Maßgeblichkeit des Zeitpunktes der Antragsstellung ist daher geeignet, die Ziele der EuInsVO zum Tragen und zur vollen Geltung zu bringen: Sie schafft durch das Erfordernis einer gewissen Beständigkeit des Bezugspunktes Rechtssicherheit für potentielle Gläubiger und verhindert mit der Fokussierung auf einen verbindlichen Zeitpunkt zugleich Missbräuche zur einseitigen Besserstellung des Schuldners. Überdies steht sie im Einklang mit dem nationalen Rechtsverständnis der Mitgliedstaaten, das jeweils Veränderungen im Anknüpfungspunkt in der Phase materieller Insolvenz indiziell mit der Verfolgung manipulativer Zwecke belegt und daher grundsätzlich nicht anerkennt, eine Veränderung der Zuständigkeit der Gerichte zu bewirken; ihr ist daher uneingeschränkt beizupflichten und zu folgen.

[832] So auch Weller, IPRax 2004, 412 (416), der zusätzlich auf die Parallele zum Gesellschaftsrecht verweist: Auch dort besteht – über das Verbot eines identitätswahrenden Wegzugs deutscher Kapitalgesellschaften ins Ausland - ein schutzwürdiges Vertrauen in die Anwendbarkeit einer bestimmten Gesellschaftsrechtsordnung

Dritter Teil: Indirekte internationale Zuständigkeit bzw. Anerkennungszuständigkeit

Die EuInsVO regelt nicht nur die direkte internationale Zuständigkeit, sondern gleichermaßen die indirekte; sie ist als sogenannte *„convention double"* ausgestaltet, da sie beide Elemente dergestalt miteinander verbindet, dass die Anerkennungs- unmittelbar von der Eröffnungszuständigkeit abhängig ist[833]. Wird daher ein Insolvenzverfahren durch ein nach Art. 3 EuInsVO zuständiges Gericht eröffnet, ist diese Eröffnungsentscheidung in anderen Mitgliedstaaten *ipso iure* anzuerkennen (Art. 16 EuInsVO)[834]. Folge der Anerkennung ist die automatische Wirkungserstreckung des Hauptinsolvenzverfahrens sowohl in verfahrensrechtlicher als auch in materieller Hinsicht[835], d.h. der Eröffnungsbeschluss entfaltet im Anerkennungsstaat die Wirkungen, die das Recht des Staates der Verfahrenseröffnung ihm beilegt, vorbehaltlich spezieller Bestimmungen der EuInsVO bzw. der Wirkungen eines Partikularinsolvenzverfahrens (vgl. Art. 17 Abs. 1 EuInsVO)[836].

Eingedenk dieser unbedingten Anordnung scheinen mit Inanspruchnahme der direkten internationalen Zuständigkeit alle Fragen geklärt, mithin weitere Prüfungen nicht nur überflüssig, sondern gar unzulässig zu sein; nichtsdestotrotz muss diese Inanspruchnahme gewisse Anforderungen erfüllen, um die Wirkungen des Art. 17 EuInsVO auszulösen. – Ob sie dies tut, ist sehr wohl einer Überprüfung zugänglich.

Art. 16 EuInsVO verlangt zunächst, dass es sich bei dem Gericht, welches die in Rede stehende Entscheidung getroffen hat, um das eines Mitgliedstaates handelt. Anders als bei Art. 3 Abs. 1 EuInsVO beschränkt sich der räumliche Anwendungsbereich betreffend die Frage der Anerkennungszuständigkeit damit ausdrücklich auf die Mitgliedstaaten; auf die Anerkennung von Insolvenzverfahren eines Drittstaates findet die Verordnung dagegen keine Anwendung.

„Gericht" unterdessen ist funktional weit zu verstehen[837]; Art. 2 lit. d) EuInsVO definiert als solches jede zuständige Stelle eines Mitgliedstaates, die befugt ist, ein Insolvenzverfahren zu eröffnen.

---

833 Vgl. Mörsdorf-Schulte, IPRax 2004, 31 (33); zum Begriff der *convention double* Laut, S. 84.

834 Smid, Internationales Insolvenzrecht/EurInsVO, Art. 16 Rn. 1; Leible/Staudinger, KTS 2000, 533 (561); vgl. auch Erwägungsgrund 22 S. 2 und 24 S. 1 zur EuInsVO („automatische Anerkennung"); MünchKommIntWR – Kindler, IntInsR Rn. 417 und 434.

835 Smid, Internationales Insolvenzrecht/EurInsVO, Art. 17 Rn. 1, 5, 6; MünchKommIntWR – Kindler, IntInsR Rn. 419; Reithmann/Martiny, Internationales Vertragsrecht – Hausmann, Rn. 2574.

836 MünchKommIntWR – Kindler, IntInsR Rn. 434 ff. (sog. „Modell der Ausdehnung") und 440; Reithmann/Martiny, Internationales Vertragsrecht – Hausmann, Rn. 2574 und 2580.

837 Vgl. Auch Virgos/Schmit-Report Rn. 66: Darunter sind nicht nur das Gerichtswesen oder Einrichtungen zu verstehen, deren Funktion der eines Gerichts oder einer Behörde gleichwer-

Dagegen steht der Gegenstand der eröffnenden Entscheidung klar fest: ein Insolvenzverfahren im Sinne von Art. 1 Abs. 1 EuInsVO, das in Anhang A der EuInsVO aufgezählt ist[838]; die Verfahrenseröffnung muss im Entscheidungsstaat wirksam sein[839]; und die An-erkennung der Verfahrenseröffnung darf nicht gegen den Ordre Public des Aner-kennungsstaates verstoßen[840]. Letzteren versteht der EuGH hier im Sinne einer autonomen Mindestgarantie bestimmter Verfahrensgrundsätze, vor allem des Anspruchs auf ein faires Verfahren[841]. Für die Zwecke der EuInsVO erfährt die-ser Anspruch spezielle, auf das Insolvenzverfahren zugeschnittene Ausprägun-gen: so das Recht auf Übermittlung der Verfahrensunterlagen, den Anspruch auf rechtliches Gehör, im Besonderen für Gläubiger bzw. deren Vertreter, um die „Waffengleichheit" unter ihnen sicherzustellen[842]. Ob des autonomen Charakters kann sich das Gericht nicht darauf beschränken, rein nationale Maßstäbe an die-se Mindestverfahrensgarantien anzulegen, sondern muss deren Einhaltung mit Weitblick und behutsam im Einzelfall prüfen[843].

So weit die Antworten in Wortlaut, Definition bzw. höchstrichterlicher Entscheidung für vorausgesehene bzw. absehbare Fragestellungen und Probleme in der praktischen Anwendung der Kriterien. – Dagegen sind es verschiedene scheinbar eindeutige Begriffe und Anforderungen bzw. mit diesen zusammenhängende Teilaspekte, welche im Einzelnen unerwartete, tiefergehende und komplexe Fragen aufwerfen.

---

tig ist, sondern auch Personen oder Organe, die nach dem Recht des Eröffnungsstaates befugt sind, ein Verfahren zu eröffnen oder im Laufe des Verfahrens Entscheidungen zu treffen.

838 Smid, Internationales Insolvenzrecht/EurInsVO, Art. 16 Rn. 7; Gottwald, Insolvenzrechtshandbuch – Gottwald, § 132 Rn. 13; MünchKommIntWR – Kindler, IntInsR Rn. 420, Fn. 5: Die in Anhang B aufgelisteten Liquidationsverfahren sind nur ein Ausschnitt der in Anhang A genannten Insolvenzverfahren.

839 Smid, Internationales Insolvenzrecht/EurInsVO, Art. 16 Rn. 4; MünchKommIntWR – Kindler, IntInsR Rn. 419.

840 Vgl. MünchKommInsO – Reinhart, Art. 16 EuInsVO Rn. 1 f.; Smid, Internationales Insolvenzrecht/EurInsVO, Art. 16 Rn. 10; MünchKommIntWR – Kindler, IntInsR Rn. 419.

841 EuGH, Urt.v.2.5.2006, Rs. C-341/04 (Eurofood IFSC Ltd.), www.curia.eut.int/jurisp, Rn. 65; ähnlich zuvor bereits Morse, Cross-border insolvency in the European Union in: International Conflict of Laws for the third Millennium, 233 (259).

842 EuGH, Urt.v.2.5.2006, Rs. C-341/04 (Eurofood IFSC Ltd.), www.curia.eut.int/jurisp, Rn. 66.

843 Vgl. EuGH, Urt.v.2.5.2006, Rs. C-341/04 (Eurofood IFSC Ltd.), www.curia.eut.int/jurisp, Rn. 68.

A. Entscheidung im Sinne von Art. 16 EuInsVO

So spricht Art. 16 Abs. 1 EuInsVO beispielsweise nur von der „Eröffnung eines Insolvenzverfahrens", ohne zu konkretisieren, welche Anforderungen selbige erfüllen muss; wiewohl es eben jene Entscheidung ist, die – in ihrer Wirkung konstitutiv - Dreh- und Angelpunkt der automatischen Wirkungserstreckung ist.

Demgegenüber macht die Verordnung zu Anfang allgemeine Vorgaben für die einheitliche Verwendung bestimmter Begriffe; unter anderem belegt sie eine „Entscheidung", die ein Insolvenzverfahren eröffnet, mit der autonomen Bedeutung: „die Entscheidung eines jeden Gerichts, das zu Eröffnung eines derartigen Verfahrens oder zur Bestellung eines Verwalters befugt ist" (nach Art. 2 lit. e) EuInsVO).

Die ausdrückliche Erwähnung der Verwalterbestellung indes provoziert die Frage: Ist die Bestellung eines Verwalters als solche ausreichend, ein Insolvenzverfahren zu „eröffnen" und damit die internationale Zuständigkeit zu begründen? Oder ist vielmehr die Bestellung durch ein „befugtes" Gericht notwendig ist, d.h. die internationale Zuständigkeit ihrerseits Voraussetzung für die Wirksamkeit einer solchen Entscheidung?

Verkompliziert wird die Fragestellung noch durch den Umstand, dass es Rechtsordnungen gibt, die die Bestellung eines „vorläufigen Insolvenzverwalters" vorsehen (so z.B. Deutschland, Irland, Österreich). Um dieser Rechtsfigur europaweit Anerkennung zu verleihen, wurde selbige in Anhang C zur EuInsVO aufgenommen. Dieser ist jedoch unterschiedslos überschrieben mit „Verwalter gemäß Artikel 2 Buchstabe b)", was Anlass zu der Annahme gibt, der „vorläufige Verwalter" falle unter eben diese Definition, sei mithin für die Zwecke der EuInsVO dem „endgültigen" Verwalter gleichgestellt. Dies allerdings würde bedeuten, dass – bei entsprechender Lesart - auch seine Bestellung für die Eröffnung eines Insolvenzverfahrens ausschlaggebend sein könnte.

Treibt man den bloßen Wortlaut der EuInsVO daher konsequent an seine Grenzen, kommt man zu dem Schluss, dass bereits die Anordnung einer bestimmten Sicherungsmaßnahme, denn nichts anderes ist die Bestellung eines vorläufigen Insolvenzverwalters, genügt, um die internationale Zuständigkeit eines Gerichts verbindlich festzulegen[844]. -

[844] So aufgefasst High Court Dublin, Urt.v.23.3 2004, Az: 33/04, ZIP 2004, 1223 (1224); tendenziell auch Supreme Court of Ireland, Urt.v.27.7.2004, Az: 147/04, NZI 2004, 505 (508); Jacobs, Schlussanträge des Generalanwalts, 27.9.2005, Rs. C-341/04 (Eurofood IFSC Ltd.), www.curia.eut.int/jurisp, Rn. 88; Schilling/Schmidt, ZInsO 2006, 113 (114 f.); schließlich auch EuGH, Urt.v.2.5.2005, Rs. C-341/04 (Eurofood IFSC Ltd.), www.curia.eut.int/jurisp., Rn. 58 (eingehend dazu unter A.II.4.).

An diesem Punkt der Betrachtung bedarf es des sprichwörtlichen Schrittes abseits, um innezuhalten und sich zugleich mit der nötigen sachlichen Distanz zu vergegenwärtigen: Kann dies gewollt sein?

Bei Lichte betrachtet sind es einzelne Bestimmungen, Definitionen und Verweise, von denen nicht ganz klar ist, ob sie isoliert stehen oder aufeinander bezogen sind, die das skizzierte diffuse Gebilde produzieren. Geschuldet ist es offenbar dem Wunsch, sämtliche Insolvenzverfahrensformen, sämtliche Verwalterfunktionen und auch Eröffnungsmodalitäten zu integrieren. Bei dem Versuch dieser umfassenden, abstrakten Erfassung geriet indes außer Acht, dass der Rechtsanwender durch Kombination einzelner Verfahrenselemente verschiedener nationaler Insolvenzrechte ganz neue Anknüpfungspunkte kreieren kann, die weder mit der Intention der EuInsVO insgesamt noch der Systematik eines einzelnen Insolvenzverfahrensrechts konform gehen.

Diese – ungewollten – Kombinationsmöglichkeiten zu enttarnen und die Anweisungen auf ihre ursprünglich zugedachte Funktion zurückzuführen, ist daher Aufgabe dieser Arbeit. Geschehen soll dies durch konsequente Überführung der Anforderungen der EuInsVO in das jeweilige nationale Verfahrensrecht.

Auf Ebene der *lex concursus* soll so konkret hinterfragt werden: Sind die durch rein abstrakte Kombination verschiedener Definitionen und Verweise der EuInsVO entstandenen Gedankenmodelle überhaupt in der Lage, sich in der Praxis zu bewähren?

Fragen, die die mitgliedstaatlichen Verfahrensordnungen zu beantworten haben sind daher: 1. Zu welchem Zeitpunkt im Verfahren wird ein (vorläufiger) Verwalter bestellt?

2. Sind die Voraussetzungen der Verwalterbestellung denen für einen Eröffnungsbeschluss vergleichbar und erfüllen sie die Anforderungen an die Eröffnung eines „Insolvenzverfahrens“ im Sinne von Art. 2 lit. a) i.V.m. Art. 1 Abs. 1 EuInsVO?

3. Hat der vorläufige Verwalter kraft seiner Auflistung in Anhang C denselben Status wie ein „endgültiger“ Verwalter?

I. Mitgliedstaatliches Eröffnungsverfahren und Verfahrenseröffnung

1. Deutschland

Geht ein Insolvenzantrag bei einem deutschen Gericht ein, so beginnt ein sogenanntes „Eröffnungsverfahren“, in dem das Gericht die Zulässigkeit, vor allem aber die Begründetheit des Antrags prüft[845]. Diese Prüfung kann sich mitunter

[845] Vgl. Heidelberger Kommentar zu InsO – Kirchhof, § 13 Rn. 19 ff. und § 14 Rn. 31 ff.; Gottwald, Insolvenzrechtshandbuch – Uhlenbruck, § 16 Rn. 2 f.

mehrere Monate ziehen[846], es kann daher erforderlich werden, bis zur Entscheidung über den Antrag nachteilige Veränderungen in der Vermögenslage des Schuldners im Interesse der Gläubiger zu verhüten (vgl. § 21 Abs. 1 InsO). Zu diesem Zweck kann das Insolvenzgericht vorläufige Sicherungsmaßnahmen, namentlich die Bestellung eines vorläufigen Verwalters, anordnen, wenn es den Insolvenzantrag zulässt[847]. Voraussetzung dieser Zulassung ist, dass die allgemeinen Zulässigkeitsvoraussetzungen vorliegen[848] und das Gericht eine gewisse Überzeugung vom Vorliegen des Eröffnungsgrundes gewonnen hat: beim Gläubigerantrag gemäß § 14 Abs. 1 InsO mittels Glaubhaftmachung, beim Schuldnerantrag entsprechend § 253 Abs. 2 Nr. 2 ZPO in Verbindung mit § 4 InsO durch substantiierte Mitteilung der Tatsachen, welche die wesentlichen Merkmale eines Eröffnungsgrundes im Sinne von §§ 17 ff. InsO erkennen lassen[849].

Demgegenüber ist eine förmliche Zulassung des Eröffnungsantrags nicht erforderlich; es genügt, dass das Gericht die Zulässigkeit gegebenenfalls implizit mit Erlass der Sicherungsmaßnahme ausspricht[850].

Der Gedanke ist daher nicht fern liegend, der (impliziten) Zulassung des Eröffnungsantrags durch Bestellung eines vorläufigen Verwalters eigenes Gewicht im Hinblick auf die „Eröffnung eines Insolvenzverfahrens" im Sinne von Art. 16 Abs. 1 EuInsVO beizumessen. Denn bereits diese Bestellung setzt im deutschen Recht voraus, dass ein formalisiertes Verfahren durchlaufen wurde, in welchem die Insolvenz des Schuldners mit überwiegender Wahrscheinlichkeit feststeht, die Zulässigkeitsvoraussetzungen gar tatsächlich vorliegen müssen[851].

Dem ist allerdings entgegen zu halten, dass gerade für die „Zuständigkeit" umstritten ist, ob sie zu diesen obligatorischen Verfahrensvoraussetzungen gehört, wiewohl dies für die Qualifikation als „Entscheidung" im Sinne der EuInsVO vital wäre, stehen mit ihr doch direkte und indirekte internationale Zuständigkeit nach der EuInsVO unverrückbar fest.

---

[846] Vgl. Wimmer, ZInsO 2005, 119 (126): In Deutschland wird regelmäßig über einen Zeitraum von bis zu drei Monaten geprüft, ob eine für die Eröffnung des Insolvenzverfahrens ausreichende Masse vorhanden ist und ob tatsächlich ein Insolvenzgrund vorliegt.

[847] Foerste, Insolvenzrecht, 3. Kapitel, § 11 Rn. 95; Uhlenbruck, InsO – Uhlenbruck, § 14 Rn. 60 und § 21 Rn. 2; Wimmer, ZInsO 2005, 119 (126); Gottwald, Insolvenzrechtshandbuch – Uhlenbruck, § 14 Rn. 1 und 27.

[848] Foerste, Insolvenzrecht, 3. Kapitel, § 11 Rn. 95; Frankfurter Kommentar zur InsO – Schmerbach, § 21 Rn. 14 und 16; Wimmer, ZInsO 2005, 119 (126). Für die drohende Zahlungsunfähigkeit gilt dies selbstverständlich nur im Falle des Schuldnerantrags (§ 18 Abs. 1 InsO)

[849] BGH, Beschl.v.12.12.2002, Az: IX ZB 426/02, NJW 2003, 1187 (1187); Foerste, Insolvenzrecht, 3. Kapitel, § 10 III. Rn. 92.

[850] Heidelberger Kommentar zur InsO – Kirchhof, § 21 Rn. 4; ähnlich Uhlenbruck, InsO – Uhlenbruck, § 14 Rn. 60 und § 21 Rn. 2.

[851] Vgl. Wimmer, ZInsO 2005, 119 (126).

Nach bislang vorherrschender Ansicht gehörte zu den allgemeinen Verfahrensvoraussetzungen gerade auch die Zuständigkeit des anordnenden Gerichts[852]. Mittlerweile rückt man jedoch den Sicherungszweck des § 21 InsO in den Vordergrund: er schützt die Gläubiger, indem er das schuldnerische Vermögen vor Verschlechterung und Wertminderung während des Eröffnungsverfahrens bewahrt[853]. Ob dieser Ausrichtung müsse § 21 InsO gerade auch dann anwendbar sein, wenn und solange das Insolvenzgericht seine Zuständigkeit prüft[854].

Dann aber kann eine Bestellung, die sich die Entscheidung über die Zuständigkeit (ausdrücklich) vorbehält, selbige nicht begründen; doch auch für erstere Ansicht bestehen Bedenken: Betrachtet man die Anordnung unter dem Aspekt, dass mit ihr bereits die maßgebende „Entscheidung" im Sinne von Art. 16 i.V.m. Art. 2 lit. e) EuInsVO gefallen sein könnte, erscheint das Feststehen der Zuständigkeit nach eingehender Prüfung ungleich dringlicher. Dies indes ist denn auch der entscheidende Punkt: Die Zulassung des Antrags ist keine selbständig anfechtbare richterliche Entscheidung, sondern nur ein Akt vorbereitender Richtertätigkeit; für sich entfaltet sie keine Außenwirkung[855]. Sie ist deshalb auch nicht in der Lage, eine verbindliche Aussage zur (internationalen) Zuständigkeit des Gerichts zu treffen. Dies kann erst die Eröffnungsentscheidung, muss die Zuständigkeit als Sachurteilsvoraussetzung doch erst in diesem Zeitpunkt vorliegen[856].

Weder ist mit der bloßen Zulassung daher eine (verbindliche) Feststellung zur (internationalen) Zuständigkeit des Gerichts getroffen, noch hat deren nach aussen kenntlich gemachte Betätigung vorgreifende Wirkung. Zwar setzt der Erlass von Sicherungsmaßnahmen (konkludent) die Zulassung des Antrags voraus, indes vermag diese das Gericht nicht zu binden[857] - mag sie auch eine Tendenz erkennen lassen; allein entscheidend ist, ob die Eröffnungsvoraussetzungen im Zeitpunkt der tatrichterlichen Entscheidung tatsächlich erfüllt sind, ganz ohne Vorbedingungen und –bindungen[858].

---

[852] So Uhlenbruck, InsO – Uhlenbruck, § 21 Rn. 2 und Rn. 8; vgl. auch Frankfurter Kommentar zur InsO – Schmerbach, § 21 Rn. 16, ders. § 14 Rn. 5 und 8 (noch in der 2. Aufl.); LG Göttingen, Beschl.v.8.3.1993, Az: 6 T 63/93, ZIP 1993, 447 (448).

[853] Heidelberger Kommentar zur InsO – Kirchhof, § 21 Rn. 2; ähnlich AG Göttingen, Beschl. v.20.11.2003, Az: 74 IN 377/03, NZI 2004, 38 (38).

[854] Heidelberger Kommentar zur InsO – Kirchhof, § 21 Rn. 4; AG Göttingen, Beschl.v. 20.11.2003, Az: 74 IN 377/03, NZI 2004, 38 (38); in diesem Sinne neuerdings auch Frankfurter Kommentar zur InsO – Schmerbach, § 21 Rn. 16 (seit 4. Aufl.).

[855] Uhlenbruck, InsO – Uhlenbruck, § 14 Rn. 60 m.w.N.

[856] Vgl. Heidelberger Kommentar zur InsO – Kirchhof, § 14 Rn. 31.

[857] Heidelberger Kommentar zur InsO – Kirchhof, § 27 Rn. 3.

[858] Heidelberger Kommentar zur InsO – Kirchhof, § 14 Rn. 31.

Im Umkehrschluss bedeutet dies, dass die Bestellung des vorläufigen Insolvenzverwalters, trotz expliziter Aufnahme seiner Funktion in die Liste anzuerkennender Verwalter (Anhang C der EuInsVO), gemessen am nationalen Verfahrensrecht nicht geeignet ist, ein Insolvenzverfahren im Sinne von Art. 16 Abs. 1 i.V.m. Art. 2 lit. e) EuInsVO zu eröffnen. Denn dies würde bedeuten, dass mit Ernennung eines vorläufigen Insolvenzverwalters nicht nur die internationale Zuständigkeit feststünde, sondern bereits das Verfahren mit all seinen Wirkungen materieller und prozessualer Art nach der EuInsVO eingeleitet wäre (vgl. Art. 17 Abs. 1 i.V.m. Art. 4 Abs.1 EuInsVO). Diese Art der Bindung ist jedoch nach dem oben Ausgeführten gerade nicht gewollt; nach der klaren Systematik des deutschen Verfahrensrechts kreisen sowohl Voraussetzungen als auch Wirkungen des Insolvenzverfahrens um den Zeitpunkt der Eröffnungsentscheidung; allein sie kann daher „Entscheidung" im Sinne von Art. 2 lit. e) EuInsVO sein.

2. England

Im englischen Recht ist zu differenzieren: So gibt es zum einen Verfahren, die strikt zwischen Verwalterbestellung und Einleitung des Insolvenzverfahrens trennen; daneben existieren jedoch auch solche Verfahren, bei denen die Bestellung des Konkursverwalters die Einleitung des Verfahrens beinhaltet[859].

---

[859] Daneben existieren zwar auch außergerichtliche Verfahren wie beispielsweise das *creditors' voluntary winding-up,* die ebenfalls die Bestellung eines Verwalters vorsehen; diese Verfahren werden zwar von der EuInsVO anerkannt, indes sie werden nicht als gerichtliche Verfahren behandelt, Entscheidungen, die im Laufe eines solchen außergerichtlichen Verfahrens getroffen werden, wird die Wirkung eines gerichtlichen Beschlusses nicht zuerkannt (Virgos/Schmit-Report, Rn. 52). Gleiches dürfte daher auch für das CVA und das IVA gelten, sofern diese abgeschlossen werden, ohne dass zuvor ein gerichtliches Verfahren anhängig war (zu dieser Möglichkeit vgl. I.A. 1986, sec. 1 (1) bzw. I.A. 1986, sec. 253 (3) (b)). Für die vorliegende Frage sind sie daher ohne Belang, zumal die Bestellung ohnehin gerichtlich bestätigt werden muss, damit der Verwalter seine Befugnisse im Gebiet eines anderen Mitgliedstaates ausüben kann (vgl. Virgos/Schmit-Report, Rn. 68; Duursma-Kepplinger/Duursma/Chalupsky, EuInsVO – Duursma-Kepplinger, Art. 2 Rn. 14). Dann aber enthält die gerichtliche Bestätigung der Verwalterbestellung sogleich die Bestätigung des Verfahrens (vgl. Anhang A zur EuInsVO: *Creditor's voluntary winding up* (*with confirmation by the court*, Entsprechendes dürfte auch für CVA und IVA gelten)); es ergeht daher keine isolierte, der Verfahrensbestätigung zeitlich vorausgehende Entscheidung über die Verwalterbestellung. Verfahren, die nicht unter der Regie eines Insolvenzverwalters stattfinden (*deeds of arrangement* und *individual administration order*), entfallen von vornherein dem Anwendungsbereich der EuInsVO (vgl. Art. 1 Abs. 1 und Art. 2 lit.a) EuInsVO i.V.m. Anhang A zur EuInsVO (ebenso Rossbach, Europäische Insolvenzverwalter in Deutschland, S. 151). Beide, rein außergerichtliche und verwalterlose Verfahren, sind daher im Folgenden nicht dargestellt.

In letzterem Sinne verstehen sich Zwangsverwaltung (*receivership*) und Verwaltung (*administration*)[860]; beide Verfahren werden folglich durch die „Bestellung eines Insolvenzverwalters" eröffnet, sie ist daher für die *administration* „Entscheidung" im Sinne von Art. 2 lit. a) i.V.m. Art. 1 Abs. 1 EuInsVO[861].

Dagegen zeichnen sich in der Liquidation (*winding-up*) verschiedene Phasen klar gegeneinander ab: Zunächst befasst sich ein sogenannter *„official receiver"* mit dem Antrag; dieser ist dem zuständigen Insolvenzgericht angeschlossen und ermächtigt, als vorläufiger Konkursverwalter zu handeln in Betreff eines jeden Konkurses oder jeder Liquidation, die in die Zuständigkeit dieses Gerichts fallen (vgl. I.A. 1986, sec. 399 (3) und (4))[862]. Er untersucht das Versagen der Gesellschaft, die Gründe hierfür und die Ausrichtung des Unternehmens, seine Struktur und Geschäfte und erstattet dem Gericht Bericht (vgl. I.A. 1986, sec. 132 (1) und (2)).

Daneben besteht die Möglichkeit, einen vorläufigen Liquidator (*provisional liquidator*) zu ernennen. Das Gericht kann dies jederzeit nach eigenem Ermessen tun, vom Zeitpunkt der Antragsstellung an bis hin zum Erlass der Liquidationsverfügung (I.A. 1986, sec. 135 (1) und (2)). Die Ernennung eines solchen vorläufigen Liquidators dient für gewöhnlich der Aufrechterhaltung des Status quo wie auch dem Erhalt des gesellschaftlichen Vermögens bis zur mündlichen Verhandlung über den Liquidationsantrag[863]. Zum vorläufigen Liquidator be-

---

[860] Vgl. für das *receivership* I.A. 1986, sec. 33 (1), die den Verfahrensbeginn auf den Zeitpunkt des Erhalts der Bestellung festlegt (I.A. 1986, sec. 29 (2) und 32); und für die *administration* die Legaldefinition in I.A. 1986, Schedule B1, para. 10.

[861] Das *receivership* dagegen ist – aufgrund seiner mangelnden kollektiven Natur - vom Anwendungsbereich der EuInsVO ausgenommen (vgl. Anhang A zur EuInsVO und Fletcher, Insolvency in private international law, Rn. 7.31; ders., The law of Insolvency, Rn. 31-021; eingehend Rossbach, Europäische Insolvenzverwalter in Deutschland, S. 149 f.); die Verwalterbestellung im *receivership* scheidet daher als „Entscheidung" i.S.v. Art. 2 lit. a) i.V.m. Art. 1 Abs. 1 EuInsVO aus. Dies gilt unabhängig davon, ob man davon ausgeht, die Auflistung sei abschließend (MünchKommIntWR – Kindler, IntInsR Rn. 57) oder sie sei entbehrlich, falls das Verfahren unter die Definition des Art. 1 Abs. 1 EuInsVO fällt (in letzterem Sinne, Fletcher, Insolvency in private international law, Rn. 7.35 f.); denn in letzterem Fall fehlt es zumindest an der Auflistung der Funktion des *receiver* im *receivership* als Verwalter i.S.v. Art. 2 lit.b) EuInsVO i.V.m. Anhang C zur EuInsVO. Ohne die Auflistung dieser Funktion im Anhang C kann sie jedoch allein als Ergebnis der Anwendung einer bestimmten Rechtsordnung anerkannt werden, nicht dagegen kann sie Tatbestandswirkung entfalten (dazu ausführlich unter A.II.1).

[862] Der *official receiver* ist Justizbeamter (*officer of the court*) und dem Innenminister (*Secretary of State*) direkt verantwortlich, nicht dagegen dem regulatorischen System des *Insolvency Act 1986* (Sealy/Milman, Annotated Guide to the Insolvency Legislation, I.A. 1986, General Note sec. 230, S. 271).

[863] Fletcher, The Law of Insolvency, Rn. 21-036; Sealy/Milman, Annotated Guide to the Insolvency Legislation, I.A. 1986, General Note sec. 135, S. 184; Rossbach, Europäische Insolvenzverwalter in Deutschland, S. 98; Morse, Charlesworth's Company Law, Chapter 27, S. 594. Gemäß I.A. 1986, sec. 144 (1) nimmt der *provisional liquidator* das gesamte Vermögen

stimmbar sind entweder der *official receiver* oder aber ein Insolvenzexperte aus der Privatwirtschaft (I.A. 1986, sec. 135 (2))[864].

Von diesen vorläufigen Funktionen hebt sich die eigentliche Liquidationsverfügung klar ab (vgl. I.A. 1986, sec. 125 (1)), wiewohl sie sich zugleich auf jene auswirkt: Der vorläufige Konkursverwalter (*official reiceiver*) wird kraft seines Amtes zum Liquidator der Gesellschaft und verbleibt in dieser Funktion vorbehaltlich der Bestellung einer anderen Person (I.A. 1986, sec. 136 (2)). Dagegen endet das Amt des vorläufigen Liquidators (*provisional liquidator*) mit Verfügung der Liquidation. Soll er zum endgültigen Liquidator über die Gesellschaft bestellt werden, bedarf es einer gesonderten Ernennung durch den Innenminister, durch Gläubiger und Nachschusspflichtige oder unter Umständen das Gericht (vgl. I.A. 1986, sec. 137-140); das Gericht kann den Liquidator nicht unmittelbar übernehmen[865].

In der zwangsweisen Liquidation durch das Gericht (*winding-up by the court*) wird also klar unterschieden zwischen der Anordnung vorläufiger Sicherungsmaßnahmen, namentlich der Bestellung eines vorläufigen Liquidators (I.A. 1986, sec. 135), der eigentlichen Liquidationsverfügung (vgl. I.A. 1986, sec. 125 (1)) und der Bestellung eines (endgültigen) Liquidators, der vom *official receiver* verschieden ist (vgl. I.A. 1986, sec. 137 ff.).

Dementsprechend unterschiedlich sind die Voraussetzungen, die die verschiedenen Entscheidungen erfordern: Die Bestellung eines vorläufigen Liquidators ist entweder an das Einvernehmen der betroffenen Gesellschaft oder die Offenkundigkeit der Insolvenz geknüpft, sie nimmt die endgültige Entscheidung daher faktisch vorweg[866]; die Tätigkeit des *official receiver* dagegen beginnt ohne weitere Bedingungen, sobald der Insolvenzantrag vorliegt.

Anerkannt als „Verwalter" im Sinne der EuInsVO ist für das Vereinigte Königreich allein der *official receiver*, nicht dagegen der *provisional liquidator* (vgl. Anhang C der EuInsVO[867]), d.h. ausgerechnet die Funktion, die völlig losgelöst von den Erfolgaussichten des Antrags einsetzt.

---

der Gesellschaft in Besitz; ferner übernimmt er in weiten Teilen die Funktionen des Verwaltungsrates (*board of directors*) (Morse, Charlesworth's Company Law, Chapter 27, S. 594).

[864] Rossbach, Europäische Insolvenzverwalter in Deutschland, S. 85 f. und 98. In der Regel wird jedoch der *official receiver* zum *provisional liquidator* ernannt (Morse, Charlesworth's Company Law, Chapter 27, S. 593).

[865] Vgl. Sealy/Milman, Annotated Guide to the Insolvency Legislation, I.A. 1986, General Note sec. 135, S. 185.

[866] Sealy/Milman, Annotated Guide to the Insolvency Legislation, I.A. 1986, General Note sec. 135, S. 184; Fletcher, The Law of Insolvency, Rn. 21-036: Im Falle der Verweigerung der Gesellschaft muss entweder eine Gefahr für das Vermögen bestehen oder die Insolvenz offenkundig sein.

[867] Vgl. Fletcher, Insolvency in private international law, Rn. 7.121: Mag es auch Hinweise geben, dass diese Auslassung lediglich der Intention geschuldet war, die Liste kurz zu halten,

Ganz ähnlich ist die Situation im Konkurs (*bankruptcy*): Auch hier ist zunächst voraussetzungslos mit Eingang des Antrags der zuständige *official receiver* mit dem Verfahren befasst (vgl. I.A. 1986, sec. 399 (4)). Daneben kann das Gericht vom Zeitpunkt der Antragstellung wiederum einen einstweiligen Verwalter (*interim receiver*) über das Vermögen des Schuldners bestellen; dies kann entweder der *official receiver* oder ein auf Antrag des Schuldners vom Gericht gemäß I.A. 1986, sec. 273 ernannter Insolvenzexperte sein (I.A. 1986, sec. 286). Ein solcher hat grundsätzlich dieselben Rechte, Befugnisse, Pflichten und Privilegien wie ein Konkursverwalter und Geschäftsführer in Ansehung des schuldnerischen Vermögens, vorbehaltlich Beschränkung durch das Gericht (vgl. I.A. 1986, sec. 286 (3))[868].

Gleichwohl ist er – wie auch schon der *provisional liquidator* – in Anhang C zur EuInsVO nicht als Verwalter im Sinne der Legaldefinition des Art. 2 lit. b) EuInsVO gelistet.

Aufgelistet sind dagegen - neben dem *official receiver* - die Funktion des Treuhänders (*trustee*) für den Konkurs und die des Liquidators (*liquidator*) für die Liquidation. Beide sind an den Erlass der jeweilig beantragten Anordnung gebunden, denn erst nach Erlass der Konkursverfügung besteht die Möglichkeit, einen solchen Treuhänder einzusetzen (vgl. I.A. 1986, sec. 292); für den Liquidator setzen Funktion und Verantwortlichkeit gar direkt mit Verfügung der Liquidation ein (vgl. I.A. 1986, sec.136 (2)).

Darüber hinaus kennt die EuInsVO die Funktion des *supervisor*. Diese entsteht, sobald die Gläubigerversammlung, gegebenenfalls zusätzlich die Gesellschafterversammlung, dem Vergleichsvorschlag des Schuldners in einem englischen Vergleichsverfahren zugestimmt hat, sei es das *Individual Voluntary Arrangement* (IVA) über das Vermögen einer natürlichen oder das *Company Voluntary Arrangement* (CVA) über das einer juristische Person[869]; mit Genehmigung dieses Vorschlags wird ein zuvor bestellter *nominee* automatisch zum *supervisor* der Vereinbarung (I.A. 1986, sec. 7 (1) und (2) bzw. I.A. 1986, sec. 263 (1) und (2)). Wird der Vergleich im Rahmen eines gerichtlichen Verfahrens geschlossen, ist *nominee* automatisch der jeweilige Insolvenzverwalter, d.h. für das CVA entweder ein *liquidator* oder *administrator,* für das IVA entweder ein *trustee* oder *official receiver*[870]. Eine isolierte Verwalterbestellung findet daher wiederum nicht statt.

---

ist doch unvermeidlich, dass die Anerkennung einer solchen Bestellung gemäß Art. 16 EuInsVO sich als problematisch erweisen würde.

[868] Vgl. Rossbach, Europäische Insolvenzverwalter in Deutschland, S. 97.

[869] Vgl. Rossbach, Europäische Insolvenzverwalter in Deutschland, S. 58; Morse, Charlesworth's Company Law, Chapter 24, S. 539.

[870] Vgl. I.A. 1986, sec. 1 (3) bzw. I.A. 1986, sec. 253 (3). Wird der Vergleich dagegen nicht im Rahmen eines gerichtlichen Verfahrens abgeschlossen, ist die Entstehung der Funktion des *supervisors* für die Frage nach der Verwalterbestellung im Sinne der EuInsVO unerheblich.

Für das englische Insolvenzrecht zeichnet sich daher ein ganz und gar uneinheitliches Bild: Einerseits existieren Verfahren, bei denen Verwalterbestellung und Eröffnungsentscheidung Hand in Hand gehen, sei es, dass die Bestellung des Insolvenzverwalters die Eröffnungsentscheidung voraussetzt oder aber, dass die Bestellung des Verwalters die Eröffnung des Verfahrens beinhaltet – jeweils müssen sämtliche Voraussetzungen für die Verfahrenseinleitung, sowohl in Zulässigkeit als auch in Begründetheit, zur Überzeugung des Gerichts gegeben sein. Bedenkenlos kann daher in der Verwalterbestellung in der *administration*, aber auch in der Anordnung der Liquidation bzw. des Konkurses eine „Entscheidung" im Sinne des Art. 2 lit. e) EuInsVO gesehen werden.

Andererseits erzeugt die Aufnahme des *official receiver* in die Liste des Anhangs C zur EuInsVO einige Verwirrung. Während das Leitbild des vorläufigen Insolvenzverwalters, welches der Sicherung und dem Erhalt des Vermögens dient, verkörpert im englischen Insolvenzrecht durch *provisional liquidator* und *interim receiver*, nicht in die Liste anerkannter Verwalter aufgenommen wurde, ist es der *official receiver*, der in den Genuss kommt, als „Verwalter" im Sinne der Verordnung eingestuft zu werden. Erstaunen ruft dies gerade ob des Automatismus hervor, mit welchem er sein Amt antritt: Mit Antragsstellung wird er tätig, ohne weitere Bedingungen und Voraussetzungen. Dies mag so ganz und gar nicht mit der Tragweite zusammenpassen, die der „Eröffnung eines Insolvenzverfahrens" nach Art. 16 Abs. 1 EuInsVO zukommt, nämlich der Sperrwirkung der Verfahrenseröffnung und der Konsequenz automatischer Wirkungserstreckung.

Nimmt man sich indessen die Definition vor, die eine solche „Eröffnungsentscheidung" erfüllen muss, um die Wirkungen des Art. 16 f EuInsVO zu entfalten, so löst sich der Widersinn auf: Art. 2 lit. e) EuInsVO fordert eine „Entscheidung" der zuständigen Stelle (i.V.m. Art. 2 lit. d) EuInsVO) - die „Amtsaufnahme" des *official receiver* ist jedoch wegen ihres Automatismus schon rein begrifflich keine Entscheidung, erst recht nicht die „Entscheidung eines Gerichts, das zur Eröffnung eines derartigen Verfahrens oder zur Bestellung eines Verwalters befugt ist" im Sinne der Legaldefinition.

Bereits die wörtliche Auslegung kommt deshalb zu dem eindeutigen Ergebnis, dass die Amtsaufnahme des *official receiver*, obwohl das Amt des letzteren in der EuInsVO als Verwalteramt anerkannt ist, nicht als Entscheidung im Sinne von Art. 2 lit. e) EuInsVO taugen kann. Es handelt sich mithin um einen *acte clair*; ein Zugriff auf weitere Auslegungsarten erübrigt sich folglich[871]. Gleich-

---

Dies deshalb, weil außergerichtliche Verfahren zwar von der EuInsVO anerkannt, sie jedoch nicht als gerichtliche Verfahren behandelt werden; Entscheidungen, die im Laufe eines solchen Verfahrens getroffen werden, kommt die Wirkung eines gerichtlichen Beschlusses nicht zu (Virgos/Schmit-Report, Rn. 52).

[871] Vgl. Oppermann, Europarecht, § 8 Rn. 20 zur *acte-clair*-Doktrin des EuGH, vorausgesetzt, die richtige Anwendung des Gemeinschaftsrechts ist derart offenkundig ist, dass für vernünf-

wohl ist ohne vertiefte Befassung ersichtlich, dass die Anerkennung der schlichten Amtsaufnahme als „Entscheidung" sämtlichen Leitgedanken, auf denen die EuInsVO fußt, zuwiderlaufen würde. Rechtssicherheit und Vorhersehbarkeit der Rechtsanwendung würden unterlaufen, wenn allein der (erste) Antrag über die internationale Zuständigkeit entschiede. Gleichzeitig ist klar, dass das *forum shopping* durch eine derartige Praxis nicht eingedämmt (vgl. Erwägungsgrund 4 zur EuInsVO), sondern in unvorhersehbarem und schädlichen Ausmaß begünstigt würde; denn faktisch könnte so der Antragssteller mit Antragsstellung selbst über die internationale Zuständigkeit des Gerichts bestimmen; mit Aufnahme der Tätigkeit des *official receiver*, die – wie bereits erwähnt – bedingungslos ist, stünde die internationale Zuständigkeit des zugehörigen Gerichts unwiderruflich und unkorrigierbar fest.

Damit ist klar, die Nennung des *offcial receiver* in Anhang C muss anderen Zwecken dienen als dem, mit seiner Amtsaufnahme eine Vorentscheidung über die internationale Zuständigkeit herbeizuführen; dies gilt umso mehr als nicht einmal der vorläufige Verwalter, welcher bewusst, bei Vorliegen bestimmter Voraussetzungen vom Gericht eingesetzt wird, mangels Aufnahme in die Liste in der Lage ist, eine solche Vorentscheidung zu bewirken.

3. Frankreich

Mittlerweile gibt es in Frankreich drei gerichtliche Verfahren für in finanziellen Schwierigkeiten befindliche Unternehmen: die *procédure de sauvegarde*, den *redressement judiciaire* und die *liquidation judiciaire*[872].

Sie werden sämtlich durch Urteil des Gerichts eingeleitet (Art. L.621-1 al. 1 C.com.): soll das Unternehmen erhalten oder saniert werden, durch Eröffnung der Beobachtungsphase (*jugement ouvrant une période d'observation*, Art. L.621-3 al. 1 C.com. (i.V.m. Art. L.631-7 C.com.)), im Falle der Liquidation durch den *jugement ouvrant la liquidation judiciaire* (vgl. Art. L.641-1 C.com.).

Letzteres enthält bereits notwendig die Bestellung eines gerichtlichen Pflegers in seiner Eigenschaft als Liquidator (Art. L.641 n° II bzw. n° III C.com.), verliert der Schuldner doch seine Verwaltungs- und Verfügungsbefugnis unmittelbar durch Verfügung der Liquidation (vgl. Art. L.641-9 n° I C.com.). Dagegen behält der Schuldner beides grundsätzlich in Verfahren, die der Fortführung des Unternehmens dienen (Art. L.622-3 al. 1 C.com. (i.V.m. Art. L.631-14

---

tige Zweifel kein Raum bleibt (Ständige Rechtsprechung des EuGH seit Urt.v.6.10.1982, Rs. 283/81 (Cilfit u.a.), Rn. 16, Slg. 1982, 3415; aus jüngerer Zeit beispielsweise EuGH, Urt.v. 17.5.2001, Rs. C-340/99 (TNT Traco SpA ./. Poste Italiane SpA u.a.), Rn. 26 und 35, Slg. 2001, I-04109.

872 Daneben existiert seit neuestem das Schlichtungsverfahren (*conciliation*) nach Art. L.611-1 bis L.612-5 C.com., um finanziellen Schwierigkeiten bereits in ihrer Entstehungsphase entgegenzuwirken.

C.com.))[873]; die Bestellung eines gerichtlichen Verwalters (*administrateur judiciaire)* liegt daher bis zur gerichtlichen Entscheidung über den jeweiligen Plan im Ermessen des Gerichts (Art. L.621-4 al. 4 C.com. (i.V.m. Art. L.631-9 C.com.)).

Erst in dem Urteil, welches den Plan beschließt, benennt das Gericht die Personen, die für seine Durchführung verantwortlich zeichnen (v.a. den *administrateur judiciaire*, Art. al. L.626-10 C.com. (i.V.m. Art. L.631-9 C.com.)).

Es lässt sich daher festhalten: Sämtliche Verwalter, welche das französische Insolvenzrecht in die Liste gemeinschaftsweit anerkannter Verwalter aufgenommen wissen will, werden entweder gleichzeitig mit Verfahrenseröffnung oder dieser zeitlich nachfolgend bestellt.

Bei keiner der aufgelisteten Funktionen handelt es sich dagegen um einen vorläufigen Verwalter, eingesetzt um den Erhalt der Masse vor Entscheidung über die Eröffnung des Insolvenzverfahrens zu sichern[874]; denn bei der Beobachtungsphase handelt es sich nicht etwa um eine Art Zulassungsverfahren, sondern bereits um eine Phase des Hauptverfahrens. Dies deshalb, weil bereits für den einleitenden *jugement ouvrant une période d'observation* sämtliche Zulässigkeitsvoraussetzungen vorliegen müssen (vgl. nur die Zuständigkeit des Gerichts, Art. L.621-2 al. 1 C.com. (i.V.m. Art. L.631-7 C.com.), im Übrigen die jeweilig verfahrensabhängigen Voraussetzungen nach Art. L.620-1 und L.620-2 C.com. bzw. Art. L.631-1 bis L.631-5 C.com.[875]).

Allenfalls vergleichbar mit der Funktion eines „vorläufigen Insolvenzverwalters" ist der *administrateur judiciaire*, welchen ein Gericht bis zur Entscheidung des Gerichtspräsidenten einsetzen kann, wenn es sich für unzuständig erklären will (vgl. Art. 343 al. 7 décr. n° 2005-1677, 28 déc. 2005[876]); dieser unterliegt der Aufsicht eines ersuchten Richters und hat zeitweilig die Pflicht, vor allem

---

[873] Auf diese Weise behalten Geschäftspartner ihren Ansprechpartner, haben es also nicht mit einem unbekannten Verwalter zu tun. Dem Sanierungsziel ist so meist besser gedient, es sei denn, die Geschäftsführung stellt sich als imkompetent heraus (Rossbach, Europäische Insolvenzverwalter in Deutschland, S. 117).

[874] Vgl. Circulaire, 17.3.2003, relative à l'entrée en vigeur du règlement n 1346/2000, 29.5.2000, relative aux procédures d'insolvabilité, 3.2.4.1., S. 327: „Cette faculté de procéder à des measures provisoires n'existe en droit français que dans le cas où, bien que la procédure soit déjà ouverte, la juridiciton compétente n'est pas encore définitivement désignée".

[875] Gleiches gilt für die Liquidation: Auch für den *jugement ouvrant la liquidation judiciaire* müssen bereits sämtliche Zulässigkeitsvoraussetzungen vorliegen (vgl. nur die Zuständigkeit des Gerichts, Art. L.621-2 al. 1 C.com. i.V.m. Art. L.641-1 C.com. und die verfahrensabhängigen Voraussetzungen nach Art. L.640-1 bis L.640-5 C.com.).

[876] Art. 3 und 4 décr. n° 85-1388, 27 déc. 1985 a.F; vgl. Circulaire, 17.3.2003, relative à l'entrée en vigeur du règlement n 1346/2000, 29.5.2000, relative aux procédures d'insolvabilité, 3.2.4.1., S. 327 zu Art. 3 n° 85-1388, 27 déc. 1985 a.F.

rechtserhaltende und produktionssichernde Maßnahmen zu treffen (Art. 343 al. 7 décr. n° 2005-1677, 28 déc. 2005 i.V.m. Art. L.622-4 C.com.[877]).

Blickt man allein auf seine Funktion und Bezeichnung als „*administrateur*“, so ist man geneigt, in der Bestellung dieses zeitweiligen Verwalters eine Entscheidung im Sinne von Art. 16 Abs. 1 i.V.m. Art. 2 lit. e) EuInsVO zu erblicken. Bei Lichte betrachtet erhellt sich indes einer solchen Sichtweise Widersinn: Der betreffende *administrateur* wird gerade deshalb eingesetzt, weil sich das Gericht seiner Zuständigkeit entledigen will; eine Entscheidung, die in einer Phase der Ungewissheit bis zur endgültigen Klärung der Zuständigkeit allein den Status quo erhalten will kann, daher keinesfalls begründen, was sie zuvor abgelehnt hat, die internationale Zuständigkeit verbindlich im Sinne von Art. 16 EuInsVO festzuschreiben.

Man kann daher schließen: Die relevante „Entscheidung“ im Sinne von Art. 16 Abs. 1 i.V.m. Art. 2 lit. e) EuInsVO ist in jedem Fall der *jugement ouvrant la procédure* nach Art. L.621-1 C.com. sei es, dass er die Beobachtungsphase einleitet (*jugement ouvrant une période d'observation*) oder die Liquidation eröffnet (*jugement ouvrant la liquidation judiciaire)*, nicht dagegen die Bestellung eines Verwalters.

4. Italien

Für Italien sollen gemeinschaftsweit anerkannt werden: der *curatore* und der *commissario*[878].

Der *curatore fallimentare* (Masseverwalter im Konkursverfahren) und der *commissario giudiziale* (Gerichtskommissar im Ausgleichsverfahren), werden jeweils zeitgleich mit der entsprechenden gerichtlichen Verfügung bestellt: im *fallimento* gemäß Art. 16 Abs. 1 Nr. 2 l.fall., Art. 27 l.fall.[879], im *concordato preventivo* gemäß Art. 163 Abs. 1 Nr. 3 l.fall.[880].

Für beide Verfahren, Konkurs und Ausgleich, ergeht daher eine einheitliche Entscheidung im Sinne von Art. 2 lit. e) EuInsVO[881].

---

[877] Art. 3 al. 5 décr. n° 85-1388, 27 déc. 1985 (a.F). i.V.m. Art. 26 L. n° 85-98, 25 janv. 1985 (a.F.).

[878] Anhang C zur EuInsVO; De Cesari/Montella, Le procedure di insolvenza nella nuova disciplina comunitaria, S. 96.

[879] In der durch Art. 24 d.lgs. n. 5/06 geänderten Fassung.

[880] In der durch Art. 2 lit. f) d.l. n. 35/05 geänderten Fassung.

[881] Zwar ergeht im Ausgleichsverfahren nachfolgend ein Bestätigungsurteil (Art. 180 l.fall., in der durch Art. 2 lit. h) d.l. n. 35/05 geänderten Fassung), dieses befasst sich allerdings ausschließlich mit den speziellen Voraussetzungen für die Durchführung des Ausgleichsverfahrens (insbesondere der Zustimmung der Gläubigerversammlung, Art. 181 Abs. 1 Nr. 2 l.fall., in der durch Art. 2 lit. i) d.l. n. 35/05 geänderten Fassung, i.V.m. 177 l.fall., geändert durch Art. 2 lit.g) d.l. n. 35/05); die Fragen, welche hier von Interesse sind (Zuständigkeit, Feststellung der Zahlungsunfähigkeit, Bestellung des Gerichtskommissars) werden indes bereits

Dagegen ist in der Zwangsliquidation im Verwaltungsweg (*liquidazione coatta amministrativa*) zu unterscheiden: Zunächst wird durch Urteil die Zahlungsunfähigkeit erklärt (Art. 195 Abs. 1 l.fall[882]), während die eigentliche Liquidationsverfügung erst nach Anhörung des Schuldners und der Regierungsbehörde ergeht, die die Aufsicht über das Unternehmen ausübt (Art. 195 Abs. 3 l.fall.[883]).

In der Zwischenzeit, d.h. bis zum Beginn des eigentlichen Liquidationsverfahrens, kann das Gericht Sicherungsmaßnahmen (*provvedimenti conservativi*) treffen. Welche dies sein können, darüber schweigt sich das Gesetz aus, allein es räumt dem Gericht absolutes Auswahlermessen ein, gebunden lediglich durch die „Zweckmäßigkeit" im Interesse der Gläubiger (Art. 195 Abs. 2 l.fall.[884]). Wichtig jedoch: Das italienische Insolvenzrecht kennt die Institution des „vorläufigen Verwalters", wie ihn Art. 38 EuInsVO beschreibt und der Virgos/Schmit-Report ihn in Randnummer 262 im Blick hatte, nicht[885].

Vielmehr wird ein Liquidationskommissar (*commissario liquidatore*) frühestens mit der Liquidationsverfügung, wahlweise in einer späteren Verfügung bestellt (Art. 198 Abs. 1 l.fall.).

Liquidationsverfügung und Verwalterbestellung fallen also nicht zwingend zusammen, wiewohl deren Reihenfolge verbindlich festgeschrieben ist („*con* il provvedimento che ordina la liquidazione o *con altro successivo* viene nominato un commissario liquidatore").

Ganz ähnlich gestaltet sich das Verfahren der außerordentlichen Verwaltung von Großunternehmen (*amministrazione straordinaria delle grandi imprese).* Bevor ein Unternehmen zu dieser Verfahrensform zugelassen werden kann, muss dessen Zahlungsunfähigkeit in einem Vorverfahren festgestellt werden, Art. 27 Abs. 1 d.lgs. n. 270/99 (*dichiarazione dello stato di insolvenza*, Art. 3 - 26 d.lgs. n. 270/99)[886]. Mit diesem Feststellungsurteil – bzw. gegebenenfalls durch nachfolgendes Dekret - gehen zahlreiche Nebenentscheidungen einher (Art. 8 d.lgs. n. 270/99), so auch die Anordnung von Sicherungsmaßnahmen (Art. 21 d.lgs. n. 270/99). Wie schon in der Zwangsliquidation im Verwaltungs-

---

durch das Dekret, das zum Verfahren zulässt, geklärt (vgl. Art. 160 und Art. 163 l.fall., jeweils in der durch Art. 2 lit. d) bzw. f) d.l. n. 35/05 geänderten Fassung).

[882] In der durch Art. 148 d.lgs. n. 5/06 geänderten Fassung.

[883] In der durch Art. 148 d.lgs. n. 5/06 geänderten Fassung.

[884] In der durch Art. 148 d.lgs. n. 5/06 geänderten Fassung.

[885] De Cesari/Montella, Le procedure di insolvenza nella nuova disciplina comunitaria, S. 66 (Die Autoren erwägen jedoch im Zuge der Reform des italienischen Insolvenzrechts, die Institution des „vorläufigen Verwalters" einzuführen, gleichsam ein Stück Harmonisierung der eigenen Gesetzgebung mit den Bestimmungen anderer Mitgliedstaaten zu erzielen). Gleiches gilt für den Konkurs; auch für diesen ist durch Art. 13 d.lgs. n. 5/06 in Art. 15 l.fall. die Befugnis des Gerichts zum Erlass von (vorläufigen) Sicherungsmaßnahmen eingeführt worden, die Bestellung eines vorläufigen Verwalters sieht das Konkursgesetz indes auch nach der Reform nicht vor.

[886] Vgl. Kindler, Italienisches Handels- und Wirtschaftsrecht, § 6 VI. Rn. 101.

wege genießt das Gericht diesbezüglich Auswahlermessen, eingeschränkt allein durch die Zweckdienlichkeit der Maßnahme (Art. 21 d.lgs. n. 270/99). – Es gilt jedoch auch hier: Den „vorläufigen Verwalter" als Sicherungsmaßnahme gibt es im italienischen Recht (noch) nicht[887].

Vorgesehen ist dagegen bereits die – vorgezogene - Bestellung des *eigentlichen* Verwalters; fakultativ bleibt allein die Entscheidung, ob die Unternehmensführung bereits auf den Gerichtskommissar übergehen soll (vgl. Art. 8 lit. b) d.lgs. n. 270/99) oder ob dieser darauf beschränkt sein soll, den Schuldner bei Ausübung seiner Verwaltungs- und Verfügungsbefugnis zu beaufsichtigen (vgl. Art. 18 Abs. 1 d.lgs. n. 270/99 i.V.m. Art. 167 Abs. 1 l.fall.)[888].

Sowohl bei der *liquidazione coatta amministrativa* als auch bei der *amministrazione straordinaria* geht der Verwalterbestellung daher mindestens das gerichtliche Urteil über die Feststellung der Zahlungsunfähigkeit voraus. Die relevante Entscheidung im Sinne von Art. 2 lit. e) EuInsVO kann daher nur diese, nicht dagegen die „Verwalterbestellung" sein[889].

Abweichend könnte dies allenfalls nach der sogenannten *Legge Marzano* (L. n. 39/04) beurteilt werden, denn dieses sieht die Einsetzung des außerordentlichen Verwalters (*commissario straordinario*) noch vor der gerichtlichen Feststellung der Zahlungsunfähigkeit vor (vgl. Art. 2 Abs. 2 L. n. 30/04)[890].

Dieses Gesetz enthält ein beschleunigtes Verfahren (*misure urgenti*) für zahlungsunfähige Unternehmen, die bestimmte Kriterien hinsichtlich Belegschaftsstärke, Gewinn und Schulden erfüllen (vgl. Art. 27 Abs. 2 d.lgs. n. 270/99) und beabsichtigen, das Verfahren der wirtschaftlichen und finanziellen Umstrukturierung in Anspruch zu nehmen (Art. 1 Abs. 1 L. n. 39/04). Sie können beim Wirtschaftsminister die sofortige Zulassung zum Verfahren der außerordentlichen Verwaltung sowie die sofortige Einsetzung eines außerordentlichen Verwalters beantragen; dieser entscheidet über beides mit einheitlichem Dekret (Art. 2 Abs. 1 und 2 L n. 39/04). Das Gericht stellt dann – nach Vorlage und auf Grundlage des Berichts des außerordentlichen Verwalters - nur noch die Zahlungsunfähigkeit des Unternehmens fest (Art. 4 Abs. 1 L. n. 39/04), während es der Wirtschaftsminister ist, welcher schließlich über den – ebenfalls vom außer-

---

[887] De Cesari/Montella, Le procedure di insolvenza nella nuova disciplina comunitaria, S. 66.

[888] Vgl. Kindler, Italienisches Handels- und Wirtschaftsrecht, § 6 VI. Rn. 101. Bei außergewöhnlicher Bedeutung und Komplexität des Verfahrens können ausnahmsweise drei solcher Gerichtskommissare bestellt werden (Art. 8 Abs. 1 lit. b) und Abs. 2 d.lgs. n. 270/99).

[889] Vgl. auch De Cesari/Montella, Le procedure di insolvenza nella nuova disciplina comunitaria, S. 98: Ausgenommen die außerordentliche Verwaltung beginnen alle (italienischen) Verfahren des Anhangs A mit der gerichtlichen Verkündung (*pronuncia giurisdizionale*).

[890] Die Möglichkeit der sofortigen Bestellung einer außerordentlichen Verwaltung - ohne jede Beteiligung eines Gerichts - wurde offenbar anlässlich des Falles *Eurofood/Parmalat* als Maßnahmegesetz geschaffen (Schilling, Insolvenz einer englischen Limited mit Verwaltungssitz in Deutschland, S. 93, Fn. 434; Riera/Wagner, EWiR 2004, 597 (598)).

ordentlichen Verwalter ausgearbeiteten - Umstrukturierungsplan im Sinne von Art. 54 d.lgs. n. 270/99 entscheidet[891].

Es lässt sich daher festhalten: Das beschleunigte Verfahren unterscheidet sich vom „normalen" Verfahrensgang durch zweierlei: zum einen durch die maßgebende Entscheidungsbefugnis des Wirtschaftsministers – er, und nicht etwa das Gericht, entscheidet sowohl über die sofortige Zulassung, die Verwalterbestellung als auch letztlich die Durchführung des Umstrukturierungsplans; zum anderen die Reihenfolge - allein nach der *Legge Marzano* wird der Verwalter noch *vor* Feststellung der Zahlungsunfähigkeit bestellt.

Gleichwohl ist die Bestellung wiederum zwingend an die Entscheidung für das betreffende Verfahren gekoppelt; erneut kommt der Verwalterbestellung daher keine eigenständige Bedeutung im Sinne von Art. 2 lit. e) EuInsVO zu, möglicherweise aber der Zulassungsentscheidung. - Dass es der Wirtschaftsminister, und nicht ein Gericht ist, das diese trifft, steht der Anerkennung wegen Art. 2 lit. d) EuInsVO grundsätzlich nicht entgegen, sofern nach italienischem Recht die Entscheidung des Wirtschaftsministers in der Lage ist, ein Insolvenzverfahren zu eröffnen.

Dies ist denn auch das eigentliche Problem: *Welche* Entscheidung ist maßgebend im Sinne von Art. 2 lit. e) EuInsVO für die „Eröffnung eines Insolvenzverfahrens": bereits die Entscheidung des Wirtschaftsministers für die sofortige Zulassung des Unternehmens zur außerordentlichen Verwaltung? Oder erst das gerichtliche Urteil, das die Zahlungsunfähigkeit feststellt?

Diese Fragen zu erhellen, ist die Praxis italienischer Gerichte geeignet. Aus dem Urteil des *Tribunale* di Parma vom 19. Februar 2004 geht zwar nicht *expressis verbis*, wiewohl mit hinreichender Deutlichkeit hervor, dass das Gericht als maßgebende Entscheidung, welche ein „Insolvenzverfahren eröffnet" im Sinne von Art. 2 lit. e) EuInsVO, nicht die Zulassung durch den Wirtschaftsminister, sondern vielmehr die Feststellung der Zahlungsunfähigkeit durch das Gericht ansieht[892].

Dies zum einen deshalb, weil die gerichtlichen Entscheidungen implizit bestätigen, was bereits der schlichte Gesetzestext erahnen lässt: Der Wirtschaftsminister prüft nur den persönlichen Anwendungsbereich der „dringenden Maßnahmen", d.h. ob ein entsprechendes Unternehmen vorliegt, und die sachlichen Voraussetzungen, die eine sofortige Zulassung und Verwalterbestellung recht-

---

[891] Entschließt sich der Wirtschaftsminister gegen die Bewilligung des Umstrukturierungsplans und scheidet auch die Vermögensveräußerung aus, ordnet das Gericht auf Antrag des außerordentlichen Verwalters die Umstellung des Verfahrens von der außerordentlichen Verwaltung in den Konkurs an (Art. 4 Abs. 4 d.l. n. 347/03).

[892] A.A. De Cesari/Montella, Le procedure di insolvenza nella nuova disciplina comunitaria, S. 98: Für die außerordentliche Verwaltung nach der *Legge Marzano* (L. n. 39/04) wird die Eröffnungsentscheidung (*decisione di apertura*) vorgenommen durch den Minister am Verwaltungssitz.

fertigen sollen, nicht dagegen seine Zuständigkeit (vgl. Art. 2 Abs. 2 d.lgs. n. 270/99). Selbige wird vielmehr erst durch das Gericht geprüft, welches das Vorliegen des Insolvenzgrundes durch Urteil feststellen soll[893].

Dies belegen zweierlei Einlassungen des Gerichts: Zum einen müsse solch eine „Verfügung in der Tendenz definitiv (vorbehaltlich einer Anfechtung) die Insolvenz feststellen“ und zum anderen geeignet sein, „die eigentlichen Wirkungen eines Insolvenzverfahrens“ auszulösen[894].

Daraus lässt sich schließen: 1. Die Zuständigkeit kann nicht durch schlichtes Tätigwerden der ersten befassten Stelle im Verlauf eines Insolvenzverfahrens begründet werden, 2. Sachurteilsvoraussetzung einer Entscheidung, welche die Sperrwirkung nach Art. 16 EuInsVO entfaltet, muss das Vorliegen der eigenen (internationalen) Zuständigkeit sein, 3. eine solche Entscheidung muss die Insolvenz des Schuldner (vorbehaltlich etwaiger Rechtsmittel) feststellen und 4. geeignet sein, die Wirkungen eines Insolvenzverfahrens zu entfalten.

Daher scheidet die Zulassung durch den Wirtschaftsminister als „Eröffnungsentscheidung“ im Sinne von Art. 2 lit. e) EuInsVO gleich aus mehreren Gründen aus: Weder wird er nur nach Prüfung seiner internationalen Zuständigkeit tätig, noch trifft die Zulassung eine Aussage zur Zahlungsfähigkeit des Unternehmens; allein sie ermöglicht die Vornahme bestimmter Maßnahmen zur Rettung der Unternehmensgruppe bzw. der Aufrechterhaltung ihres Aktienbetriebs noch vor Feststellung der Zahlungsunfähigkeit bzw. Bewilligung des Plans (vgl. Art. 5 Abs. 1 und 2 L. n. 39/04).

Maßgebend im Sinne von Art. 2 lit. e) EuInsVO ist daher auch im beschleunigten Verfahren die Feststellung der Zahlungsunfähigkeit.

5. Rechtsvergleich und Resümee

Zusammenfassend gilt daher trotz aller theoretischen, abstrakten und kombinierenden Gedankenspiele: „Entscheidung“ im Sinne von Art. 2 lit. e) EuInsVO, die in der Lage ist, ein Insolvenzverfahren im Sinne von Art. 16 Abs. 1 EuInsVO zu eröffnen, ist in allen begutachteten Rechtsordnungen *nie* die Bestellung eines vorläufigen Verwalters – keiner der Mitgliedstaaten misst ihr eine

---

[893] Vgl. Tribunale Civile di Parma, Urt.v.19.2.2004, Az: 53/04, ZIP 2004, 1220 (1221 ff.); Tribunale di Parma, Urt.v.15.6.2004, Az: 93/04, ZIP 2004, 2295 (2296 f.). Beachtenswert überdies: Nicht etwa wird die Eröffnung des Verfahrens für jedes Gruppenunternehmen, für das die Zulassung zur außerordentlichen Verwaltung gemäß Art. 3 Abs. 3 d.l. n 347/03 beantragt wird, einheitlich auf den Zeitpunkt der Zulassung oder Feststellung des Mutterverfahrens zurückdatiert, sondern für jedes Unternehmen gesondert festgestellt (Vgl. Tribunale Civile di Parma, Urt.v.19.2.2004, Az: 53/04, ZIP 2004, 1220 (1220 f). Dort war die Zulassung der Dachgesellschaft zum Verfahren der außerordentlichen Verwaltung bereits am 24.12.2003 erfolgt; für die Tochtergesellschaft rekurrierte das Gericht nichtsdestotrotz auf den Zeitpunkt der Feststellung der eigenen Zahlungsunfähigkeit).

[894] Tribunale Civile di Parma, Urt.v.19.2.2004, Az: 53/04, ZIP 2004, 1220 (1223).

solche, der eigentlichen gerichtlichen Entscheidung vorgreifende Wirkung bei. Die „Bestellung eines vorläufigen Verwalters" als „Entscheidung" im Sinne von Art. 16 Abs. 1 EuInsVO ist daher nichts als ein abstraktes Konstrukt verschiedener Einzelnormen (Art. 2. lit. e) und b) EuInsVO i.V.m. Anhang C zur EuInsVO), das in der Realität keine Entsprechung findet.

Auch im Übrigen lässt sich eine einheitliche Linie ausmachen: In allen begutachteten Rechtsordnungen ist maßgebende „Entscheidung" die, die das Verfahren einleitet, sei es durch entsprechende Verfügung[895] oder durch die Bestellung des Verwalters, wenn diese nach dem Verfahrensrecht die Eröffnungsentscheidung impliziert[896].

Die gesehenen theoretischen Komplikationen treten daher in der Rechtsanwendung nicht auf, so sie sich an der strikten Systematik *eines* mitgliedstaatlichen Verfahrensrechts orientiert; erst die Kombination, die - vermeintlich - durch die EuInsVO erlaubt wird, bedingt diese.

II. Intention der EuInsVO

Es schließt sich denknotwendig die Frage an: Ist die EuInsVO als schlichter Verweis auf das nationale Verfahrensrecht zu verstehen? Bejahendenfalls besteht kein Problem, die Eröffnungsentscheidung auszumachen – die jeweilige *lex concursus* gibt hier sehr genaue Vorgaben. Oder will die EuInsVO nach ihrem Sinn und Zweck durch kombinierte Anknüpfungspunkte eine neue Form der Verfahrenseröffnung schaffen? In der Kombination einzelner Bestimmungen und Definitionen läge dann eine vorrangige, quasi-sachrechtliche Regelung.

Um diese Frage sachgerecht zu beantworten, muss man sich dreierlei Gewahr werden: Funktion und Folgen der Bestellung eines vorläufigen Verwalters im Gesamtverfahren und in der EuInsVO, sodann der Zielsetzungen der EuInsVO; anschließend ist zu hinterfragen, ob die Bestellung eines vorläufigen Verwalters ein probates Mittel ist, die Zielsetzungen der EuInsVO zu erreichen.

---

[895] In Deutschland: Eröffnungsbeschluss; in England: *liquidation order* oder *bankruptcy order*; in Frankreich: *jugement ouvrant une période d'obsérvation* oder *jugement ouvrant la liquidation judiciaire*; in Italien: *sentenza di fallimento, ammissione alla procedura di concordato preventivo* oder *accertamento giudizario dello stato di insolvenza* in der *liquidazione coatta amministrativa* bzw. der *amministrazione straordinaria*, auch im Falle der *misure urgenti per la ristrutturazione di grandi imprese in stato di insolvenza*.

[896] So in England *administration order* und *appointment of the receiver* (letztere scheidet jedoch mangels Auflistung in Anhang A zur EuInsVO für den Anwendungsbereich der EuInsVO aus (vgl. Fletcher, Insolvency in private international law, Rn. 7.31).

1. Die Bestellung eines vorläufigen Verwalters als „Gesamtverfahren"

Ein Gesamtverfahren im Sinne der EuInsVO ist ein Verfahren, das die Insolvenz des Schuldners voraussetzt und den vollständigen oder teilweisen Vermögensbeschlag gegen den Schuldner sowie die Bestellung eines Verwalters zur Folge hat (Art. 1 Abs. 1 EuInsVO).

Wird selbiges wirksam im Sinne von Art. 16 Abs. 1 EuInsVO eröffnet, entfaltet es Sperrwirkung und erstreckt seine Wirkungen gemeinschaftsweit.

Eine Lesart, die die Bestellung des vorläufigen Insolvenzverwalters für die Verfahrenseröffnung genügen lassen will, misst diese Bestellung in Form, Funktion und Folgen an den Anforderungen, die die EuInsVO in Art. 1 Abs. 1 an ein Gesamtverfahren stellt[897]. – Kurzgefasst: Erfüllt bereits die Bestellung eines vorläufigen Verwalters alle Merkmale eines Gesamtverfahrens im Sinne der EuInsVO? Wenn dies so ist, ist das Verfahren – abweichend vom nationalen Recht – bereits mit der Bestellung des vorläufigen Verwalters eröffnet.

Im Einzelnen: Ob der ausdrücklichen Erwähnung der Bestellung eines Verwalters wird gemeinhin geschlossen, sie sei essentieller Bestandteil des Begriffs „Gesamtverfahren" im Sinne von Art. 1 Abs. 1 EuInsVO[898]; ihre Bedeutung speist sich aus der zugedachten Aufgabe: „die Masse zu verwalten oder zu verwerten oder die Geschäftstätigkeit des Schuldners zu überwachen" (Art. 2 lit. b) EuInsVO).

Wesentliche dieser Funktionen kommen nach nationalem Verfahrensrecht teilweise bereits dem vorläufigen Verwalter zu: die Vermögensverwaltung, teils sogar bereits die Geschäftsführungsbefugnis, so beispielsweise im irischen Recht, auf welches der Generalanwalt rekurriert[899]. Dann aber müsse die bestellte Person per Definition bereits „Verwalter" im Sinne der EuInsVO sein, nicht etwa nur „vorläufiger Verwalter" im Sinne von Art. 38 EuInsVO, kommen diesem doch weitaus weniger umfassende Befugnisse zu[900].

---

[897] Vgl. solches Vorgehen bei Jacobs, Schlussanträge des Generalanwalts, 27.9.2005, Rs. C-341/04 (Eurofood IFSC Ltd.), www.curia.eut.int/jurisp, Rn. 63-72; ähnlich zuvor bei Supreme Court of Ireland, Urt.v.27.7.2004, Az: 147/04, NZI 2004, 505 (508 f.); im deutschen Schrifttum Wimmer, ZInsO 2005, 119 (126); schließlich auch EuGH, Urt.v.2.5.2006, Rs. C-341/04 (Eurofood IFSC Ltd.), www.curia.eut.int/jurisp, Rn. 46 und 54 (eingehend dazu unter A.II.4.).

[898] So Jacobs, Schlussanträge des Generalanwalts, 27.9.2005, Rs. C-341/04 (Eurofood IFSC Ltd.), www.curia.eut.int/jurisp, Rn. 63; zuvor schon Supreme Court of Ireland, Urt.v. 27.7.2004, Az: 147/04, NZI 2004, 505 (508); schließlich auch EuGH, Urt.v.2.5.2006, Rs. C-341/04 (Eurofood IFSC Ltd.), www.curia.eut.int/jurisp, Rn. 54 (eingehend dazu unter A.II.4.).

[899] So Jacobs, Schlussanträge des Generalanwalts, 27.9.2005, Rs. C-341/04 (Eurofood IFSC Ltd.), www.curia.eut.int/jurisp, Rn. 54.

[900] So Jacobs, Schlussanträge des Generalanwalts, 27.9.2005, Rs. C-341/04 (Eurofood IFSC Ltd.), www.curia.eut.int/jurisp, Rn. 70 f.; EuGH, Urt.v.2.5.2006, Rs. C-341/04 (Eurofood IFSC Ltd.), www.curia.eut.int/jurisp, Rn. 57 (eingehend dazu unter A.II.4.).

Diese Sichtweise ist so undifferenziert wie sie unsauber ist: Zum einen statuiert Art. 38 EuInsVO keine eigene, von der *lex concursus* losgelöste Rechtsfigur, sondern ist vielmehr eine spezielle Ermächtigungsgrundlage verfahrensrechtlicher Art; zum anderen kann nicht unterschiedslos direkt auf die nationalen Befugnisse eines vorläufigen Verwalters rekurriert werden. Vielmehr muss die EuInsVO auf diese auch verweisen, damit sie Bedeutung für den autonomen Begriff erlangen können.

Der Verweis führt über Art. 2 lit. b) S. 2 EuInsVO in den Anhang C der EuInsVO; dort allerdings sind längst nicht alle „vorläufigen Verwalter" aufgelistet, die nach nationalem Recht etwaig bestehen. Ist solch ein vorläufiger Verwalter aber nicht in die Liste potentieller Verwalter des Anhangs C aufgenommen, kann seine Bestellung auch nicht Anknüpfungsmoment sein, wenn die betreffende Kollisionsnorm die Bestellung eines Verwalters im Sinne der EuInsVO erfordert. Dies gilt unabhängig davon, ob man davon ausgeht, die Aufzählung vorläufiger Verwalter in Anhang C sei entbehrlich[901] oder davon, sie sei abschliessend[902]; denn in letzterem Falle ist sie für die autonome Begriffsbestimmung bedeutungslos, in ersterem kann sie für selbige nicht verbindlich werden, wenn nicht aufgelistet. Eine Anerkennung des – nach nationalem Recht bestehenden - „vorläufigen Verwalters", sowohl in Bestellung als auch Funktion kommt mangels Auflistung vielmehr nur als Ergebnis der zur Anwendung berufenen Rechtsordnung in Betracht, d.h. auf der Rechtsfolgenseite, nicht dagegen auf der Tatbestandsseite der Art. 4 Abs. 1 i.V.m. Art. 16 Abs. 1 und Art. 2 lit. e) EuInsVO.

In Konsequenz hat deren Einsatz für den Anknüpfungsgegenstand „Eröffnung eines Insolvenzverfahrens" keine Bedeutung; Bedeutung können allein die vorläufigen Verwalter erlangen, die in die Liste aufgenommen sind, d.h. unter anderem der deutsche „vorläufige Insolvenzverwalter", der irische „provisional liquidator" und der österreichische „vorläufige Verwalter".

Im Ergebnis hat das Vorgehen von Generalanwalt und Gerichtshof im konkreten Fall daher dann doch seine Berechtigung, da beide auf den irischen *pro-*

---

901 So De Cesari/Montella, Le procedure di insolvenza nella nuova disciplina comunitaria, S. 96: Nicht entscheidend ist die Bezeichnung des Organs oder seine Aufnahme in die Liste des Anhangs C zur EuInsVO, sondern die Funktionen, welche ihm konkret und tatsächlich übertragen sind; mit anderer Begründung dagegen Virgos/Schmit-Report, Rn. 263: Der vorläufige Verwalter muss deshalb nicht in Anhang C aufgelistet sein, weil die Definition des Verwalters eines Insolvenzverfahrens in Art. 2 lit. b) EuInsVO nicht genau auf den vorläufigen Verwalter und seine eingeschränkte Aufgabe zutrifft.

902 So Smid, Internationales Insolvenzrecht/EurInsVO, Art. 38 Rn. 9; Fletcher, Insolvency in private international law, Rn. 7.37: „This device has the objective of eliminating any uncertainty regarding the types of proceeding, and the types of office-holder, to which the Regulation applies"; MünchKommIntWR – Kindler, IntInsR Rn. 87: „Die Liste ist abschließend, kann aber nach Art. 45 EuInsVO ergänzt werden."

visonal liquidator, mithin einen anerkannten Verwalter im Sinne der EuInsVO abstellen[903].

Nimmt man also mit dem reinen Wortlaut des Art. 2 lit. b) EuInsVO hin, dass es von der EuInsVO anerkannte nationale Rechtsfiguren gibt, die bereits wesentliche Funktionen eines „Verwalters" erfüllen, so verbleiben als weitere Anforderungen an das „Gesamtverfahren" die Insolvenz des Schuldners und der gegen ihn gerichtete Vermögensbeschlag.

Vermögensbeschlag bedeutet, dass der Schuldner kraft Gesetz oder gerichtlicher Anordnung die Verwaltungs- und Verfügungsbefugnis über sein – massezugehöriges - Vermögen verliert; korrespondierend müssen selbige auf eine dritte Person übergehen, damit kein rechtliches Vakuum entsteht; diese ist in allen Rechtsordnungen der „Verwalter"[904].

Ob dieser Übergang indes schon auf einen vorläufigen Verwalter erfolgt, bleibt zu klären: Das deutsche Recht, das den vorläufigen Verwalter über den Anhang C explizit anerkannt wissen will, sieht zwei Möglichkeiten der vorläufigen Verwalterbestellung vor: 1. Die Bestellung eines „starken" vorläufigen Insolvenzverwalters; mit ihr geht die Anordnung eines allgemeinen Verfügungsverbots für den Schuldner einher (§ 21 Abs. 2 Nr. 2 Alt. 1 InsO), gleichzeitig geht die Verwaltungs- und Verfügungsbefugnis über das schuldnerische Vermögen auf den vorläufigen Insolvenzverwalter über (§ 22 Abs. 1 S. 1 InsO).

2. Die Einsetzung eines „schwachen" Insolvenzverwalters; in diesem Fall knüpft das Gericht die Wirksamkeit bestimmter Verfügungen des Schuldners an die Zustimmung des vorläufigen Insolvenzverwalters (§ 21 Abs. 2 Nr. 2 Alt. 2 InsO).

In beiden Fällen kann der Insolvenzverwalter berechtigt sein, das zu verwaltende Vermögen in Besitz zu nehmen, im ersteren Falle besteht diese Berechtigung global kraft Gesetzes, in letzterem kraft gerichtlicher Anordnung betref-

---

[903] Jacobs, Schlussanträge des Generalanwalts, 27.9.2005, Rs. C-341/04 (Eurofood IFSC Ltd.), www.curia.eut.int/jurisp, Rn. 59, 71 und 88; EuGH, Urt.v.2.5.2006, Rs. C-341/04 (Eurofood IFSC Ltd.), www.curia.eut.int/jurisp, Rn. 54 und 57 f. (eingehend dazu unter A.II.4.).

[904] In Deutschland gemäß § 80 Abs. 1 InsO; *administration*: I.A. 1986, Schedule B1, para. 59 (1); *receivership*: I.A. 1986, sec. 42 (1) i.V.m. I.A. 1986, Schedule 1, para. 1; *winding-up*: I.A. 1986, sec. 144 (1) und I.A. 1986, sec. 167 (1) i.V.m. I.A. 1986, Schedule 4, Parts I, II, III; *bankruptcy*: I.A. 1986, sec. 305 (2); in Frankreich behält der Schuldner grundsätzlich Verwaltungs- und Verfügungsbefugnis, vorbehaltlich der gerichtlichen Übertragung auf den Verwalter (vgl. Art. L.622-3 al. 1 C.com. (i.V.m. Art. L.631-14 C.com.), im Falle der Liquidation wird dem Schuldner beides mit Verkündung des Urteils entzogen und fortan durch den Verwalter ausgeübt (Art. L.641-9 n° I C.com.); in Italien: Sofern der Schuldner seine Verwaltungs- und Verfügungsbefugnis gemäß Art. 42 l.fall (ggf. i.V.m. den verfahrensspezifischen Verweisen hierauf) verliert, geht selbige auf den Verwalter über (vgl. Art. 31 Abs. 1 l.fall., Art. 191 Abs. 1 l.fall, Art. 204 l.fall., Art. 40 d.lgs. n. 270/99).

fend einzelner Gegenstände[905]. Diese Inbesitznahme indes dient allein der Sicherung des Vermögens in seinem Bestand, dem Erhalt seines Wertes und dem Schutz vor Verschlechterung[906]; keinesfalls ist dem vorläufigen Verwalter gestattet, aus eigenem Recht Verwertungs- oder Abwicklungsmaßnahmen vorzunehmen[907]. Daher hat die Bestellung des vorläufigen Verwalters keinen endgültigen Vermögensbeschlag zur Folge.

Ganz ähnlich sehen dies auch die anderen begutachteten Rechtsordnungen: Die Verwaltungs- und Verfügungsbefugnis geht auf den Verwalter jeweils (frühestens) mit der Eröffnungsentscheidung über. Zuvor kann ein vorläufiger Verwalter nur durch ausdrückliche gerichtliche Anordnung eingesetzt werden und nur nach Maßgabe des Sicherungszwecks, d.h. zum Erhalt des schuldnerischen Vermögens und zum Schutz vor Verschlechterung bzw. Wertminderung[908]. Diese Anordnung indes hat für die Frage der Eröffnung des Insolvenzverfahrens nach dem oben Ausgeführten schon mangels Anerkennung der Funktion eines solchen vorläufigen Verwalters keine Bedeutung.

Der Vermögensbeschlag gegen den Schuldner, der zugleich zur umfassenden Verwaltungs- und Verwertungsbefugnis des Verwalters führt, ist daher jeweils (frühestens) mit der verfahrenseinleitenden Entscheidung verbunden; wiewohl die Art. 1 Abs. 1 und Art. 2 lit. b) EuInsVO eben dies fordern, um von einem „Gesamtverfahren" im Sinne der Verordnung sprechen zu können[909].

Es nährt sich der Verdacht, dass auch die „Insolvenz des Schuldners" als drittes Kriterium zuvor nicht feststeht. So ist dies denn auch im deutschen Recht: Wiewohl für die Zulassung des Antrags die Glaubhaftmachung des Eröffnungsgrundes genügt, wird die Insolvenz tatsächlich erst für die Eröffnungsentscheidung vorausgesetzt. Rechtsordnungen, denen ein derartiges Eröffnungsverfahren fremd ist, verlangen die Insolvenz des Schuldners zum Zeitpunkt der Entscheidung über die Einleitung des jeweiligen Verfahrens (in England: *administration*

---

[905] Heidelberger Kommentar zur InsO – Kirchhof, § 22 Rn. 9 und 44.

[906] Heidelberger Kommentar zur InsO – Kirchhof, § 22 Rn. 10 f. bzw. 44; bei intendierter Fortführung des Unternehmens können Aktivitäten hinzukommen, die dazu dienen, das Unternehmen am Laufen zu halten (vgl. ders., Rn. 12).

[907] Heidelberger Kommentar zur InsO – Kirchhof, § 22 Rn. 13.

[908] Vgl. für das englische Recht (*provisional liquidator* und *interim receiver*): Sealy/Milman, Annotated Guide to the Insolvency Legislation, I.A. 1986, General Note sev. 135, S. 184 und Fletcher, The Law of Insolvency, Rn. 6-107 und Rn. 21-036; für das französische Recht: Art. 343 al. 7 décr. n° 2005-1677, 28 déc. 20055 i.V.m. Art. L.622-4 C.com.).

[909] Ähnlich Dr. Bondi in Jacobs, Schlussanträge des Generalanwalts, 27.9.2005, Rs. C-341/04 (Eurofood IFSC Ltd.), www.curia.eut.int/jurisp, Rn. 81: Erst wenn das System der Verwertung und Verteilung der Masse greift, liegt tatsächlich ein „Gesamtverfahren" i.S.v. Art. 1 Abs. 1 der Verordnung vor; a.A. Wimmer, ZInsO 2005, 119 (126); vgl. auch De Cesari/Montella, Le procedure di insolvenza nella nuova disciplina comunitaria, S. 96: Essentiell für die Qualifizierung eines nationalen Organs als Verwalter i.S.d. Verordnung, in Funktion und Konsequenzen, ist der Vermögensbeschlag gegen den Schuldner (*spossessamento*).

order, *appointment of receiver*[910], *liquidation order* oder *bankruptcy order*; in Frankreich: *jugement ouvrant une période d'observation* oder *jugement ouvrant la liquidation judiciaire*). In Italien existiert zwar teilweise ein Zulassungsverfahren, im Gegensatz zum deutschen Recht setzt dessen Einleitung jedoch bereits die gerichtliche Feststellung der Zahlungsunfähigkeit voraus bzw. deren gerichtliche Bestätigung (*liquidazione coatta amministrativa* und *amministrazione straordinaria*); im Übrigen muss die Insolvenz im Zeitpunkt der gerichtlichen Verfügung vorliegen (*fallimento* und *concordato preventivo*).

Hiernach ist klar, erst die eigentliche Eröffnungsentscheidung setzt die Insolvenz des Schuldners tatsächlich voraus und stellt diese in Urteil bzw. Beschluss fest. Auch diese letzte Anforderung an ein „Gesamtverfahren“ weist daher, so man denn das vollständige und endgültige Vorliegen der Kriterien zum Maßstab erhebt, in Richtung der verfahrenseinleitenden Entscheidung.

Indes gibt es Stimmen, denen dieser Fingerzeig nicht genügt; sie fragen nicht, welche Anforderungen an ein „Gesamtverfahren“ vor der verfahrenseinleitenden Entscheidung fehlen, sondern heben jene hervor, die bereits mit der Bestellung eines vorläufigen Verwalters vorliegen; daher betonen sie den teilweisen Vermögensbeschlag, der mit der Bestellung eines vorläufigen Verwalters einhergeht, die ihm übertragenen Befugnisse zur Verwaltung des Vermögens und den Überzeugungsgrad, welchen ein Gericht vom Vorliegen eines Eröffnungsgrundes gewinnen musste, bevor ein vorläufiger Verwalter bestellt werden kann[911]. Für diese Sichtweise wird Art. 2 lit. f) EuInsVO angeführt, der die Endgültigkeit der Entscheidung gerade nicht voraussetzt; die rechtskräftige Feststellung der Insolvenz sei dementsprechend entbehrlich[912].

Eine solche Sichtweise verkennt unterdessen, dass die Einleitung eines Insolvenzverfahrens kein linearer Prozess ist, in dem man sowohl an die Kumulation bestimmter Anforderungen als auch deren Intensität gewisse Wirkungen festmachen kann; vielmehr ist er punktuell: Sämtliche Anforderungen sind auf einen Zeitpunkt hin fokussiert, wie auch die meisten Wirkungen; salopp könnte man auch sagen, nicht etwa wird das Insolvenzverfahren „immer mehr“ eröffnet, sondern es wird eröffnet, oder nicht.

---

[910] Im Anwendungsbereich der EuInsVO scheidet das *receivership* jedoch mangels Auflistung in Anhang A zur EuInsVO aus (vgl. Fletcher, Insolvency in private international law, Rn. 7.31).

[911] Vgl. Wimmer, ZInsO 2005, 119 (126).

[912] Vgl. Wimmer, ZInsO 2005, 119 (126); vgl. auch Jacobs, Schlussanträge des Generalanwalts, 27.9.2005, Rs. C-341/04 (Eurofood IFSC Ltd.), www.curia.eut.int/jurisp, Rn. 53; so an sich auch Supreme Court of Ireland, Urt.v.27.7.2004, Az: 147/04, NZI 2004, 505 (508), zweifelnd jedoch bezüglich der Einschlägigkeit des Art. 2 lit. f) EuInsVO, da der Begriff in Art. 16 EuInsVO selbst nicht verwendet sei (nur in Art. 5 und 7 EuInsVO), ihm dagegen nach dem Virgos/Schmit-Report eine sehr große Bedeutung zukomme, da „viele Fragen durch Bezug hierauf gelöst werden“.

Korrespondierend geht es daher auch weniger um *Prüfungsdichte* und *-umfang* vor Einleitung eines Gesamtverfahrens – insofern gilt der Grundsatz gegenseitigen Vertrauens (vgl. Erwägungsgrund 22 zur EuInsVO), sondern vielmehr um die *Feststellung* der zu prüfenden Kriterien an sich[913]; auf diese *Feststellung* gründet die *ipso iure*-Anerkennung[914]. Nicht überzeugen kann daher das Argument, das Zulassungsverfahren stelle bereits derart hohe Anforderungen an Zulässigkeit und Begründetheit des Insolvenzantrags, materiell jenen gleichwertig, die in anderen Mitgliedstaaten bereits zur Eröffnung gereichten[915], oder gar jenes, mit Ernennung eines vorläufigen Insolvenzverwalters erkläre sich das anordnende Gericht zumindest implizit für zuständig[916]. Beide Argumente disqualifizieren sich sogleich selbst: Weder existiert im Zulassungsverfahren eine förmliche Zulassungsentscheidung, an die man sachlich und zeitlich anknüpfen könnte[917], noch entfalten die im Zulassungsverfahren getroffenen Entscheidungen irgendeine bindende, vorgreifende Wirkung[918]. – Es bestätigt sich daher: Sämtliche Anforderungen fokussieren auf die Eröffnungsentscheidung.

Hinzu kommt, dass der Nachsatz in Art. 2 lit. f) EuInsVO („unabhängig davon, ob die Entscheidung endgültig ist") auch dann noch Sinn macht, wenn man ihn versteht im Sinne von, „unabhängig davon, ob die Entscheidung noch mit Rechtsbehelfen angefochten werden kann"[919].

2. Stellung des vorläufigen Verwalters in der EuInsVO

Geht man indes mit den Vertretern oben genannter Deutweise gleichwohl davon aus, dass der Wortlaut der EuInsVO nicht ausschließt, die Bestellung eines vorläufigen Verwalters als „Eröffnungsentscheidung" im Sinne von Art. 16 Abs. 1

---

[913] Für Zeitpunkt der Feststellung auch Tribunale Civile di Parma, Urt.v.19.2.2004, Az: 53/04, ZIP 2004, 1220 (1223).

[914] Vgl. Smid, Internationales Insolvenzrecht/EurInsVO, Art. 38 Rn. 6: Die Wirksamkeitserstreckung beruht darauf, dass die Feststellung der Insolvenz „anerkannt" wird.

[915] Vgl. Wimmer, ZInsO 2005, 119 (126).

[916] So aber Schilling/Schmidt, ZInsO 2006, 113 (114 f.); a.A. Tribunale Civile di Parma, Urt. v.19.2.2004, Az: 53/04, ZIP 2004, 1220 (1223): Die implizite Behauptung der Zuständigkeit scheidet aus, da das Gericht nicht etwas verbindlich feststellen könne, was an diesem Ort niemand beantragen kann

[917] Vgl. Heidelberger Kommentar zur InsO – Kirchhof, § 21 Rn. 4; ähnlich Uhlenbruck, InsO – Uhlenbruck, § 14 Rn. 60 und § 21 Rn. 2.

[918] Vgl. Heidelberger Kommentar zur InsO – Kirchhof, § 27 Rn. 3.

[919] So auch Tribunale Civile di Parma, Urt.v.19.2.2004, Az: 53/04, ZIP 2004, 1220 (1223); in diesem Sinne auch Smid, Internationales Insolvenzrecht/EurInsVO, Art. 2 Rn. 16 und Art. 16 Rn. 8: „unabhängig davon, ob die Eröffnungsentscheidung unanfechtbar geworden ist oder gegen sie noch Rechtsmittel eingelegt werden" können.

i.V.m. Art. 2 lit. e) EuInsVO zu interpretieren[920], muss auf Funktion und Status des vorläufigen Verwalters abgestellt werden.

In der EuInsVO nimmt dieser eine systematisch herausragende Stellung ein, wird er in Art. 38 EuInsVO im Gegensatz zu anderen Sicherungsmaßnahmen doch explizit erwähnt. Seine immense Bedeutung für die Durchführung des Insolvenzverfahrens habe zudem schon der erläuternde Bericht von Virgos/Schmit in Randnummer 198 f. und 262 herausgestellt, Erwägungsgrund 16 zur EuInsVO diese in Satz 5 aufgegriffen und übernommen[921].

Nicht verwunderlich ist daher der Schluss, die Unterscheidung in Insolvenzeröffnung und Verwalterbestellung in Art. 2 lit. e) EuInsVO müsse dem Zweck dienen, seine herausgehobene Position in der EuInsVO kenntlich zu machen; da die Verordnung aber keine Bestimmungen enthält speziell für die Entscheidung, mit der ein Verwalter bestellt wird, diene Art. 2 lit. e) EuInsVO offenbar keinem eigenen Zweck, wenn nicht dem, dass auch die Bestellung eines Insolvenzverwalters die Sperrwirkung nach Art. 16 EuInsVO auslöst[922]. - Dieser Schluss indes ist engstirnig. Wie schon der *Director of Corporate Enforcement* in den Schlussanträgen des Generalanwaltes zu Bedenken gibt, könne die Definition des Art. 2 lit. e) EuInsVO auch beabsichtigen, „dem Umstand Rechnung zu tragen, dass es in verschiedenen Rechtsordnungen unterschiedliche Arten der Eröffnung eines Insolvenzverfahrens gibt, statt zwischen der Entscheidung eines Gerichts, mit der ein Insolvenzverfahren eröffnet wird, einerseits und der Bestellung eines Verwalters andererseits zu unterscheiden"; Zweck der Definition wäre demnach, „sicherzustellen, dass die Verordnung die automatische Anerkennung beider Arten der Eröffnung eines Insolvenzverfahrens vorschreibt"[923]. Wie ein Blick auf das englische Insolvenzrecht gezeigt hat, liegt diese Lesart beim intendierten Ziel, sämtliche Eröffnungsformen zu integrieren, nahe, wird doch die *administration* tatsächlich mit der Bestellung eines Verwalters, nicht dagegen mit einer isolierten Eröffnungsentscheidung eingeleitet[924]. Die eigene Bedeutung der Unterscheidung ist mithin belegt, oben genanntes Argument folglich haltlos.

---

[920] So Jacobs, Schlussanträge des Generalanwalts, 27.9.2005, Rs. C-341/04 (Eurofood IFSC Ltd.), www.curia.eut.int/jurisp, Rn. 51-60; Schilling/Schmidt, ZInsO 2006, 113 (114); Wimmer, ZInsO 2005, 119 (126); vgl. auch EuGH, Urt.v.2.5.2006, Rs. C-341/04 (Eurofood IFSC Ltd.), www.curia. eut.int/jurisp, Rn. 46 und 54 (eingehend dazu unter A.II.4.).

[921] Vgl. Wimmer, ZInsO 2005, 119 (126).

[922] So aber Supreme Court of Ireland, Urt.v.27.7.2004, Az: 147/04, NZI 2004, 505 (508); zustimmend Jacobs, Schlussanträge des Generalanwalts, 27.9.2005, Rs. C-341/04 (Eurofood IFSC Ltd.), www.curia.eut.int/jurisp, Rn. 63.

[923] Zitiert in Jacobs, Schlussanträge des Generalanwalts, 27.9.2005, Rs. C-341/04 (Eurofood IFSC Ltd.), www.curia.eut.int/jurisp, Rn. 64.

[924] Gleiches gilt für das nationale Recht des UK für das *receivership*; im Anwendungsbereich der EuInsVO kommt diesem jedoch mangels Auflistung in Anhang A zur EuInsVO keine Bedeutung zu (vgl. Fletcher, Insolvency in private international law, Rn. 7.31).

Der vorläufige Verwalter reiht sich daher in seiner Bedeutung unterschiedslos unter andere vorläufige Sicherungsmaßnahmen ein.

3. Zielsetzungen der EuInsVO

Verbleibt, die Intention der EuInsVO herauszustellen und zu erkunden, ob die Anordnung von vorläufigen Sicherungsmaßnahmen im Allgemeinen geeignet ist, diese zu erreichen.

Nach den Begründungserwägungen zur EuInsVO, namentlich Erwägungsgrund 2, 4 und 22 ist Ziel der EuInsVO effiziente, wirksame grenzüberschreitende Insolvenzverfahren zu ermöglichen; als Kriterien hierfür gibt die EuInsVO sich auf, Missbrauchsmöglichkeiten zu verhindern und ein System zu realisieren, das – auf dem Grundsatz gegenseitigen Vertrauens fußend – die Anerkennung vorschreibt, sobald die Entscheidung nach nationalem Verfahrensrecht wirksam ist (Art. 16 Abs. 1 EuInsVO)[925]. Um diese Kriterien zu erfüllen, verlangen Sinn und Zweck der EuInsVO nach einer möglichst frühzeitigen Anerkennung[926]; denn besteht eine Phase, in der zwar bereits insolvenzrechtliche Entscheidungen ergehen, diese jedoch nicht in den Genuss von Sperrwirkung und Universalität kommen, kann dies zu konfligierenden Anordnungen mitgliedstaatlicher Gerichte und widersprüchlichen Handlungen gleichzeitig bestellter, vorläufiger Insolvenzverwalter führen[927]. Nur das Eingreifen der Sperrwirkung des Art. 16 Abs. 1 EuInsVO bereits in einer möglichst frühen Phase des Verfahrens, i.e. mit der ersten Entscheidung des Gerichts, könne diese unerwünschten und schädlichen Zuständigkeitskollisionen verhindern[928]. Weder ist an dieser Einsicht noch ihrer guten Absicht zu rütteln, indes es fragt sich: Ist dies auch der Sinn von vorläufigen Sicherungsmaßnahmen, namentlich der Bestellung eines vorläufigen Insolvenzverwalters?

Die EuInsVO schreibt ihnen – sowohl vor als auch nach Beginn des Insolvenzverfahrens - „große Bedeutung zur Gewährleistung der Wirksamkeit des In-

---

[925] Vgl. auch Jacobs, Schlussanträge des Generalanwalts, 27.9.2005, Rs. C-341/04 (Eurofood IFSC Ltd.), www.curia.eut.int/jurisp, Rn. 52; EuGH, Urt.v.2.5.2006, Rs. C-341/04 (Eurofood IFSC Ltd.), www.curia.eut.int/jurisp, Rn. 48 f. (eingehend dazu unter A.II.4.).

[926] Jacobs, Schlussanträge des Generalanwalts, 27.9.2005, Rs. C-341/04 (Eurofood IFSC Ltd.), www.curia.eut.int/jurisp, Rn. 53; zustimmend Schilling/Schmidt, ZInsO 2006, 113 (114); EuGH, Urt.v.2.5.2006, Rs. C-341/04 (Eurofood IFSC Ltd.), www.curia.eut.int/jurisp, Rn. 52 (eingehend dazu unter A.II.4.).

[927] Vgl. Schilling/Schmidt, ZInsO 2006, 113 (114).

[928] Vgl. Jacobs, Schlussanträge des Generalanwalts, 27.9.2005, Rs. C-341/04 (Eurofood IFSC Ltd.), www.curia.eut.int/jurisp, Rn. 53 und 60; Schilling/Schmidt, ZInsO 2006, 113 (114); EuGH, Urt.v.2.5.2006, Rs. C-341/04 (Eurofood IFSC Ltd.), www.curia.eut.int/jurisp, Rn. 52: Der Mechanismus automatischer Anerkennung könnte ernstlich gestört werden, wenn Gerichte verschiedener Mitgliedstaaten während längerer Zeit konkurrierende Zuständigkeiten in Anspruch nehmen könnten (eingehend dazu unter A.II.4.).

solvenzverfahrens“ zu (Erwägungsgrund 16 zur EuInsVO Satz 2)[929]; dieser Bedeutung entsprechend soll die EuInsVO Möglichkeiten vorsehen, vorläufige Sicherungsmaßnahmen auch über Vermögensgegenstände anzuordnen, die im Hoheitsgebiet eines anderen Mitgliedstaates belegen sind, und soll es einem vor Eröffnung eines Hauptinsolvenzverfahrens bestellten vorläufigen Insolvenzverwalter möglich sein, in Mitgliedstaaten, in denen sich eine Niederlassung des Schuldners befindet, die nach dem Recht dieser Mitgliedstaaten möglichen Sicherungsmaßnahmen zu beantragen (Erwägungsgrund 16 zur EuInsVO Satz 4 und 5). Aus der Formulierung wird bereits ersichtlich, dass die Verordnungsgeber offensichtlich davon ausgingen, dass ein sowohl zeitlicher als auch qualitativer Unterschied zwischen der Eröffnung des (universalen) Hauptinsolvenzverfahrens besteht und der grundsätzlich in ihren Wirkungen territorial beschränkten Anordnung von Sicherungsmaßnahmen[930]. Andernfalls wäre der Erwägungsgrund schlichtweg überflüssig: Wäre mit Erlass der Sicherungsmaßnahme das Insolvenzverfahren im Sinne von Art. 16 Abs. 1 EuInsVO bereits eröffnet, erübrigte sich zum einen die Bestellung eines Insolvenzverwalters „*vor* Eröffnung des Hauptinsolvenzverfahrens“, zum anderen bedürfte es keiner ausdrücklichen Normen, um Vermögensgegenstände in einem anderen Mitgliedstaat der Anordnungsbefugnis des Gerichts oder Verwalters zu unterstellen bzw. einer besonderen Ermächtigung, um den vorläufigen Insolvenzverwalter in die Lage zu versetzen, Sicherungsmaßnahmen nach dem Recht des Bestimmungsstaates zu ergreifen. Diese Kompetenzen bestünden bereits kraft universellen Beschlags mit Eröffnung des Hauptinsolvenzverfahrens (Art. 16 Abs. 1 EuInsVO)[931]: für den Insolvenzverwalter gemäß Art. 18 Abs. 1 EuInsVO („alle Befugnisse nach dem Recht des Staates der Verfahrenseröffnung“[932]), für das Insolvenzgericht gemäß Art. 4 Abs. 1 EuInsVO.

---

[929] So auch schon Virgos/Schmit-Report, Rn. 199, der die „große praktische Bedeutung von Sicherungsmaßnahmen bei Insolvenzverfahren“ hervorhebt.

[930] Ähnlich auch Virgos/Schmit-Report, Rn. 262, welcher in der Zeitspanne zwischen Eröffnungsantrag und Entscheidung über die Eröffnung die potentielle Gefahr sieht, dass sich die Vermögenslage des Schuld nachteilig verändert; diese Gefahr kann die Bestellung eines vorläufigen Verwalters erforderlich machen. Die Bestellung eines solchen vorläufigen Verwalters wird ausdrücklich „noch vor der tatsächlichen Eröffnung“ des Hauptinsolvenzverfahrens zeitlich eingeordnet (ders., Rn. 263); diese zeitliche Unterscheidung zugestanden auch Wimmer, ZInsO 2005, 119 (125); darauf Bezug genommen auch Dr. Bondi und die italienische Regierung in Jacobs, Schlussanträge des Generalanwalts, 27.9.2005, Rs. C-341/04 (Eurofood IFSC Ltd.), www.curia.eut. int/jurisp, Rn. 67 f.; ebenso Gottwald, Insolvenzrechtshandbuch – Gottwald, § 129 Rn. 22.

[931] Vgl. zur universellen Beschlagswirkung Smid, Internationales Insolvenzrecht/EurInsVO, Art. 16 Rn. 2; Leible/Staudinger, KTS 2000, 533 (561).

[932] Nach Art. 4 Abs. 2 lit. c) EuInsVO bestimmt das Recht der Verfahrenseröffnung die Befugnisse des Verwalters; Art. 18 EuInsVO dient der Verwirklichung der Ausübung dieser Befugnisse (vgl. Smid, Internationales Insolvenzrecht/EurInsVO, Art. 18 Rn. 1 und 4;

Der Verordnungsgeber ging daher ganz offensichtlich davon aus, dass es erstens Anordnungen eines Gerichts gibt, die der Eröffnungsentscheidung zeitlich vorausgehen, und dass diese zweitens nicht per se universale Wirkung entfalten[933]. Daher hat er Überlegungen und Vorgaben des Erwägungsgrundes 16 zur EuInsVO in Bestimmungen der EuInsVO umgesetzt: Art. 38 EuInsVO ermöglicht es dem vorläufigen Verwalter, in jedem Mitgliedstaat, in dem sich Schuldnervermögen befindet, sämtliche Maßnahmen zu beantragen, die nach dem Recht des betreffenden Staates zwischen Antragsstellung und Verfahrenseröffnung vorgesehen sind. Wichtig dabei, zu erwähnen, dass Art. 38 EuInsVO in Form einer verfahrensrechtlichen Befugnis zu verstehen ist[934], nicht dagegen als selbständige Ermächtigungsgrundlage mit abschließendem Anwendungsbereich[935]. Dies deshalb, weil Art. 25 Abs. 1 Unterabs. 3 EuInsVO bereits das nach Art. 3 Abs. 1 EuInsVO zuständige Gericht zu sämtlichen einstweiligen Sicherungsmaßnahmen nach der *lex fori concursus* befähigt und diese mit universaler Wirkung belegt. Zwar trifft die Norm allein eine Aussage über Anerkennung und Vollstreckung solcher Maßnahmen[936], sie stellt nichtsdestotrotz klar, dass die internationale Zuständigkeit des Gerichts über Art. 3 Abs. 1 EuInsVO begründet wird, Sicherungsmaßnahmen mithin nach der der *lex fori concursus* getroffen werden[937]; zugleich verlagert sie die universale Wirkung des Hauptverfahrens vor: Um die künftige Wirksamkeit des beantragten Insolvenzverfahrens zu gewährleisten, unterfallen alle Sicherungsmaßnahmen, ab dem Zeitpunkt der Antragsstellung den Bestimmungen der EuInsVO[938].

Man kann daher schließen: Da die automatische, universelle Wirkungserstreckung des Insolvenzverfahrens erst mit dessen Anerkennung einsetzt, hat der Verordnungsgeber ein System geschaffen, das Kompetenz, internationale Zu-

---

MünchKommIntWR – Kindler, IntInsR Rn. 458; Reithmann/Martiny, Internationales Vertragsrecht – Hausmann, Rn. 2545).

[933] Vgl. Smid, Internationales Insolvenzrecht/EurInsVO, Art. 38 Rn. 3: Erst die Eröffnung eines Hauptinsolvenzverfahrens i.S.v. Art. 3 Abs. 1 führt die Statusänderung herbei, die es rechtfertigt, das Schuldnervermögen (universell) mit Beschlag zu belegen; vorläufigen Maßnahmen und Anordnungen kann daher die Universalität des Konkursbeschlags *ex definizione* nicht eigen sein.

[934] Smid, Internationales Insolvenzrecht/EurInsVO, Art. 38 Rn. 4.

[935] Vgl. Wimmer, ZInsO 2005, 119 (126); so aber offenbar Jacobs, Schlussanträge des Generalanwalts, 27.9.2005, Rs. C-341/04 (Eurofood IFSC Ltd.), www.curia.eut.int/jurisp, Rn. 71.

[936] Vgl. Virgos/Schmit-Report, Rn. 198; Duursma-Kepplinger/Duursma/Chalupsky, EuInsVO – Duursma-Kepplinger, Art. 25 Rn. 57: Art. 25 Abs. 1 Unterabs. 3 EuInsVO stellt nicht die eigentliche Grundlage für die internationale Zuständigkeit zum Erlass solcher Sicherungsmaßnahmen dar.

[937] Vgl. Duursma-Kepplinger/Duursma/Chalupsky, EuInsVO – Duursma-Kepplinger, Art. 25 Rn. 57; Wimmer, ZInsO 2005, 119 (126).

[938] Virgos/Schmit-Report, Rn. 198, Duursma-Kepplinger/Duursma/Chalupsky, EuInsVO – Duursma-Kepplinger, Art. 25 Rn. 57.

ständigkeit und Anerkennung für den Erlass von Anordnungen *vor* Eröffnung eines Insolvenzverfahrens regelt.

Anordnungen vor der eigentlichen Eröffnung gleichwohl bereits zum Gesamtverfahren zu erheben, diese mithin in ihren Wirkungen nach der EuInsVO gleichzustellen, hieße, diese ausdrückliche Differenzierung einzuebnen. Weder begrifflich noch systematisch ist dies möglich. Wer dies dennoch tut, sieht sich überdies mit den funktionellen Unterschieden konfrontiert:

Vorläufige Sicherungsmaßnahmen werden in der Phase zwischen Antragsstellung und Entscheidung über den Antrag angeordnet[939]; sie dienen staatenübergreifend dem Erhalt des schuldnerischen Vermögens, dem Schutz vor Verschlechterung und Wertminderung der künftigen Insolvenzmasse in einer Zeit, in der die Wirkungen des Insolvenzverfahrens zum Schutz der Masse noch nicht eingreifen können[940]. Ihre Natur ist primär vorläufig und erhaltend; endgültige oder masseverwertende Handlungen verbieten sich daher in der Regel[941]. Dies deshalb, weil das Gericht gerade wegen der weitreichenden persönlichen und wirtschaftlichen Folgen für den Schuldner, aber auch der Konsequenzen für die Gläubiger sehr sorgfältig prüfen muss, ob die Antragsvoraussetzungen vorliegen. Zu diesen Voraussetzungen gehört nicht zuletzt die (internationale) Zuständigkeit des Gerichts; in den einzelstaatlichen Rechtsordnungen ist daher zumeist anerkannt, dass Vorsichtsmaßnahmen gerade auch ohne feststehende Zuständigkeit des Gerichts getroffen werden können[942].

Führt man sich diese funktionellen Unterschiede vor Augen, so muss es paradox anmuten, dass ausgerechnet eine Entscheidung in einer Phase, da das Vorliegen der Zulässigkeitsvoraussetzungen unsicher ist, die eigentliche Entscheidung vorwegnehmen soll, insbesondere, was die Zuständigkeit anlangt: Wie

---

939 Virgos/Schmit-Report, Rn. 262.

940 Virgos/Schmit-Report, Rn. 262; vgl. im Einzelnen für Deutschland: Heidelberger Kommentar zur InsO – Kirchhof, § 21 Rn. 2; für England: Sealy/Milman, Annotated Guide to the Insolvency Legislation, I.A. 1986, General Note, sec. 135, S. 184; Fletcher, The Law of Insolvency, Rn. 6-107 und Rn. 21-036; ders., Insolvency in private international law, Rn. 7.121; für Frankreich: Art. 3 al. 5 décr. n° 85-1388, 27 déc. 1985 i.V.m. Art. 26 L. n° 85-98, 25 janv. 1985; für Italien: Art. 15 l.fall. (eingefügt durch Art. 13 d.lgs. n. 5/06), Art. 5 d.l. n. 347/03.

941 Vgl. Virgos/Schmit-Report, Rn. 263 (vorläufige Aufgabe der Vermögenssicherung); Smid, Internationales Insolvenzrecht/EurInsVO, Art. 38 Rn. 7 (Berechtigung allein zu Sicherungsmaßnahmen, nur sofern Verwertung der Massesicherung dient, ist diese ausnahmsweise zulässig).

942 Str. für Deutschland: bejahend: Heidelberger Kommentar zur InsO – Kirchhof, § 21 Rn. 4; AG Göttingen, Beschl.v.20.11.2003, Az: 74 IN 377/03, NZI 2004, 38 (38); mittlerweile auch Frankfurter Kommentar zur InsO – Schmerbach, § 21 Rn. 16; ablehnend: Uhlenbruck, InsO – Uhlenbruck, § 21 Rn. 2 und 8; LG Göttingen, Beschl.v.8.3.1993, Az: 6 T 63/93, ZIP 1993, 447 (448); für Frankreich vgl. Art. 3 und 4 décr. n° 85-1388, 27 déc. 1985; für Italien vgl Art. 5 Abs. 1 und 2 d.l. n. 347/03.

kann eine Entscheidung, die während der Zuständigkeitsprüfung getroffen wird, diese begründen?

4. Europäischer Gerichtshof, Urteil vom 2. Mai 2006 („Eurofood IFSC Ltd.")

Eben dies aber hat die Entscheidung des EuGH letztlich zur Folge: Als „Eröffnung eines Insolvenzverfahrens" ist nicht nur die jeweilige förmliche Eröffnungsentscheidung zu verstehen, sondern auch die Bestellung eines Insolvenzverwalters gemäß Anhang C in einem Verfahren nach Anhang A der Verordnung, wenn die Bestellung den Vermögensbeschlag gegen den Schuldner zur Folge hat[943]. Getragen wird diese Auslegung vom dem Ziel, die Effizienz grenzüberschreitender Insolvenzen zu gewährleisten[944]; seine Umsetzung erfahre dieses Ziel im Regelungsmechanismus der EuInsVO mittels der „Prioritätsregel" des Art. 16, „die auf einem zeitlichen Kriterium beruht"[945]. Allein die möglichst frühzeitige Anerkennung verwirklicht nach dieser Lesart die Wirksamkeit grenzüberschreitender Insolvenzverfahren; Effizienz in diesem Sinne bedeutet daher vor allem, den Zeitraum konfligierender Antragsstellung möglichst knapp zu halten, mithin Zuständigkeitskonflikte möglichst frühzeitig zu unterbinden[946].

Diese Deutweise ist vor allem einem praktischen Bedürfnis geschuldet. Die Anforderungen an die Eröffnung eines Insolvenzverfahrens, sowohl materieller als auch formeller Natur, unterstehen gemäß Art. 4 Abs. 1 EuInsVO nationalem Recht und unterscheiden sich dementsprechend ganz erheblich[947]. So zeigt sich beispielsweise, dass allein in Deutschland eine langwierige Prüfung von bis zu drei Monaten stattfindet, in der festgestellt wird, ob eine ausreichende Insolvenzmasse vorhanden ist und ein Eröffnungsgrund tatsächlich gegeben ist, bevor ein Eröffnungsbeschluss ergeht[948]. In anderen Staaten dagegen werde das Insolvenzverfahren zügig nach Antragsstellung eröffnet, während die wesentlichen Feststellungen erst in dem bereits eröffneten Verfahren erfolgen[949]. Bei materiell weitgehend gleichwertigen Rechtsverhältnissen laufe dies dem Grundsatz der

[943] EuGH, Urt.v.2.5.2006, Rs. C-341/04 (Eurofood IFSC Ltd.), www.curia.eut.int/jurisp, Rn. 54.
[944] EuGH, Urt.v.2.5.2006, Rs. C-341/04 (Eurofood IFSC Ltd.), www.curia.eut.int/jurisp, Rn. 53.
[945] EuGH, Urt.v.2.5.2006, Rs. C-341/04 (Eurofood IFSC Ltd.), www.curia.eut.int/jurisp, Rn. 49.
[946] Vgl. EuGH, Urt.v.2.5.2006, Rs. C-341/04 (Eurofood IFSC Ltd.), www.curia.eut.int/jurisp, Rn. 52.
[947] EuGH, Urt.v.2.5.2006, Rs. C-341/04 (Eurofood IFSC Ltd.), www.curia.eut.int/jurisp, Rn. 51.
[948] Wimmer, ZInsO 2005, 119 (126).
[949] Wimmer, ZInsO 2005, 119 (126).

Chancengleichheit in den Mitgliedsstaaten zur Eröffnung eines Insolvenzverfahrens zuwider[950].

Diese Diskrepanz in Prüfungsumfang und –dichte, sei sie zutreffend oder nicht, ist indes kein Argument, die „Bestellung eines vorläufigen Insolvenzverwalters" auf Biegen und Brechen zur „Eröffnungsentscheidung" im Sinne von Art. 2 lit. e) EuInsVO zu machen[951]. Sie kann es schon wegen des der EuInsVO insgesamt zugrunde liegenden Vertrauensgrundsatzes nicht sein (vgl. Erwägungsgrund 22 zur EuInsVO). Überdies sind Sinn und Zweck von Sicherungsmaßnahmen, die mit „Sicherung, Vorläufigkeit und Erhalt des Vermögens" umschrieben werden, vollkommen entgegengesetzt zu denen der Eröffnung eines Gesamtverfahrens: der endgültigen Verwertung und Verteilung des Vermögens. Nicht zuletzt stehen ihr der tatsächliche Verfahrensgang und die Entscheidungsstruktur im nationalen Verfahrensrecht entgegen.

Mag eine möglichst frühzeitige Anerkennung praktische Bedürfnisse bedienen, konfligierende Gerichtsentscheidungen und Verwalterhandlungen verhindern - und mag hierfür auch die (pauschale) Anerkennung der ersten gerichtlichen Entscheidungen probat erscheinen - dieses Problem zu lösen, müssen andere Mittel und Wege gefunden werden.

Denn bei den Vorschriften der EuInsVO handelt es sich ihrem Wesen nach um Kollisionsrecht, dazu bestimmt, die maßgebende Rechtsordnung für ein grenzüberschreitendes Insolvenzverfahren zu benennen (vgl. Erwägungsgrund 23 zur EuInsVO)[952], nicht dagegen ihrerseits einheitliches Insolvenzsachrecht zu schaffen. Letzteres wäre aber faktisch der Fall, wenn neue „Eröffnungsmöglichkeiten" über die Kombination von Verweisen, Definitionen und Bestimmungen kreiert werden könnten - denn diese Eröffnungsmöglichkeit sieht keines der zur Anwendung berufenen Verfahrensrechte vor.

Zu guter Letzt spricht gar die vom Gerichtshof verfolgte Intention selbst gegen die Anerkennung der Verwalterbestellung als „Eröffnung eines Insolvenzverfahrens". Dies deshalb, weil der EuGH sich nicht dafür entscheidet, die Bestellung eines vorläufigen Insolvenzverwalters durch ein Gericht *allgemein* als Eröffnungsentscheidung anzuerkennen, sondern sich dazu verleiten ließ, diese

---

[950] Wimmer, ZInsO 2005, 119 (126).

[951] Vgl. auch Herchen, ZInsO 2004, 825 (829): „Die Definitionen der Verordnung erlauben zwar, die (...) Bestellung des vorläufigen Verwalters als Entscheidung über die Bestellung eines Verwalters, nicht aber als Eröffnungsentscheidung bzgl. eines Verfahrens nach Anhang A der Verordnung zu bewerten. (...) Art. 2 lit. f), Art. 3 Abs. 1 S. 1 und Art. 16 Abs. 1, die in diesem Zusammenhang relevanten Normen, nehmen auf die Verfahrenseröffnungsentscheidung Bezug".

[952] Vgl. Duursma-Kepplinger/Duursma/Chalupsky, EuInsVO – Duursma-Kepplinger, Art. 4 Rn. 1; Virgos/Schmit-Report, Rn. 87; differenzierend MünchKommIntWR – Kindler, IntInsR Rn. 26 und 196.

Anerkennung unter einen Vorbehalt zu stellen: „wenn diese Entscheidung den Vermögensbeschlag gegen den Schuldner zur Folge hat“[953].

Wie bereits aufgezeigt, ist die Anordnung des (vollständigen) Vermögensbeschlags jedoch keineswegs zwingend mit der Bestellung eines vorläufigen Insolvenzverwalters verbunden – ganz im Gegenteil: Sowohl „Ob“ als auch Umfang des Beschlags stehen in der Regel im Ermessen des anordnenden Gerichts; gleiches gilt für die Befugnisse des vorläufigen Verwalters[954].

Bei dem aufgestellten Vorbehalt muss jedoch im Einzelfall bewertet werden, ob dem Verwalter ausreichende Befugnisse übertragen, die des Schuldners korrespondierend in ausreichendem Maße genommen wurden, um die Schwelle zum „Vermögensbeschlag gegen den Schuldner“ zu überschreiten. Ein jedes Gericht, bei dem ein späterer Antrag auf Insolvenzeröffnung eingeht bzw. anhängig ist, müsste sich aufwendig erkundigen und im Einzelfall bewerten, ob der von einem Gericht eines anderen Mitgliedstaates verhängte Beschlag quantitativ ausreicht, um von der „Eröffnung eines Insolvenzverfahrens“ im Sinne von Art. 1 Abs. 1 EuInsVO zu sprechen oder nicht. Statt wie intendiert ein weiteres Stück Verlässlichkeit zu schaffen, wären weitere Zuständigkeitskonflikte um die Qualität der Eröffnungenscheidung vorprogrammiert, das Problem mithin nicht gelöst, sondern lediglich verlagert: weg vom Streit um die Beschaffenheit der Vermutungsregel hin zu der der Eröffnungsentscheidung. Damit ist denn auch das Argument, die Effizienz grenzüberschreitender Insolvenzverfahren gebiete diese Auslegung, widerlegt. Vielmehr lässt sich diese vielbeschworene und –bemühte Effizienz auch anderweitig herstellen; dies dann, wenn man sie versteht im Sinne von Klarheit und Verbindlichkeit über den Zeitpunkt der Verfahrenseröffnung, nicht dagegen notwendig im Sinne seiner weitestmöglichen Vorverlagerung.

Beides allerdings erzielt man, indem man ausnahmslos abstellt auf die förmliche Eröffnungsentscheidung des nationalen Insolvenzverfahrensrechts; auf diese Weise besteht Verlässlichkeit über den Stand eines anhängigen Verfahrens in einem anderen Mitgliedstaat, der durch einfaches Anfragen festgestellt werden kann. - Eben diese Klarheit und punktuelle Schärfe sind es, welche zur Koordi-

---

[953] EuGH, Urt.v.2.5.2006, Rs. C-341/04 (Eurofood IFSC Ltd.), www.curia.eut.int/jurisp, Rn. 54.

[954] Vor der eigentlichen Eröffnungsentscheidung kann der vorläufige Insolvenzverwalter nur durch ausdrückliche gerichtliche Anordnung eingesetzt werden, Insolvenzbeschlag und Befugnisse des Insolvenzverwalters sind abhängig von der Entscheidung des Gerichts (vgl. für Deutschland § 21 Abs. 2 Nr. 2 InsO; für das englische Recht (*provisional liquidator* und *interim receiver*): Sealy/Milman, Annotated Guide to the Insolvency Legislation, I.A. 1986, General Note sev. 135, S. 184 und Fletcher, The Law of Insolvency, Rn. 6-107 und Rn. 21-036; für das französische Recht: Art. 3 al. 5 décr. n° 85-1388, 27 déc. 1985 i.V.m. Art. 26 L. n° 85-98, 25 janv. 1985); für das italienische Recht: Art. 195 Abs. 1 l.fall (geändert durch Art. 148 d.lgs. n. 5/06) und Art. 21 d.lgs. n. 270/99 bzw. im beschleunigten Verfahren Art. 5 d.l. n. 347/03).

nierung der Maßnahmen bei grenzüberschreitenden Insolvenzen beitragen können (vgl. Erwägungsgrund 3 zur EuInsVO): So eröffnet sich für das anfragende Gericht die Möglichkeit, die eigene Zuständigkeitsprüfung unter einem weiteren Aspekt, nämlich dem eines abweichenden „Mittelpunktes hauptsächlicher Interessen", zu betreiben; gleichsam vermag es gegebenenfalls die Erfolgsaussichten des bei ihm anhängigen Antrags besser einzuschätzen, seine weiteren Schritte und Maßnahmen mithin an dieser Wahrscheinlichkeit auszurichten.

Gleichermaßen verhindern Klarheit und punktuelle Schärfe, dass begriffliche Unsicherheiten einer gezielten Verbesserung der eigenen Rechtsstellung Halt bieten (vgl. Erwägungsgrund 4 zur EuInsVO). Mithin sind beide Gradmesser wirksamer grenzüberschreitender Insolvenzverfahren, Effizienz und ein Unterbinden von Manipulationen, erfüllt; auch aus praktischen Gründen ist daher die Entscheidung des EuGH abzulehnen, vielmehr einheitlich auf die förmliche Eröffnungsentscheidung des jeweiligen mitgliedstaatlichen Insolvenzverfahrensrechts abzustellen.

B. Zeitpunkt der Wirksamkeit der Entscheidung im Sinne von Art. 16 Abs. 1 EuInsVO

Steht fest, welche Entscheidung grundsätzlich in der Lage ist, ein Insolvenzverfahren zu eröffnen, schließt sich ein Folgeproblem an: Zu welchem Zeitpunkt tut sie dies? Wann ist ein Hauptinsolvenzverfahren mit Ausschlusswirkung für die übrigen Mitgliedstaaten eröffnet? – „Sobald die Entscheidung im Staat der Verfahrenseröffnung wirksam ist", mit dieser schlichten Antwort begnügt sich Art. 16 Abs. 1 EuInsVO, schuldig bleibt er eine Konkretisierung.

Kaum verwunderlich daher, dass Staaten geneigt sind, nach ihrem Verfahrensrecht vorgesehene Rückwirkungsfiktionen für den Beginn eines Insolvenzverfahrens über diese Formulierung auch im Anwendungsbereich der EuInsVO zur Geltung zu bringen[955]. Solche Rückwirkungsfiktionen auf den Zeitpunkt der Antragsstellung sind im Besonderen dem englischen Recht bekannt[956], fremd dagegen sind sie dem kontinentaleuropäischen Rechtskreis; dort entfalten Eröffnungsentscheidungen Wirkungen nur für die Zukunft.

Zwischen Antragsstellung und Eröffnungsentscheidung können jedoch im Einzelfall Monate, zumindest jedoch wertvolle Wochen und Tage liegen – Zeit, in der wie gesehen, divergierende Anträge bei Gerichten unterschiedlicher Mitgliedstaaten eingehen, gar sich widersprechende Entscheidungen getroffen werden können. Anerkennt man beide Formen des Wirksamwerdens einer Eröffnungsentscheidung, die *ex nunc* und die *ex tunc*, tut sich ein Zeitfenster auf, in

[955] So z.B. High Court Dublin, Urt.v.23.3 2004, Az: 33/04, ZIP 2004, 1223 (1224); zweifelnd jedoch Supreme Court of Ireland, Urt.v.27.7.2004, Az: 147/04, NZI 2004, 505 (508).

[956] In England (und Wales): I.A. 1986, sec. 129 (1) und (2) (*winding-up by the court*); in Irland: C.A. 1963, sec. 220 (2) (*compulsory winding up by the court*).

dem ein Zustand der Ungleichheit und Unsicherheit herrscht: Während kontinentaleuropäische Gerichte ihrer internationalen Zuständigkeit erst vom Zeitpunkt der Eröffnungsentscheidung an zur Durchsetzung verhelfen können, können Gerichte der „Inseln" die Begründung ihrer Zuständigkeit weit vorverlagern; in Konsequenz müssen zeitlich früher ergehende Entscheidungen, denen keine Rückwirkung zukommt, hinter der Fiktion zurückstehen[957]. – Das Resultat: Nationale Rückwirkungsfiktionen schmälern die Chance kontinentaleuropäischer Gerichte zur Verfahrenseröffnung, zugleich stellen sie die Eröffnung unter Vorbehalt. Ob dieser Diskrepanz fragt sich: Sind Rückwirkungsfiktionen im Anwendungsbereich der EuInsVO beachtlich[958]? Der schiere Wortlaut des Art. 16 Abs. 1 EuInsVO eröffnet ein solches Verständnis; aber können sie das – gemessen an den Zielen der EuInsVO - überhaupt sein? Oder stellen sie nicht vielmehr ein „Ungleichgewicht der Waffen" her?

Systematisch befassen sich sowohl Art. 4 Abs. 1 EuInsVO als auch Art. 2 lit. f) EuInsVO mit dem Zeitpunkt der Verfahrenseröffnung, letzterer per autonomer Definition, ersterer durch Verweis auf die *lex fori concursus*:

Art. 4 Abs. 1 EuInsVO beruft das Verfahrensrecht des Forums zur Anwendung - gerade auch hinsichtlich *„alle(r)* Voraussetzungen für die Eröffnung (...) des Insolvenzverfahrens"; dies stellt Erwägungsgrund 23 zur EuInsVO ausdrücklich klar[959]. Richtet man die Frage nach dem maßgebenden Zeitpunkt an ihn, sind nationale Rückwirkungsfiktionen folglich beachtlich, mithin die oben beschriebenen Widersprüchlichkeiten in Durchsetzungsfähigkeit und Beständigkeit der Eröffnungsentscheidungen hinzunehmen. Dies Ergebnis, so bedauerlich auch immer, sei von den Verordnungsgebern gesehen und *expressis verbis* benannt worden; denn die Verordnung gründet gemäß Erwägungsgrund 11 zur EuInsVO auf der Einsicht, dass aufgrund der großen Unterschiede im materiellen Recht ein einziges Insolvenzverfahren mit universaler Geltung nicht realisierbar ist". Daraus schließt der Generalanwalt, dass die Verordnung nicht als

---

[957] Ähnlich Herchen, ZInsO 2004, 825 (829).

[958] Auch insofern hatte der Supreme Court of Ireland dem EuGH eine Frage zur Vorabentscheidung vorgelegt (Urt.v.27.7.2004, Az: C 341/04); da der EuGH jedoch bereits in der Bestellung des vorläufigen Verwalters die Eröffnung eines Insolvenzverfahrens im Sinne des Art. 16 Abs. 1 EuInsVO sah (Rn. 58), „erübrigt sich die Beantwortung der zweiten Frage" (EuGH, Urt.v.2.5.2006, Rs. C-341/04 (Eurofood IFSC Ltd.), www.curia.eut.int/jurisp, Rn. 59).

[959] So schon Virgos/Schmit-Report, Rn. 90; ähnlich Jacobs, Schlussanträge des Generalanwalts, 27.9.2005, Rs. C-341/04 (Eurofood IFSC Ltd.), www.curia.eut.int/jurisp, Rn. 92; Smid, Internationales Insolvenzrecht/EurInsVO, Art. 4 Rn. 4: Das Verfahrensrecht gilt für alle Voraussetzungen, die für die Eröffnung des Insolvenzverfahrens wesentlich sind.

Harmonisierungsmaßnahme gedacht war[960]. - Die Diskrepanzen sind nach dieser Lesart nicht nur gesehen, sondern gar gewollt[961].

Demgegenüber steht die Begriffsbestimmung des Art. 2 lit. f) EuInsVO am Anfang der Verordnung, gleichsam losgelöst von einer Norm und allgemeingültig. „Zeitpunkt der Verfahrenseröffnung" bedeutet für die Zwecke der EuInsVO „Zeitpunkt, in dem die Eröffnungsentscheidung wirksam wird, unabhängig davon, ob die Entscheidung endgültig ist". Zumindest oberflächlich vermag diese Definition keine inhaltliche Konkretisierung des Art. 16 Abs. 1 EuInsVO zu leisten, bedient sie sich doch desselben Bezugspunktes: „der Wirksamkeit der Eröffnungsentscheidung". Man ist daher geneigt, Art. 2 lit. f) EuInsVO zu ignorieren, sei es, dass man ihn für die gestellte Frage als nicht relevant empfindet oder sei es, dass man ihm insofern allenfalls klarstellende Funktion zubilligt[962]. Indes es fragt sich: Will Art. 2 lit. f) EuInsVO für diese Frage tatsächlich keine (eigene) Regelung treffen?

Dagegen spricht schon die Systematik: Denn zu Recht verweist beispielsweise Wimmer darauf, dass eine Definition des Eröffnungszeitpunktes, wie sie Art. 2 lit. f) EuInsVO enthält, schlichtweg überflüssig ist, wenn sie selbigen in das Belieben der Mitgliedstaaten stellt; in diesem Falle hätte Art. 4 EuInsVO unmittelbar Anwendung finden können[963], des Umweges über Art. 2 lit. f) EuInsVO bedürfte es nicht.

Dass Art. 2 lit. f) EuInsVO ein keineswegs überflüssiges Vehikel ist, wird augenfällig, konsultiert man die Entstehungsgeschichte: „Der Zeitpunkt der Verfahrenseröffnung ist sehr wichtig, denn viele Fragen werden unter Bezugnahme darauf geregelt", so fasst es der erläuternde Bericht zum EuIÜ[964] . Dass Art. 2 lit. f) derlei Bedeutung beigemessen wird, macht es schlechterdings untragbar, ihn auf klarstellende Funktionen zu reduzieren.

Kann er aber nicht lediglich dienenden, bekräftigenden Charakter haben, ist klar, dass er eine „andere Bestimmung" im Sinne von Art. 4 Abs. 1 EuInsVO trifft, mithin *lex specialis* zu letzterem ist[965].

Was aber ist nun seine Aufgabe, sein Regelungsgehalt? Konsultiert man die Funktion der Anerkennung im Besonderen und Sinn und Zweck der Verordnung

---

960 So Jacobs, Schlussanträge des Generalanwalts, 27.9.2005, Rs. C-341/04 (Eurofood IFSC Ltd.), www.curia.eut.int/jurisp, Rn. 92 und 77, gestützt auf Erwägungsgrund 11 zur EuInsVO.

961 So beispielsweise Leible/Staudinger, KTS 2000, 533 (573 f.) (m.w.N.), die darauf verweisen, dass „das eingeschränkt pluralistische Konzept der EuInsVO" den abweichenden Privatrechtssystemen in Europa eher gerecht wird als ein „starres Einheitsprinzip".

962 In ersterem Sinne wohl Jacobs, Schlussanträge des Generalanwalts, 27.9.2005, Rs. C-341/04 (Eurofood IFSC Ltd.), www.curia.eut.int/jurisp, da die Norm in den maßgebenden Rn. 89-95 nicht einmal erwähnt wird.

963 Wimmer, ZInsO 2005, 119 (127).

964 Virgos/Schmit-Report, Rn. 68.

965 Vgl. Herchen, ZInsO 2004, 825 (829), der bereits ob des europarechtlichen Anwendungsvorrangs nationales Recht insoweit unangewendet lassen will.

im Allgemeinen, um seine Funktion abzusetzen aus dem Schatten des Art. 4 Abs. 1 EuInsVO, so ergibt sich dies:

Die Vorschriften über die Anerkennung des Insolvenzverfahrens bilden das „Herzstück" der EuInsVO[966]. Dies deshalb, weil sich die Wirkungen des Insolvenzverfahrens im Sinne von Art. 3 Abs. 1 EuInsVO *automatisch* auf dem Gebiet eines jeden Mitgliedstaates entfalten[967]. Jeder Automatismus bedarf unterdessen eines Auslösers, im Zentrum der Anerkennungsvorschriften steht daher die Frage nach dem Zeitpunkt. Denn mit Anerkennung des Hauptinsolvenzverfahrens kann in anderen Staaten allenfalls ein Sekundärinsolvenzverfahren eröffnet werden, letzteres unterscheidet sich in Stellung und Rechten der Verfahrensbeteiligten jedoch ganz erheblich[968].

Ob dieser zentralen Wichtigkeit befremdet die Vorstellung, die Frage den mitgliedstaatlichen Prozessrechten anheim zu stellen. – Das Unbehagen bestätigt Erwägungsgrund 8 zur EuInsVO: Gemessen an dem Anspruch, Effizienz und Wirksamkeit grenzüberschreitender Insolvenzverfahren zu steigern, gibt sich der Verordnungsgeber darin auf, die zentralen Punkte zu regeln, die da wären: Bestimmungen über den Gerichtsstand, die Anerkennung und das anwendbare Recht. *Expressis verbis* schreibt er vor, diese zentralen Themen *nicht* den mitgliedstaatlichen Rechtsordnungen zu überantworten, sondern „in einem gemeinschaftlichen Rechtsakt zu bündeln, der in den Mitgliedstaaten verbindlich ist und unmittelbar gilt".

Für Gerichtsstand und anwendbares Recht wurden ausdrücklich solch autonome Bestimmungen getroffen – wie also könnte ausgerechnet der Zeitpunkt der Anerkennung, das „Herzstück" der EuInsVO, nicht unabhängig geregelt sein? – Die Antwort ist vorgezeichnet: Funktion des Art. 2 lit. f) EuInsVO muss es sein, den Bezugspunkt zu vereinheitlichen, nur so setzt sie sich ab vom Regelungsgehalt des Art. 4 EuInsVO.

In diesem Lichte erlangt die Formulierung „Zeitpunkt, in dem die Eröffnungsentscheidung wirksam wird" neue Bedeutung: Von der schlichten allgemeingültigen Beschreibung wird sie aufgewertet zu einem stehenden Begriff; sie fungiert mithin als Dreh- und Angelpunkt der Verordnung, fokussieren auf sie doch sämtliche Wirkungen der EuInsVO.

Verbleibt, ihren Inhalt zu erfragen. Zieht man das natürliche Sprachverständnis der verschiedenen Fassungen zu Rate, gewinnt man den Eindruck, dass die Formulierung gegenwartsbezogen ist und in ihrer Wirkung ausschließlich in die Zukunft weisend: „Zeitpunkt, in dem die Eröffnungsentscheidung wirksam

---

966 Leible/Staudinger, KTS 2000, 533 (560); Duursma-Kepplinger/Duursma/Chalupsky, EuInsVO – Duursma-Kepplinger/Chalupsky, Art. 16 Rn. 1; Smid, Internationales Insolvenzrecht/EurInsVO, Art. 16 Rn. 1; ders., DZWIR 2003, 397 (400); ähnlich MünchKommIntWR – Kindler, IntInsR Rn. 416 („Kernstück").

967 Smid, Internationales Insolvenzrecht/EurInsVO, Art. 16 Rn. 1.

968 Wimmer, ZInsO 2005, 119 (127).

wird“, „time at which the judgement opening proceedings becomes effective“, „le moment où la décision d'ouverture prend effet“, „il momento in cui la decisione di apertura comincia a produrre effetti“.

Diese Auffassung entspricht auch dem mehrheitlichen Rechtsverständnis der Mitgliedstaaten; einzig das englische Recht wirkt auch in die Vergangenheit.

Beides, überwiegendes Rechts- und natürliches Sprachverständnis, stellen ein erstes Indiz dafür dar, woran sich der autonome Begriff orientieren wollte: am Zeitpunkt des Erlasses der Eröffnungsentscheidung.

Substanz gewinnt diese Deutweise, fügt man die Intention der Verordnung hinzu: Gemäß Erwägungsgrund 3 zur EuInsVO sollen „Maßnahmen in Bezug auf das Vermögen eines zahlungsunfähigen Schuldners“ koordiniert werden. - Wie aber kann ein Gericht, das Kenntnis hat von einer früheren Antragsstellung in einem Mitgliedstaat, dem die Rückwirkungsfiktion bekannt ist, mit dem eigenen Antrag sinnvoll umgehen?

Es kann sich auf den Erlass vorläufiger Sicherungsmaßnahmen beschränken; zwar speist sich deren Wirksamkeit aus der vorgreifenden Zuständigkeit des eröffnenden Gerichts (vgl. Art. 25 Abs. 1 Unterabs. 3 EuInsVO), nichtsdestotrotz handelt es sich bei der Ablehnung der Verfahrenseröffnung um eine Gefahr, die Sicherungsmaßnahmen ob ihrer Vorläufigkeit immanent ist. Deshalb dürfen auch einzig bestandssichernde und masseerhaltende Maßnahmen angeordnet werden, keinesfalls dagegen verwertende oder verteilende[969]. Verzögert das Gericht darüber hinaus die Entscheidung bzw. setzt das Verfahren gar aus, setzt es sich in Widerspruch zu Zielen und Natur eines Insolvenzverfahrens[970].

Dies deshalb, weil es sich bei dem Insolvenzverfahren seinem Wesen nach um Vollstreckungsrecht handelt, dazu bestimmt, mittels staatlichen Eingriffs die Rechtsdurchsetzung zu kollektivieren und damit gleichsam die Haftung aller Beteiligten gleichmäßig zu realisieren[971]. Korrespondierend ist eines der Verfahrensziele die rechtzeitige Verfahrenseinleitung, nur sie sichert die Masse und mit ihr die Quoten; gleichzeitig erhöht sie die Chance auf den Erhalt des Unternehmens wie auch seiner Arbeitsplätze[972]. Interessen und Schicksal aller Beteiligten liegen damit per staatlicher Zuweisung allein in Händen des Gerichts, zögert es

---

[969] Vgl. im Einzelnen für Deutschland: Heidelberger Kommentar zur InsO – Kirchhof, § 21 Rn. 2; für England: Sealy/Milman, Annotated Guide to the Insolvency Legislation, I.A. 1986, General Note, sec. 135, S. 184; für Frankreich: Art. 343 al. 7 décr. n° 2005-1677, 28 déc. 2005 i.V.m. Art. L.622-4 C.com., für Italien: Art. 5 L. n. 39/04.

[970] Herchen, ZInsO 2004, 825 (829); Wimmer, ZInsO 2005, 119 (127); ähnlich auch Schilling/Schmidt, ZInsO 2006, 113 (115) und zuvor Eidenmüller, NJW 2004, 3455 (3457), die auf die De-facto-Blockadewirkung der früheren Antragsstellung verweisen, obwohl nicht einmal klar ist, ob es überhaupt zu einer Eröffnung kommt.

[971] Vgl. Uhlenbruck, InsO – Uhlenbruck, § 1 Rn. 2.

[972] Vgl. Begründung zum RegE gemäß BR-Drucks. 1/92 bei Uhlenbruck, das neue Insolvenzrecht, S. 237; Uhlenbruck, InsO – Uhlenbruck, § 1 Rn. 8. Dies kommt in §§ 17, 18 und 19 zum Ausdruck (ders., § 1 Rn. 5).

seine Entscheidung hinaus, schmälert es unter Umständen Masse, Quoten und Sanierungsaussichten – ob der zwangsweisen Überantwortung teils existentieller Interessen wäre ein solches Vorgehen treuwidrig[973].

Zugleich würde das Gericht klar seine Kompetenzen überschreiten, denn nach der Rechtsprechung ist das Gericht verpflichtet, das Verfahren zu eröffnen, sobald die Eröffnungsvoraussetzungen geprüft und bejaht wurden, ein Zuwarten steht nicht zu seiner Disposition[974].

Trifft es dagegen, unbeeindruckt von der konträren Antragsstellung, bei früherer Entscheidungsreife eine Entscheidung über die Eröffnung eines Hauptinsolvenzverfahrens, schwebt das Damoklesschwert rückwirkender Unwirksamkeit über selbiger.

Die EuInsVO sieht für diesen Fall keine Ausgleichsmechanismen vor; in Konsequenz prallen über Art. 4 Abs. 1 EuInsVO zwei Verfahrensrechte zur Abwicklung bereits getroffener, nicht lediglich vorläufiger Maßnahmen aufeinander, widerstreitend in Intention und Zielrichtung.

Eine Lesart, welche nationale Rückwirkungsfiktionen zulässt, befördert daher mehr Koordinierungsbedarf als sie Hilfestellung selbst zu leisten in der Lage ist. Damit steht sie klar in Widerspruch zu Erwägungsgrund 3 zur EuInsVO. Sie stößt sich überdies an Erwägungsgrund 22 zur EuInsVO, denn das System automatischer Anerkennung bedingt, dass eine einmal anerkannte Entscheidung nicht mehr nachträglich in Frage gestellt werden darf (vgl. Erwägungsgrund 22 S. 6 EuInsVO); dies widerspräche dem Grundsatz gegenseitigen Vertrauens in die mitgliedstaatlichen Gerichte, auf welchem die Anerkennung, das „Herzstück" der EuInsVO, gründet (vgl. Erwägungsgrund 22 S. 4 zur EuInsVO).

Ein weiterer Aspekt gesellt sich hinzu: Durch vorsorgliche Antragsstellung in einem Staat, der die Rückwirkungsfiktion kennt, wird die Möglichkeit gewahrt, das Verfahren dort eröffnen zu lassen oder – falls eine andere Rechtsordnung sich als günstiger erweist – die Eröffnung scheitern zu lassen: Die Rücknahme eines *winding-up*-Antrags ist – wenngleich in engen Grenzen – bis zu fünf Tage vor der der mündlichen Verhandlung möglich[975]; insofern steht es im Benehmen des Antragsstellers, ihm durch Verfahrenseröffnung universale Geltung zu ver-

---

973 Die Argumentation beansprucht Gültigkeit auch für das französische und italienische Recht; jeweils handelt es sich um Gesamtvollstreckungsverfahren, denen das Ziel gleichmäßiger Gläubigerbefriedigung (vgl. Art. L.643-8 al.1 C.com. und Art. 52 Abs. 1 und Art. 111 Abs. 1 l.fall.) sowie in Teilen der Sanierung des Unternehmens (vgl. Art. L.631-1 al. 2 C.com. bzw. Art. 1 Abs. 1 d.lgs. n. 270/99) zugrunde liegt.

974 Vgl. AG Mönchengladbach, Beschl.v.27.4.2004, Az: 19 IN 54/04, NZI 2004, 383 (383).

975 Das Gericht kann dem Antragssteller erlauben, den *winding-up*-Antrag zurückzunehmen, wenn der Antragssteller bis zu fünf Tage vor der mündlichen Verhandlung darlegen kann, dass der Antrag nicht bekannt gemacht wurde, dass er nicht aufgefordert wurde, den Antrag zu unterstützen oder ihn zu erwidern, und die Gesellschaft überdies eingewilligt hat (I.R. 1986, r. 4.15). Die Norm ist abschließend (Sealy/Milman, Annotated Guide to the Insolvency Legislation, I.R. 1986, General Note r. 4.15, S. 800).

schaffen oder zu entziehen. Gezielt kann daher je nach Bedarf und Interesse in Ruhe das gefälligere Verfahrensrecht oder eine verträgliche Haftungsordnung gewählt werden[976]. Die Beachtung von Rückwirkungsfiktionen befördert daher das *forum shopping*[977], obgleich selbiges erklärtermaßen gerade eingedämmt werden sollte (Erwägungsgrund 4 zur EuInsVO).

Nach alledem ist klar, um den Intentionen und Zielsetzungen der EuInsVO gerecht zu werden, muss der Bezugspunkt nicht nur *einheitlich* sein, er muss vielmehr auch die Funktion eines „Schalters" einnehmen: Mit Betätigung werden die Wirkungen *unmittelbar* und *ex nunc* ausgelöst. Diese Funktion indes kann nur die tatsächliche Vornahme eines Hoheitsaktes einnehmen; denn auf ihr gründet das durch Erwägungsgrund 22 zur EuInsVO beschworene Vertrauen in die Verwirklichung einer bestimmten Insolvenzrechtsordnung und allein sie genießt die Autorität, Hoheitsträger anderer Mitgliedstaaten davon abzuhalten, Wirksamkeit und Wirkungen eines Eröffnungsbeschlusses zu hintertreiben[978]. Damit steht fest, ausschlaggebend ist der Zeitpunkt des Erlasses der Eröffnungsentscheidung[979], in diesem Moment wird der „Schalter" unmittelbar und mit sofortiger künftiger Wirkung umgelegt.

Die einzelnen Insolvenzverfahrensrechte sehen jedoch unterschiedliche Formen des Erlasses vor: In Deutschland wird der Eröffnungsbeschluss wirksam durch Verlautbarung, d.h. wenn er den inneren Geschäftsbereich des Insolvenzgerichts verlässt, dies jedoch rückwirkend auf den Zeitpunkt der Unterschrift des Richters[980]. Daher muss der Beschluss auch Tag, Stunde und möglichst auch die Minute der Eröffnung angegeben (vgl. § 27 Abs. 2 Nr. 3 InsO)[981]; ist die Stunde der Eröffnung nicht angegeben, so gilt als Zeitpunkt der Eröffnung die Mittagsstunde des Tages, an dem der Beschluss erlassen worden ist (§ 27 Abs. 3 InsO). Dagegen ist in Frankreich die Verkündung des Eröffnungsurteils Voraussetzung

---

976 Ähnlich auch Schilling/Schmidt, ZInsO 2006, 113 (115), die auf Missbrauchsmöglichkeiten durch nationalrechtliche Rückwirkungsfiktionen verweisen.

977 So auch Schilling, Insolvenz einer englischen Limited mit Verwaltungssitz in Deutschland, S. 27.

978 Vgl. Smid, DZWIR 2003, 397 (402).

979 Ebenfalls für Zeitpunkt der Eröffnungsentscheidung Smid, Internationales Insolvenzrecht/EurInsVO, Art. 2 Rn. 16; ders., DZWIR 2003, 397 (401); Herchen, ZInsO 2004, 825 (829) mit Verweis auf Erwägungsgrund 22 zur EuInsVO; Duursma-Kepplinger/Duursma/Chalupsky, EuInsVO – Duursma-Kepplinger, Art. 3 Rn. 29 und Duursma-Kepplinger/Chalupsky, Art. 16 Rn. 7; MünchKommIntWR – Kindler, IntInsR Rn. 160; Herweg/Tschauner, EWiR 2004, 599 (600); Sealy/Milman, Annotated Guide to the Insolvency Legislation, I.A. 1986, General Note sec. 129, S. 177.

980 Foerste, Insolvenzrecht, Kapitel 3, § 13 II, Rn. 130; Heidelberger Kommentar zur InsO – Kirchhof, § 27 Rn. 25.

981 Foerste, Insolvenzrecht, Kapitel 3, § 13 II, Rn. 130; Heidelberger Kommentar zur InsO – Kirchhof, § 27 Rn. 19.

(vgl. Art. 55 al. 1 und 2 décr. n° 2005-1677, 28 déc. 2005[982]); vorher entfaltet der *jugement d'ouverture* keine Wirkung. Um vormaligen Schwierigkeiten bei der präzisen Bestimmung des Verkündungszeitpunktes entgegenzuwirken, gilt in Frankreich als Zeitpunkt der Verfahrenseröffnung einheitlich der Tag der Verkündung von seiner ersten Stunde an[983]. Italien stellt demgegenüber auf den Zeitpunkt der Veröffentlichung der gerichtlichen Entscheidung ab (Art. 16 Abs. 3 l.fall. i.V.m. Art. 133 Abs. 1 c.p.c.[984]); selbige wird durch Hinterlegung in der Kanzlei des entscheidenden Gericht bewirkt, bestätigt durch Unterschrift und Datum am Ende des Urteils (Art. 133 Abs. 2 c.p.c.). Allein das beschleunigte Verfahren der außerordentlichen Verwaltung nach der *Legge Marzano* wird nicht erst durch beglaubigte Hinterlegung der gerichtlichen Entscheidung eröffnet (*come si è visto*), sondern bereits durch die Zulassung durch den zuständigen Minister[985]. Der Fiktion auf einen bestimmten Zeitpunkt, wie sie dem deutschen und dem französischen Recht bekannt ist, bedient sich das italienische Insolvenzverfahrensrecht nicht.

Aber auch das englische Recht folgt der Rückwirkungsfiktion nicht konsequent, ganz im Gegenteil: So beginnt beispielsweise das (*administrative*) *receivership* erst in dem Zeitpunkt, in dem der benannte *receiver* die Bestallungsurkunde erhält (I.A. 1986, sec. 33 (1) (b))[986], die freiwillige gerichtliche Liquidation im Zeitpunkt der Beschlussfassung durch die Aktionäre (*the passing of*

---

982 Art. 14 al. 1 und 2 décr. 85-1388, 27 déc. 1985 (a.F.) für den *redressement judiciaire* bzw. Art. 152 al. 1 L. n° 85-98, 25 janv. 1985 (a.F.) für die *liquidation judiciaire*. Aufgrund der sinnidentischen Formulierung des Art. 55 al. 1 und 2 décr. n° 2005-1677, 28 déc. 2005 (n.F.) ist davon auszugehen, dass diese Rechtssicherheit schaffende Handhabe weiterhin Bestand haben kann.

983 Derrida/Godé/Sortais, Redressement et liquidation judiciaires des entreprises, S. 62, Rn. 71 zu Art. 14 décr. 85-1388, 27 déc. 1985 (a.F.) bzw. Chaput/Rontchevsky, Code de Commerce, S. 1010, Rn. 2 zu Art. L.622-9 al. 1 C.com. a.F.: Maßgebend ist der Anbruch der ersten Stunde des Tages, an welchem die gerichtliche Liquidation verkündet wird.

984 Durch die Reform des Insolvenzrechts entfaltet das Konkurseröffnungsurteil Wirkungen vom Zeitpunkt seiner Veröffentlichung i.S.v. Art. 133 Abs. 1 c.p.c. an (Art. 14 Abs. 1 lit. b) d.lgs. 5/06), zuvor wurde schlicht auf den Zeitpunkt der gerichtlichen Verkündung (*pronuncia giurisdizionale*) abgestellt (De Cesari/Montella, Le procedure di insolvenza nella nuova disciplina comunitaria, S. 98).

985 De Cesari/Montella, Le procedure di insolvenza nella nuova disciplina comunitaria, S. 98. Beachte: Gleichwohl wird als Eröffnungsentscheidung i.S.v. Art. 2 lit. e) EuInsVO erst das gerichtliche Urteil, welches die Zahlungsunfähigkeit bestätigt, angesehen; denn erst durch jenes werden die internationale Zuständigkeit geprüft, die Insolvenz des Schuldners festgestellt und die Wirkungen eines Insolvenzverfahrens ausgelöst, Art. 18 und 19 d.lgs. n. 270/99 i.V.m. Art. 8 L. n. 39/04 (vgl. dazu ausführlich unter A. I. 4.).

986 Vorausgesetzt der designierte *receiver* nimmt die Bestellung bis zum Ende des nächsten, auf den Erhalt der Bestallungsurkunde folgenden Werktages an (I.A. 1986, sec. 33 (1) (a), schriftlich gemäß I.R. 1986, r. 3.1) (Sealy/Milman, Annotated Guide to the Insolvency Legislation, I.A. 1986, sec. 33 (1), S. 95; Morse, Charlesworth's Company Law, Chpater 25, S. 544).

the resolution) (I.A. 1986, sec. 86), selbst dann, wenn anschließend die gerichtliche Liquidation durchgeführt wird (I.A. 1986, sec. 129 (1)).

Der englische Individualkonkurs (*bankruptcy*) entfaltet Wirkung ab dem Tag, an welchem die Verfügung ergeht (I.A. 1986, sec. 278 (a)), nicht dagegen bereits zum Zeitpunkt der Antragsstellung[987]. Und auch im *administration*-Verfahren entfaltet die Antragsstellung keine Rückwirkung, sondern löst vielmehr nur einen Aufschub (*moratorium*) aus, in dem beispielsweise die freiwillige Liquidation oder eine gerichtliche Liquidationsverfügung untersagt sind[988].

Kaum verwunderlich daher, dass das englische Schrifttum im Anwendungsbereich der EuInsVO nicht auf den wenigen Ausnahmen beharrt[989], in denen die Rückwirkungsfiktion zum Zuge kommt, sondern insofern in Art. 2 lit. f) EuInsVO eine vorrangige Regel sieht: Der Zeitpunkt, indem die Entscheidung wirksam wird, müsse sich (grundsätzlich) beziehen auf den Augenblick, in dem das Gericht die Verfügung verkündet (*when the court pronounces its order*)[990].

Mit diesem Eingeständnis steht denn auch bereits die Systematik, welche der EuInsVO zugrunde liegt, fest: Art. 2 lit. f) EuInsVO enthält die vorrangige Regel des Inhalts, dass Wirkungen der Eröffnungsentscheidung vom Zeitpunkt der Vornahme des Hoheitsaktes allein in die Zukunft weisen können, nicht dagegen in die Vergangenheit; er ist *lex specialis* zu Art. 4 Abs. 1 EuInsVO, indem er nationale Rückwirkungsfiktionen suspendiert, vielmehr einheitlich die Wirkungen der Eröffnungsentscheidung *ex nunc* vom Zeitpunkt ihrer Vornahme an eintreten lässt.

Allein für die rein prozedurale Frage, *wie* im nationalen Verfahrensrecht dem Hoheitsakt Wirkung beigemessen werden, trifft Art. 2 lit. f) EuInsVO keine Regelung, d.h. insofern ist der Anwendungsbereich des Art. 4 EuInsVO eröffnet, die Brücke in die *lex fori concursus* bereitet[991]. Oder bildlich gesprochen: *Wann*

---

[987] Sealy/Milman, Annotated Guide to the Insolvency Legislation, I.A. 1986, General Note sec. 278, S. 334. Als gerichtlicher Akt (*judicial act*) gilt die Verfügung als wirksam (*operative*) vom ersten Augenblick des Tages an, an welchem sie erlassen wurde (Fletcher, The law of Insolvency, Rn. 7-004).

[988] Vgl. Sealy/Milman, Annotated Guide to the Insolvency Legislation, I.A. 1986, General Note sec. 10, S. 61; eingehend Rossbach, Europäische Insolvenzverwalter in Deutschland, S. 44 ff.

[989] I.A. 1986, sec. 129 (1): Rückwirkung auf den Zeitpunkt, in welchem die Aktionäre den Beschluss zur freiwilligen Liquidation gefasst haben, im Falle anschließender gerichtlicher Liquidation; I.A. 1986, sec. 129 (2): grundsätzliche Rückwirkung auf den Zeitpunkt der Antragsstellung im Falle der gerichtlichen Liquidation (vgl. Sealy/Milman, Annotated Guide to the Insolvency Legislation, I.A. 1986, General Note, sec. 129, S. 176).

[990] Sealy/Milman, Annotated Guide to the Insolvency Legislation, I.A. 1986, General Note sec. 129, S. 177 und General Note sec. 86, S. 139 (Einzige Ausnahme: Wenn sich die Gesellschaft bereits im *creditors' voluntary winding up*, d.h. in freiwilliger Liquidation befand, müsse auf den Zeitpunkt der Beschlussfassung der Aktionäre rekurriert werden).

[991] Ebenso Wimmer, ZInsO 2005, 119 (127): Die Definition in Art. 2 lit. f) EuInsVO ist so zu verstehen, dass sich die Wirksamkeit der Eröffnungsentscheidung nach der *lex fori concursus*

der „Schalter" umgelegt wird bestimmt die EuInsVO; *wie* der „Schalter" betätigt wird, das nationale Verfahrensrecht.

Dem steht auch nicht entgegen, dass die EuInsVO an anderer Stelle Rückwirkungsfiktionen ausdrücklich anerkennt[992]; so verweist beispielsweise Art. 4 Abs. 2 lit. m) EuInsVO für Fragen der Nichtigkeit, Anfechtbarkeit oder relativen Unwirksamkeit von Rechtshandlungen, die die Gläubiger in ihrer Gesamtheit benachteiligen, auf das Recht des Staates der Verfahrenseröffnung. Der erläuternde Bericht zum EuIÜ stellt klar, dass dies sowohl für deren Voraussetzungen, deren Geltendmachung wie auch die rechtlichen Folgen der erfolgreichen Geltendmachung gilt: ob diese „automatisch" ausgelöst werden, „wobei die Wirkungen des Verfahrens rückwirkend eintreten, oder aufgrund einer vom Verwalter ergriffenen Maßnahme usw."[993].

Bei dieser Art Rückwirkung handelt es sich jedoch um eine Frage der *Verwirklichung* einer bestimmten Insolvenzrechtsordnung, nicht dagegen um die nach der *Bestimmung* selbiger[994]. Beides ist strikt zu trennen, dies liegt in der Natur des Kollisionsrechts: In der Rechtsfolge, mithin der Anwendung verschiedenartiger Statute, ist es pluralistisch - für die Frage dagegen, ob der Tatbestand, genauer das Anknüpfungsmoment, erfüllt ist, muss Kollisionsrecht dagegen einheitlich sein, will es funktionieren und sich bewähren.

Dies bedeutet: Rückwirkungsfiktionen können zum Zuge kommen, jedoch nur als Folge der Anwendung eines bestimmten Statuts, nicht dagegen, um selbiges Statut zu bestimmen; d.h. erst wenn die internationale Zuständigkeit eines Mitgliedstaates - und damit zugleich das anwendbare Insolvenzstatut – tatbestandsmäßig feststeht, können diese greifen, nicht dagegen kann die Rückwirkung die internationale Zuständigkeit begründen.

C. Entscheidung „durch ein nach Art. 3 zuständiges Gericht" im Sinne von Art. 16 Abs. 1 EuInsVO

Art. 16 Abs. 1 EuInsVO misst Universalität und Ausschlusswirkung nur derjenigen Entscheidung bei, die „durch ein nach Art. 3 zuständiges Gericht" erlassen wurde.

Diese Formulierung provoziert die Überlegung: Muss das eröffnende Gericht tatsächlich objektiv international zuständig gewesen sein, damit die Entschei-

---

beurteilt, sofern rein prozedurale Fragen betroffen sind, d.h. ob die Wirksamkeit bereits mit Unterschrift des Richters vorliegt, sobald die Entscheidung in den Geschäftsgang gegeben ist, oder ob sie den Beteiligten zugestellt oder gar öffentlich bekannt gemacht werden muss.

[992] So aber Jacobs, Schlussanträge des Generalanwalts, 27.9.2005, Rs. C-341/04 (Eurofood IFSC Ltd.), www.curia.eut.int/jurisp, Rn. 95.

[993] Virgos/Schmit-Report, Rn. 135.

[994] Ähnlich Schilling, Insolvenz einer englischen Limited mit Verwaltungssitz in Deutschland, S. 27.

dung gemeinschaftsweit anzuerkennen ist? Oder genügt es, dass das eröffnende Gericht sich für die Begründung seiner Zuständigkeit auf Art. 3 EuInsVO gestützt bzw. diese selbstverständlich angenommen hat?

Aus der Verordnung geht klar hervor, dass eine Gesellschaft nur *einen* „Mittelpunkt hauptsächlicher Interessen" haben kann[995]. Sehr deutlich wird dies in Art. 3 Abs. 2 EuInsVO, welcher klarstellt, dass sämtliche Insolvenzverfahren, die nicht in dem Staat eröffnet werden, in welchem sich der – *eine* – „Mittelpunkt hauptsächlicher Interessen" befindet, nur territorial beschränkte Verfahren sein können. Da die Verortung dieses einen Punktes nach objektiven Kriterien erfolge, müsse sie überprüfbar, notfalls korrigierbar sein[996]; justiziabel sollen dabei sein sowohl die rechtlichen Kriterien, die angewandt wurden, den Interessenmittelpunkt zu ermitteln, als auch die tatsächlichen Verhältnisse, die angeblich seinen Standort bedingen[997]. Verstößt eine Entscheidung objektiv gegen diese Vorgaben, stellt sie eine Missachtung der Zuständigkeitsordnung der EuInsVO dar; dem durch sie eröffneten Verfahren kann daher keine Bedeutung beigemessen, die Ausschlusswirkung des Art. 16 Abs. 1 EuInsVO nicht begründet werden - so die strengste Ansicht[998].

---

[995] So die Antragsstellung im Falle *Eurofood IFSC Ltd.*, zusammengefasst von Jacobs, Schlussanträge des Generalanwalts, 27.9.2005, Rs. C-341/04 (Eurofood IFSC Ltd.), www.curia.eut.int/jurisp, Rn. 100.

[996] Vgl. Antragsstellung im Falle *Eurofood IFSC Ltd.*, zusammengefasst von Jacobs, Schlussanträge des Generalanwalts, 27.9.2005, Rs. C-341/04 (Eurofood IFSC Ltd.), www.curia.eut.int/jurisp, Rn. 100; ähnlich Urbain-Parleani, Revue des sociétés: journal des sociétés, Bd. 123/2005, 101 (108), die dem Grundsatz gegenseitigen Vertrauens einen Vorbehalt entnimmt, die Widerlegung der Vermutung für den satzungsmäßigen Sitz im Falle eines Kompetenzkonfliktes nachzuprüfen.

[997] Vgl. Antragsstellung im Falle *Eurofood IFSC Ltd.*, zusammengefasst von Jacobs, Schlussanträge des Generalanwalts, 27.9.2005, Rs. C-341/04 (Eurofood IFSC Ltd.), www.curia.eut.int/jurisp, Rn. 100.

[998] So die Antragsstellung im Falle *Eurofood IFSC Ltd.*, zusammengefasst von Jacobs, Schlussanträge des Generalanwalts, 27.9.2005, Rs. C-341/04 (Eurofood IFSC Ltd.), www.curia.eut.int/jurisp, Rn. 99; Urbain-Parleani, Revue des sociétés: journal des sociétés, Bd. 123/2005, 101 (108); Mankowski, EWiR 2003, 1239 (1239 f.); AG Düsseldorf, Beschl.v. 6.6.2003, Az: 502 IN 126/03, ZIP 2003, 1363 (1363); Tribunal de Commerce de Pontoise, zitiert in Cour d'appel de Versailles, Urt.v.4.9.2003, Az: 05038/03, www.rws-verlag.de/volltext-2003/ca03.htm. Diese Ansicht ist mittlerweile jedoch größtenteils revidiert worden: In einem nachfolgenden Beschluss wies der nunmehr befasste Richter ausdrücklich darauf hin, dass einem Eröffnungsbeschluss nicht deswegen die Anerkennung versagt werden kann, weil dieser – angeblich – unter Nichtbeachtung der EuInsVO ergangen ist; die möglicherweise fälschliche Inanspruchnahme der internationalen Zuständigkeit sei nicht zu prüfen (AG Düsseldorf, Beschl.v.12.3.2004, Az: 502 IN 126/03, ZIP 2004, 623 (624)); auch im französischen Verfahrensgang kam die nachfolgende Instanz, die Cour d'appel de Versailles, zu dem Schluss, dass der sich für zuständig erklärende (englische) Richter sich entgegen der Auffassung der Vorinstanz mit den konkreten Verhältnissen befasst, mithin ausreichend Beweis für seine Überzeugungsbildung erbracht habe, der Interessenmittelpunkt der Tochtergesellschaft

Ihr steht allerdings die Zielsetzung der EuInsVO entgegen: Erwägungsgrund 22 zur EuInsVO fordert in klaren Worten, dass „die Anerkennung der Entscheidungen der Gerichte der Mitgliedstaaten sich auf den Grundsatz gegenseitigen Vertrauens stützen" (S.3), mithin die Entscheidung des zuerst eröffnenden Gerichts in anderen Mitgliedstaaten anerkannt werden soll, ohne sie einer Überprüfung zu unterziehen (S. 6).

Das Argument, diese Intention habe in der Verordnung keinen Niederschlag gefunden, sie sei mithin ohne Gewicht[999], ist seinerseits oberflächlich: Zum einen ist die Bedeutung der Erwägungsgründe für die Auslegung der EuInsVO - bzw. überhaupt für europäische Verordnungen - ausdrücklich anerkannt, denn sie beinhalten die Motive des Verordnungsgebers[1000], und zum anderen schreibt Art. 16 Abs. 1 EuInsVO eindeutig die *ipso iure*-Anerkennung vor; ob dieses Automatismus scheidet eine Nachprüfung durch Gerichte des Anerkennungsstaates von vornherein aus. Dem entspricht auch die verordnungsrechtliche Systematik: Einziger Grund, einer Entscheidung die Anerkennung zu versagen, ist der, dass ihre *Anerkennung* zu einem Ergebnis führt, das mit der öffentlichen Ordnung des Zweitstaates unvereinbar ist (Art. 26 EuInsVO); mit keiner Silbe wird dagegen die Möglichkeit erwähnt, die Eröffnungsentscheidung selbst in Frage zu stellen. Anders als im Erkenntnisverfahren nach EuGVVO, EuGVÜ und LugÜ erfolgt daher im Anerkennungsstaat keinesfalls eine Überprüfung der internationalen Zuständigkeit des Erststaates[1001].

Der Grundsatz gegenseitigen Vertrauens in die gemeinschaftliche Rechtsprechung hat daher sehr wohl Einzug in die Bestimmungen der Verordnung gehalten; allein das Vertrauen in die normative Verbindlichkeit und die tatsächliche Verwirklichung der geschaffenen Zuständigkeitsordnung rechtfertigt eine solch bedingungslose und weitreichende Anerkennung[1002], nämlich den vollständigen

---

liege in England (Cour d'appel de Versailles, Urt.v.4.9.2003, Az: 05038/03, www.rws-verlag.de/volltext-2003 /ca03.htm.).

[999] So aber die Antragsstellung im Falle *Eurofood IFSC Ltd.*, zusammengefasst von Jacobs, Schlussanträge des Generalanwalts, 27.9.2005, Rs. C-341/04 (Eurofood IFSC Ltd.), www.curia.eut.int/jurisp, Rn. 100.

[1000] Vgl. Smid, Internationales Insolvenzrecht/EurInsVO, Vor Art. 1 Rn. 14; MünchKomm IntWR – Kindler, IntInsR Rn. 36.

[1001] OLG Wien, Beschl.v.9.11.2004, Az: 28 R 225/04w, NZI 2005, 56 (59); obligatorische Anerkennungsverweigerung bei Verletzung der abschließend aufgezählten Zuständigkeitsvorschriften: Art. 35 Abs. 1 EUGVVO, Art. 28 Abs. 1 EuGVÜ, Art. 28 Abs. 1 LugÜ; im Übrigen gilt auch hier der Grundsatz des Nachprüfungsverbots (Kropholler, Europäisches Zivilprozessrecht/EuGVVO, Art. 35 Rn. 1).

[1002] Vgl. schon Virgos/Schmit-Report, Rn. 202; Duursma-Kepplinger/Duursma/Chalupsky, EuInsVO – Duursma-Kepplinger/Chalupsky, Art. 16 Rn. 14; MünchKommIntWR – Kindler, IntInsR Rn. 593; ähnlich Jacobs, Schlussanträge des Generalanwalts, 27.9.2005, Rs. C-341/04 (Eurofood IFSC Ltd.), www.curia.eut.int/jurisp, Rn. 102, der festhält, dass der Grundsatz gegenseitigen Vertrauens der Verordnung zugrunde liegt; vgl. EuGH, Urt.v.2.5.2006, Rs. C-341/04 (Eurofood IFSC Ltd.), www. curia.eut.int/jurisp, Rn. 39: aus Erwägungsgrund 22 zur

Verzicht auf innerstaatliche Vorschriften über die Anerkennung und Vollstreckbarerklärung bestimmter Entscheidungen[1003]. Getragen und gleichermaßen bedingt wird dieses Vertrauen von der gegenseitig bestehenden Vermutung, dass Entscheidungen eines anderen Mitgliedstaates ordnungsgemäß ergehen.

Dass die EuInsVO anders als beispielsweise Art. 35 Abs. 3 EuGVVO die Überprüfung der Zuständigkeit des Gerichts Ursprungsmitgliedstaates nicht ausdrücklich untersagt, heißt demgegenüber nicht, dass sie zulässig ist[1004]. Vielmehr entspricht es der Natur des Anerkennungsversagungsgrundes „Ordre Public", nicht Erscheinungsformen und Folgen eines Regelwerks die Anerkennung zu verweigern, die nach selbigem gerade beabsichtigt sind[1005]. Diese Prämisse lag der EuInsVO selbstverständlich zugrunde; sie bezieht sich im Besonderen auf die Zuständigkeitsordnung[1006], zumal der EuGH in ständiger Rechtsprechung betont, dass mitgliedstaatlichen Entscheidungen nicht unter Berufung auf den nationalen Ordre Public Anerkennung und Vollstreckung versagt werden dürfe, weil das erlassende Gericht die Zuständigkeitsregeln nicht beachtet habe[1007].

Damit steht denn auch fest: Die Zuständigkeit des verfahrenseröffnenden Gerichts wird nicht geprüft durch Gerichte eines Zweitstaates – gleich, ob rechtmäßig oder zu Unrecht angenommen; allein es wird geprüft, ob die Entschei-

---

EuInsVO gehe hervor, dass sich die Prioritätsregel des Art. 16 EuInsVO auf den Grundsatz gegenseitigen Vertrauens stützt.

1003 Vgl. EuGH, Urt.v.2.5.2006, Rs. C-341/04 (Eurofood IFSC Ltd.), www.curia.eut.int/jurisp, Rn. 40.

1004 Vgl. Wimmer, ZInsO 2005, 119 (123); Reithmann/Martiny, Internationales Vertragsrecht – Hausmann, Rn. 2566: Vielmehr fungiert Art. 35 Abs. 3 EuGVVO gerade als Vorbild für die EuInsVO.

1005 Vgl. Huber, ZZP 2001, 133 (146); MünchKommIntWR – Kindler, IntInsR Rn. 426; Reithmann/Martiny, Internationales Vertragsrecht – Hausmann, Rn. 2568; OLG Wien, Beschl.v.9.11.2004, Az: 28 R 225/04w, NZI 2005, 56 (59): Zielsetzungen der EuInsVO dürfen durch den Ordre Public nicht unterlaufen, das Anerkennungssystem nicht ausgehöhlt werden; vgl. auch Schilling, Insolvenz einer englischen Limited mit Verwaltungssitz in Deutschland, S. 91: Der Ordre Public-Vorbehalt kann sich nicht gegen die Verordnung an sich und deren ausdrückliche Zuweisung über Art. 4 und Anhang A richten.

1006 Vgl. Wimmer, ZInsO 2005, 119 (123); Reithmann/Martiny, Internationales Vertragsrecht – Hausmann, Rn. 2568: Der Gedanke des Art. 34 Abs. 3 S. 2 EuGVVO gilt auch hier; vgl. auch Duursma-Kepplinger/Duursma/Chalupsky, EuInsVO – Duursma-Kepplinger/Chalupsky, Art. 16 Rn. 15: Ähnlich dem Art. 35 EuGVVO darf das Zweitgericht nicht prüfen, ob das Erstgericht seine internationale Zuständigkeit zu Recht bejaht hat; vgl. auch OLG Wien, Beschl.v.9.11.2004, Az: 28 R 225/04w, NZI 2005, 56 (58): Verstöße gegen die Zuständigkeitsordnung der EuInsVO stellen per se keine Ordre Public-Verletzung dar; Circulaire, 17.3.2003, relative à l'entrée en vigeur du règlement n 1346/2000, 29.5.2000, relative aux procédures d'insolvabilité, 2., S. 318; ähnlich MünchKommIntWR – Kindler, IntInsR Rn. 428.

1007 EuGH, Urt.v.28.3.2000, Rs. C-7/98 (Dieter Krombach/André Bamberski), Rn. 32, NJW 2000, 1853 (1854).

dung durch das Gericht eines Mitgliedstaates getroffen wurde, das sich nach Art. 3 Abs. 1 EuInsVO für zuständig erklärt hat[1008].

Was aber heißt nun „für zuständig erklärt“? Muss die internationale Zuständigkeit vom befassten Gericht ausdrücklich, gar im Tenor, festgestellt werden oder genügt die *inzidenter*-Feststellung?

Nur vereinzelt wird in der europäischen Rechtsprechung verlangt, die Belegenheit des Interessenmittelpunkt innerhalb des eigenen Zuständigkeitsbereich sei ausdrücklich zu erwähnen; eine nur implizite Behauptung der Zuständigkeit genüge nicht[1009]. Dagegen hält die verbreitete Ansicht eine solch explizite Feststellung durch das Gericht für entbehrlich, da die Verordnung sie nicht erfordert[1010]. Art. 3 Abs. 1 EuInsVO lege nur die Regel für die internationale Zuständigkeit fest. Befindet sich der Interessenmittelpunkt tatsächlich im Zuständigkeitsbereich des Gerichts, so impliziere eine Entscheidung, welche ein Insolvenzverfahren in diesem Bezirk eröffnet, die Annahme der Zuständigkeit, wenn die Anforderungen der Verordnung im Übrigen erfüllt sind[1011], d.h. die Inanspruchnahme der Zuständigkeit nach Art. 3 Abs. 1 EuInsVO genügt[1012].

Welcher der beiden Auffassungen der Vorzug zu geben ist, bleibt auch nach der Entscheidung des EuGH in der Rechtssache *Eurofood/Parmalat* unklar. So stellt der Gerichtshof lediglich fest, dass das Gericht, bei welchem ein Insolvenzantrag anhängig gemacht wird, „seine Zuständigkeit im Hinblick auf Art. 3

[1008] Vgl. Virgos/Schmit-Report, Rn. 202 (zum EuIÜ und der Inanspruchnahme der Zuständigkeit durch das Gericht eines Vertragsstaates); sich ausdrücklich anschließend Jacobs, Schlussanträge des Generalanwalts, 27.9.2005, Rs. C-341/04 (Eurofood IFSC Ltd.), www.curia.eut.int/jurisp, Rn. 97, 101 und 103; Duursma-Kepplinger/Duursma/Chalupsky, EuInsVO – Duursma-Kepplinger/Chalupsky, Art. 16 Rn. 14; OLG Wien, Beschl.v.9.11.2004, Az: 28 R 225/04w, NZI 2005, 56 (58); MünchKommIntWR – Kindler, IntInsR Rn. 161 und 424 (teleologische Reduktion des Art. 16 Abs 1 S. 1 EuInsVO); Reithmann/Martiny, Internationales Vertragsrecht – Hausmann, Rn. 2566; vgl. auch De Cesari/Montella, Le procedure di insolvenza nella nuova disciplina comunitaria, S. 184 f.; EuGH, Urt.v.2.5.2006, Rs. C-341/04 (Eurofood IFSC Ltd.), www.curia.eut.int/jurisp, Rn. 42.

[1009] Tribunale Civile di Parma, Urt.v.19.2.2004, Az: 53/04, ZIP 2004, 1220 (1223); so auch Circulaire, 17.3.2003, relative à l'entrée en vigeur du règlement n 1346/2000, 29.5.2000, relative aux procédures d'insolvabilité, 1.2.3., S. 317: „Sa decision sur ce point doit figurer dans le dispositif de ce jugement, le critère de competence faisant partie des mentions publiées. Elle doit en outre être motivé, car ce critère determine la nature de la procedure (principale ou territoriale) et en consequences l'étendue des effets transfrontaliers de la decision."

[1010] High Court Dublin, Urt.v.23.3 2004, Az: 33/04, ZIP 2004, 1223 (1224).

[1011] High Court Dublin, Urt.v.23.3 2004, Az: 33/04, ZIP 2004, 1223 (1224).

[1012] OLG Wien, Beschl.v.9.11.2004, Az: 28 R 225/04w, NZI 2005, 56 (58); weniger deutlich Cour d'appel de Versailles, Urt.v.4.9.2003, Az: 05038/03, www.rws-verlag.de/volltext-2003/ca03.htm; AG Köln, Beschl.v.23.1.2004, Az: 71 IN 1/04, NZI 2004, 151 (152); AG Düsseldorf, Beschl.v.12.3.2004, Az: 502 IN 126/03, ZIP 2004, 623 (624); Virgos/Schmit-Report, Rn. 923; ähnlich Smid, Internationales Insolvenzrecht/EGInsO, Art. 102 § 2 Rn. 2; Gottwald, Insolvenzrechtshandbuch – Gottwald, § 129 Rn. 33.

Abs. 1 der Verordnung überprüfen, d.h. untersuchen (müsse), ob der Schuldner den Mittelpunkt hauptsächlicher Interessen in diesem Mitgliedstaat hat"[1013]. Die Pflicht zur Prüfung der Zuständigkeit ergibt sich indes schon aus ihrer Eigenschaft als Sachurteilsvoraussetzung, d.h. nicht erst aus dem Grundsatz gegenseitigen Vertrauens, dessen Kehrseite der EuGH hier bemüht[1014]. Das ausdrückliche Hervorheben dieser Pflicht könnte man daher als Erörterungs- und Begründungserfordernis begreifen – wiewohl das Gegenteil ebenso wahrscheinlich ist, da der Gerichtshof im Nachsatz nur betont wissen will, „dass eine solche Prüfung unter Beachtung der wesentlichen Verfahrensgarantien, die ein faires Verfahren erfordert, vorzunehmen ist"[1015]. Mithin lässt sich die Einlassung des Gerichtshofs auch als bloße Anweisung für das befasste Gericht hinsichtlich des einzuhaltenden Verfahrens verstehen, vollkommen wertfrei dagegen hinsichtlich der Anforderungen an die Begründung der eigenen Zuständigkeit.

Die Verwirrung aufzulösen, rekurrieren deutsche Kommentatoren auf Art. 102 § 2 EGInsO[1016]. Selbiger statuiert ein Begründungserfordernis betreffend die Eröffnungskompetenz; allerdings bleiben Anforderungen wie auch Sanktionen ungewiss, da er dieses nur mit dem unverbindlichen „Sollens"-Appell belegt. Beides indes kann dahinstehen, da das autonome deutsche Insolvenzrecht der europäischen Verordnung im Rang nachsteht, mithin für selbige weder Bedingungen aufstellen noch Rechtsfolgen formulieren kann. Bedeutung kann Art. 102 § 2 EGInsO allenfalls erlangen im Rahmen einer rechtsordnungsinternen Überprüfung der Eröffnungsentscheidung aufgrund Art. 3 EuInsVO[1017].

Dagegen ist für eine autonome Handhabe ein Blick auf die Gerichtspraxis im internationalen Zivilprozessrecht hilfreich: Regelmäßig ergeht keine ausdrückliche Entscheidung zur internationalen Zuständigkeit; das Gericht prüft selbige nur inzident[1018]. Wird sie bejaht, findet die internationale Zuständigkeit in der Regel Erwähnung in den Entscheidungsgründen, nicht dagegen im Tenor[1019].

[1013] EuGH, Urt.v.2.5.2006, Rs. C-341/04 (Eurofood IFSC Ltd.), www.curia.eut.int/jurisp, Rn. 41.

[1014] Vgl. EuGH, Urt.v.2.5.2006, Rs. C-341/04 (Eurofood IFSC Ltd.), www.curia.eut.int/jurisp, Rn. 41.

[1015] EuGH, Urt.v.2.5.2006, Rs. C-341/04 (Eurofood IFSC Ltd.), www.curia.eut.int/jurisp, Rn. 41.

[1016] Smid, Internationales Insolvenzrecht/EGInsO, Art. 102 § 2 Rn. 2, wobei unklar bleibt, ob er dieses Erfordernis nur rechtsordnungsintern angewendet wissen oder es als autonome Anforderung auf die EuInsVO übertragen will.

[1017] Vgl. Virgos/Schmit-Report, Rn. 79 Nr. 1 a); Smid, Internationales Insolvenzrecht/ EGInsO, Art. 102 § 2 Rn. 2.

[1018] Geimer, IZPR, Rn. 1843.

[1019] Geimer, IZPR, Rn. 1843; vgl. nur den strittigen Fall des High Court of Justice Leeds, Beschl.v.16.5.2003, Az: 861-876/03, ZIP 2003, 1362 (1362), welcher sich mit dem schlichten Ausspruch begnügte: „And upon the Court being satisfied on the evidence before it that the

Gleichwohl genießt die Feststellung der internationalen Zuständigkeit des Gerichts *res iudicata*-Wirkung[1020], gleichsam als „selbständiger Teilausspruch des Urteils"[1021].

Diese indes genügt den Anforderungen an eine Entscheidung im Sinne von Art. 3 Abs. 1 EuInsVO; denn entscheidend ist nach Systematik und Regelungsmechanismus der EuInsVO nur, dass mit der Entscheidung der Interessenmittelpunkt verbindlich feststeht – tut er dies, werden Universalität und Ausschlusswirkung nach Art. 16 Abs. 1 EuInsVO ausgelöst; gleichzeitig steht der Status sämtlicher weiterer Verfahren fest: Gemäß Art. 3 Abs. 2 EuInsVO können sie mit der gerichtlichen Feststellung, dass sich der Interessenmittelpunkt in einem bestimmten Mitgliedstaat befindet - quasi kontradiktorisch - nur noch Sekundärinsolvenzverfahren sein[1022]; dies gilt selbst dann, wenn das Gericht im Rahmen seiner Zuständigkeitsprüfung zu dem Ergebnis gelangt, dass die vermeintliche „Niederlassung" mehr ist als eine solche, denn mit der Feststellungswirkung des Eröffnungsurteils ist die Schlussfolgerung, es handle sich um den „Mittelpunkt hauptsächlicher Interessen", präkludiert[1023]. Dem steht weder die Definition der Niederlassung in Art. 2 lit. h) EuInsVO noch deren Zweck entgegen: So soll das Erfordernis der „wirtschaftlichen Aktivität" lediglich sicherstellen, dass es sich bei der Einrichtung um eine nicht nur vorübergehende, dauerhaft angesiedelte Tätigkeit mit hinreichendem Organisationsgefüge handelt[1024]. Dies ist dazu angetan, einen allgemeinen Vermögensgerichtsstand durch Einführung bestimmter Mindestanforderungen, mithin die Zersplitterung des Insolvenzverfahrens zu

---

EC Regulation does apply and that these proceedings are main proceedings as defined in Article 3 of the EC Regulation."

1020 Geimer, IZPR, Rn. 1843.

1021 Geimer, IZPR, Rn. 1845.

1022 Vgl. Virgos/Schmit-Report, Rn. 215; AG Köln, Beschl.v.23.1.2004, Az: 71 IN 1/04, NZI 2004, 151 (152). Dieser Punkt ist es auch, den die Circulaire, 17.3.2003, relative à l'entrée en vigeur du règlement n 1346/2000, 29.5.2000, relative aux procédures d'insolvabilité als entscheidend für die Begründung der internationalen Zuständigkeit ansieht: „Elle doit en outre être motivé, *car ce critère determine la nature de la procedure (principale ou territoriale)* et en consequences l'étendue des effets transfrontaliers de la decision.", 1.2.3., S. 317 (Betonung hinzugefügt).

1023 Vgl. Virgos/Schmit-Report, Rn. 220; AG Köln, Beschl.v.23.1.2004, Az: 71 IN 1/04, NZI 2004, 151 (151 f.); ähnlich, jedoch weniger deutlich MünchKommIntWR – Kindler, IntInsR Rn. 164.

1024 Smid, Internationales Insolvenzrecht/EurInsVO, Art. 3 Rn. 30; Morse, Cross-border insolvency in the European Union, in: International Conflict of Laws for the third Millennium, 233 (243 f.); vgl. auch Virgos/Schmit-Report, Rn. 71: Maßgebend sind ein Mindestmaß an Organisation und eine gewisse Dauerhaftigkeit, wobei die Wahrnehmung durch Dritte ausschlaggebend ist, nicht die Intention des Schuldners; ähnlich MünchKommInsO – Reinhart, Art. 3 EuInsVO, Rn. 5; MünchKommIntWR – Kindler, IntInsR Rn. 108 f.

verhindern, nicht dagegen muss zwingend auf eine Einrichtung, die dem Gesellschaftssitz nachgeordnet ist, abgestellt werden[1025].

Geht daher aus den Entscheidungsgründen mit hinreichender Deutlichkeit hervor, dass das Gericht sich auf Art. 3 Abs. 1 gestützt hat, ist die Entscheidung von Gerichten des Zweitstaates nicht in Frage zu stellen[1026]. Vollkommen ausreichend ist daher der ehedem umstrittene, schlichte Ausspruch des *High Court*, er sei „aufgrund der vorliegenden Beweislage überzeugt, dass die EG-Verordnung anwendbar ist und dass es sich bei den Verfahren um ein Hauptverfahren im Sinne von Art. 3 der Verordnung handelt“[1027]; denn mit ihm sind die maßgebenden Feststellungen getroffen: die Belegenheit des „Mittelpunktes hauptsächlicher Interessen“ und gleichsam die Rangfolge sämtlicher weiterer, den Schuldner betreffender Insolvenzverfahren. – Dies indes bedeutet nicht, dass eine fehlerhafte Entscheidung bedingungslos hinzunehmen ist; es bedeutet nur, dass die Überprüfung der ordnungsgemäßen Inanspruchnahme der internationalen Zuständigkeit den Gerichten des Staates obliegt, in welchem die Entscheidung ergangen ist. Einwände gegen die Zuständigkeit des Eröffnungsgerichts sind rechtsordnungsintern im Staat der Verfahrenseröffnung geltend zu machen; erforderlichenfalls kann das Gericht sich im Wege der Vorabentscheidung an den EuGH wenden[1028].

[1025] Vgl. Wimmer, ZInsO 2005, 119 (124); AG Köln, Beschl.v.23.1.2004, Az: 71 IN 1/04, NZI 2004, 151 (151): „Art. 3 Abs. 2 EuInsVO setzt voraus, dass zumindest eine Niederlassung i.S. des Art. 2 lit. h) EuInsVO gegeben ist. Daher ist das Vorhandensein sogar eines Sitzes unschädlich“; a.A. noch Tribunal de commerce de Pontoise, dessen Urteil jedoch in der nachfolgenden Instanz aufgehoben wurde (vgl. Cour d'appel de Versailles, Urt.v.4.9.2003, Az: 05038/03, www.rws-verlag.de/volltext-2003/ca03.htm).

[1026] Ebenso Cour d'appel de Versailles, Urt.v.4.9.2003, Az: 05038/03, www.rws-verlag.de/volltext-2003/ca03.htm; AG Köln, Beschl.v.23.1.2004, Az: 71 IN 1/04, NZI 2004, 151 (152); AG Düsseldorf, Beschl.v.12.3.2004, Az: 502 IN 126/03, ZIP 2004, 623 (624); High Court Dublin, Urt.v.23.3.2004, Az: 33/04, ZIP 2004, 1223 (1224); OLG Wien, Beschl.v.9.11.2004, Az: 28 R 225/04w, NZI 2005, 56 (58); ähnlich Tribunal de Commerce Nanterre, Urt.v. 19.5.2005, Az: 2005P00666 (Rover France), (unveröffentlicht) www.lextenso.com/lextenso/site/chronique_file_copyright.php?IdChron=324; Virgos/Schmit-Report, Rn. 923; ähnlich Smid, Internationales Insolvenzrecht/EGInsO, Art. 102 § 2 Rn. 2.

[1027] High Court of Justice Leeds, Beschl.v.16.5.2003, Az: 861-876/03, ZIP 2003, 1362 (1362).

[1028] Vgl. Virgos/Schmit-Report, Rn. 79 Nr. 1 a), Nr. 2. und Rn. 202; auch OLG Wien, Beschl. v.9.11.2004, Az: 28 R 225/04w, NZI 2005, 56 (59); MünchKommIntWR – Kindler, IntInsR Rn. 163 f. (zusätzlich: Vertragsverletzungsverfahren und Schadensersatz aus Staatshaftung); Kübler, Der Mittelpunkt hauptsächlicher Interessen nach Art. 3 Abs. 1 EuInsVO, in: Festschrift für Gerhardt, 527 (559); De Cesari/Montella, Le procedure di insolvenza nella nuova disciplina comunitaria, S. 184; ebenso Jacobs, Schlussanträge des Generalanwalts, 27.9.2005, Rs. C-341/04 (Eurofood IFSC Ltd.), www.curia.eut.int/jurisp, Rn. 104; EuGH, Urt.v. 2.5.2006, Rs. C-341/04 (Eurofood IFSC Ltd.), www.curia.eut.int/jurisp, Rn. 43.

Zusammenfassung

- Der räumliche Anwendungsbereich ist beschränkt auf den Kreis teilnehmender Mitgliedstaaten der EU.

Ein Hauptinsolvenzverfahren nach der EuInsVO nimmt zwar Universalität im Sinne weltweiter Sollgeltung für sich in Anspruch. Ob diese Wirkungserstreckung von einem Nicht-Mitgliedstaat der EU gewährt wird, entscheidet der Zweitstaat - entweder autonom oder in einem zwischenstaatlichen Abkommen. Ein solches stellt die EuInsVO jedoch nicht dar, per se kann sie daher keine Wirkungen gegenüber Drittstaaten entfalten.

Mit Erlass der EuInsVO wurde jedoch die interne Kompetenz nach Art. 61 lit. c), 65 lit. a) und 67 EGV für das Sachgebiet „Internationales Insolvenzrecht" wahrgenommen; zugleich ist die ausschließliche Außenkompetenz betreffend wechselseitiger Abkommen mit Drittstaaten insofern auf die EG übergegangen.

Sieht man das Sachgebiet „Internationales Insolvenzrecht" durch die EuInsVO dagegen als nicht erschöpfend geregelt, verfügt die EG jedoch zumindest über eine im Verhältnis zu den Mitgliedstaaten konkurrierende Zuständigkeit, da mit Art. 61 lit. c), 65 lit. a) und 67 EGV eine interne Normsetzungsbefugnis besteht.

Zur Bestimmung der internationalen Zuständigkeit ist zunächst auf Art. 3 Abs. 1 S. 2 EuInsVO abzustellen.

- Bei der Vermutung des Art. 3 Abs. 1 S. 2 EuInsVO handelt es sich wegen des Gebots der praktischen Wirksamkeit des Gemeinschaftsrechts um eine Sachrechtsregel; als solche genießt sie gemäß Art. 249 Abs. 2 EGV Vorrang vor dem nationalen Recht. Ihr Gehalt ist dieser: das Gebot, ein etwaig bestehendes Amtsermittlungsrecht unterhalb der Schwelle des Art. 3 Abs. 1 S. 2 EuInsVO unangewendet zu lassen und das Gebot, den Interessenmittelpunkt von Amts wegen zu ermitteln, sobald begründete Zweifel an der Identität von satzungsmäßigem und tatsächlichem Gesellschaftssitz aufkeimen.

- Solche Zweifel können nicht aus der Beherrschung durch eine Muttergesellschaft herrühren, welche von ihrem satzungsmäßigen Sitz aus Einfluss auf die Geschicke der Gesellschaft nimmt.

Art. 3 Abs. 1 EuInsVO sieht den Konzerninsolvenzgerichtsstand nicht vor, weder ausdrücklich noch mittels Auslegung.

Zwar könnte allein der Konzerninsolvenzgerichtsstand in die Lage versetzen, die Ziele der EuInsVO unter den gewandelten wirtschaftlichen Bedingungen optimal zu erreichen; *de lege lata* vermag eine objektive, dynamische Auslegung Art. 3 Abs. 1 EuInsVO den Regelungsgehalt eines Konzerninsolvenzgerichtsstandes nicht zuzuweisen - *de lege ferenda* dagegen ist eine abweichende Beurteilung denkbar sowohl durch Erlass konzernrechtlichen wie auch insolvenzrechtlichen Sachrechts.

Bis dahin sind Konzerngesellschaften gesondert und entsprechend ihrer eigenen rechtlichen Existenz zu behandeln.

- Die Vermutung für den „satzungsmäßigen Sitz“ und dessen Widerlegung sind den aktuellen Entwicklungen im internationalen Gesellschaftsrecht anzupassen.

Die Entscheidung für die Gründungstheorie im materiellen Kollisionsrecht bedingt ihre Anwendung auch im internationalen Zivilprozessrecht.

Der „satzungsmäßige Sitz“ ist Beleg für die bewusste Gründung einer Gesellschaft nach einem bestimmten Gesellschaftsrecht und der Unterwerfung unter die zugehörige Rechtsordnung. Er ist daher wegen des Verbots widersprüchlichen Verhaltens grundsätzlich verbindlich.

Für die Anwendung des Art. 3 Abs. 1 EuInsVO bedeutet dies, dass die Anknüpfung an den satzungsmäßigen Sitz zum Regelfall erhoben wird, Satz 1 nur im Missbrauchsfall einen abweichenden Anwendungsbereich findet.

Der „Mittelpunkt hauptsächlicher Interessen des Schuldners“ ist daher ein anderer, wenn an der statutarischen Adresse keine Verwaltungseinrichtungen für die Verfolgung des *konkreten* Geschäftszwecks vorhanden sind und die Gesellschaft auch tatsächlich nicht von diesem Ort aus für potentielle Gläubiger erkennbar am Rechtsverkehr teilnimmt.

- Die verbindliche Handhabe für die Anwendung des Art. 3 Abs. 1 EuInsVO ist daher diese: Die nationalen Gerichte dürfen die Angaben zur internationalen Zuständigkeit nach Art. 3 Abs. 1 EuInsVO lediglich einer Schlüssigkeitsprüfung unterziehen, ein etwaig bestehendes Amtsermittlungsrecht ist wegen des Vorrangs des Gemeinschaftsrechts unangewendet zu lassen.

Kommen im Rahmen der Schlüssigkeitsprüfung begründete Zweifel an der Identität von satzungsmäßigem und tatsächlichem Gesellschafssitz auf, ist die Vermutung des Art. 3 Abs. 1 S. 2 EuInsVO erschüttert; gleichzeitig wird das Amtsermittlungsrecht aus Art. 3 Abs. 1 S. 2 EuInsVO i.V.m. Art. 10 EGV des Gerichts ausgelöst. Um die einheitliche Anwendung des Gemeinschaftsrechts sicherzustellen, ist dieses Amtsermittlungsrecht für den Anwendungsbereich des Art. 3 Abs. 1 S. 1 EuInsVO als Pflicht ausgestaltet; das nach nationalem Prozessrecht etwaig bestehende Ermessen ist mithin wegen der vorrangigen europarechtlichen Sachrechtsregel suspendiert.

- Maßgebender Zeitpunkt für die Bestimmung des „Mittelpunktes hauptsächlicher Interessen“ ist der Zeitpunkt der Insolvenzreife. Daher ändert eine Verlagerung des Anknüpfungspunktes zwischen Antragsstellung und Erlass des Eröffnungsbeschlusses nichts an der Zuständigkeit des Insolvenzgerichts.

Die gemeinschaftsweite, automatische Anerkennung eines Insolvenzverfahrens erfolgt, „sobald die Entscheidung im Staat der Verfahrenseröffnung wirksam ist“.

- „Entscheidung“ in diesem Sinne ist ausschließlich der jeweilige Eröffnungsbeschluss oder die Bestellung des Verwalters, wenn diese nach dem Verfahrensrecht die Eröffnungsentscheidung impliziert.

Die Bestellung eines vorläufigen Verwalters dagegen kann nicht als „Entscheidung“ im Sinne von Art. 16 Abs. 1 EuInsVO anerkannt werden; es handelt sich dabei um eine sachrechtliche Neuschöpfung, die weder dem Zweck von Kollisionsrecht entspricht noch in der Rechtswirklichkeit Entsprechung findet.

- Die Eröffnungsentscheidung entfaltet Wirkungen einheitlich ab dem Zeitpunkt ihrer Vornahme *ex nunc*.

Art. 2 lit. f) EuInsVO ist *lex specialis* zu Art. 4 Abs. 1 EuInsVO, indem er nationale Rückwirkungsfiktionen suspendiert. Allein für die rein prozedurale Frage, *wie* im nationalen Verfahrensrecht dem Hoheitsakt Wirkung beigemessen werden, trifft Art. 2 lit. f) EuInsVO keine Regelung, insofern ist der Anwendungsbereich des Art. 4 EuInsVO eröffnet.

- Für die Anerkennung der Eröffnungsentscheidung ist nicht erforderlich, dass das eröffnende Gericht tatsächlich im Sinne von Art. 3 Abs. 1 EuInsVO zuständig war.

Die Zuständigkeit des verfahrenseröffnenden Gerichts wird nicht geprüft durch Gerichte eines Zweitstaates. Geht aus den Entscheidungsgründen mit hinreichender Deutlichkeit hervor, dass das Gericht sich auf Art. 3 Abs. 1 gestützt hat, sind die maßgebenden Feststellungen getroffen.

Die ordnungsgemäße Inanspruchnahme der internationalen Zuständigkeit wird überprüft von den Gerichten des Staates, in welchem die Entscheidung ergangen ist.

Damit sind klare Vorgaben für die Bestimmung der internationalen Zuständigkeit nach Art. 3 Abs. 1 EuInsVO formuliert und verlässliche Maßgaben für die Anerkennung einer Eröffnungsentscheidung nach Art. 16 Abs. 1 EuInsVO geschaffen, welche die Zuständigkeit aufgrund Art. 3 Abs. 1 EuInsVO für sich in Anspruch nimmt.

Dies versetzt in die Lage, grenzüberschreitende Insolvenzverfahren schnell einer bestimmten Eröffnungszuständigkeit zuzuordnen und die Anerkennung der Verfahrenseröffnung zu gewährleisten. Die Ergebnisse der Arbeit sind daher der Schlüssel für effiziente und wirksame grenzüberschreitende Insolvenzverfahren, welche die länderübergreifende Abstimmung unter den Gerichten bzw. Verwaltern der Mitgliedstaaten erlauben und gleichzeitig Missbräuche verhindern - ganz so wie es sich die EuInsVO in den Erwägungsgründen 2, 3 und 4 zum Ziel gesetzt hat.

Selbiges Bedürfnis nach Klarheit und Verlässlichkeit wird sich in naher Zukunft eher noch verstärken, denn obsolet werden. Denn mit der neu geschaffenen Gesellschaftsform der europäischen Aktiengesellschaft (Societas Europaea, kurz „SE")[1029] besteht eine weitere Möglichkeit mitgliedstaatenübergreifender Unternehmenszusammenschlüsse, sei es in Form der Verschmelzung, der Gründung einer Holding-SE oder der Errichtung von Tochtergesellschaften in einem anderen Mitgliedstaat (vgl. Art. 2 Abs. 1 und 2, Art. 3 EG-Verordnung 2157/2001). Darüber hinaus ist ihre nachträgliche Sitzverlegung erleichtert: Gemäß Art. 8 EG-Verordnung 2157/2001 kann der Sitz einer SE in einen anderen Mitgliedstaat verlegt werden, ohne dass dies zur Auflösung oder der Gründung einer neuen juristischen Person führt.

Beides erleichtert die grenzüberschreitende Tätigkeit in der Europäischen Gemeinschaft[1030]. Gleichzeitig wird mitgliedstaatliches Gesellschaftsrecht weder faktisch zurückgedrängt noch in seiner Bedeutung überflüssig, denn das „Statut der Europäischen Gesellschaft (SE)" enthält keine eigenen materiell-konzernrechtlichen Regelungen[1031], sondern verweist für nahezu sämtliche gesellschaftsrechtliche Fragen auf die einzelstaatlich anwendbaren Vorschriften zur Aktiengesellschaft (vgl. Art. 9 Abs. 1 und 3, Art. 10 und Art. 14 EG-Verordnung 2157/2001); gleiches gilt für das Konkursrecht (vgl. Art. 63 EG-Verordnung 2157/2001).

Kollisionsrecht, sowohl gesellschafts- wie auch insolvenzrechtliches, hat daher weiterhin seine Funktion und Berechtigung.

Dies gilt umso mehr als unter Praktikern höchst kritisch beäugt wird, ob sich die SE überhaupt durchzusetzen vermag: Die Vorteile, die mit der SE einhergehen, erleichterte Fusion von Unternehmen unterschiedlicher Mitgliedstaaten und identitätswahrende Sitzverlegung, können nach der neuesten Rechtsentwicklung auch anderweitig gewährt und genutzt werden: Nach Umsetzung der Verschmelzungsrichtlinie[1032] in deutsches Recht im kommenden Jahr bzw. in den sonstigen Mitgliedstaaten besteht für Unternehmen die Möglichkeit, grenzüberschreitender Fusion auch ohne, dass die praktisch noch wenig erprobte Rechtsform der

---

[1029] Eingeführt durch EG-Verordnung 2157/2001 vom 8.10.2001 über das Statut der europäischen Gesellschaft, in Kraft getreten am 8.10.2004, ABL. Nr. L 294 v. 10.11.2001, S. 0001-0021 (Teilabdruck überdies in Jayme/Hausmann, Internationales Privat- und Verfahrensrecht, Ordnungsnummer 21).

[1030] Einen weiteren Aspekt streicht Burbidge, European Law Review 2002 (Bd. 27), 589 (594) heraus: „A further attraction might well be that under the Insolvency Regulation the SE will be easier (and cheaper) to rescue through cross-border insolvency proceedings than the traditional multi-national Group structure".

[1031] Vgl. Kölner Kommentar zum AktG – Koppensteiner, Vorbem. § 291, Rn. 131.

[1032] Richtlinie 2005/56/EG des Europäischen Parlaments und des Rates vom 26.10.2005 über die Verschmelzung von Kapitalgesellschaften aus verschiedenen Mitgliedstaaten, ABL. Nr. L 310 v. 25.11.2005, S. 0001-0009 (Teilabdruck überdies in Jayme/Hausmann, Internationales Privat- und Verfahrensrecht, Ordnungsnummer 22).

SE bemüht werden muss[1033]. Unternehmen können daher verstärkt auf Gesellschaftsformen zugreifen, die ihnen vertraut sind[1034].

Der Anreiz, das noch unerprobte, riskante Wagnis „SE“ einzugehen, wird überdies weiter schwinden, wenn zusätzlich die Sitzverlegungsrichtlinie in Kraft tritt[1035]. Diese ist als Reaktion auf die Rechtsprechung des EuGH zur Niederlassungsfreiheit zu verstehen und soll die Umsetzung der aufgestellten Maßgaben in die Praxis ermöglichen bzw. erleichtern; ähnlich wie schon die SE soll sie die rechtsformwahrende Verlegung des Satzungssitzes ermöglichen, dies jedoch für *mitgliedstaatliche* Rechtsformen[1036].

Durch all diese Vereinfachungen und neuen Möglichkeiten, grenzüberschreitend zu operieren, auch nachträglich Standort, Rechtsordnung und Rechtsform flexibel zu wählen, wird eher noch eine Vermehrung grenzüberschreitender Tätigkeit zu erwarten sein, bei gleichzeitiger Vielfalt der Rechtsformen und Statute; d.h. es wird auch künftig für nicht absehbare Zeit ein gleichbleibendes Bedürfnis nach verlässlichem, klaren Kollisionsrecht geben – eines, das bei all der Vielfältigkeit und Unterschiedlichkeit, die am Endpunkt einer kollisionsrechtlichen Betrachtung stehen mag, in der Lage ist, Verlässlichkeit und Verbindlichkeit über eine autonome Anknüpfung zu schaffen.

Denn nichts hat der Ausspruch Goethes an Gültigkeit eingebüßt: Nur „wer klare Begriffe hat, kann befehlen“ (Johann Wolfgang von Goethe, 1749-1832)[1037].

1033 Vgl. Hemeling, FAZ Nr. 81, 5.4.2006, S. 23. Nach dieser Richtlinie können künftig Kapitalgesellschaften unterschiedlicher Rechtsform, die dem Recht verschiedener Mitgliedstaaten unterliegen, fusioniert werden, wenn das innerstaatliche Recht eine Verschmelzung zwischen Unternehmen einer solchen Rechtsform zulassen würde (vgl. Erwägungsgründe 1 und 2 zur Richtlinie 2005/56/EG und Art. 1 und 4 Richtlinie 2005/56/EG). Frist zur Umsetzung der Richtlinie ist Ende 2007.

1034 Vgl. Hemeling, FAZ Nr. 81, 5.4.2006, S. 23.

1035 Vgl. Hemeling, FAZ Nr. 81, 5.4.2006, S. 23.

1036 Dieses Thema wurde durch die Urteile des EuGH (Centros, Überseering, Inspire Art) akut, die die Niederlassungsfreiheit juristischer Personen in ihrer Gründungsform in einem anderen Mitgliedstaat und damit die rechtsformwahrende Verlegung des Satzungssitzes bejahen. (Die Öffentliche Konsultation zu den Grundzügen der geplanten 14. Richtlinie, www.europa.eu.int/comm/internal_market/company/seat-transfer/2004-consult_de.htm, Stand: 13.9.2006). Zuvor musste die Verlegung des Satzungssitzes, mithin die Erlangung der Rechtspersönlichkeit im Aufnahmemitgliedstaat, zu einem Verlust der Rechtspersönlichkeit im Herkunftsland führen, um die sich aus einer doppelten Staatszugehörigkeit ergebenden Probleme zu vermeiden (Die Öffentliche Konsultation zu den Grundzügen der geplanten 14. Richtlinie, www.europa.eu.int/comm/internal_market/company/seat-transfer/2004-consult_de.htm, Stand: 13.9.2006. Nr. 1). Einen konkreten Richtlinien-Entwurf gibt es allerdings noch nicht (vgl. www.europa.eu/rapid/pressReleasesAction.do?reference=IP/04/270&format=HTML&aged=0&language=DE&guiLanguage=en).

1037 Zitiert nach: Dreßler, Der Staat der Philosophen, S. 270.

Literaturverzeichnis

Adam, Dietmar, Zuständigkeitsfragen bei der Insolvenz internationaler Unternehmensverbindungen, 2006, Baden-Baden

Barrett, Gavin (Hrsg.), Creating a European judicial space – prospects for improving judicial cooperation in civil matters in the European Union, 2001, Köln (zitiert: Autor, Titel, in: Barrett, Creating a European judicial space)

Basedow, Jürgen/ Drobnig, Ulrich/ Ellger, Reinhard/ Hopt, Klaus J./ Kötz, Hein/ Kulms, Rainer/ Mestmäcker, Ernst-Joachim (Hrsg.), Aufbruch nach Europa: 75 Jahre Max-Planck-Institut für Privatrecht, 2001, Tübingen (zitiert: Autor, Titel, in: Basedow, Aufbruch nach Europa)

Bauer, Max W./ Eccher, Bernhard/ König, Bernhard/ Kreuzer, Josef/ Zanon, Heinz (Hrsg. und Übersetzer), Italienische Zivilprozessordnung – mit Nebengesetzen und IPR-Gesetz – Codice di Procedura civile – con leggi complememtari e legge sul diritto internazionale privato, Zweisprachige Ausgabe, 2. Aufl., Stand: 1. Januar 1996, Bozen

Bauer, Max W./ Eccher,Bernhard/ König, Bernhard/ Kreuzer, Josef/ Zanon, Heinz (Hrsg. und Übersetzer), Italienisches Zivilgesetzbuch – Codice civile, Zweisprachige Ausgabe, 4. Aufl., Stand: 30. Juni 2004, Bozen

Bauer, Max W./ König, Bernhard/ Kreuzer, Josef (Hrsg. und Übersetzer), Italienisches Konkursrecht und andere Insolvenzverfahren – Fallimento ed altre procedure concorsuali, Zweisprachige Ausgabe, 2. Aufl., Stand: 1988, Bozen

Baumbach, Adolf/ Lauterbach, Wolfgang/ Albers, Jan/ Hartmann, Peter, Zivilprozessordnung mit Gerichtsverfassungsgesetz und anderen Nebengesetzen, Bd. 1, 64. Aufl., 2006, München (zitiert: Baumbach/Lauterbach/Albers/Hartmann, ZPO, Bd. 1 – *Bearbeiter*)

Behrens, Peter, Gemeinschaftsrechtliche Grenzen der Anwendung inländischen Gesellschaftsrechts auf Auslandsgesellschaften nach Inspire Art – zu EuGH, 30.9.2003 – Rs. C-167/01 – Kramer van Koophandel en Fabrieken voor Amsterdam/Inspire Art Ltd. (S. 46-56), IPRax 2004, S. 20-26

Beitzke, Günther, Juristische Personen im Internationalprivatrecht und Fremdenrecht, 1938, München und Berlin

Bianca, Massimo, La dichiarazione dello stato di insolvenza nell'amministrazione straordinaria delle grandi imprese, 2001, Mailand

Borchers, Patrick J./ Zekoll, Joachim (Hrsg.), International Conflict of Laws for the third Millennium – Essays in Honor of Friedrich K. Juenger, 2001, New York (zitiert: Autor, Titel, in: International Conflict of Laws for the third Millennium)

Burbidge, Peter, Cross border insolvency within the European Union: dawn of a new era, European Law Review 2002, Bd. 27, S. 589-609

Bydlinski, Franz, Juristische Methodenlehre und Rechtsbegriff, 2. Aufl., 1991, Wien und New York

Calliess, Christian/ Ruffert, Matthias, Kommentar des Vertrages über die Europäische Union und des Vertrages zur Gründung der Europäischen Gemeinschaft – EUV/EGV, 2. Aufl., 2002, Neuwied und Kriftel (zitiert: Calliess/Ruffert, EUV/EGV – *Bearbeiter*)

Chaput, Yves/ Rontchevsky, Nicolas, Code de Commerce (Dalloz), 99. Aufl., 2004, Paris (zitiert: Chaput/Rontchevsky, Code de Commerce)

Circulaire du 17 mars 2003 relative à l'entrée en vigeur du règlement n 1346/ 2000 du 29 mai 2000 relatif aux procédures d'insolvabilité, Paris, le 17 mars 2003 (veröffentlicht: in Journal Officiel, 30.7.2003, S. 12939), in: *De Cesari/Montella,* Le procedure di insolvenza nella nouva disciplina comunitaria, Anhang 6, S. 311-337

Cozian, Maurice/ Viandier, Alain/ Deboissy, Florence, Droit des Sociétés, 17. Aufl., 2004, Paris (zitiert: Cozian/Viandier/Deboissy, Droit des Sociétés)

Csia, Laszlo/ Ferber, Michael Martinez, Kurzkommentar zu Stadtgericht Fejer/ Székesfehérvár, Beschluss vom 14.6.2004, www.eir-database.com/world_ doc/judgements_47.pdf

Dammann, Reinhard, Droit européen des procédures d'insolvabilité: problématique des conflits de juridictions et de forum shopping, Recueil Dalloz, Bd. 181/2005, Heft 26, S. 1779-1786 (Damman, Recueil Dalloz, Bd. 181/ 2005,)

De Cesari, Patrizia/ Montella, Galeazzo, Le procedure di insolvenza nella nouva disciplina comunitaria – Commentario articolo per articolo del regolamento CE n. 1346/2000, 2004, Mailand (zitiert: *De Cesari/Montella,* Le procedure di insolvenza nella nouva disciplina comunitaria)

Deipenbrock, Gudula, Das neue europäische Internationale Insolvenzrecht – von der „quantité négligeable" zu einer „quantité indispensable", EWS 2001, S. 113-119

Derrida, Fernand/ Godé, Pierre/ Sortais, Jean-Pierre, Redressement et liquidation judiciaires des entreprises – cinq années d'application de la loi du 25 janvier 1985, 3. Aufl., 1991, Nizza (zitiert: Derrida/Godé/Sortais – Redressement et liquidation judiciaires des entreprises)

Deutscher Bundestag – 15. Wahlperiode - Drucksache 15/16 (zitiert: BT-Drs. 15/16)

Dreßler, Hans Heinrich, Der Staat der Philosophen – Sentenzen aus drei Jahrtausenden, 1990, Köln

Duursma-Kepplinger, Henriette-Christine/ Duursma, Dieter/ Chalupsky, Ernst, Europäische Insolvenzverordnung – Kommentar, 2002, Wien (zitiert: Duursma-Kepplinger/Duursma/Chalupsky, EuInsVO – *Bearbeiter*)

Ehricke, Ulrich, Die neue Europäische Insolvenzverordnung und grenzüberschreitende Konzerninsolvenzen, EWS 2002, S. 101-107

Ehricke, Ulrich, Die Zusammenarbeit der Insolvenzverwalter bei grenzüberschreitenden Insolvenzen nach der EuInsVO, WM 2005, S. 397-405

Eickmann, Dieter/ Flessner, Axel/ Irschlinger, Friedrich/ Kirchhoff, Hans-Peter/ Landfermann, Hans-Georg/ Marotzke, Wolfgang/ Stephan, Guido, Heidelberger Kommentar zur Insolvenzordnung, 3. Aufl., 2003, Heidelberg (zitiert: Heidelberger Kommentar zur InsO – *Bearbeiter*)

Eidenmüller, Horst, Der Markt für internationale Konzerninsolvenzen: Zuständigkeitskonflikte unter der EuInsVO, NJW 2004, S. 3455-3459

Eidenmüller, Horst, Mobilität und Restrukturierung von Unternehmen im Binnenmarkt – Entwicklungsperspektiven des europäischen Gesellschaftsrechts im Schnittfeld von Gemeinschaftsgesetzgeber und EuGH, JZ 2004, S. 24-33

Emmerich, Volker/ Habersack, Mathias, Konzernrecht: das Recht der verbundenen Unternehmen bei Aktiengesellschaft, GmbH, Personengesellschaften und Genossenschaft; ein Studienbuch, 8. Aufl., 2005, München

Falcke, Günther, Konzernrecht in Frankreich: Abhängigkeiten und einheitliche Leitung im französischen Recht der Gesellschaftsgruppen, 1. Aufl., 1996, Baden-Baden

Ferber, Michael Martinez, European Insolvency Regulation, Substantive Consolidation, the Threat of Forum Shopping on a German point of view, 2004, Osperspai (zitiert: Ferber, European Insolvency Regulation)

Flannery, Glen, Zusammenfassung der Gründe für die unveröffentlichte Entscheidung im Fall „Crisscross Telecommunications", www.nabarro.com/publications/index.asp?sectionID=az&practiceiD=&publicationID=141412&issueID=141422, Stand: Januar 2004

Fletcher, Ian F., Insolvency in private international law – national and international approaches, 2. Aufl., 2005, New York

Fletcher, Ian F., The Law of Insolvency, 3. Aufl., 2002, London

Florian, Matthias, Das englische internationale Insolvenzrecht, 1989, Heidelberg

Foerste, Ulrich, Insolvenzrecht, 2. Aufl., 2004, München

Geimer, Reinhold, Internationales Zivilprozessrecht, 5. Aufl., 2005, Köln (zitiert: Geimer, IZPR)

Gottwald, Peter (Hrsg.), Insolvenzrechtshandbuch, 3. Aufl., 2006, München (zitiert: Gottwald, Insolvenzrechtshandbuch – *Bearbeiter*)

Gottwald, Peter, Grenzüberschreitende Insolvenzen – Europäische und weltweite Tendenzen und Lösungen, 1997, München (zitiert: Gottwald, Grenzüberschreitende Insolvenzen)

Grabitz, Eberhard/ Hilf, Meinhard, Das Recht der Europäischen Union, Bd. 1, EUV/EGV, Loseblattsammlung, 27. Ergänzungslieferung, Stand: Juni 2005, München (zitiert: *Bearbeiter* in: Grabitz/Hilf, Recht der EU, Bd. 1)

Habscheid, Walter J./ Gaul, Hans Friedhelm/ Mikat, Paul (Hrsg.), Festschrift für Friedrich Wilhelm Bosch zum 65. Geburtstag, 1976, Bielefeld (zitiert: Autor, Titel, in: Festschrift für Bosch)

Haubold, Jens, Europäisches Zivilverfahrensrecht und Ansprüche im Zusammenhang mit Insolvenzverfahren – Zur Abgrenzung zwischen Europäischer Insolvenzverordnung und EuGVO, EuGVÜ und LugÜ, IPRax, S. 157-163

Hausmann, Rainer/ van Raad, Kees/ Raupach, Arndt/ Veelken, Winfried, Steuergestaltung durch doppelt ansässige Gesellschaften?, 1988, München (zitiert: Autor, Titel, in: Hausmann/Raupach, Steuergestaltung durch doppelt ansässige Gesellschaften?)

Hemeling, Peter, Die Europa AG ist eine Mutprobe – Allianz-Chefjurist: Wagnis mit vielen Unbekannten/Stolpersteine sind Arbeitnehmerrechte und Anfechtungsklagen, Frankfurter Allgemeine Zeitung, Nr. 81, 5.4.2006, S. 23 (zitiert: FAZ)

Herchen, Axel, Aktuelle Entwicklungen im Recht der internationalen Zuständigkeit zur Eröffnung von Insolvenzverfahren: Der Mittelpunkt der (hauptsächlichen) Interessen im Mittelpunkt der Interessen, ZInsO 2004, S. 825-831

Herchen, Axel, Das Übereinkommen über Insolvenzverfahren der Mitgliedsstaaten der Europäischen Union vom 23.11.1995 – Eine Analyse zentraler Fragen des Internationalen Insolvenzrechts unter besonderer Berücksichtigung dinglicher Sicherungsrechte -, 2000, Würzburg

Herweg, Christian/ Tschauner, Heiko, Internationales Insolvenzrecht, Zuständigkeitskonflikte, Prioritätsprinzip, Rückwirkungsprinzip, Ordre Public/ „Eurofood/Parmalat II“, Kurzkommentar zu High Court Dublin (Justice Kelly), Beschluss vom 23.3.2004, Az: 33/04, EWiR 2004, S. 599-600

Heyers, Christian Bernhard, Das französische Internationale Insolvenzrecht – unter Berücksichtigung des neuen Europäischen Konkursübereinkommens -, 1997, Düsseldorf

Hommelhoff, Peter/ Hopt, Klaus J./ Lutter, Marcus (Hrsg.), Konzernrecht und Kapitalmarkrecht, 2001, München (zitiert: Autor, Titel, in: Hommelhoff/ Hopt/Lutter, Konzernrecht und Kapitalmarkrecht)

Huber, Peter, Die europäische Insolvenzverordnung, EuZW 2002, S. 490-496

Huber, Peter, Internationales Insolvenzrecht in Europa – Das internationale Privat- und Verfahrensrecht der Europäischen Insolvenzverordnung - , ZZP 2001, S. 133-166

Hübner, Ulrich/ Constantinesco, Vlad, Einführung in das französische Recht, 4. Aufl., 2001, München

Hüffer, Uwe, Aktiengesetz, 6. Aufl., 2004, München

Jacobs, Francis G., Schlussanträge des Generalanwalts vom 27.9.2005 in der Rechtssache C-341/04 (Eurofood IFSC Ltd.), www.curia.eut.int/jurisp

Jayme, Erik/ Hausmann, Rainer (Hrsg.), Internationales Privat- und Verfahrensrecht, 13. Aufl., 2006, München

Kegel, Gerhard/ Schurig, Klaus, Internationales Privatrecht: ein Studienbuch, 9. Aufl., 2004, München (zitiert: Kegel/Schurig, IPR)

Kindler, Peter, Italienisches Handels- und Wirtschaftsrecht, 2002, Heidelberg

Kindler, Peter, Sitzverlegung und internationales Insolvenzrecht – zu EuGH, 17.1.2006, Rs. C-1/04 – Staubitz-Schreiber (S.149), IPRax 2006, S. 114-116

Kirchhof, Hans-Peter/ Lwowski, Hans-Jürgen/ Stürner, Rolf (Hrsg.), Münchener Kommentar zur Insolvenzordnung, Bd. 3, §§ 270 – 335, Internationales Insolvenzrecht, Insolvenzsteuerrecht, Sachverzeichnis für die Bände 1 – 3, 2003, München (zitiert: MünchKommInsO – *Bearbeiter*)

Köke, Jens, Die englische Limited in der Insolvenz, ZinsO 2005, S. 354-358

Krebber, Sebastian, Europäische Insolvenzverordnung, Drittstaatengesellschaften, Drittstaatensachverhalte und innergemeinschaftliche Konflikte (zur Entscheidung des High Court vom 7.2.2003, in re BRAC Rent-A-Car), IPRax 2004, S. 540-543

Kropff, Bruno/ Semler, Johannes (Hrsg.), Münchener Kommentar zum Aktiengesetz, Bd. 1, §§ 1-53, 2. Aufl., 2000, München (zitiert: MünchKomm AktG – *Bearbeiter*)

Kropff, Bruno/ Semler, Johannes (Hrsg.), Münchener Kommentar zum Aktiengesetz, Bd. 8, §§ 278-328, 2. Aufl., 2000, München (zitiert: MünchKomm AktG – *Bearbeiter*)

Kropholler, Jan, Europäisches Zivilprozessrecht: Kommentar zu EuGVO und Lugano-Übereinkommen, 8. Aufl., 2005, Frankfurt am Main (zitiert: Kropholler, Europäisches Zivilprozessrecht/Gesetz)

Kudla, Hubertus (Hrsg.), Lexikon der lateinischen Zitate - 3500 Originale mit deutschen Übersetzungen und Belegstellen, 2. Aufl., 2001, München

Kuhlmann, Jens/ Anis, Erik, Konzernrecht, 1. Aufl., 2001, München

Lagarde, Gaston (Hrsg.), Répertoire des Sociétés (Dalloz), 2. Aufl., Loseblattsammlung, Stand: November 2000, Paris (zitiert: Répertoire des Sociétés – *Bearbeiter*)

Laughton, Chris, The European Insolvency Case Register, www.mercerhole.co.uk/cgi-bin/item.cgi?id=13921&d=101&h=126&f=127, Stand: 30. Juni 2005

Laut, Thomas, Universalität und Sanierung im internationalen Insolvenzrecht, 1997, Berlin

Lautenbach, Götz, Eröffnung eines Hauptinsolvenzverfahrens trotz vorherigem Antrag in England, Anmerkung zu AG Mönchengladbach, Beschluss vom 27.4.2004, Az: 19 IN 54/04, NZI 2004, S. 383-386

Leible, Stefan/ Hoffmann, Jochen, Wie inspiriert ist „Inspire Art"?, EuZW 2003, S. 677-683

Leible, Stefan/ Staudinger, Ansgar, Die europäische Verordnung über Insolvenzverfahren, KTS 2000, S. 533-575

Lenz, Carl Otto/ Borchardt, Klaus-Dieter (Hrsg.), EU- und EG-Vertrag – Kommentar zu dem Vertrag über die Europäische Union und zu dem Vertrag zur Gründung der Europäischen Gemeinschaft, jeweils in der durch den Vertrag von Nizza geänderten Fassung, 3. Aufl., 2003, Köln (zitiert: Lenz/ Borchardt, EUV/EGV – *Bearbeiter*)

Magnier, Véronique/ Guyon, Yves (Hrsg.), Répertoire des Sociétés, Bd. 5, Encyclopédie juridique (Dalloz), Loseblattsammlung, Stand: April 2006 (zitiert: Répertoire des Sociétés, Encyclopédie juridique - *Bearbeiter*)

Mankowski, Peter, Grenzüberschreitender Umzug und das center of main interests im europäischen Internationalen Insolvenzrecht, NZI 2005, S. 368-373

Mankowski, Peter, Insolvenzverfahren, internationale Zuständigkeit, EU-Staaten, Kollision/ „ISA III", Kurzkommentar zu Cour d'appel Versailles, Urteil vom 4.9.2003, Az: 05038/03, EWiR 2003, S. 1239-1240

Mankowski, Peter, Zuständigkeit des Insolvenzgerichts am Sitz der Konzernmutter bei Leitung der Verwaltung – Hettlage, Anmerkung zu AG München, Beschluss vom 4.5.2004, Az: 1501 IE 1276/04, NZI 2004, S. 450-452

Mankowski, Peter, Zuständigkeit für Klagen des Insolvenzverwalters, Anmerkung zu BGH, Urteil vom 27.5.2003, Az: IX ZR 203/02, NZI 2003, S. 545-547

Martius, Alexander, Verteilungsregeln in der grenzüberschreitenden Insolvenz – Unter besonderer Berücksichtigung von Forderungen aus dem öffentlichen Recht - , 2004, Frankfurt

Mestmäcker, Ernst-Joachim/ Behrens, Peter (Hrsg.), Das Gesellschaftsrecht der Konzerne im internationalen Vergleich: ein Symposium des Max-Planck-Instituts für Ausländisches und Internationales Privatrecht, Hamburg, 1. Aufl., 1991, Baden-Baden (zitiert: Autor, Titel, in: Mestmäcker/Behrens, Das Gesellschaftsrecht der Konzerne im internationalen Vergleich)

Meyer-Löwy, Bernd/ Poertzgen, Christoph/ de Vries, Tillman, Einführung in das englische Insolvenzrecht, ZInsO 2005, S. 293-298

Michalski, Lutz (Hrsg.), Kommentar zum Gesetz betreffend die Gesellschaften mit beschränkter Haftung (GmbH-Gesetz), Bd. 2, §§ 35-86 GmbHG, 2002, München (zitiert: Michalski, GmbHG, Bd. 2 – *Bearbeiter*)

Michalski, Lutz (Hrsg.), Kommentar zum Gesetz betreffend die Gesellschaften mit beschränkter Haftung (GmbH-Gesetz), Bd. 1, Systematische Darstellungen 1-7, §§ 1-34 GmbHG, 2002, München (zitiert: Michalski, GmbHG, Bd. 1 – *Bearbeiter*)

Mörsdorf-Schulte, Juliana, Internationaler Gerichtsstand für Insolvenzanfechtungsklagen im Spannungsfeld von EuInsVO, EuGVÜ/O und autonomem

Recht und seine Überprüfbarkeit durch den BGH (zu BGH, 27.5.2003, Az: IX ZR 203/02, S. 59-61), IPRax 2004, S. 31-40

Morse, Geoffrey/ Girvin, Stephen/ Morris, Richard/ Frisby, Sandra/ Hudson, Alastair, Charlesworth's Company Law, 17. Aufl., 2005, London (zitiert: Morse, Charlesworth's Company Law)

Nouveau Code de Procédure Civile, Code de procédure Civile, Code de l'organisation judiciaire, Voies d'ecécution (Dalloz), 94. Aufl., 2002, Paris

Oppermann, Thomas, Europarecht: ein Studienbuch, 3. Aufl., 2005, München

Palmer, Francis Beaufort (Begr.), Palmer's Company Law, Bd. 1, 25. Aufl., Loseblattsammlung, Stand: Dezember 1999, London, (zitiert: Palmer's Company Law, Bd. 1 - *Bearbeiter*)

Pannen, Klaus/ Riedemann, Susanne, Der Begriff des „centre of main interests" i.S des Art. 3 I 1 EuInsVO im Spiegel aktueller Fälle aus der Rechtsprechung, NZI 2004, S. 646-651

Pasqualini, François, Code des sociétés, 7. Aufl., 2002, Paris

Paulus, Christoph G., Änderungen des deutschen Insolvenzrechts durch die Europäische Insolvenzverordnung, ZIP 2002, S. 729-737

Paulus, Christoph G., Die europäische Insolvenzverordnung und der deutsche Insolvenzverwalter, NZI 2001, S. 505-516

Penzlin, Dietmar/ Riedemann, Susanne, Bestimmung des Mittelpunktes der hauptsächlichen Interessen des Schuldners – MG Rover, Anmerkung zu High Court of Justice Birmingham, Beschluss vom 18.4.2005, Az: 2375 bis 2382/05, NZI 2005, S. 467-471

Perilli, Luca, Problemi di diritto processuale internazionale italiano, www.ipsoa.it/intlis/contenuto/INTILIS01.pdf, Stand: Oktober 2005

Piepenburg, Horst, Faktisches Konzerninsolvenzrecht am Beispiel Babcock Borsig, NZI 2004, S. 231-238

Poertzgen, Christoph/ Adam, Dietmar, Insolvenzverwalter kommen sich europaweit in die Quere – Brüsseler Verordnung lässt viele Probleme ungelöst, Frankfurter Allgemeine Zeitung, Nr. 160, 13.7.2005, S. 21 (zitiert: FAZ)

Raiser, Thomas, Recht der Kapitalgesellschaften: ein Handbuch für Praxis und Wissenschaft; Aktiengesellschaft, Kommanditgesellschaft auf Aktien, Gesellschaft mit beschränkter Haftung, Kapitalgesellschaft & Co., Umwandlungsrecht, Konzernrecht, internationales Gesellschaftsrecht, 3. Aufl., 2001, München

Rebmann, Kurt/ Säcker, Franz Jürgen/ Rixecker, Roland (Hrsg.), Münchener Kommentar zum Bürgerlichen Gesetzbuch, Bd. 11, Internationales Handels- und Gesellschaftsrecht, Einführungsgesetz zum Bürgerlichen Gesetzbuche (Art. 50-237), 3. Aufl., 1999, München (zitiert: MünchKomm IntGesR – *Bearbeiter* (3. Aufl., 1999))

Rebmann, Kurt/ Säcker, Franz Jürgen/ Rixecker, Roland (Hrsg.), Münchener Kommentar zum Bürgerlichen Gesetzbuch, Bd. 11, Internationales Wirtschaftsrecht, Einführungsgesetz zum Bürgerlichen Gesetzbuche (Art. 50-245), 4. Aufl., 2006, München (zitiert: MünchKommIntWR – *Bearbeiter*)

Reithmann, Christoph/ Martiny, Dieter, Internationales Vertragsrecht – Das internationale Privatrecht der Schuldverträge, 5. Aufl., 1996, Köln (Reithmann/Martiny, Internationales Vertragsrecht – *Bearbeiter* (5. Aufl., 1996))

Reithmann, Christoph/ Martiny, Dieter, Internationales Vertragsrecht – Das internationale Privatrecht der Schuldverträge, 6. Aufl., 2004, Köln (zitiert: Reithmann/Martiny, Internationales Vertragsrecht - *Bearbeiter*)

Riera, Laura/ Wagner, Christoph, Grenzüberschreitende Insolvenzen, internationale Zuständigkeit italienischer Insolvenzgerichte/ „Eurofood/Parmalat I", Kurzkommentar zu Tribunale Civile di Parma, Urteil vom 19.2.2004, Az: 53/04, EWiR 2004, S. 597-598

Rossbach, Oliver, Europäische Insolvenzverwalter in Deutschland – Am Beispiel englischer und französischer Insolvenzverwalter, 2006, Köln Berlin München

Ruiz-Jarabo Colomer, Dámaso, Schlussanträge des Generalanwalts vom 6.9.2005 in der Rechtssache C-1/04 (Susanne Staubitz-Schreiber), www. curia.eu.int./jurisp

Scheel, Hansjörg, Konzerninsolvenzrecht – Eine rechtsvergleichende Darstellung des US-amerikanischen und des deutschen Rechts, 1995, Köln

Schilken, Eberhard/ Kreft, Gerhart/ Wagner, Gerhard/ Eckhardt, Diederich (Hrsg.), Festschrift für Walter Gerhardt, 2004, Köln (zitiert: Autor, Titel, in: Festschrift für Gerhardt)

Schillig, Michael, Die ausschließliche Zuständigkeit für gesellschaftsrechtliche Streitigkeiten vor dem Hintergrund der Niederlassungsfreiheit – zur Anwendung des Art. 22 Nr. 2 EuGVVO auf eine englische Limited mit Verwaltungssitz in England, IPRax 2005, S. 208-218

Schilling, Simon, Insolvenz einer englischen Limited mit Verwaltungssitz in Deutschland, 2005, Jena

Schilling, Simon/ Schmidt, Jessica, COMI und vorläufiger Insolvenzverwalter – Problem gelöst? – Die Schlussanträge in der Rechtssache „Eurofood/Parmalat" als wesentlicher Schritt zur Lösung der Kontroverse um die Auslegung der EuInsVO, ZInsO 2006, S. 113-118

Schlosser, Peter F., EU-Zivilprozessrecht – EuGVVO, EuEheVO, AVAG, HZÜ, EuZVO, HBÜ, EuBVO, 2. Aufl., 2003, München (zitiert: Schlosser EUZ/EuGVVO)

Schmidt, Karsten (Hrsg.), Münchener Kommentar zum Handelsgesetzbuch, Bd. 2, Zweites Buch. Handelsgesellschaften und stille Gesellschaft: Erster Abschnitt. Offene Handelsgesellschaft §§ 105-160, 2. Aufl., 2006, München (zitiert: MünchKommHGB – *Bearbeiter*)

Schwarz, Christian, Insolvenzverwalterklagen bei eigenkapitalersetzenden Gesellschafterleistungen nach der Verordnung (EG) Nr. 44/2001, NZI 2002, S. 290-298

Sealy, Len/ Milman, David, Annotated Guide to the Insolvency Legislation – Insolvency Act 1986 and 2000, Company Directors Disqualification Act 1986, Insolvency Rules 1986, EC Regulation on Insolvency Proceedings 2000, 6. Aufl., 2002, London (zitiert: Annotated Guide to the Insolvency Legislation – Gesetz/Verordnung)

Shandro, Sandy, Bankruptcy jurisdiction in the US and Europe: reconsideration needed, www.freshfields.com/practice/finance/publications/pdfs/11513.pd f, S. 1-25, Stand: April 2005

Smid, Stefan, Deutsches und Europäisches Internationales Insolvenzrecht (Verordnung (EG) Nr. 1346/2000 des Rates vom 29. Mai 2000 über Insolvenzverfahren (Europäische Insolvenzverordnung – EurInsVO), Einführungsgesetz zur Insolvenzordnung (EGInsO) Art. 102 Durchführung der EurInsVO, Insolvenzordnung (InsO): Elfter Teil – Internationales Insolvenzrecht (§§ 335 - 358 InsO), Insolvenzordnung (InsO): Ausgewählte Vorschriften mit internationalem Bezug), 1. Aufl., 2004, Stuttgart, Berlin, Köln (zitiert: Smid, Internationales Insolvenzrecht/ Gesetz)

Smid, Stefan, Judikatur zum internationalen Insolvenzrecht, DZWIR 2004, S. 397-411

Smid, Stefan, Vier Entscheidungen englischer und deutscher Gerichte zur europäischen internationalen Zuständigkeit zur Eröffnung von Hauptinsolvenzverfahren, DZWIR 2003, S. 397-404

Sonnenberger, Hans Jürgen, Französisches Handels- und Wirtschaftsrecht, 2. Aufl., 1991, Heidelberg

Stein, Friedrich/ Jonas, Martin (Hrsg.), Kommentar zur Zivilprozessordnung, Bd. 1, Einleitung, §§ 1-40, 22. Aufl., 2003, Tübingen (zitiert: Stein/Jonas, ZPO, Bd. 1 – *Bearbeiter*)

Streinz, Rudolf (Hrsg.), EUV/EGV – Kommentar über die Europäische Union und Vertrag zur Gründung der Europäischen Gemeinschaft, 2003, München (zitiert: Streinz, EUV/EGV – *Bearbeiter*)

Streinz, Rudolf, Europarecht, 7. Aufl., 2005, Heidelberg

The Insolvency Service (Hrsg.), Explanatory Memorandum to the "Cross-Border Insolvency Regulations 2006" 2006 No. 1, 9.3.2006, www.opsi.gov.uk/si/si2006/draft/em/uksidem_01107741587_en.pdf,

The Insolvency Service (Hrsg.), guidance notes, www.insolvency.gov.uk/ information/dearip/dearipmill/chapter17.htm

Triebel, Volker/ Hodgson, Stephen/ Kellenter, Wolfgang/ Müller, Georg, Englisches Handels- und Wirtschaftsrecht, 2. Aufl., 1995, Heidelberg

Uhlenbruck, Wilhelm (Hrsg.), Insolvenzordnung, Kommentar, 12. Aufl., 2003, München (zitiert: Uhlenbruck, InsO – *Bearbeiter*)

Uhlenbruck, Wilhelm, Das neue Insolvenzrecht: Insolvenzordnung und Einführungsgesetz nebst Materialien mit Praxishinweisen, 1994, Herne/Berlin (zitiert: Uhlenbruck, Das neue Insolvenzrecht)

Uhlenbruck, Wilhelm, Konzerninsolvenzrecht über einen Insolvenzplan?, NZI 1999, S. 41-44

Urbain-Parleani, Isabelle, La faillite des sociétés – Bref aperçu sur le règlement CE n° 1346-2000 du 29 mai 2000 relatif aux procédures d'insolvabilité, Revue des sociétés: journal des sociétés, Bd. 123/2005, S. 101-110 (zitiert: *Urbain-Parleani*, Revue des sociétés: journal des sociétés, Bd. 123/2005)

Vincent, Jean/ Guinchard, Serge, Procédure Civile, 23. Aufl., 1994, Paris

Virgos, Miguel/ Schmit, Etienne, Erläuternder Bericht zu dem EU-Übereinkommen über Insolvenzverfahren, in: *Stoll, Hans:* Vorschläge und Gutachten zur Umsetzung des EU-Übereinkommens über Insolvenzverfahren im deutschen Recht – Im Auftrag der Sonderkommission „Internationales Insolvenzrecht" des deutschen Rates für internationales Privatrecht, vorgelegt von Hans Stoll, 1997, Tübingen, S. 33-134 (zitiert: Virgos/Schmit-Report)

Von Bernstorff, Christoph, Einführung in das englische Recht, 3. Aufl., 2006, München

Von Hoffmann, Bernd/ Thorn, Karsten, Internationales Privatrecht einschließlich der Grundzüge des Internationalen Zivilverfahrensrecht, 8. Aufl., 2005, München (zitiert: von Hoffmann/Thorn, IPR)

Von Staudinger, Julius (Begr.), Kommentar zum Bürgerlichen Gesetzbuch mit Einführungsgesetz und Nebengesetzen – Einführungsgesetz zum Bürgerlichen Gesetzbuche/IPR, Internationales Gesellschaftsrecht, 1998, Berlin (zitiert: Staudinger, BGB, IntGesR – *Bearbeiter*)

Walden, Daniel, Das Kollisionsrecht der Personengesellschaften im deutschen, europäischen und US-amerikanischen Recht, 1. Aufl., 2001, Baden-Baden

Weber, Karl-Heinz/ Hoffmann, Thomas, Das Französische Insolvenzrecht, 3. Aufl., 1996, Bielefeld

Weller, Marc-Philippe, Forum Shopping im Internationalen Insolvenzrecht?, Entscheidungsrezension zu BGH, 27.11.2003, Az: IX ZB 418/02, IPRax 2004, S. 429-431; AG Düsseldorf, 12.03.2004, Az: 502 IN 126/03, IPRax 2004, S. 431-433; AG München, 04.05.2004, Az: 1401 IE 1276/04 , IPRax 2004, S. 433; IPRax 2004, S. 412-417

Westermann, Harm Peter (Hrsg.), Handbuch der Personengesellschaften: Gesellschaftsrecht, Steuerrecht, Arbeitsrecht, Sozialversicherungsrecht, Loseblattsammlung, Stand: März 2005, Köln (zitiert: Westermann, Handbuch der Personengesellschaften – *Bearbeiter*)

Wieczorek, Bernhard/ Schütze, Rolf A., Zivilprozessordnung und Nebengesetze – Großkommentar, Bd. 1 – Einleitung; §§ 1 – 127a, 3. Aufl., 1994, Berlin, New York (zitiert: Wieczorek/Schütze, ZPO, Bd. 1 - *Bearbeiter*)

Wimmer, Klaus (Hrsg.), Frankfurter Kommentar zur Insolvenzordnung, 2. Aufl., 1999, Neuwied, Kriftel (zitiert: Frankfurter Kommentar zur InsO – *Bearbeiter*)

Wimmer, Klaus (Hrsg.), Frankfurter Kommentar zur Insolvenzordnung, 4. Aufl., 2006, München (zitiert: Frankfurter Kommentar zur InsO – *Bearbeiter*)

Wimmer, Klaus, Anmerkungen zum Vorlagebeschluss des irischen Supreme Court in Sachen Parmalat – Bemerkungen anlässlich der deutschen Stellungnahme gegenüber dem EuGH zu dem Vorabentscheidungsverfahren des Supreme Court (Irland); Rs. C-341/04, in dieser Ausgabe S. 159, ZinsO 2005, S. 119-127

Wimmer-Leonhardt, Susanne, Konzernhaftungsrecht – Die Haftung der Konzernmuttergesellschaf für die Tochtergesellschaften im deutschen und englischen Recht, 2004, Tübingen

Zeidler, Finn, Ausgewählte Probleme des GmbH-Vertragskonzernrechts, NZG 1999, S. 692-698

Zimmer, Daniel, Grenzüberschreitende Rechtspersönlichkeit, ZHR 2004, S. 355-368

Zimmer, Daniel, Nach „Inspire Art": Grenzenlose Gestaltungsfreiheit für deutsche Unternehmen?, NJW 2003, S. 3585-3592

Zöller, Richard, Zivilprozessordnung – mit Gerichtsverfassungsgesetz und den Einführungsgesetzen, mit Internationalem Zivilprozessrecht, EG-Verordnungen, Kostenanmerkungen, 25. Aufl., 2005, Köln (zitiert: Zöller, ZPO – *Bearbeiter*)

Zöllner, Wolfgang/ Noack, Ulrich (Hrsg.), Kölner Kommentar zum Aktiengesetz, Bd. 6, §§ 15-22 AktG, §§ 291-328 AktG und Meldepflichten nach §§ 21 ff. WpHG, SpruchG, 3. Aufl., 2004, Köln (zitiert: Kölner Kommentar zum AktG – *Bearbeiter*)

Gesetzesnachweise

Deutschland

Jayme, Erik/ Hausmann, Rainer (Hrsg.), Internationales Privat- und Verfahrensrecht, 13. Aufl., 2006, München

Schönfelder, Heinrich (Begr.), Deutsche Gesetze, Sammlung des Zivil-, Straf- und Verfahrensrechts, Stand: Juni 2006

England

Civil Procedure Rules, www.dca.gov.uk/civil/procrules_fin/menus/rules.htm (Hrsg.: Department for constitutional affairs – justice, rights and democracy)

Civil Procedure Rules/Insolvency Proceeding (Hrsg.: Department for constitutional affairs – justice, rights and democracy), www.dca.gov.uk/ civil/pro crules_fin/contents/practice_directions/insolvency_pd.htm

Companies Act 1985, www.britlaw.free.fr/company/companies_act_1985.htm

Companies Bill (HL), www.publications.parliament.uk/pa/cm200506/cmbills/ 218/06218.i-vii.html

Council regulation (EC) No 1346/2000 of 29 May 2000 on insolvency proceedings, www.europa.eu.int/eur-lex (Hrsg.: CELEX/EUR-lex) bzw. ABL. Nr. L 160, vom 30. Juni 2000, S. 0001 - 0018

Council regulation (EC) No 44/2001 of 22 December 2000 on jurisdiction and the recognition of judgements in civil an commercial matters, www. europa.eu.int/eur-lex (Hrsg. CELEX/EUR-lex) bzw. ABL. Nr. L 012, vom 16. Januar 2001, S. 0001 - 0023

Enterprise Act 2002, www.opsi.gov.uk/acts/acts2002/20040.htm

Insolvency Act 1986, www.insolvencyhelpline.co.uk/insolvency-act/ia1986.htm

Insolvency Rules 1986, www.insolvency.gov.uk/insolvencyprofessionalandlegis lation/legislation/uk/insolvencyrules.pdf

Insolvency Act 1986, Schedule B1, www.opsi.gov.uk/acts/acts2002/20040-an. htm#sch16

Statutory Instrument 2002 No. 2712 (SI 2002/2712), The Insolvency (Amendment) (No.2) Rules 2002, www.opsi.gov.uk/si/si2002/20022712. htm

Statutory Instrument 2003 No. 1730 (SI 2003/1730), The Insolvency (Amendment) Rules 2003, www.opsi.gov.uk/si/si2003/20031730.htm

Statutory Instruments 2006 No. 1030, The Cross-Border-Insolvency Regulations 2006, Explanatory Note, S. 59, www.opsi.gov.uk/si/si2006/uksi_2006103 0_en.pdf

Frankreich

Arrêté relatif au registre du commerce et des sociétés vom 9. Februar 1988, geändert durch Arrêté interministériel vom 18. Oktober 1988 und Arrêté interministériel vom 2. Juli 1998, www.legifrance.gouv.fr

Chaput, Yves/ Rontchevsky, Nicolas, Code de Commerce (Dalloz), 99. Aufl., 2004, Paris (zitiert: Chaput//Rontchevsky, Code de Commerce)

Code Civil, www.legifrance.gouv.fr

Code de Commerce, www.legifrance.gouv.fr

Décret relatif à l'application de la loi n° 78-9 du 4 janvier 1978, modifiant le titre IX du livre IX du livre III du code civil, n°78-704 vom 3. Juli 1978 (version consolidée au 4 juillet 1998) bzw. aktuelle Fassung nach www. legifrance.gouv.fr

Décret relatif au registre du commerce et des sociétés vom 30 Mai 1984, n° 84-406 (version consolidée au 16 avril 2006), www.legifrance.gouv.fr

Nouveau Code de Procédure Civile, Code de procédure Civile, Code de l'organisation judiciaire, Voies d'ecécution (Dalloz), 94. Aufl., 2002, Paris bzw. aktuelle Fassung nach www.legifrance.gouv.fr

Pasqualini, François, Code des sociétés, 7. Aufl., 2002, Paris

Règlement (CE) n° 1346/2000 du Conseil du 29 mai 2000 relatif aux procédures d'insolvabilité, ABL. Nr. L 160 vom 30. Juni 2000, S. 0001-0018 bzw. aktuelle Fassung nach www.europa.eu.int/eur-lex (Hrsg. CELEX/EUR-lex)

Règlement (CE) n° 44/2001 44/2001 du Conseil du 22 décembre 2000 concernant la compétence judiciaire, la reconnaissance et l'exécution des décisions en matière civile et commerciale, ABL. Nr. L 012 vom 16. Januar 2001, S. 0001 – 0023 bzw. aktuelle Fassung nach www.europa.eu. int/eurlex (Hrsg. CELEX/EUR-lex)

Italien

Bauer, Max W./ Eccher, Bernhard/ König, Bernhard/ Kreuzer, Josef/ Zanon, Heinz (Hrsg. und Übersetzer), Italienische Zivilprozessordnung – mit Nebengesetzen und IPR-Gesetz – Codice di Procedura civile – con leggi complememtari e legge sul diritto internazionale privato, Zweisprachige Ausgabe, 2. Aufl., Stand: 1. Januar 1996, Bozen

Bauer, Max W./ Eccher, Bernhard/ König, Bernhard/ Kreuzer, Josef/ Zanon, Heinz (Hrsg. und Übersetzer), Italienisches Zivilgesetzbuch – Codice civile, Zweisprachige Ausgabe, 4. Aufl., Stand: 30. Juni 2004, Bozen

Bauer, Max W./ König, Bernhard/ Kreuzer, Josef (Hrsg. und Übersetzer), Italienisches Konkursrecht und andere Insolvenzverfahren – Fallimento ed altre procedure concorsuali, Zweisprachige Ausgabe, 2. Aufl., Stand: 1988, Bozen

Conversione in legge, con modificazioni, del decreto-legge 14 marzo 2005, n. 35 recante disposizioni urgenti nell'ambito del Piano di azione per lo sviluppo economico, sociale e territoriale. Deleghe al Governo per la modifica del codice di procedura civile in materia di processo di cassazione e di arbitrato nonché per la riforma organica della disciplina delle procedure concorsuali, Legge n. 80 vom 14.5.2005 (L. n. 80/05), www.senato.it/parlam/leggi/05080l.htm#decreto

Conversione in legge, con modificazioni, del decreto-legge 23.12.2003, n. 347, recante misure urgenti per la ristrutturazione industriale di grandi imprese in stato di insolvenza (Legge Marzano), Legge n. 39 vom 18.2.2004 (l. n. 39/04), www.parlamento.it/parlam/leggi/04039l.htm

Disposizioni correttive ed integrative della normative sulle grandi imprese in stato di insolvenza, Decreto Legge n. 119 vom 3.5.2004 (d.l. n. 119/04), www.dotconsul.it/Articoli/dlmarzano119.htm

Disposizioni urgenti nell'ambito del Piano di azione per lo sviluppo economico, sociale e territoriale, Decreto legge n. 35 vom 14.3.2005 (d.l. n. 35/05), www.parlamento.it/leggi/decreti/05035d.htm

Misure urgenti per la ristrutturazione industriale di grandi imprese in stato di insolvenza, Decreto Legge n. 347 vom 23.12.2003 (d.l. n. 347/03), Gazzetta Ufficiale n. 298 del 24.12.2003, www.gazzette.comune.jesi.an.it/2003/298/1.htm

Nuova disciplina dell'amministrazione straordinaria delle grandi imprese in stato di insolvenza, Decreto Legislativo n. 270 vom 8.7.1999 (d.lgs. n. 270/99), Gazetta Ufficiale n. 185 del 09-08-1999, www.gazzette.comune.jesi.an.it/185-99/dl270.htm

Regolamento (CE) n. 1346/2000 del Consiglio, del 29 maggio 2000, relativo alle procedure di insolvenza, ABL. Nr. L 160 vom 30. Juni 2000, S. 0001-0018 bzw. aktuelle Fassung nach www.europa.eu.int/eur-lex (Hrsg. CELEX/EUR-lex)

Regolamento di attuazione dell'art. 8 della L. 29 dicembre 1993, n. 580, in materia di istutizione delle imprese di cui all'art. 2188 del codice civile, Decreto del Presidente della Repubblica, n. 581 vom 7.12.1995 (d.p.r. n. 581/95), www.innovazione.gov.it/ita/normativa/allegati/dpr_071295.pdf

Riforma del sistema italiano di diritto internazionale privato, Decreto Legge n. 218 vom 31.5.1995 (d.l. n. 218/95), www.altalex.com/index.php?idnot=1178

Riforma organica della disciplina delle procedure concorsuali a norma dell'articolo 1, comma 5, della legge 14 maggio 2005, n. 80, Decreto Legislativo n. 5 vom 9.1.2006 (d.lgs. n. 5/06), www.parlamento.it/leggi/de leghe/06005dl.htm

Europäisches Recht

Europäisches Übereinkommen über Insolvenzverfahren, ZIP 1996, 976-983

Jayme, Erik/ Hausmann, Rainer (Herausgeber), Internationales Privat- und Verfahrensrecht, 13. Aufl., 2006, München (Für aktuelle Änderungen, sowie die verschiedenen Sprachfassungen zudem: www.europa.eu.int/eur-lex)

Richtlinie 2005/56/EG des Europäischen Parlaments und des Rates vom 26. Oktober 2005 über die Verschmelzung von Kapitalgesellschaften aus verschiedenen Mitgliedstaaten (Text von Bedeutung für den EWR), Amtsblatt Nr. L 310 vom 25. November 2005, S. 0001-0009 bzw. www.europa.eu.int/eur-lex

Verordnung (EG) Nr. 2157/2001 des Rates vom 8. Oktober 2001 über das Statut der Europäischen Gesellschaft (SE), Amtsblatt Nr. L 294 vom 10. November 2001, S. 0001-0021 bzw. www.europa.eu.int/eur-lex

A.A./a.A.	anderer Ansicht
a.E.	am Ende
a.F.	alte Fassung
ABL.	Amtsblatt
Abs.	Absatz
AG	Aktiengesellschaft bzw. Amtsgericht
AktG	Aktiengesetz
al.	Alinéa
allg.	allgemein
Art.	Artikel
Aufl.	Auflage
Az	Aktenzeichen
BayObLG	Bayerisches Oberstes Landesgericht
Bd.	Band
BeckRS	Aktuelle Rechtsprechung in ungekürzter Originalfassung bei „beck-online“
Begr.	Begründer
Beschl.	Beschluss
BGB	Bürgerliches Gesetzbuch
BGH	Bundesgerichtshof
BSE	Bovine Spongiforme Encephalopathie (Rinderwahn)
BT-Drs.	Bundestagsdrucksache
C.A.	Companies Act
c.c.	codice civile
C.civ.	Code Civil
C.com.	Code de Commerce
c.i.c.	culpa in contrahendo
c.p.c.	codice di procedura civile
C.P.R.	Civil Procedure Rules
COMI	Center of main interests
CVA	company voluntary arrangement
d.h.	das heißt
d.l.	decreto legge
d.lgs.	decreto legislativo
d.p.r.	decreto del presidente della reppublica
décr.	Décret
ders.	derselbe
DZWIR	Deutsche Zeitschrift für Wirtschafts- und Insolvenzrecht
e.A.	eine Ansicht
E.A.	Enterprise Act

e.V.	eingetragener Verein
EC	European Community
EG	Europäische Gemeinschaft
EGInsO	Einführungsgesetz zur Insolvenzordnung
EGV	Vertrag zur Gründung der Europäischen Gemeinschaft vom 25. März 1957
Einl.	Einleitung
EuGH	Europäischer Gerichtshof
EuGVÜ	Brüsseler EWG-Übereinkommen über die gerichtliche Zuständigkeit und die Vollstreckung gerichtlicher Entscheidungen in Zivil- und Handelssachen vom 27. September 968
EuGVVO	Verordnung (EG) Nr. 44/2001 über die gerichtliche Zuständigkeit und die Anerkennung und Vollstreckung von Entscheidungen in Zivil- und Handelssachen vom 22. Dezember 2000
EuInsVO	Verordnung (EG) Nr. 1346/2000 über Insolvenzverfahren vom 29. Mai 2000 (Europäische Insolvenzverordnung)
EuIÜ	Europäisches Übereinkommen über Insolvenzverfahren vom 23. November 1995
EUV	Vertrag über die Europäische Union vom 7. Februar 1992
EuZW	Europäische Zeitschrift für Wirtschaftsrecht
EVÜ	Übereinkommen von Rom über das auf vertragliche Schuldverhältnisse anzuwendende Recht vom 19. Juni 1980 (Europäisches Schuldvertragsübereinkommen)
EWG	Europäische Wirtschaftsgemeinschaft
EWGV	Vertrag zur Gründung der Europäischen Wirtschaftsgemeinschaft vom 25. März 1957
EWiR	Entscheidungen zum Wirtschaftsrecht - Kurzkommentare
EWR	Europäischer Wirtschaftsraum
EWS	Europäisches Wirtschafts- und Steuerrecht
f.,ff.	folgende (r)
FAZ	Frankfurter Allgemeine Zeitung
GbR	Gesellschaft bürgerlichen Rechts
ggf.	gegebenenfalls
GmbH	Gesellschaft mit beschränkter Haftung
GmbHG	Gesetz betreffend die Gesellschaft mit beschränkter Haftung
h.M.	herrschende Meinung
HGB	Handelsgesetzbuch
Hrsg.	Herausgeber
I.A.	Insolvency Act
i.d.R.	in der Regel
i.e.	id est (lat. für „das ist“ bzw. „das heißt“)

i.E.	im Ergebnis
I.R.	Insolvency Rules
i.S.(v.)	im Sinne (von)
i.V.m.	in Verbindung mit
InsO	Insolvenzordnung
InVo	Insolvenz&Vollstreckung
IPR	Internationales Privatrecht
IPRax	Praxis des internationalen Privat- und Verfahrensrechts
IVA	individual voluntary arrangement
IZPR	Internationales Zivilprozessrecht
JZ	Juristenzeitung
KG aA	Kommanditgesellschaft auf Aktien
KG	Kommanditgesellschaft
KTS	Konkurs, Treuhand, Sanierung: Zeitschrift für Insolvenzrecht
L.	Loi bzw. Legge
l.fall.	Disciplina del fallimento, del concordato preventivo, dell'amministrazione controllata e della liquidazione coatta amministrativa (italienisches Insolvenzgesetz)
lat.	lateinisch
lit.	littera (lat. für „Buchstabe“)
Ltd.	Limited
LugÜ	Luganer Übereinkommen über die gerichtliche Zuständigkeit und die Vollstreckung gerichtlicher Entscheidungen in Zivil- und Handelssachen vom 16. September 1988
m.E/M.E.	meines Erachtens
m.w.N.	mit weiteren Nachweisen
Mio.	Million(en)
n.	numero
N.C.P.C.	Nouveau Code de Procédure Civile
n.F.	neue Fassung
n°	numero
NJW	Neue Juristische Wochenschrift
NJW-RR	Neue Juristische Wochenschrift, Rechtsprechungsreport
Nr.	Nummer
NZG	Neue Zeitschrift für Gesellschaftsrecht
NZI	Neue Zeitschrift für das Recht der Insolvenz und Sanierung
o.g.	oben genannte (-r,-s)
OLG	Oberlandesgericht
para.	paragraph
plc	public limited company
r.	rule
RA	Rechtsanwalt

reg.	regierend
RegE	Regierungsentwurf
Rn.	Randnummer
rr.	rules
Rs.	Rechtssache
Rt.	Gesellschaftsform in Ungarn
S.	Seite bzw. Satz
s.	siehe
s.o.	siehe oben
s.p.a.	società per azioni
s.r.o.	slowakische GmbH
SE	Societas Europaea
sec.	section
SI	Statutory Instrument
Slg.	Sammlung
sog.	sogenannt (-e, -er, -es)
str.	strittig
u.a.	und andere/unter anderem
UK	United Kingdom
UNICITRAL	United Nations Commission on International Trade Law
Urt.	Urteil
US	United States
v.	vom
v.a.	vor allem
vgl.	vergleiche
Vorbem.	Vorbemerkung
WM	Wertpapiermitteilungen - Zeitschrift für Wirtschafts- und Bankrecht
ZHR	Zeitschrift für das gesamte Handelsrecht und Wirtschaftsrecht
ZInsO	Zeitschrift für das gesamte Insolvenzrecht
ZIP	Zeitschrift für Wirtschaftsrecht
ZPO	Zivilprozessordnung
ZZP	Zeitschrift für Zivilprozess

Schriften zum internationalen Privat- und Verfahrensrecht

Herausgegeben von Rainer Hausmann und Astrid Stadler

Band 1 Frederike Schwenke: Factoring im deutsch-französischen Rechtsverkehr. 2006.

Band 2 Sinja Rüberg: Auf dem Weg zu einem europäischen Scheidungskollisionsrecht. 2006.

Band 3 Hava Erdem: Ehescheidung im deutsch-türkischen Rechtsverkehr. 2007.

Band 4 Nadja Probst: Die internationale Zuständigkeit zur Eröffnung von Insolvenzverfahren im europäischen Insolvenzrecht. Autonome Bestimmung der Eröffnungszuständigkeit, insbesondere für Konzerninsolvenzen, und Anforderungen für die gemeinschaftsweite Anerkennung grenzüberschreitender Insolvenzen nach der EuInsVO. 2008.

www.peterlang.de